A EXPIAÇÃO

"Todos os que conhecem as obras de David Allen percebem a pesquisa abrangente que serve de base para seus escritos. Este livro não foge à regra. As dimensões do seu estudo são enciclopédicas. Seu título retrata o conteúdo, que satisfaz ao leitor mais exigente. Podemos encontrar também em suas páginas uma defesa da expiação universal e da substituição penal. O argumento de Allen é convincente, e creio que até mesmo quem discorda será bastante edificado com o que ele escreveu".

— *Daniel L. Akin, presidente do Seminário Teológico Batista do Sudeste*

"David Allen elaborou uma exposição criteriosa do ensino bíblico sobre a expiação que está recheada com informações sobre a história da igreja e com as descobertas mais recentes na área da teologia bíblica e sistemática, a fim de inspirar o pregador a anunciar diante de sua congregação a Jesus Cristo, e este crucificado. Trata-se de um pregador escrevendo sobre a teologia da expiação para seus colegas".

— *Michael F. Bird, reitor acadêmico, palestrante de teologia, Ridley College, Melbourne, Austrália.*

"O livro A expiação: o estudo bíblico, teológico e histórico da cruz de Cristo é bem fundamentado e foi escrito em linguagem clara. Convence e vai direto ao ponto. Trata-se de uma leitura obrigatória para pregadores, professores de teologia e seminaristas. Eu o recomendo com entusiasmo, porque não conheço nenhum tema mais importante do que esse, nem livro algum que o trate tão bem".

— *Craig A. Evans, Professor Emérito das Origens do Cristianismo, Universidade Batista de Houston*

"O novo livro de David Allen consiste em um estudo profundo e esclarecedor sobre a doutrina fundamental da expiação, que une de forma incomum e inovadora a exposição clara das Escrituras à fidelidade à teologia histórica e à análise sistemática irresistível. Allen aborda com perícia um leque amplo e impressionante de pontos controvertidos, abrindo o debate com uma teologia clara, coerente e profunda da expiação, que retrata profundamente o amor e a misericórdia de Deus sem comprometer a justiça divina nem a colocar em conflito com o seu amor. Este livro maravilhoso certamente interessa a vários tipos de leitores".

— *John C. Peckham, professor de teologia e filosofia cristã, Universidade Andrews*

"A doutrina da cruz de Cristo é de suma importância para a fé cristã e creio que todo cristão deve ter o privilégio, a alegria e o dever de compreender seu sentido e importância. Este livro é um relato lúcido e maravilhosamente breve do ensino bíblico e da história do pensamento cristão sobre a mensagem gloriosa da cruz. Está mais do que recomendado!".

— *Brian Rosner, diretor, Ridley College, Melbourne, Austrália*

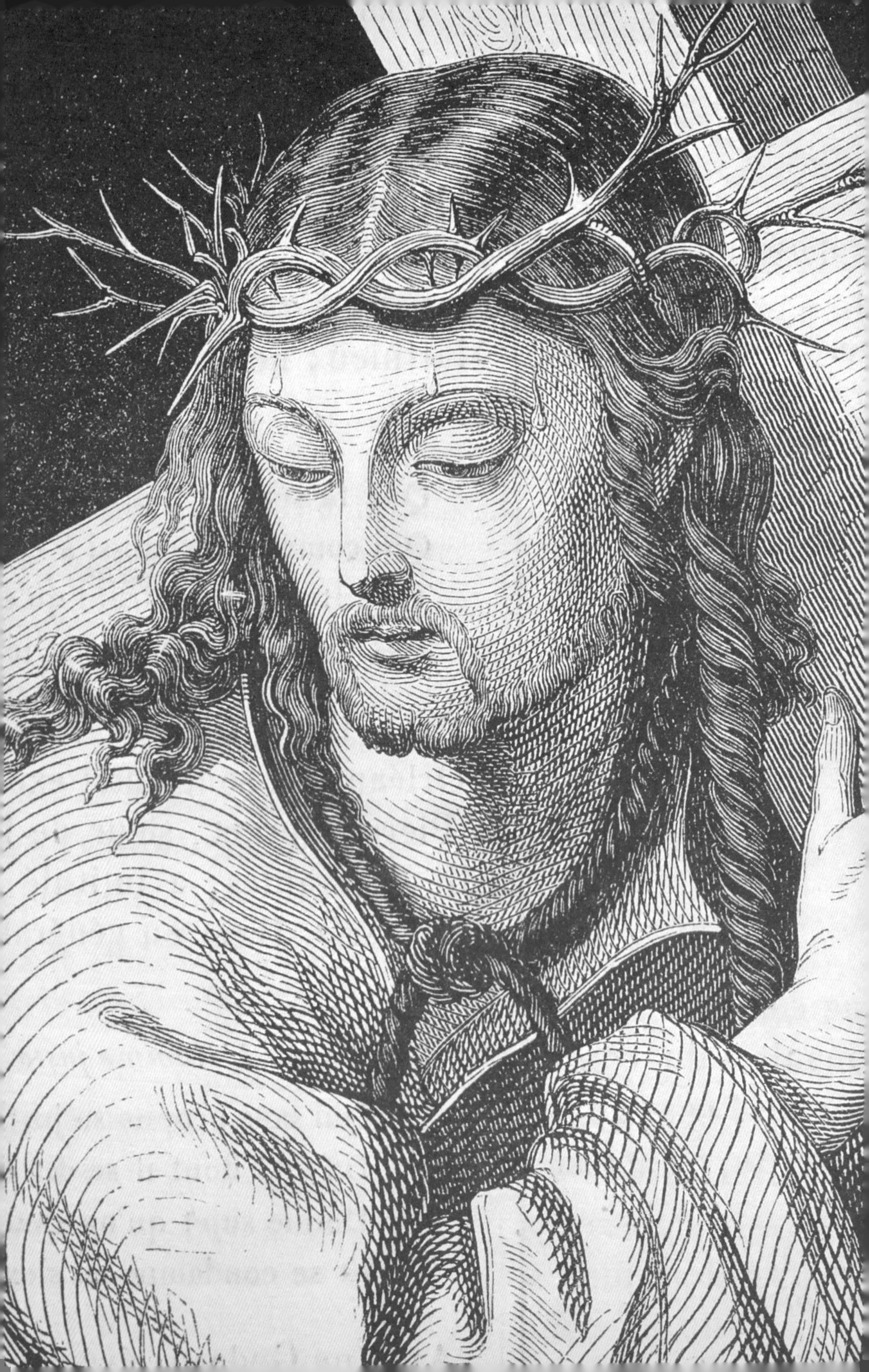

DAVID ALLEN

A EXPIAÇÃO

UM ESTUDO BÍBLICO-TEOLÓGICO E HISTÓRICO DA CRUZ DE CRISTO

carisma
EDITORA

Copyright © 2019 by David. L. Allen

TÍTULO ORIGINAL
The Atonement: A Biblical, Theological, and Historical Study of the Cross of Christ

DIREÇÃO EXECUTIVA
Luciana Cunha

DIREÇÃO EDITORIAL
Renato Cunha

TRADUÇÃO
Maurício Bezerra Santos Silva

CAPA E PROJETO GRÁFICO
Anderson Junqueira

DIAGRAMAÇÃO
Anderson Junqueira
Tebhata Spekman

REVISÃO
Anna Clara

DADOS INTERNACIONAIS DE CATALOGAÇÃO NA PUBLICAÇÃO - CIP

A425e Allen, David.
      A expiação : um estudo bíblico-teológico e histórico da cruz de Cristo / David Allen ; [tradução de] Maurício Bezerra ; [revisado por] Anna Clara. – Natal:
      Editora Carisma, 2020.
      392 p. ; 16 x 23 cm.

      ISBN 978-65990138-1-2

      1. Teologia. 2. Expiação. 3. Cruz. 4. Cristo. I. Bezerra, Maurício. II. Clara, Anna. III. Título.

                                              CDU: 232.963

BIBLIOTECÁRIA RESPONSÁVEL
SIMONE DA ROCHA BITTENCOURT – 10/1171

Originalmente publicado em inglês por Broadman & Holman Publishing Group sob o título The Atonement: A Biblical, Theological, and Historical Study of the Cross of Christ.

Esta edição em português foi licenciada com todos os direitos reservados para Editora Carisma, mediante permissão especial de Broadman & Holman Publishing. De acordo com a Lei 9.610/98 fica expressa e terminantemente proibida a reprodução total ou parcial desta obra, por quaisquer meios (eletrônicos, mecânicos, fotográficos, gravação e outros), sem a prévia e expressa autorização, por escrito, de Editora Carisma, a não ser em citações breves com indicação da fonte.

SUMÁRIO

17	Prefácio
21	Introdução
39	CAPÍTULO I
	A expiação: terminologia e conceitos
53	CAPÍTULO II
	A expiação no Antigo Testamento
77	CAPÍTULO III
	Expiação no Novo Testamento
153	CAPÍTULO IV
	A necessidade da expiação
169	CAPÍTULO V
	A expiação e a cristologia
187	CAPÍTULO VI
	A intenção, a extensão e a aplicação da expiação
231	CAPÍTULO VII
	A natureza da expiação
263	CAPÍTULO VIII
	Questões especiais referentes á expiação
291	CAPÍTULO IX
	Teorias históricas sobre a expiação
329	Conclusão
337	Apêndice
341	Bibliografia selecionada
369	Índice de nomes
377	Índice de assuntos
385	Índice bíblico

À minha esposa Kate, que me ensina bastante sobre a graça e a redenção divinas

RECONHECIMENTO

Gostaria de agradecer de todo o coração a Jim Baird, e a toda a equipe do selo B&H Academic, que sempre me apoiaram em meus projetos editoriais dentro da B&H, e com os quais tenho uma dívida de gratidão. Agradeço, em especial, a Audrey Greeson, Jessi Wallace e Sarah Landers, que ajudaram com habilidade para que esse livro ficasse bem melhor do que o previsto.

O auxílio do meu amigo Tony Byrne na edição foi essencial na preparação dos originais submetidos à aprovação da B&H. Como sempre, suas sugestões foram indispensáveis.

O meu muitíssimo obrigado vai para a Dra. Tamra Hernandez, que foi a primeira a receber o livro na editora e iniciou o trabalho de edição.

O assistente de pesquisa do reitor da Escola de Homilética, e diretor técnico do Centro de Pregação Expositiva do Seminário do Sudeste, Jim DiLavore, me ajudou muito a acessar e providenciar os livros e artigos para a pesquisa.

Perdi a conta das horas que o coordenador do Centro de Pregação Expositiva, assistente da Escola de Homilética, gerente de conteúdo e editor do site da Web *preachingsource.com* Aaron Halstead passou completando os índices. Sou muito grato a ele.

ABREVIATURAS

AB Anchor Yale Bible Commentaries Series

ANF *The Ante-Nicene Fathers: Translations of the Writings of the Fathers Down to A.D. 325*. Editado por Alexander Roberts e James Donaldson. 10 vols. 1885-1887.

BDAG *Léxico do N.T. Grego Português*, de W. Bauer, F. Danker, W. F. Arndt e F. W. Gingrich, São Paulo: Vida Nova, 1984.

BNTC Black's New Testament Commentary

CBQ *Catholic Biblical Quarterly*

CSB Christian Standard Bible

DTNT Dicionário Teológico do Novo Testamento. São Paulo, 2001

EQ Evangelical Quarterly

HCSB Holman Christian Standard Bible

HDR Harvard Dissertations in Religion

ICC International Critical Commentary

IJST International Journal of Systematic Theology

JBL Journal of Biblical Literature

JBTM Journal for Baptist Theology & Ministry

JETS Journal of the Evangelical Theological Society

JSOTSS Journal for the Study of the Old Testament Supplement Series

JTS Journal of Theological Studies

KJV King James Version

LCC Library of Christian Classics, 24 vols. (Louisville: WJK)

LW Luther's Works. Editado por Jaroslav Pelikan e Helmut T. Lehman. Edição norte-americana. 55 vols. St. Louis: Concordia, 1955-1986.

LXX Septuaginta

MSJ The Master's Seminary Journal

MWJT Midwestern Journal of Theology

NAC The New American Commentary

NASB New American Standard Bible

NEB New English Bible

NICNT The New International Commentary on the New Testament

NICOT The New International Commentary on the Old Testament

NIDNTTE New International Dictionary of New Testament Theology and Exegesis. Editado por Moisés Silva. 2ª ed. 5 vols. Grand Rapids: Zondervan, 2014.

NIGTC New International Greek Testament Commentary

NIV New International Version

NIVAC NIV Application Commentary

NKJV New King James Version

NPNF1 *A Select Library of Nicene and Post-Nicene Fathers of the Christian Church*. Editado por Philip Schaff e Henry Wace. 28 vols. em duas séries. 1886-1889. Série 1, 14 vols.

NPNF2 *A Select Library of Nicene and Post-Nicene Fathers of the Christian Church*. Editado por Philip Schaff e Henry Wace. 28 vols. em 2 séries. 1886–1889. Série 2, 14 vols.

NSBT New Studies in Biblical Theology

NTC New Testament Commentary

NTS New Testament Studies

SBL Society of Biblical Literature

SJT Scottish Journal of Theology
SNTSMS Society for New Testament Studies Monograph Series

ST *Summa Theologica (Suma Teológica)* de Tomás de Aquino

TDNT *Theological Dictionary of the New Testament.* Editado por Gerhard Kittel e Gerhard Friedrich. Traduzido para o inglês e editado por Geoffrey W. Bromiley. Grand Rapids: Eerdmans, 1964–1974.

VTS Vetus Testamentum Supplements (Brill)

WA *Weimarer Ausgabe*—Edição de Weimar de *D. Martin Luthers Werke.* Kritische Gesamtausgabe, Schriften. Editado por J. K. F. Knaake et al. 72 vols. Weimar: Hermann Böhlaus Nachfolger, 1883-1929.

WBC Word Biblical Commentary

WTJ Westminster Theological Journal

PREFÁCIO

A doutrina da expiação se constitui na base do cristianismo, pelo simples fato de a cruz de Cristo ser o ponto principal da pregação apostólica. Os cristãos – aqueles que professam seu nome – não se caracterizam somente como o povo do Livro, mas também são identificados como o povo da cruz.[1]

Toda a literatura que surgiu sobre esse assunto ao longo da história da igreja, principalmente a partir do século XX, é impressionante! Não há muito o que se possa fazer, exceto acrescentar uma pequena gota no vasto oceano dessa verdade. Procurei elaborar uma espécie de resumo dessa doutrina que seja útil à igreja.

Ao escrever sobre esse tema tão importante – que é fundamental para as Escrituras e para a teologia –, espero afastar o fantasma da distorção simplista, ou mesmo o monstro da distorção pela complicação exagerada. Quando estudamos esse assunto de forma extremamente superficial ou passamos a ser extremamente deta-

---

[1] Charles B. Cousar, *A Theology of the Cross: The Death of Jesus in the Pauline Letters* (Minneapolis: Fortress, 1990), p. 18.

lhistas nas especulações teológicas, podemos dar margem a muita confusão sobre esse assunto.

Existem muitas formas de abordar esse tema: seja através da Teologia do Novo Testamento, seja pelos termos principais que identificam a expiação na Bíblia, ou mesmo por meio da teologia sistemática (estudando os atributos de Deus, etc.) ou da teologia histórica (discutindo as teorias que foram sendo formuladas sobre a expiação ao longo da história).

Portanto, o método que decidi utilizar ao escrever este livro foi começar pela teologia do cânon do Antigo e do Novo Testamento, e identificar as referências principais que falam sobre a expiação. A partir daí, passo para o campo da teologia sistemática, onde estudaremos a teologia da expiação. Por fim, encerro com uma seção resumida sobre a teologia histórica, que acompanha a evolução da doutrina da expiação por toda a história da igreja.

Tudo o que pesquisei e escrevi nos últimos dez anos se concentrou principalmente na questão da extensão da expiação (veja *Por quem Cristo morreu? Uma análise crítica sobre a extensão da expiação*, Natal: Editora Carisma, 2019). O volume em questão acabou passando das oitocentas páginas; contudo, a despeito do seu tamanho, não tive a oportunidade de esgotar as questões exegéticas e teológicas relacionadas a esse tema. Neste livro, o leitor, em dado momento, perceberá que não somente retomei o assunto no capítulo "A intenção, a extensão e a aplicação da expiação", mas também procurei estudar cada referência sobre a expiação separadamente, tendo essa questão em vista, sem deixar de incluir a razão pela qual esses textos defendem a expiação ilimitada recorrendo à exegese bíblica. Essa abordagem vai bem de encontro com o ressurgimento do interesse nos últimos anos a respeito da extensão da expiação, e esse recurso adicional pode ser visto como um material complementar que proporciona um fundamento melhor ainda para a defesa da expiação ilimitada que se encontra em *Por quem Cristo Morreu?*

A Bíblia fala de forma clara sobre a expiação utilizando um discurso polivalente. Os escritores bíblicos empregam várias metáforas importantes para se referir e para explicar a expiação, portanto as pessoas abordam o material bíblico de formas diferentes. Seria o caso de destacar alguma metáfora em detrimento das outras? Devemos englobar todas as metáforas em um único modelo? Ou a alternativa é simplesmente tratar todas as metáforas sobre a expiação de modo independente, sem tentar avaliar a importância relativa de cada uma delas? Será que as metáforas bíblicas devem ser vistas como se competissem umas com as outras ou como se caminhassem rumo a uma complementação? Não é fácil chegar a essas respostas, mas, mesmo assim, coloquemo-nos aos pés das Escrituras... e ao pé da cruz, de modo que possamos entender melhor o maravilhoso mistério que "Deus estava em Cristo reconciliando consigo o mundo" (2Co 5.19).

INTRODUÇÃO

A cruz é o ponto central do cristianismo e, a partir desse eixo, emanam todos os raios da roda da salvação. "A cruz de Cristo não se acha somente no clímax da história da redenção, mas no cruzamento teológico onde várias doutrinas cristãs fundamentais se inter-relacionam".[2] A importância da expiação é demonstrada pelas várias profecias e tipos do Antigo Testamento (AT) relacionados à morte de Cristo, como se observa em 1Pedro 1.10-11.

A Bíblia demonstra a importância central da expiação. Até mesmo os evangelistas dedicam de 25 a 42% dos seus respectivos evangelhos à última semana da vida de Cristo, culminando na sua morte. As referências diretas à morte de Cristo no Novo Testamento (NT) chegam ao número impressionante de 175.

---

[2] Kevin J. Vanhoozer, "Atonement" em *Mapping Modern Theology: A Thematic and Historical Introduction*, ed. Kevin J. Vanhoozer, Kelly M. Kapic e Bruce L. McCormack (Grand Rapids: Baker Academic, 2012), p. 176. A centralidade da cruz não minimiza outros aspectos bíblicos e teológicos relacionados com a expiação. Como afirma Jeremy Treat: "A cruz deve ser *central,* mas nunca *proeminente*" (Jeremy R. Treat, *The Crucified King: Atonement and Kingdom in Biblical and Systematic Theology* [Grand Rapids: Zondervan, 2014], p. 218).

O próprio evangelho se centraliza na cruz de Cristo. Paulo escreve naquele que é indiscutivelmente o principal texto do NT que anuncia o evangelho de forma mais clara: "Que Cristo morreu por nossos pecados, segundo as Escrituras; que foi sepultado; que foi ressuscitado ao terceiro dia, segundo as Escrituras" (1Co 15.3-4). A palavra "evangelho" dá sentido e resume a mensagem das boas novas de Cristo na expiação e no ato redentor da parte de Deus para alcançar, fundamentar e implementar seu propósito salvífico em prol da humanidade.

Como Martin Hengel explica, a mensagem do cristianismo era completamente diferente do conceito tradicional de expiação no mundo antigo. Longe de ser oferecida para algum crime em particular, a expiação tratava a culpa universal de toda a humanidade. A graça divina se manifestou não como gestos de um homem em particular, mas como uma ação do próprio Deus por meio do singular Deus-homem, Jesus Cristo. Além disso, o caráter escatológico da expiação se constituía em um conceito alheio à cultura do século I.[3]

Existe toda uma aura de mistério em torno da obra expiatória de Cristo. "Uma pessoa pecou, e a outra trouxe a satisfação. O pecador não aplaca a ira divina; aquele que a aplaca não peca. Essa é uma doutrina incrível!".[4] Às doze horas do dia em que Cristo morreu, Deus envolveu a cruz na escuridão. "Eis por que o sol em trevas se escondeu, apagando assim seu esplendor, Cristo o poderoso Criador morreu, pela culpa do pecador".[5] Como no Dia da Expiação no AT, quando o sumo sacerdote entrava além do véu no Santo dos Santos, onde nenhum olhar observaria o derramamento do sangue no altar, a morte de Cristo é tão maravilhosa que estará sempre en-

---

[3] Martin Hengel, The Atonement: The Origins of the Doctrine in the New Testament (Philadelphia: Fortress, 1981) p. 31-32.
[4] Martin Luther, "Lectures on Isaiah", 43:24. *Luther's Works,* 17, trad. para o inglês de H.C. Oswald (St Louis: Concordia, 1972), p. 99.
[5] Isaac Watts, 4ª estrofe do Hino 9: "Godly Sorrow from the Suffering of Christ" em *The Psalms, Hymns and Spiritual Songs,* of the Rev. Isaac Watts, D. D., new ed., ed. Samuel W. Worcester (Boston: Crocker & Brewster, 1851), p. 379; geralmente conhecido pelo primeiro verso e título "Alas, and Did my Savior Bleed" (1707).

volta em mistério, dentro do qual nenhum teólogo jamais poderá penetrar. "Nenhum remido imaginou quão negra escuridão/ Quão fundas águas que passou, trazendo a salvação/ E quando foi pra socorrer, a errante estava a perecer, A errante estava a perecer".[6] Como T. F. Torrance expressa: "O mistério mais profundo da expiação e da intercessão continua intocado: não pode ser explicado nem espionado".[7]

Os escritores do Novo Testamento narram a expiação em termos históricos, doutrinários e doxológicos. Quase sempre, os relatos dos evangelhos tratam sobre a morte de Cristo de forma narrativa com poucas explicações sobre a maneira pela qual a sua morte se constituiu em expiação pelos pecados além do seu caráter sacrificial e substitutivo. O livro de Atos narra o nascimento e o crescimento da igreja primitiva pela pregação dos apóstolos. Essa pregação era baseada no fato da expiação e da ressurreição, mas, ainda assim, não são dadas muitas explicações. As cartas neotestamentárias revelam os aspectos doutrinários da expiação. Nelas aprendemos mais sobre a sua natureza, e os aspectos doxológicos se fazem evidentes nos hinos e louvores incluídos em algumas delas. Por fim, o livro do Apocalipse narra os acontecimentos no céu em torno da adoração de Jesus, o Cordeiro morto desde a fundação do mundo, além de sua segunda vinda à terra e do seu reino milenar. Nesse ponto, a narrativa se junta à doxologia:

Digno é o Cordeiro, que foi morto,
de receber o poder, e riqueza, e sabedoria,
e força, e honra, e glória, e louvor" (Ap 5.12)

Os teólogos têm debatido por toda a história da igreja sobre o sentido da expiação. Como Johnson observou, existe uma "diversidade imensa e uma homogeneidade simultânea de concepções"

---

[6] Elizabeth C. Clephane, versão do *Hinário Adventista*.
[7] Thomas F. Torrance, Atonement: *The Person and Work of Christ*, ed. Robert T. Walker (Downers Grove, IL: InterVarsity Press, 2009), p. 2.

sobre ela.⁸ Embora não dediquemos um espaço muito grande sobre as várias "teorias" da expiação, estudaremos o assunto no capítulo 9. Nosso propósito principal é analisá-la e tentar entender a sua natureza, o motivo da sua existência, o modo pelo qual se realizou e em favor de quem foi realizada. Vanhoozer escreve:

> *Podemos enumerar as seguintes perguntas dentre as mais importantes sobre a teoria da expiação: (1) quem precisa ser reconciliado com quem? e (2) como a morte de Jesus opera a reconciliação? Essas perguntas se relacionam na verdade com a localização da dificuldade: Onde se encontrava a maior barreira a ser vencida pela redenção? Seria conceder o perdão a quem se arrepende, ou operar o arrependimento que traz o perdão? A maior barreira está em Deus ou no homem, na consciência divina ou na humana?⁹*

Fred Sanders destaca que "no mínimo, a doutrina da expiação tem que analisar o problema e explicar sua solução: o problema do pecado resolvido pelo perdão, o problema do vício resolvido pelo poder que gera a virtude, o problema da mortalidade resolvido pela vida eterna, o problema da opressão resolvido pela poderosa libertação, e assim por diante".¹⁰

James Denney observa de forma perspicaz que a questão relativa ao "meio" da expiação geralmente é explicada de maneira bem vaga, ou mesmo deixada sem nenhuma explicação.¹¹ Embora a obra de Cristo na cruz para tratar do problema do pecado seja o ponto culminante da revelação, a natureza, o mecanismo e a extensão da expiação se constituem em um problema insolúvel para muitos. No entanto, como afirma Denney, "longe de se constituir

---

⁸ Adam J. Johnson, "Atonement: The Shape and State of the Doctrine", em *T&T Clark Companion to Atonement*, ed. Adam J. Johnson (New York: Bloomsbury T&T Clark, 2017), p. 12.

⁹ Vanhoozer, "Atonement", p. 177.

¹⁰ Fred Sanders, "These Three Atone: Trinity and Atonement", em *T&T Clark Companion to Atonement*, ed. Adam J. Johnson (New York: Bloomsbury T&T Clark, 2017), p. 20.

¹¹ James Denney, *Studies in Theology* (London: Hodder & Stoughton, 1895; reimpr. Grand Rapids: Baker, 1976), p. 102.

em um problema, a expiação, na verdade, é a solução de todos os problemas".¹²

Johnson identifica os cinco pontos principais de estudo sobre a expiação: (1) os personagens envolvidos – isto é, o Deus trino, a humanidade, as hostes angelicais ou demoníacas, ou mesmo os animais; (2) os atributos divinos destacados nela; (3) o problema do pecado; (4) o modo pelo qual a cruz salva as pessoas do pecado; e (5) como Deus nos salva nos fazendo participantes de sua vida.¹³

Qual foi a motivação principal da provisão divina da expiação? As Escrituras respondem essa pergunta de forma bem clara – o seu amor por todo o mundo: "Porque Deus amou o mundo de tal maneira que deu o seu Filho unigênito, para que todo aquele que nele crê não pereça, mas tenha a vida eterna" (Jo 3.16). Jesus também disse: "Ninguém tem maior amor do que este, de dar alguém a sua vida pelos seus amigos" (Jo 15.13). Paulo baseia a expiação de Cristo no amor de Deus: "Mas Deus dá prova do seu amor para conosco, em que, quando éramos ainda pecadores, Cristo morreu por nós" (Rm 5.8).¹⁴ "Pois o amor de Cristo nos constrange, porque julgamos assim: se um morreu por todos, logo todos morreram; e ele morreu por todos, para que os que vivem não vivam mais para si, mas para aquele que por eles morreu e ressuscitou" (2Co 5.14-15). João a expressou dessa maneira:

---

¹² ❧ Denney, p. 107.
¹³ ❧ Johnson, "Atonement", p. 7-9.
¹⁴ ❧ Quando Calvino explicou o ofício sacerdotal de Cristo, ele afirmou: "Porém, a maldição justa de Deus impede nosso acesso a ele, e Deus em sua autoridade de juiz está irado contra nós. Por isso, a expiação deve intervir de modo que Cristo, nosso sacerdote, possa obter o favor de Deus por nós e aplacar sua ira. Desse modo, Cristo teve que apresentar um sacrifício para desempenhar essa função". Veja João Calvino, *Institutas* 2.15.6. Observe que Calvino não menciona o amor de Deus por nós; somente sua ira. No entanto, ele fala sobre o amor de Deus ao se referir a João 3.16 e à expiação: "Percebemos que o amor de Deus se encontra em primeiro lugar como a causa ou a origem principal" (Institutas 2.17.2). Do mesmo modo, G. C. Berkouwer afirma: "Paulo recapitula tudo no 'amor de Cristo'. Esse amor unifica todos os aspectos da obra de Cristo identificando as insondáveis riquezas que procedem de sua pobreza como uma realidade histórica" (G. C. Berkouwer, The Work of Christ, Studies in Dogmatics, trad. Cornelius Lambregtse [1965; reimp. Grand Rapids: Eerdmans, 1984], p. 254).

"Nisto se manifestou o amor de Deus para conosco: em que Deus enviou seu Filho unigénito ao mundo, para que por meio dele vivamos. Nisto está o amor: não em que nós tenhamos amado a Deus, mas em que ele nos amou a nós, e enviou seu Filho como propiciação pelos nossos pecados" (1Jo 4.9-10). A Bíblia geralmente fala sobre o amor de Deus como base da motivação para a expiação e para a salvação do mundo. É difícil encontrar algum versículo que fale do amor de Deus que não fale também sobre a morte de Cristo na cruz.[15]

A expiação deve ser considerada com relação ao próprio pecado e a todos os pecadores. Por um lado, a expiação tem dois alvos: (1) todo o pecado, do passado e do futuro, incluindo todo o castigo por ele – a morte eterna; (2) todas as pessoas, sem exceção. Colocada dessa forma, todos os ramos do cristianismo concordariam, com a exceção dos reformados que defendem a expiação limitada. Voltarei a esse assunto logo adiante.

26 A INTENÇÃO, A EXTENSÃO E A APLICAÇÃO DA EXPIAÇÃO.

É importante que diferenciemos três aspectos da expiação que estão interligados: a intenção, a extensão e a aplicação da expiação.

A *intenção* da expiação responde à pergunta: Qual é o propósito e o plano de Deus com a morte de Cristo? Esse aspecto responde às perguntas seguintes:

- Será que Deus deseja igualmente a salvação de todas as pessoas?
- Porventura Deus possui uma vontade de salvação universal para todas as pessoas?
- Acaso Deus no eterno passado decidiu que Cristo deveria salvar só um grupo selecionado de pessoas, os eleitos?
- Qual a correlação da eleição com a expiação?
- Seria o propósito de Deus que Cristo morresse pelos pecados de todas as pessoas?
- Será que a intenção de Deus quanto à expiação necessaria-

---

[15] ❖ James M. Boice, *Foundations of Christian Theology*, vol. 2, *God the Redeemer* (Downers Grove, IL: InterVarsity Press, 1978), p. 210.

mente tem algo a ver com a extensão da expiação?¹⁶

A *extensão* da expiação responde às perguntas seguintes:

· Cristo morreu pelos pecados de quais pessoas?
· A provisão da expiação foi limitada ou universal?
· Será que Cristo morreu só pelos pecados dos eleitos ou ele morreu pelos pecados do mundo?

Até o surgimento da teologia reformada no século XVI, praticamente todo o testemunho da igreja defendia a expiação universal.¹⁷

A *aplicação* da expiação responde as questões seguintes:

· Quem recebe os benefícios salvíficos da expiação?
· Quais são as condições da expiação que se aplicam ao indivíduo?
· Quando os benefícios da expiação são aplicados – no decreto eterno de Deus, na própria cruz (justificação na cruz) ou no momento em que o pecador professa sua fé em Cristo?

A última alternativa se constitui na visão bíblica. "A afirmação da graça de Deus no NT sempre é feita associada com a fé (Efésios 2:8). Depois da indicação da graça divina vem o imperativo da fé pessoal".¹⁸

Os cristãos têm respondido de modo diferente às perguntas sobre a intenção e a extensão, especialmente a partir da época da Reforma Protestante.19 Alguns defendem que Deus somente tem a

---

¹⁶ ❧ Para conhecer as visões reformadas sobre a intenção da expiação a partir da perspectiva de um calvinista que afirma a expiação ilimitada, veja Bruce Demarest, *The Cross and Salvation: The Doctrine of Salvation,* Foundations of Evangelical Theology (Wheaton, IL: Crossway, 2006), p. 162-66.
¹⁷ ❧ Veja David L. Allen, *Por Quem Cristo Morreu? Uma análise crítica sobre a extensão da expiação.* Natal: Editora Carisma, 2019, p. 49-77.
¹⁸ ❧ Robert W. Lyon and Peter Toon, "Atonement," em Baker Encyclopedia of the Bible, 2 vols., ed. Walter A. Elwell (Grand Rapids: Baker, 1988), 1:233.
¹⁹ ❧ Para ler um estudo detalhado sobre essas questões, especialmente a da

intenção de salvar algumas pessoas que elegeu de modo incondicional para conceder fé antes da criação do mundo; desse modo, Cristo morreu somente pelos pecados dessas pessoas. Outros acreditam que Cristo pretendia morrer pelos pecados de todas as pessoas do mundo, mas igualmente queria salvar algumas pessoas que escolheu conceder fé antes da criação de forma incondicional. Esses dois grupos representam a tradição reformada e são chamados de calvinistas, embora discordem entre si sobre a extensão da expiação[20]

A ideia da "intenção" abrange a questão da vontade divina, e se Deus deseja ou não salvar *igualmente* a todos os homens. Embora o calvinista e o não calvinista concordem que Deus resolveu ou decidiu salvar somente aqueles que estão em Cristo pela fé (isto é, aqueles que creem), o calvinista nega que Deus ame a todos igualmente ou que ele deseja de forma igual a salvação de todas as pessoas. Logo, para o calvinista, do mesmo modo que existe uma vontade *desigual* para a salvação de todos em Deus, existia em Cristo uma vontade *desigual* de vir para morrer. Ele acha que Cristo deseja ou pretende *de modo especial* a salvação de alguns, enquanto aquele que não é calvinista acha que Cristo deseja a salvação de todos indistintamente. O calvinista moderado, como todo calvinista, acredita que Cristo deseja ou pretende *de modo especial* a salvação dos eleitos, mas diverge dos outros calvinistas afirmando também que Cristo sofreu pelos pecados de toda a humanidade como expressão do amor universal de Deus.

A maioria dos cristãos, por toda a história da igreja, adota a posição de que Cristo morreu pelos pecados de todos, que

---

extensão, consulte Allen, *Por Quem Cristo Morreu?*.

[20] Como observei em *Por Quem Cristo Morreu?*, p. 34-35, todos os arminianos, todos os que não são calvinistas, e todos os calvinistas moderados creem que Jesus morreu pelos pecados de toda a humanidade, independentemente da visão desses últimos de uma intenção especial. Todos os calvinistas moderados creem que a intenção especial de Deus com a expiação era salvar somente os eleitos, embora também creiam que Cristo morreu pelos pecados de todos. Todos os calvinistas extremos ou hipercalvinistas afirmam que Cristo morreu apenas pelos pecados dos eleitos e que foi a intenção de Deus que Cristo morresse dessa maneira somente pelos pecados deles.

Deus igualmente deseja sua salvação, mas somente pretende salvar aqueles que cumprem sua condição de salvação – isto é, a fé em Cristo.21 Todos, calvinistas ou não, concordam que somente quem crê será salvo, portanto Deus pretendeu salvar somente aquele que crê. A questão relacionada à intenção é se Deus deseja de forma igual ou desigual que todos creiam e sejam salvos e se essa vontade é refletida em Cristo e em seu propósito de efetuar a propiciação. É nesse ponto que os calvinistas divergem dos outros.

METÁFORAS E MODELOS DA EXPIAÇÃO

Existem vários métodos de abordagem da doutrina da expiação. Um deles é enumerar e discutir as palavras-chave, os temas e/ou metáforas utilizadas pelos escritores bíblicos nos textos que falam sobre a expiação: sacrifício, redenção, propiciação, etc. A segunda opção é acompanhar o desenvolvimento da doutrina por meio da teologia histórica. Essa abordagem estuda as várias "teorias" da expiação de acordo com seu desenvolvimento por toda a história da igreja. A terceira abordagem consiste no uso da teologia sistemática,[22] enquanto a quarta segue a teologia bí-

---

[21] ❦ Parte do conflito entre reformados e não reformados está centralizado justamente no modo pelo qual a eleição deve ser entendida na Escritura. Todos afirmam a doutrina da eleição. Para analisar as várias posições quanto à eleição, veja Chad O. Brand, ed., *Perspectives on Election: Five Views* (Nashville: B&H, 2006). A única exceção nesse caso é a dos universalistas, que afirma que Deus salvará todas as pessoas no final e ninguém se perderá eternamente.

[22] ❦ "A teologia sistemática pode estudar a obra de Cristo relacionando sua morte/ressurreição à natureza ou aos atributos de Deus... à universalidade e as consequências do pecado do homem, à interface entre o tempo e a eternidade, e aos poderes supra-humanos, especialmente aos demoníacos", James Leo Garrett, *Systematic Theology: Biblical, Historical, and Evangelical*, 2 vols. [Grand Rapids: Eerdmans, 1995], 2:4). Além da seção de Garrett sobre a expiação, as outras teologias sistemáticas que abrangem o tema são: Paige Patterson, "Atonement", in A Theology for the Church, ed. rev., ed. Daniel L. Akin (Nashville: B&H, 2014), a partir de uma perspectiva não calvinista; Wayne Grudem, *Teologia Sistemática* (São Paulo: Vida Nova, 2015), a partir de uma perspectiva altamente calvinista; Millard J. Erickson, *Teologia Sistemática* (São

blica, que segue a ordem canônica dos livros da Bíblia, primeiro o AT, depois o NT.

A abordagem que utilizamos neste livro parece mais uma combinação das quatro que citamos. Começarei com as referências bíblicas que falam sobre a expiação de modo específico, depois estudarei a expiação a partir da perspectiva teológica sob vários temas, como a sua "necessidade", "cristologia", "intenção, extensão e aplicação", "natureza", e abordarei algumas questões especiais. Por fim, examinarei como essas várias teorias da expiação se desenvolveram ao longo da história da igreja.

As Escrituras utilizam várias metáforas com referência à expiação.[23] "A grande variedade de descrições da expiação se deve em parte à variedade de maneiras que se descreve a condição humana. Vários modelos e categorias são utilizados para descrever a perdição da raça humana antes de Cristo".[24] Essas metáforas são "extraídas, por exemplo, do templo (e.g. sacrifício), do campo de batalha (e.g., vitória), do comércio (e.g., redenção) e do tribunal (e.g., justificação)".[25] A maioria das categorias de modelos e

---

Paulo: Vida Nova, 2015), a partir de uma perspectiva calvinista moderada.

[23] Dentre as obras úteis sobre as mais diversas metáforas sobre a expiação, citamos: Dale B. Martin, *Slavery as Salvation: The Metaphor of Slavery in Pauline Christianity* (New Haven, CT: Yale University Press, 1990); John McIntyre, *The Shape of Soteriology* (Edinburgh: T&T Clark, 1992); Gordon Fee, "Paul and the Metaphors for Salvation: Some Reflections on Pauline Soteriology," in *Redemption: An Interdisciplinary Symposium on Christ as Redeemer*, ed. Stephen T. Davis, Daniel Kendall, e Gerald O'Collins (Oxford: Oxford University Press, 2004), p. 43-67; Gregory K. Beale, The Temple and the *Church's Mission: A Biblical Theology of the Temple* (Downers Grove, IL: InterVarsity Press, 2004); Scott Hahn, *A Father Who Keeps His Promises: God's Covenant Love in Scripture* (Ann Arbor, MI: Servant Publications, 1998).

[24] Christopher M. Tuckett, "*Atonement in the NT,*" em The Anchor Bible Dictionary, 6 vols., ed. David Noel Freedman (New York: Doubleday, 1992), 1:518.

[25] Vanhoozer, "Atonement," p. 176. "Usando figuras de linguagem diferentes para desenvolver a largura e a profundidade do evangelho, a Bíblia apresenta uma trama multiforme. A linguagem jurídica (justificação, castigo, juízo) esclarece o caráter basicamente moral da redenção. A linguagem do templo (expiação, sacrifício, santificação) destaca o mistério da presença

metáforas sugeridas para a redenção envolvem pelo menos essas quatro. Por exemplo, Jeremias propõe quatro: sacrifício, aquisição e redenção, categoria forense e "substituição ética".[26] Green e Baker propõem cinco imagens: o tribunal, o mundo do comércio, relacionamentos pessoais, adoração e campo de batalha,[27] e Blocher sugere cinco conjuntos de metáforas: sacrifício, castigo, resgate, vitória e Páscoa.[28] A maior lista que conheço é a de John McIntyre, que sugere treze modelos da expiação.[29]

Conceitualmente, acho que o estudo sobre as metáforas, os modelos, a doutrina e as teorias efetuado por Oliver Crisp é muito útil. As "teorias" são tentativas de explicação da doutrina. "Doutrinas e modelos de expiação são mais do que apenas metáforas, embora incluam metáforas como elementos de um sistema conceitual maior". Crisp continua: "Portanto, as doutrinas e, por extensão, os modelos que tentam trazer alguma estrutura explicativa do sentido da expiação não podem consistir simplesmente de metáforas, porque delas fazem parte, nesse modo de pensar, elementos proposicionais irredutíveis".[30] Todo estudo sobre a expiação deve conside-

---

universal de Deus como criador interligada com a presença local de Deus como redentor. A linguagem familiar (adoção, noiva e noivo, reconciliação) abrange a natureza relacional básica da abordagem de Deus com suas criaturas. Os termos relacionados com o mercado (redenção e posse) englobam a dinâmica da posse de Deus sobre seu povo por toda a sua vida" (Richard Lints, "Soteriology," em *Mapping Modern Theology: A Thematic and Historical Introduction,* ed. Kevin J. Vanhoozer, Kelly M. Kapic, e Bruce McCormack [Grand Rapids: Baker Academic, 2012], p. 263).

[26] ❧ Joachim Jeremias, *The Central Message of the New Testament* (London: SCM, 1965), p. 32-36.

[27] ❧ Joel B. Green e Mark D. Baker, *Recovering the Scandal of the Cross: Atonement in New Testament and Contemporary Contexts,* 2ª ed. (Downers Grove, IL: IVP Academic, 2011), p. 23.

[28] ❧ Henri A. G. Blocher, "The Sacrifice of Jesus Christ: The Current Theological Situation," *European Journal of Theology 8* (1999): p. 30.

[29] ❧ McIntyre, *The Shape of Soteriology,* p. 44-48. Um bom resumo das metáforas bíblicas da expiação pode ser encontrado em Leland Ryken, James C. Wilhoit, e Tremper Longman III, eds., *Dictionary of Biblical Imagery* (Downers Grove, IL: InterVarsity Press, 1998), no verbete "Atonement.".

[30] ❧ Oliver D. Crisp, "Methodological Issues in Approaching the Atone-

rar a questão do mecanismo – sobre o modo pelo qual a expiação funciona para reconciliar as pessoas com Deus. Nesse ponto, de acordo com Crisp, a doutrina da expiação dá lugar aos modelos. "Porque são os modelos da expiação que encerram as ideias doutrinárias mais gerais sobre a obra da reconciliação efetuada por Cristo, e especificam um modo particular pelo qual ela é entendida, de acordo com os dados das Escrituras e da tradição"[31] Nenhum modelo da expiação em particular traz um retrato completo do modo pelo qual a expiação funciona.

É por esse motivo que alguns modelos da expiação se concentram, de algum modo, nos resultados da expiação em vez de se concentrarem no meio ou no mecanismo pelo qual a expiação realmente acontece ou funciona. Isso parece acontecer no mo-

---

ment," em *T&T Clark Companion to Atonement*, ed. Adam J. Johnson (New York: Bloomsbury T&T Clark, 2017), p. 319. De acordo com Crisp, doutrina é um relato abrangente de um ensino determinado sobre um assunto teológico observado por alguma comunidade ou denominação cristã. O modelo é a estrutura explicativa. As doutrinas são amplas e finas, e os modelos são mais restritos e grossos. O exemplo de Crisp é a comparação da doutrina como mapa mundi e os modelos como um mapa dos Estados Unidos ou um mapa de estradas de alguma região dos EUA. (Crisp, 324-325).

[31] Crisp, p. 322. Crisp afirma "que a maioria dos teólogos envolvidos no processo de trazer alguma explicação doutrinária da obra de Cristo como uma expiação estão tentando proporcionar um modelo de expiação que acreditam ser convincente. Não estão na verdade comprometidos a elaborar uma teoria da expiação" (Crisp, p. 330). Sendo assim, Christus Victor se parece mais um "tema" ou "metáfora" da expiação do que propriamente uma teoria ou um modelo. "As doutrinas e os modelos da expiação são mais do que simples temas ou metáforas. A doutrina da expiação é um relato abrangente da obra reconciliadora de Cristo trazido por alguma comunidade cristã, ou por alguma denominação em particular" (Crisp, p. 330). Para Crisp, os modelos da expiação são mais do que teorias, mas menos abrangentes do que as doutrinas da expiação: "Portanto os modelos são mais restritos em sua perspectiva do que as doutrinas da expiação. Os modelos clássicos de expiação, sob esse modo de pensar, incluem o da satisfação, a substituição penal, a visão governamental, a visão da humanidade vicária sustentada por John McLeod Campbell, algumas versões da teoria do exemplo, e, talvez, alguns relatos patrísticos de expiação como os de Atanásio e o de Irineu" (Crisp, p. 331).

delo Christus Victor.³² Por outro lado, o modelo da satisfação e as suas variações (modelos de substituição) têm a tendência de identificar mais o modo pelo qual a expiação funciona. É preciso discernir a forma correta de classificar e depois a melhor maneira de ordenar os modelos objetivos e subjetivos da expiação de tal modo que sejam compatíveis e coerentes um com o outro.³³

Jeremy Treat conseguiu observar a história revisionista que é frequente nos livros recentes sobre a expiação e como isso tem motivado o reducionismo dualista que prevalece nos debates recentes sobre a expiação.³⁴ Deve-se questionar o pressuposto moderno de que todas as metáforas sobre a expiação, até as que se encontram na Bíblia, tenham sido criadas de forma igual.³⁵ Treat expressa três preocupações com essa tendência:

A "aceitação irrefletida de todas as metáforas bíblicas geralmente tem sido colocada estranhamente no mesmo nível da substituição penal".

O "destaque na afirmação da diversidade geralmente acontece em prejuízo da unidade". Além disso, o "tema bíblico essencial da ira de Deus" tem sido reinterpretado.

O "destaque na pluralidade se transforma em relativismo quando as várias dimensões da expiação passam a ser tratadas simples-

---

³² ❦ Conforme foi observado por Kathryn Tanner, Christ the Key (Cambridge: Cambridge University Press, 2010), p. 253.

³³ ❦ Como observou Kevin J. Vanhoozer, *The Drama of Doctrine: A Canonical-Linguistic Approach to Christian Theology* (Louisville: WJK, 2005), p. 386-87; e Treat, *The Crucified King*, p. 187. "O fato de Paulo usar a expressão 'primeiramente' (1Co 15.3) demonstra que existe margem para uma classificação dogmática na teologia" (Treat, p. 223).

³⁴ ❦ Treat, p. 181.

³⁵ ❦ Veja, por exemplo, Green e Baker, *Recovering the Scandal of the Cross;* Joel B. Green, "Kaleidoscopic View," em *The Nature of the Atonement: Four Views,* ed. James K. Beilby e Paul R. Eddy (Downers Grove, IL: InterVarsity Press, 2006), p. 165-71. "Para Green e Baker, devido ao fato de a linguagem da conquista de Cristo ser metafórica e os significados das metáforas estarem restritos a suas culturas, eles afirmam que algumas metáforas bíblicas simplesmente não são compatíveis com a cultura atual e devem ser substituídas por metáforas novas" (Treat, *The Crucified King*, p. 183).

mente como opções a serem escolhidas de acordo com o contexto".³⁶

Como Vanhoozer observa: "A morte de Jesus só aparece do modo que realmente aconteceu no contexto canônico-linguístico, onde se trata do clímax do drama da aliança, no qual a substituição penal e a restauração relacional possuem a mesma importância e o mesmo caráter definitivo".³⁷

ESTUDOS RECENTES SOBRE A EXPIAÇÃO

Antes de nos aprofundarmos na terminologia dos textos do Antigo e do Novo Testamento, deve-se dizer alguma coisa sobre a evolução dos estudos sobre a expiação nas últimas décadas. Os leitores interessados em seguir essa linha de investigação terão muito a lucrar com o livro *T&T Clark Companion to Atonement* (Manual da Expiação da editora T&T Clark), editado por Adam Johnson, que tem como capítulo introdutório: "A forma e o estado atual da doutrina da expiação",³⁸ bem como *Mapping Modern Theology: A Thematic and Historical Introduction* [Panorama da Teologia Moderna: Uma introdução temática e histórica], editado por Kevin J. Vanhoozer, Kelly M. Tapic e Bruce L. McCormack.³⁹

Falando de forma geral, a partir da perspectiva histórica, as abordagens da expiação podem ser classificadas, *grosso modo*, de objetivas e subjetivas. As teorias objetivas da expiação se concentram no que Deus fez por meio de Cristo na cruz com relação ao pecado, já as teorias subjetivas da expiação destacam a reação humana à cruz. Embora com certeza existam alguns pontos que coincidem,

---

³⁶ ❧ Treat, p. 181-83. Treat defende a substituição penal como a expressão fundamental do funcionamento da expiação, mas também reconhece várias ideias das outras teorias da expiação. De modo interessante, a abordagem de Treat foi antecipada 150 anos antes por Thomas J. Crawford, *The Doctrine of Holy Scripture Respecting the Atonement* (London: William Blackwood and Sons, 1871; reimpr., Grand Rapids: Baker, 1954), p. 395-401.

³⁷ ❧ Vanhoozer, *The Drama of Doctrine*, p. 387.

³⁸ ❧ Johnson, "Atonement: The Shape and State of the Doctrine", p. 1-17. Para uma análise quanto ao andamento dos estudos sobre a expiação por volta de 2004, veja Robert J. Sherman, *King, Priest, and Prophet: A Trinitarian Theology of Atonement* (New York: T&T Clark, 2004), p. 23-46.

³⁹ ❧ Veja também Vanhoozer, "Atonement", p. 175-202.

o destaque se encontra mais para o lado objetivo até meados do século XIX, quando passou a contemplar as teorias e abordagens mais subjetivas.

Desde a década de 1930 e o lançamento do livro de Gustaf Aulén *Christus Victor*, passou a ser uma praxe postular uma classificação tripartite para as várias teorias da expiação propostas por toda a história da igreja: na primeira a teoria *Christus Victor*, na segunda a teoria da satisfação e a da substituição penal, e, por fim, a teoria do exemplo (ou da influência moral). No entanto, os estudos acadêmicos recentes sobre a história das teorias da expiação demonstram que esse é um modo muito simplista de explicar os dados.[40] Como Crisp destaca, quando se age assim,

Não somente isso nivela as diferenças entre as doutrinas em particular, mas também distorce a natureza das diferenças que existem entre as abordagens históricas distintas relativas a essa questão. Porque, enquanto algumas dessas abordagens consistem apenas de temas ou metáforas, outras de doutrinas ou modelos que estabelecem um mecanismo para a expiação, e outras mais se parecem com teorias sobre modelos da expiação, então o que temos não é uma tipologia de doutrinas diferentes da expiação. Em vez disso, temos níveis diferentes de explicação teológica referente a esse assunto.[41]

Algumas teorias da expiação – como a substituição penal, por exemplo – passaram por críticas pesadas no século passado.[42] Ou-

---

[40] Veja, por exemplo, Scot McKnight, *A Community Called Atonement* (Nashville: Abingdon, 2007); Johnson, "Atonement: The Shape and State of the Doctrine," p. 1-17. "Embora ainda se encontrem obras que pressuponham as 'três visões principais sobre a expiação', isso está se tornando cada vez mais raro. A precisão histórica por si só é uma razão suficiente para derrubar essa classificação artificial e essa limitação das teorias da expiação, mas a maior preocupação é que essa estrutura de interpretação da história da doutrina venha a prejudicar nossa observação, tanto da diversidade imensa quanto da homogeneidade simultânea dos conceitos que, por direito, possuem grande valor" (Johnson, p. 12).

[41] Crisp, "Methodological Issues in Approaching the Atonement", p. 333.

[42] Green e Baker observaram no ano 2000 que o modelo da expiação da substituição penal tinha passado por poucos questionamentos até há bem pouco tempo (*Recovering the Scandal of the Cross, 23-26*). Rutledge observa que

tras que tinham sido deixadas de lado por séculos, como a teoria da recapitulação de Irineu, despertaram um novo interesse, e ainda outras, como a teoria do *Christus Victor* e as suas variações, foram retomadas em um esforço para contestar a substituição penal.[43]

Nos últimos anos, alguns estudos destacaram questões referentes à violência (a teoria da mimese e da rivalidade do antropólogo cultural René Girard)[44] e ao contexto social (a teologia da libertação, a teologia feminista e a crítica pós-colonial dos países do terceiro mundo da Ásia, da África e da América Latina).[45] Outras ainda passaram por uma classificação mais detalhada, como as teorias "exemplaristas", onde Abelardo tem sido considerado de forma equivocada como o pai de todas as teorias de "influência

---

essa quebra no consenso teve início devido a vários fatores, como pressões do meio acadêmico, falta de interesse teológico, "mas também em grande parte – e com razão – motivados pelo início da repercussão das críticas quanto ao uso exclusivo e rigorosamente esquemático desse modelo" (Fleming Rutledge, *The Crucifixion: Understanding the Death of Jesus Christ* [Grand Rapids: Eerdmans, 2015], p. 4). Veja a "Resolução sobre a substituição penal" aprovada na reunião da Convenção Batista do Sul do ano de 2017 que se encontra no Apêndice.

[43] *Johnson*, "Atonement: The Shape and State of the Doctrine", p. 16-17. "Para um número cada vez maior de teólogos, a lacuna criada pela crítica da substituição penal tem sido preenchida pela teoria Christus Victor junto com suas variações – uma escola de pensamento clássica que encara a obra de Cristo como a obra que privou Satanás dos seus poderes ou direitos (reais ou usurpados) sobre a criação e sobre a humanidade. Essa família de teorias é excepcionalmente diversificada, variando desde as revitalizações das posições tradicionais para os relatos desmitologizados que empregam as categorias 'vitória', 'resgate' e 'Satanás' com um novo significado, geralmente ligado a visões do mal como uma força social" (Johnson, p. 16-17).

[44] Um resumo excelente e breve da tese de Girard se encontra em Cornelis van der Kooi e Gijsbert van den Brink, *Christian Dogmatics: An Introduction*, trad. Reinder Bruinsma com James D. Bratt (Grand Rapids: Eerdmans, 2017), p. 469. Para consultar uma crítica de Girard, veja Hans Boersma, *Violence, Hospitality, and the Cross: Reappropriating the Atonement Tradition* (Grand Rapids: Baker Academic, 2004), p. 133-51.

[45] *Kelly* M. Kapic, "Atonement," em *Evangelical Dictionary of Theology*, 3ª ed., ed. Daniel Treier e Walter A. Elwell (Grand Rapids: Baker, 2017), p. 98-99.

moral" da expiação.[46] Os teólogos analíticos e filósofos da religião também trouxeram contribuições importantes aos estudos da expiação nos últimos anos.[47]

Para auxiliar o leitor, o capítulo 1 trará a definição dos termos importantes e dos conceitos discutidos no livro. As palavras gregas e hebraicas aparecem em suas transliterações para que possam ser encontradas facilmente.

---

[46] *Johnson,* "Atonement: The Shape and State of the Doctrine," p. 12. Robert Letham, *The Work of Christ* (Downers Grove, IL: InterVarsity Press, 1993), p. 166-67.

[47] *Veja,* por exemplo, William Lane Craig, *The Atonement in Cambridge Elements: Elements in the Philosophy of Religion,* ed. *Yuijin Nagasawa* (Cambridge: Cambridge University Press, 2018), p. 53-97, acesso em 14 de agosto de 2018, https://www.cambridge.org/core. Johnson relaciona os estudos seguintes, entre outros: Oliver D. Crisp, "Non-Penal Substitution," IJST 9, nº 4 (2007): p. 415-33; Eric T. Yang e Stephen T. Davis, "Atonement and the Wrath of God," em *Locating Atonement: Explorations in Constructive Dogmatics,* ed. Oliver Crisp e Fred Sanders (Grand Rapids: Zondervan, 2015); Ronald J. Feenstra and Cornelius Plantinga, *Trinity, Incarnation, and Atonement: Philosophical and Theological Essays* (Notre Dame, IN: University of Notre Dame Press, 1989); Eleanore Stump, "Atonement and Justification," in Feenstra and Plantinga, eds., *Trinity, Incarnation, and Atonement: Philosophical and Theological Essays* (Notre Dame, IN: University of Notre Dame Press, 1989), p. 178-209; e Marilyn McCord Adams, *Christ and Horrors: The Coherence of Christology* (Cambridge: Cambridge University Press, 2006). See Johnson, "Atonement: The Shape and State of the Doctrine," p. 15.

I
A EXPIAÇÃO: TERMINOLOGIA E CONCEITOS

Muitas palavras são usadas na Bíblia para se referir a algum aspecto da obra de Cristo na cruz. Os teólogos também empregam vários termos teológicos nos estudos sobre a expiação. Esses termos precisam ser relacionados de forma imediata e clara. Este capítulo apresentará esses termos e conceitos principais, que serão explicados com mais detalhes nos capítulos posteriores.

EXPIAÇÃO

A palavra "expiação" traduz a palavra grega *katallagē* ("reconciliação") em Romanos 5:11. No entanto, a palavra "expiação", por si mesma, não corresponde etimologicamente a nenhuma palavra grega ou hebraica. A palavra no inglês, cunhada e utilizada pela primeira vez por William Tyndale em sua tradução inglesa do NT, sugere o contexto "at-one-ment" (processo de um acordo, isto é, reconciliação) quando o benefício da obra de Cristo é aplicado àquele que crê.

Na tradução Almeida Atualizada, a palavra "expiação" aparece 79 vezes, somente no AT. Nas versões inglesas CSB e ESV, essa palavra é usada oitenta vezes no AT e duas vezes no NT.[48] Existe uma referência ao "Dia da Expiação" em Atos 27.9 e, em Hebreus 2.17, a palavra "expiação" é utilizada para traduzir a palavra *hílasmos*, que possui tanto a conotação de propiciação quanto de expiação do pecado pela obra de Cristo na cruz. A palavra indica a reconciliação objetiva com toda a humanidade, no sentido de que a retirada de todas as barreiras legais entre a humanidade pecaminosa e Deus dá a condição para que a humanidade possa ser salva.

O que se entende pela expressão "retirada de todas as barreiras legais" (da maneira que foi utilizada pelos teólogos do passado, tanto do ramo calvinista quanto dos não calvinistas, no sentido que estou usando nesse texto também)? A retirada das barreiras legais na expiação de Cristo não corresponde à justificação, já que não existe nenhuma base legal para condenar uma pessoa por causa do seu pecado. A expiação e a justificação são duas coisas diferentes. Deus não pode salvar as pessoas simplesmente por um ato de sua vontade (voluntarismo).[49] A exigência justa da lei deve ser satisfeita para que Deus se dirija à humanidade com ofertas de misericórdia. Na cruz, Deus retirou essa necessidade legal, providenciando através disso um caminho justo para o perdão. Ele retira todas as coisas da sua parte que impediam a possibilidade de oferecer perdão de forma justa (Rm 3.21-26). O grande teólogo James Denney entendeu bem esse conceito:

A obra da reconciliação, no sentido do Novo Testamento, é uma obra completa... antes do evangelho ser pregado... É uma obra externa a nós, na qual Deus trata em Cristo com o pecado do mundo, de modo que não seja uma barreira entre Ele mesmo

---

[48] ARA: 7 vezes em Êxodo; 47 vezes em Levítico; 16 em Números; uma vez em Deuteronômio, 2 Samuel, 1 Crônicas, 2 Crônicas, Neemias e Salmos e 3 em Ezequiel. Na CSB e na ESV: 6 vezes em Êxodo; 47 em Levítico; 17 em Números; uma vez em 2 Samuel e 1 Crônicas; duas vezes 2 Crônicas; 6 vezes em Ezequiel.

[49] Voluntarismo designa qualquer sistema teológico ou de qualquer outra disciplina que atribui um papel mais proeminente à vontade do que ao intelecto.

e o homem... A reconciliação não se constitui em algo que está sendo feito; trata-se de algo que já foi realizado.⁵⁰

De modo parecido, James Pendleton afirma:

Até onde se referem as reivindicações da lei e da justiça, a expiação preveniu a ocorrência de qualquer obstáculo no caminho da salvação de todo pecador. Ao proporcionar uma base para o exercício da misericórdia para uma instância, traz igualmente a base para o exercício da misericórdia em inúmeras instâncias. Ela coloca o mundo, tomando emprestadas as palavras de Robert Hall, "em um estado passível de salvação". ... Deixa de haver entraves no caminho da salvação deles.⁵¹

Teremos a oportunidade de explicar isso com maiores detalhes mais adiante quando estudarmos a extensão da expiação.

PROPICIAÇÃO

Expiação também transmite a noção da propiciação, que destaca muito o significado secundário do verbo hebraico *kaphar* ("cobrir") e o significado principal da palavra grega *hilasmos*, é um ato originado no amor, na misericórdia e na graça de Deus, por onde sua santidade e sua justiça são demonstradas por meio do sacrifício substitutivo pelo pecado. O afastamento da ira de Deus contra os pecadores é endêmico no significado da palavra "propiciação" (Rm 1.18). O amor e a ira de Deus são aspectos compatíveis da sua natureza,⁵² e o conceito da propiciação nas

---

⁵⁰ ✤ James Denney, The Death of Christ: Its Place and Interpretation in the New Testament (London: Hodder & Stoughton, 1912), p. 145-46.
⁵¹ ✤ James M. Pendleton, Christian Doctrines: A Compendium of Theology (1878; reimpr., Valley Forge, PA: Judson Press, 2010), p. 242.
⁵² ✤ Veja Tony (Anthony N. S.) Lane, "The Wrath of God as an Aspect of the Love of God," em Nothing Greater, Nothing Better: Theological Essays on the Love of God, ed. Kevin J. Vanhoozer (Grand Rapids: Eerdmans, 2001), p. 138-67; e John C. Peckham, The Love of God: A Canonical Model (Downers Grove, IL: IVP Academic, 2015), p. 117-45.

Escrituras sempre inclui esses dois atributos.⁵³ A palavra "propiciação"⁵⁴ abrange dois aspectos da expiação: (1) A justiça de Deus é satisfeita, e sua ira contra o pecado e contra os pecadores é retirada. (2) O pecado é expiado de modo objetivo e a culpa é retirada.

Sempre onde existe pecado, existe a culpa – a culpa objetiva diante de Deus, já que o pecado é a violação da lei de Deus, e a culpa subjetiva no coração humano, devido à nossa responsabilidade pessoal pelo nosso pecado. Somos obrigados a guardar a lei de Deus, mas, por causa do nosso pecado, não temos o poder de fazer isso. Merecemos a condenação pelo nosso pecado. Além disso, o pecado faz separação, isto é, a quebra da comunhão entre Deus e a humanidade. O pecado implica em condenação daqueles que são culpados. A culpa exige castigo, por isso houve a provisão da cruz. O perdão é oferecido com base na cruz, que fundamenta o perdão divino do pecado.

Observe que a advocacia de Cristo diante do Pai está associada ao fato de que ele é a propiciação "pelos nossos pecados" (1 Jo 2.1-2). Sua morte na cruz satisfaz a justiça de Deus e aplaca a sua ira (veja também Romanos 3.25).⁵⁵

---

⁵³ ❖ O substantivo grego hilasmos aparece duas vezes no NT (1Jo 2:2; 4:10), já o substantivo grego *hilastērion* ("propiciatório, lugar de propiciação, ou propiciação") também aparece duas vezes (Rm 3.25; Hb 9.5). Na LXX, a forma verbal grega (hilaskomai) às vezes é usada para traduzir o verbo kaphar (Heb., "cobrir"). Para um estudo lexical detalhado do significado de "propiciação", veja BDAG, p. 473-74; TDNT, 3:300-23; DTNT, p. 362-66; EDNT, 2:185-86; e NIDNTTE, 2:531-41. Veja também Leon Morris, Apostolic Preaching of the Cross, 3ª ed. (Grand Rapids: Eerdmans, 1980).

⁵⁴ ❖ Muitas versões inglesas modernas do NT traduzem a palavra grega hilasmos ("propiciação") e seus termos derivados como "sacrifício expiatório" (e.g., NIV e CSB). A CSB anexa uma nota de rodapé explicando que a palavra grega significa "propiciação". A razão principal pela qual algumas traduções vertem o termo como "sacrifício expiatório" é o fato de que a palavra "propiciação" dificilmente é utilizada no vernáculo e não comunica tão bem com o público moderno como a expressão "sacrifício expiatório". As outras versões mantêm a tradução "propiciação" (e.g., ARA).

⁵⁵ ❖ Para um estudo breve e útil sobre a ira de Deus e a expiação, consulte Yang e Davis, Atonement and the Wrath of God", p. 154-167 (veja "Introdução", nº 46).

EXPIAÇÃO

O termo *expiação* contempla o significado básico de *kaphar* (heb. cobrir) e o significado secundário de *hílasmos* (gr. "retirada do pecado e o cancelamento do castigo com base no sacrifício substitutivo"). O destaque da expiação se relaciona com o efeito da reconciliação sobre o próprio pecado.

Portanto, no uso moderno, a expiação é algo efetuado por Deus por meio de Cristo na cruz, além de consistir em um ato de Cristo que é, de algum modo, oferecido a Deus (Hb 9.14). O objetivo final da expiação é a reconciliação dos pecadores com Deus (2 Co 5.14-21). Sob o ponto de vista objetivo, a reconciliação destaca a atitude divina para com os pecadores – isto é, ele está disposto a adiar o castigo do pecador por causa do pecado, enquanto subjetivamente Deus está disposto a se reconciliar com todos os pecadores que cumprirem sua condição que consiste na fé em Cristo.

A expiação de Cristo basicamente se trata de um ato de reconciliação entre Deus e a humanidade pecadora. Sherman descreve a expiação da seguinte forma: "No sentido mais básico, ela consiste na resposta para o problema humano. É a atividade de Deus Pai no Filho pelo Espírito Santo que vence a escravidão, ou desejo, orgulho, separação, distanciamento, alienação, mal ou limitação que se constitui em um abismo entre Deus e a humanidade, proporcionando a restauração do relacionamento verdadeiro e adequado entre eles".[56]

A SALVAÇÃO COMO REDENÇÃO E RECONCILIAÇÃO

Redenção e salvação são termos que indicam o que é concedido aos indivíduos com base na expiação de Cristo. A expiação é a base da redenção que é aplicada e da salvação; a redenção no sentido do perdão real dos pecados é resultado da expiação aplicada pelo Espírito Santo. Desde sua concepção, a expiação manifesta o amor de Deus pelos pecadores e satisfaz a justiça divina em tratar a questão

---

[56] Sherman, King, *Priest and Prophet*, p. 15 (veja "Introdução", nº 37).

do pecado. Desde o princípio, a redenção e a salvação se constituem nos benefícios concedidos àqueles que atendem à condição divina da salvação – o arrependimento do pecado e a fé em Cristo. A expiação foi um ato consumado na cruz; a redenção ocorre no momento em que a pessoa recebe os benefícios da expiação por meio da regeneração efetuada pelo Espírito Santo.[57] Às vezes, os teólogos usam a palavra "expiação" para se referir ao fato da reconciliação como ato consumado no sentido de ter sido finalmente executado na regeneração (isto é, se realiza a parte de Deus e a parte do indivíduo). Nesse sentido, a expiação inclui a obra anterior de Cristo na cruz combinada com a resposta humana de exercer fé em Cristo, que resulta em salvação. Não estarei usando o termo nesse sentido, salvo em observações que o especifiquem.

No sentido teológico, "expiação" simboliza a obra de Deus e de Cristo na cruz a favor da humanidade pecadora por meio da qual se efetua uma satisfação para o pecado a fim de proporcionar a reconciliação entre Deus e a humanidade. Isso foi o que Deus realizou por meio de Cristo para tirar o pecado, que se levanta como obstáculo ou barreira entre Deus e o homem. No uso moderno, a expiação se refere à satisfação, à propiciação e à reconciliação objetiva que Cristo conquistou na cruz; a satisfação pelo pecado foi alcançada, e assim todas as barreiras foram retiradas, exceto a inimizade que ainda reside no coração humano por meio da incredulidade. Esse é o significado do termo "expiação" que utilizo nesta obra.

Soteriologia é o termo teológico que define e descreve a obra de Cristo com respeito ao modo pelo qual ele salva, em contraste com

---

[57] Veja "Atonement," in *Cyclopaedia of Biblical, Theological, and Ecclesiastical Literature,* 12 vols., ed. John McClintock e James Strong (New York: Harper and Brothers, 1867-1887; reimpr., Grand Rapids: Baker, 1981), 1:516; Gerald O'Collins, "Redemption: Some Crucial Issues," em *The Redemption: An Interdisciplinary Symposium on Christ as Redeemer,* ed. Stephen T. Davis, Daniel Kendall, e Gerald O'Collins (Oxford: Oxford University Press, 2004), p. 5. Nos séculos anteriores, principalmente no século XIX, os teólogos utilizavam os termos "expiação" e "redenção" como sinônimos. Veja, por exemplo, Robert Lewis Dabney, *The Five Points of Calvinism* (Harrisonburg, VA: Sprinkle Publications, 1992), p. 60.

a Cristologia, que lida com a pessoa e a natureza de Cristo. "Na pessoa de Cristo habita a revelação de Deus, e na morte de Cristo reside a redenção do homem".[58] A cristologia e a soteriologia estão interligadas de forma bem complexa. A divindade e a humanidade de Cristo expressas na encarnação são fundamentais à obra da expiação efetuada na cruz. Anselmo disse de forma correta que o homem deve fazer o sacrifício pelos seus pecados porque ele é o ofensor, mas somente Deus pode fazer o sacrifício pelos pecados, já que foi ele que o exigiu. Jesus, como Deus e homem, é o único Salvador, em quem o dever e o poder são reunidos em uma única pessoa.[59]

Devemos situar a expiação dentro da esfera mais ampla da salvação. Como se relacionam as palavras "salvação" e "expiação", e qual a diferença entre elas? A palavra salvação abrange a gama de conceitos bíblicos utilizados para explicar o problema e a solução para o pecado do homem. "No discurso teológico, a 'doutrina da salvação' se refere à extensão das ações divinas ao renovar, remir e reconciliar a humanidade decaída".[60] A expiação se dirige especificamente ao meio da salvação; salvação abrange os resultados reais da expiação aplicados ao crente: justificação, reconciliação, redenção, etc. Dentro da soteriologia, "salvação" se constitui no termo mais amplo e se refere a todo o plano e a todo o processo por onde Deus reconcilia as pessoas consigo mesmo ao tratar o problema do pecado por meio da expiação de Cristo.[61]

Salvação é o que acontece às pessoas, e inclui conceitos bíblicos como arrependimento, fé, regeneração, justificação, reconciliação, ado-

---

[58] ❦ Hugh Dermot McDonald, *The Atonement of the Death of Christ: In Faith, Revelation, and History* (Grand Rapids: Baker, 1985), p. 18. "Cristo fez algo pelo homem por causa de quem ele era, e por causa de quem ele era, ele fez o que fez" (McDonald, p. 26).

[59] ❦ Anselmo, *Why God Became Man [Cur Deus Homo]*, em *A Scholastic Miscellany: Anselm to Ockham*, ed. e trad. Eugene R. Fairweather, LCC 10 (Philadelphia: WJK, 1956), 2.6, pp. 150-51.

[60] ❦ Lints, "Soteriology," p. 261 (veja "Introdução", nº 24).

[61] ❦ O substantivo "salvação" (*Gr. sōtēria*) ocorre 49 vezes no NT, aparecendo com uma frequência maior em Hebreus (7 vezes). O verbo "salvar" (*Gr. sōzō*) aparece 106 vezes. O substantivo próprio "salvador" (*Gr. sōtēr*) ocorre 24 vezes. Veja BDAG, p. 982-83; EDNT, 3:319-21.

ção, união com Cristo, santificação e glorificação. A Bíblia fala sobre a salvação em termos gerais que incluem três estágios diferentes, mas que se relacionam entre si: (1) a salvação do castigo do pecado é descrita como justificação e consiste em um ato consumado, em tudo o que se relaciona ao crente. (2) Santificação é uma atividade progressiva pela qual os crentes passam por um processo de serem conformes à imagem de Cristo, enquanto o poder de pecado vai sendo quebrado em sua vida. (3) Glorificação é o momento futuro no céu onde os crentes serão salvos até mesmo da presença do pecado em sua vida.

A expiação faz parte da salvação. Nem tudo o que se refere à salvação faz parte dela. Em contrapartida, a salvação se baseia na expiação, ou seja, a expiação é a base da salvação. O substantivo "salvação" dá a entender o ato de salvar alguém do pecado e o estado de graça resultante. Teologicamente falando, salvação denota a libertação da ira divina, do pecado e da morte espiritual, além da concessão da vida eterna ao pecador que crê em Jesus, incluindo toda sorte de bênçãos espirituais na terra e no céu.[62] O substantivo "expiação" se refere especificamente àquilo que Cristo alcançou na cruz com relação a Deus, ao homem, ao pecado, a Satanás e ao universo. Embora os termos sejam inter-relacionados, a palavra "expiação" deve ser diferenciada de termos como "salvação", "reconciliação" e "redenção".

É importante entender a conexão entre a salvação e a expiação. Não se pode separar a salvação do sacrifício e da satisfação que Cristo proporcionou a Deus na cruz. Para perdoar o pecado (trazer a salvação), Jesus precisa levar o pecado (efetuar a expiação). "Na Bíblia", como afirma James Denney, "levar o pecado é uma expressão inequívoca. Significa assumir a responsabilidade e receber as consequências: dizer que Cristo levou nossos pecados equivale exatamente a dizer que ele morreu pelos nossos pecados; isso não precisa nem admite outra interpretação".[63]

---

[62] Demarest, *The Cross and Salvation*, p. 27 (veja "Introdução", nº 15).
[63] Denney, *Studies in Theology*, p. 104 (see "Introduction", nº 10). "'Levar sua iniquidade' é uma expressão bem frequente no Antigo Testamento. Ela significa sofrer as consequências da sua iniquidade. Isso pode ser interpretado como uma referência a Levítico v. 1... que, quando as nossas iniquidades foram postas sobre Cristo, ele sofreu as consequências das nossas iniquidades.

Na expiação, "Deus em Cristo estava reconciliando consigo o mundo" (2 Co 5.19). Não existe teologia verdadeira que não seja centralizada na cruz, nem existe salvação fora da expiação. Somente na cruz ficamos sabendo quem é Jesus; só nela descobrimos como somos pecadores e exclusivamente por ela aprendemos no que consiste a redenção e a salvação.[64]

Pouquíssimas análises da expiação abordam outros aspectos teológicos que se concentram na mudança interna que acontece quando a expiação é aplicada ao crente. Essa mudança é baseada na cruz, mas não acontece na cruz. Todos os aspectos da salvação são atos que devem ser diferenciados do ato da expiação. As Escrituras empregam muitos termos e expressões diferentes para descrever a expiação de Cristo e a aplicação que foi conquistada para os crentes. Dentre elas, destacamos:

- salvação (Lc 2.30; At 4.12)
- redenção (Ef 1.7; 1Pe 1.18; Ap 5.9)
- regeneração (Tt 3.5)
- justificação (Rm 5.9)
- santificação (Hb 2.11; 10.10, 14; 13.2)
- glorificação (Rm 8.30)
- adoção (Rm 8.15; Gl 4.5)
- vida eterna (Jo 3.16)
- aceitação diante de Deus (Ef 2.13)
- acesso a Deus (Hb 10.19)
- paz com Deus (Cl 1.20)
- purificação do pecado (Hb 9.14)
- vitória (Ap 12.11)

Ele levou nossos pecados no sentido de levar o castigo da lei que violamos" (Pendleton, *Christian Doctrines*, p. 225).

[64] McDonald, *The Atonement of the Death of Christ*, p. 25. "Quanto mais mantenho a cruz nos olhos da minha mente, pareço entender com uma clareza bem maior o quanto ela é completa. Quanto mais mantenho a cruz nos meus pensamentos, cada vez mais tenho a convicção de que existe muito mais a aprender ao pé da cruz do que em qualquer outro lugar do mundo" (J. C. Ryle, "The Cross of Christ," em *Old Paths*, 2ª ed. [London: William Hunt and Company, 1878], p. 252).

LINGUAGEM SACRIFICIAL

A natureza sacrificial da expiação começa com o AT. Vários sacrifícios são descritos na antiga aliança: o holocausto, a oferta de manjares, a oferta pacífica, o sacrifício pelo pecado e a oferta pela culpa. O Dia da Expiação era a oferta sacrificial anual mais importante, e era celebrada pelo sumo sacerdote. A questão é se os sacrifícios do AT garantiam a graça e o perdão divinos ou simplesmente declaravam que este era o caso. De acordo com aqueles que optam pelo segundo conceito, os sacrifícios não tinham tanto o propósito de alcançar o perdão de Deus, mas sim de conservá-lo.[65] No entanto, a maioria tem interpretado os sacrifícios do AT como o método que Deus utilizou para remover a barreira do pecado e restaurar o relacionamento pactual com as pessoas.[66]

O NT geralmente usa a linguagem sacrificial para descrever a expiação. Por exemplo, a exclamação de João Batista: "Eis o Cordeiro de Deus" (Jo 1.29) se refere a Jesus como o cordeiro pascal. O Evangelho de João associa bem claramente a morte de Jesus com o sacrifício dos cordeiros da Páscoa (19.14). De modo parecido, Paulo apresenta a morte de Cristo com uma linguagem sacrificial (1Co 6.20; 7.23; Gl 3.13; 4.5). Essa linguagem prevalece no livro de Hebreus, com seu destaque no Dia da Expiação (Hb 9-10) e na nova aliança como um sacrifício de testamento (Hb 7.22; 8.6; 9.15).

Os escritores do NT deixam bem claro que a morte de Cristo foi um sacrifício pelos pecados. Isso é demonstrado de forma clara nos relatos da Ceia do Senhor nos Evangelhos. Paulo também confirma a natureza sacrificial da morte de Cristo por meio de suas várias referências à morte de Cristo como "sacrifício" e ao "sangue" de Cristo. Encontramos também a mesma aplicação nas Epístolas Gerais.

---

[65] ❦ John Seldon Whale, *Victor and Victim: The Christian Doctrine of Redemption* (Cambridge: Cambridge University Press, 1960), p. 52.
[66] ❦ Veja Robert H. Culpepper, *Interpreting the Atonement* (Grand Rapids: Eerdmans, 1966), p. 24.

LINGUAGEM DA REDENÇÃO

A expiação também é mencionada com relação à "redenção". Os escritores do Novo Testamento empregam quatro termos gregos diferentes para redenção:

1. *Agorazō* é um termo comercial que descrevia originalmente o ato de efetuar uma compra no mercado. Essa palavra aparece em 1Coríntios 6.20; 7.23; 2Pedro 2.1; Apocalipse 5.9; 14;3-4.
2. *Exagorazō* – O prefixo preposicional dessa palavra ("ex-") indica a compra com um preço que liberta. Essa palavra é usada em Gálatas 3.13: 4.5.
3. *Lutroō* tem a conotação do ato de liberar por meio de pagamento de um preço de resgate. A palavra aparece em Lucas 24.21; Tito 2.14; 1Pedro 1.18. O substantivo *lutron* aparece em dois textos fundamentais do Evangelho – Mateus 20.28 e Marcos 10.45. A forma substantiva *lutrosis* aparece três vezes – em Lucas 1.68; 2.38 e Hebreus 9.12.
4. *Apolutrōsis,* forma da mesma família de *lutroō*, significa efetuar a libertação pelo pagamento de um resgate.[67] Esse termo aparece em Lucas 21.28; Romanos 3.24; 8.23; 1Coríntios 1.30; Colossenses 1.14 e Hebreus 9.15.

Por várias vezes nas Escrituras, a linguagem da redenção é usada "em termos gerais para indicar a libertação (no caso, da lei) conquistada por Jesus, mas sem estender a analogia à redenção secular além do sentido relacionado a preços de resgate específicos".[68] A redenção no NT dá a entender um estado de libertação mediante pagamento de um preço de resgate. Surge imediatamente a pergunta: para quem é pago o resgate? Alguns dentre os pais da igreja primitiva sugeriram que o resgate tinha sido pago a Satanás, mas essa posição acabou sendo corretamente abandona-

---

[67] ❧ Veja *BDAG*, p. 605-606; *EDNT*, 2:364–66.
[68] ❧ Tuckett, "Atonement in the NT," 1:521 (veja "Introduction", nota 23).

da. Outros sugerem que o resgate foi pago a Deus. Forde está certo ao afirmar: "O Novo Testamento não mostra nenhum interesse na questão sobre para quem seu sacrifício deve ter sido feito".[69]

Na teologia protestante, às vezes, "expiação" e "redenção" são usados como sinônimos. A Confissão de Westminster, por exemplo, fala sobre os eleitos que "caíram em Adão" terem sido "remidos por Cristo" onde o contexto deixa claro que se refere à expiação.[70]

RECONCILIAÇÃO

Reconciliação (gr. *apokatalassō*) é um termo fundamental do NT que expressa o propósito final de Deus para a humanidade quanto à expiação. O substantivo (*katalaggē*) denota o restabelecimento de um relacionamento interrompido ou desfeito. As formas verbais (gr. *katallassō* e *apokatallassō*) denotam "reconciliar; trocar a hostilidade por um relacionamento amistoso".[71] Paulo usa o substantivo em duas passagens básicas sobre a expiação: Romanos 5.10-11 e 2Coríntios 5.18-20. Ele emprega seis vezes as formas verbais, cinco em passagens sobre a expiação (*katallassō* em Romanos 5.10-11 e 2Coríntios 5.18-20 e *apokatallassō* em Efésios 2.16 e Colossenses 1.20-22). O próprio Deus é o sujeito no ato da reconciliação em 2Coríntios 5.18-19. Depois de destacar que Deus primeiro "nos re-

---

[69] Gerhard O. Forde, "Seventh Locus: The Work of Christ," em *Christian Dogmatics,* ed. Carl E. Braaten e Robert W. Jenson, 2 vols. (1984; reimpr., Philadelphia: Fortress, 2011), 2:89. De modo parecido, Douglas J. Moo escreve, "Se ainda fizermos a pergunta: 'A quem foi pago o "resgate"?, não fica claro que precisemos responder isso" (Douglas J. Moo, Romans 1-8, Wycliffe Exegetical Commentary [Chicago: Moody Press, 1991], 230). O'Collins concorda: "Mas em nenhum lugar o NT fala que esse 'preço' ou 'resgate' é pago a alguma pessoa em particular (e.g., a Deus) ou a algo (e.g., a lei)" (O'Collins, "Redemption," 8). Thiselton chama a pergunta sobre a quem é pago o preço do resgate de "**pergunta falsa**" (Anthony C. Thiselton, The Hermeneutics of Doctrine [Grand Rapids: Eerdmans, 2007], p. 323). Quanto a essa pergunta e sua consequência sobre a natureza da Trindade veja Rutledge, The Crucifixion, p. 294-99 (veja "Introdução", nº 41).
[70] "*A Confissão de Fé de Westminster*", 3.6.
[71] BDAG 521; *TDNT,* 1:251-59; *DTNT* 40-42; *EDNT* 1:62, 307; *NIDNTTE* 1:145-76; 1:242-49.

conciliou consigo mesmo" (2Co 5.18), Paulo passa a exortar seus leitores a "se reconciliarem com Deus" (v. 20). Deus age de forma unilateral na expiação, de modo que a reconciliação se constitui em dom da sua parte (v. 18).

Segundo 2Coríntios 5.18-20, a reconciliação deve ser entendida tanto objetiva quanto subjetivamente. Objetivamente, a morte de Cristo reconcilia o mundo com Deus (v. 19). Subjetivamente, os indivíduos são reconciliados com Deus quando se arrependem e creem no evangelho (v. 20). Todo o mundo é reconciliado objetivamente com Deus no sentido que a expiação de Cristo retirou todas as barreiras legais (Cristo satisfez todas as exigências da lei) e deu condição para que as pessoas pudessem ser salvas (v. 19). Isso será analisado na próxima seção.

SATISFAÇÃO

Os teólogos usam o termo "satisfação" no sentido da provisão da expiação como satisfação ou propiciação pelo pecado. Essa palavra não é utilizada nas traduções modernas do NT, mas aparece duas vezes na KJV no sentido de expiar o pecado (Nm 35.31-32). Desde Anselmo, os teólogos, especialmente a partir da Reforma até o século XIX, usam normalmente a palavra "satisfação" para descrever a obra de Cristo na cruz com relação ao pecado. A morte de Cristo satisfaz tanto a lei de Deus quanto a ira de Deus.

UNIDADE E DIVERSIDADE

Dentro do NT, existe uma unidade dentro da diversidade no que diz respeito à expiação. A diversidade se faz clara devido ao fato de que a expiação às vezes é tratada objetivamente com relação a Deus e subjetivamente com relação ao mundo e/ou ao crente. Às vezes o destaque está no mundo, às vezes, na igreja, e às vezes nos crentes individualmente (e.g., Gl 2.20). Objetivamente, a expiação é um acontecimento único e definitivo. Subjetivamente, a expiação é aplicada ao crente quando crê em Cristo.[72] No primeiro aspecto,

---

[72] Não estou levando em conta, nesse ponto, a aplicação da expiação aos bebês e às criancinhas que morrem. Para analisar essa questão, veja Adam

trata-se de um acontecimento único, mas no segundo se refere a uma ocorrência repetitiva. A unidade é clara no fato de que Deus providencia a expiação, Cristo a conquista na cruz, e o Espírito Santo aplica a expiação a todo o que crê.

Uma boa definição de trabalho de "expiação" vem das mãos do teólogo sistemático batista A. H. Strong: "A morte de Cristo é um sacrifício vicário, previsto pelo amor de Deus com o propósito de satisfazer uma exigência interna da santidade divina, e da retirada de um objeto na mente divina para a renovação e o perdão dos pecadores".73 O teólogo sistemático metodista Thomas Oden se expressa da seguinte forma: *"Cristo sofreu em nosso lugar para satisfazer a exigência radical da santidade de Deus, e também para retirar o obstáculo ao perdão e à reconciliação daquele que é culpado. Tudo o que a santidade de Deus exige, o amor de Deus providencia na cruz".*74

O teólogo católico Hans Urs von Balthasar resume de modo útil as cinco características principais da expiação no Novo Testamento:

1. O Filho entrega sua vida "por nós".
2. O Filho entrega sua vida por nós tomando o nosso lugar.
3. O Filho nos salva de algo (nos liberta).
4. O Filho nos salva para a participação na vida de Deus.
5. O Filho conquista isso por obediência ao Pai, que iniciou todo esse processo com base em seu amor.75

Harwood e Kevin Lawson, eds., *Infants and Children in the Church: Five Views on Theology and Ministry* (Nashville: B&H Academic, 2017).

73 ❦ Augustus H. Strong, Teologia Sistemática, 2 vols., São Paulo: Ed. Hagnos, 2018.

74 ❦ Thomas Oden, Systematic *Theology*, vol. 2, The Word of Life (San Francisco: HarperCollins, 1992), 2:349; [destaque do autor].

75 ❦ Hans Urs von Balthasar, *Theo-Drama: Theological Dramatic Theory*, vol. 4, The Action (San Francisco: Ignatius Press, 1994), p. 241-43.

II
A EXPIAÇÃO NO ANTIGO TESTAMENTO

No AT, Deus é o único Salvador de Israel e do mundo (Is 43.11; 45.15, 21). Deus instituiu a lei mosaica com todo o seu sistema sacrificial e sacerdotal para Israel. Deus exigiu de Israel um sistema sacrificial no qual o conceito básico de expiação era uma cobertura do pecado por meio de sacrifícios. Embora o significado exato de "sacrifício" no AT nunca seja explicado, ele fica subentendido por toda a sua extensão.[76]

SUBSTITUIÇÃO

A substituição é o fator essencial dos sacrifícios do AT.[77] Isso se percebe pelo menos de duas maneiras. Em primeiro lugar, o ofertante às vezes é representado pela oferta, que é vista como um substituto. Esse é o caso de todas ofertas de animais pelo pecado, por exemplo.

---

[76] ❧ Veja Derek Kidner, *Sacrifice in the Old Testament* (London: Tyndale Press, 1952).

[77] ❧ O sacrifício e a substituição são ensinados de forma clara no AT. Veja Patrick Fairbairn, *The Typology of Scripture*, 2 vols. (Grand Rapids: Kregel, 1989), 1:209-23; e Johann Heinrich Kurtz, *Sacrificial Worship of the Old Testament,* trad. James Martin (Edinburgh: T&T Clark, 1863), p. 120.

Em outros casos, o animal a ser ofertado é substituído por outra coisa. De qualquer modo, a substituição é de suma importância. A ideia da substituição aparece de forma mais plena quando alguém oferece uma outra vida no lugar da sua. Percebemos que são deduzidos três princípios a partir dos sacrifícios do AT:

1. O sacrifício é oferecido a Deus, que é santo.
2. O sacrifício é uma substituição por parte do inocente com relação ao culpado.
3. A imposição de mãos da parte do ofertante indica substituição por incorporação.[78]

Logo, os sacrifícios do Antigo Testamento, quando eram oferecidos de forma correta, envolviam uma consciência de pecado por parte do adorador, a apresentação de uma vítima para expiar o pecado, a imposição de mãos do ofertante sobre a cabeça da vítima, a confissão de pecado por parte do ofertante, o abate do animal, a aspersão ou o derramamento do sangue sobre o altar, revertendo em perdão do pecado e aceitação para o adorador. A oferta pelo pecado e o bode emissário do grande Dia da Expiação simbolizavam de forma mais clara as duas ideias principais do sacrifício, que consistem na satisfação e na substituição, além da retirada do pecado que ele proporciona daqueles em favor dos quais o sacrifício foi oferecido.[79]

O caráter substitutivo do sacrifício já se faz evidente em Gênesis 22, onde o carneiro é sacrificado no lugar de Isaque. A morte vicária e substitutiva de um animal no lugar de uma pessoa é expressa em Gênesis 22.13 – "em lugar de seu filho". Dois princípios ficam claros nesse texto: (1) a rejeição divina do sacrifício humano combinado com a sanção divina do sacrifício em geral, no qual Deus ordenou a Abraão para oferecer um sacrifício; (2) a aceitação do sacrifício animal como substituto da vida do ser humano. A substituição é explicada de forma mais profunda nas três passagens principais onde se aborda a expiação no AT: Êxodo 12, Levítico 16 e Isaías 53.

---

[78] Strong, *Systematic Theology*, 2:723 (veja cap. 1, nº 26).
[79] Strong, 2:725.

ÊXODO 12: A PÁSCOA

A primeira páscoa é registrada em Êxodo 12. O termo Páscoa vem da tradução de Êxodo 12.13: "Vendo eu o sangue, passarei por cima de vós". Na véspera da saída do Egito, Deus disse ao povo de Israel para imolar o cordeiro da Páscoa e espargir o sangue sobre os umbrais da porta da casa. Quando o anjo da morte observava o sangue nos umbrais, ele "passava" sobre essa casa e o filho primogênito que morava nela era poupado. Um cordeiro tinha que ser morto para que os habitantes dessa casa estivessem seguros. Essa morte era vista como substituto para os primogênitos de Israel. A consagração dos primogênitos funcionava como lembrete da primeira Páscoa para Israel, principalmente do seu aspecto substitutivo (Êx 13.11-16).

Todos os escritores dos evangelhos sinóticos associam a Última Ceia de Jesus à Páscoa, tanto com respeito à época quanto ao aspecto simbólico (e.g., Mc 14.13-24).[80] Paulo estabelece essa conexão quando se refere a Cristo como "Cristo, nossa páscoa [que] já foi sacrificado" (1Co 5.7). Pedro também faz essa associação quando diz que somos "resgatados... com precioso sangue, como de um cordeiro sem defeito e sem mancha, o sangue de Cristo" (1Pe 1.18-19).

Existem várias comparações importantes entre a Páscoa do AT e a Última Ceia. Em primeiro lugar, a refeição da comunhão era feita pela família. Jesus participou dessa refeição com seus discípulos na véspera da crucificação. Um segundo aspecto é que a Páscoa original aconteceu na véspera do êxodo. Havia uma urgência para sair do Egito e viajar para a terra prometida. Lucas descreve a morte de Jesus como um "êxodo" (Lc 9.31). O terceiro aspecto é que o sangue do cordeiro espargido nos umbrais os protegia do anjo da morte e trazia "salvação" aos primogênitos. O sangue de Cristo derramado na cruz é um holocausto que traz salvação a todos sobre o qual é aplicado.

---

[80] Veja a análise em Steve Jeffery, Michael Ovey, e Andrew Sach, *Pierced for Our Transgressions: Rediscovering the Glory of Penal Substitution* (Wheaton, IL: Crossway, 2007), p. 38-41.

ÊXODO 24: AS OFERTAS DA ALIANÇA[81]

A fundação das ofertas da aliança mosaica se encontra em Êxodo 24. Nessa passagem, pela primeira vez nas Escrituras, menciona-se a importância do sacrifício da aliança. Deus ensina Israel que deve ser buscado por meio de um sacrifício da aliança. A adoração verdadeira a Deus deve ser baseada na expiação do pecado. O sacrifício da aliança e a importância do derramamento de sangue ficam estipulados na passagem de Êxodo 24.5. A substituição do adorador pelo animal indica que o sacrifício era vicário e penal. A morte do animal, simbolizado pelo sangue derramado, tornou-se o meio pelo qual o pecado era expiado e perdoado.[82]

Duas posições foram propostas sobre se os sacrifícios do AT devem ser entendidos como a obtenção ou a preservação do perdão de Deus. Alguns interpretaram que os sacrifícios eram declaratórios e retentores. De acordo com essa posição, os sacrifícios não eram oferecidos para obter a misericórdia e o perdão de Deus, mas sim para retê-los. Outros entendem que os sacrifícios se constituem no caminho escolhido por Deus para remover a barreira do pecado e restaurar a comunhão no contexto da aliança.[83]

LEVÍTICO 16: O DIA DA EXPIAÇÃO

A expiação, enquanto sacrifício, está associada a quatro coisas no AT: ao pecado, à culpa, ao perdão e à purificação. A terminologia hebraica usada para descrever as ofertas que Deus iniciou na lei mosaica, culminando no dia mais importante do ano, o Dia da Expiação (*Yom Kippur*), exemplifica a natureza da expiação como sacrifício. A passagem principal que descreve o ritual é a de Levítico 16. Nesse dia, o sumo sacerdote entrava no Santo dos Santos no taber-

---

[81] O AT descreve cinco ofertas importantes: o holocausto (Lv 6.8-13), a oferta de cereais (Lv 6.14-23), a oferta pacífica ou de comunhão (Lv 7.11-18), a oferta pelo pecado (Lv 6:24-30), e a oferta pela culpa ou pela transgressão (Lv 5.1-13).

[82] Kurtz, *Sacrificial Worship of the Old Testament*, p. 102-09. Apesar de ser antiga, a obra de Kurtz se constitui em um estudo excelente sobre os sacrifícios do Antigo Testamento.

[83] Garrett, *Systematic Theology*, 2:9 (veja "Introdução" nº 21).

náculo (posteriormente no templo) para expiar os pecados de toda a nação de Israel por meio do sangue derramado de um sacrifício. Feinberg descreve os detalhes do Dia da Expiação:

Embora muitos ritos adicionais tenham sido acrescentados no decorrer dos séculos, a descrição básica do Dia da Expiação original é a do capítulo 16 de Levítico. Todas essas cerimônias complexas e detalhadas se concentravam no objetivo da expiação completa por meio de um sacrifício. Primeiramente, o sumo sacerdote tirava suas vestimentas oficiais, feitas para beleza e glória, e se vestia de linho branco como símbolo de arrependimento durante o cumprimento das tarefas do dia. Em seguida, ele oferecia um novilho como oferta pelos sacerdotes e por si mesmo. Tendo feito isso, ele entrava no Santo dos Santos com um incensário com brasas vivas do altar de incenso, enchendo a área de incenso. Ele aspergia o sangue do novilho sobre o propiciatório e sobre o chão diante da arca da aliança. Depois lançava sortes sobre os dois bodes ofertados pela nação, levando o sangue para dentro do véu e aspergindo da mesma forma anterior, efetuando a expiação até mesmo pelo Lugar Santo. Ele confessava os pecados da nação diante do bode vivo enquanto impunha as mãos sobre ele. Por fim, ele enviava o bode vivo, chamado de bode expiatório, ao deserto. De forma simbólica, ele levava para longe os pecados do povo. Então, o sumo sacerdote se vestia com seu traje costumeiro e oferecia um holocausto por si mesmo e outro pelo povo com a gordura da oferta pelo pecado. Fora do campo, a carne do novilho e a carne do bode eram queimadas.[84]

O NT esclarece que essas ofertas nunca tiveram a intenção de providenciar uma expiação final pelo pecado. "Porque é impossível que o sangue de touros e de bodes tire pecados" (Hb 10.4). A inadequação das ofertas do AT de tirar o pecado acontece por causa do seu caráter transitório e preparatório. "Porque a lei, tendo a sombra dos bens futuros, e não a imagem exata das coisas, não pode nunca, pelos mesmos sacrifícios que continuamente se oferecem de ano em ano, aperfeiçoar os que se chegam a Deus". (Hb 10.1).

---

[84] Charles Feinberg, "Atonement, Day of," em *Baker Encyclopedia of the Bible*, 2 vols., ed. Walter A. Elwell (Grand Rapids: Baker, 1988), 1:233.

O ritual do bode expiatório no Dia da Expiação demonstra a expiação substitutiva. Como destacam Jeffrey, Ovey e Sach: "A partir do princípio de que uma pessoa se mantém viva que de outro modo estaria morta, e um animal morre que de outro modo permaneceria vivo, necessariamente se trata de uma substituição".[85] Quando Levítico 16.22 fala do bode expiatório como agente que leva "sobre si todas as iniquidades deles", o significado da expressão hebraica depende em parte do sujeito do verbo, que no caso é o "bode". Quando o sujeito é Deus, a expressão significa "perdoar o pecado" como em Números 14.18. O bode expiatório não leva somente *a culpa* das pessoas, mas também *o pecado* das pessoas, e faz isso por meio da substituição, levando a culpa e o pecado *no lugar* das pessoas.[86]

Em resumo, o sistema sacrificial levítico, incluindo o Dia da Expiação que tinha um caráter central, exemplifica a natureza substitutiva e propiciatória da expiação que era providenciada para o povo. Os dois animais faziam parte do ritual do Dia da Expiação. O primeiro era morto de forma sacrificial. O derramamento de sangue simbolizava o meio necessário da expiação (propiciação/satisfação). O ritual do bode expiatório simbolizava o efeito da expiação: a remoção da culpa e o perdão.

USO DA PALAVRA HEBRAICA *KIPPER* ("COBRIR")

A palavra principal para "expiação" no AT é o verbo hebraico *kipper* ("fazer expiação", construção piel do verbo *kaphar*), que aparece dezesseis vezes só no capítulo 16 de Levítico (vv. 6, 10-11, 16-18, 20, 24, 27, 30, 32-34). A palavra dá a entender uma "cobertura", e, quando se aplica a contextos de expiação, refere-se a cobrir a culpa do pecado (ou a mancha de alguma "impureza ritual" que não se constitua necessariamente em um pecado). Jeffery, Ovey e Sach resumem quatro significados possíveis para *kipper*, nenhum dos quais necessariamente excluem os outros.[87] Em primeiro lugar, quando

---

[85] Jeffery, Ovey, e Sach, *Pierced for Our Transgressions*, p. 49.
[86] Jeffery, Ovey, e Sach, p. 49-50. Veja também Garry J. Williams, "The Cross and the Punishment of Sin", em *Where Wrath and Mercy Meet: Proclaiming the Atonement Today*, ed. David Peterson (Carlisle: Paternoster, 2001), p. 68-81.
[87] Jeffery, Ovey, e Sach, *Pierced for Our Transgressions*, p. 44-48. Para uma aná-

Deus é o sujeito, *kipper* pode significar "perdoar". No entanto, em alguns textos, *kipper* se distingue do perdão e é um pré-requisito para que ele aconteça (Lv 4.20, 26, 31; 19.22; Nm 15.25). Mesmo assim, a noção de perdão é importante. Em segundo lugar, a palavra pode ter a conotação de "purificação" como em Levítico 16.30.[88] Um terceiro significado de *kipper* pode ser de "resgate", como ocorre com a palavra cognata *kopher* (e.g., Êx 30.12). No ritual do Dia da Expiação, a vida humana é substituída pela vida do animal. O quarto significado pode ser referir ao afastamento da ira de Deus.[89]

A oferta sacrificial (o derramamento de sangue) aplaca a ira de Deus, expia a culpa do pecado e efetua a reconciliação. A palavra *kipper* inclui a noção de propiciação, expiação, purificação e reconciliação.[90] Em Êxodo 30.12, 15, e Números 35.31-33, o substantivo *kopher* se refere ao preço pago pelo perdão do pecado. A

---

lise mais detalhada, veja David Peterson, "Atonement in the Old Testament", em *Where Wrath and Mercy Meet: Proclaiming Atonement Today*, ed. David Peterson (Carlisle: Paternoster, 2001), p. 1-25; e a obra fundamental de Morris, *The Apostolic Preaching of the Cross*, p. 160-178 (veja cap. 1, nº 6).

[88] Veja Jay Sklar, "Sin and Impurity: Atoned or Purified? Yes!" em *Perspectives on Purity and Purification in the Bible*, ed. Baruch J. Schwartz, David P. Wright, Jeffrey Stackert, e Naphtali S. Meshel (New York: T&T Clark, 2008), p. 18-31; Sklar, Sin, Impurity, Sacrifice, Atonement: The Priestly Conceptions, Hebrew Bible Monographs 2 (Sheffield: Sheffield Phoenix Press, 2015). Sklar demonstra que o hebraico kipper reúne tanto o elemento da expiação como resgate quanto a noção da purificação (p. 183–87). O sangue do sacrifício tem o poder tanto de expiar pelo pecado quanto purificar o pecador. Embora o pecado e a impureza não possam ser sempre igualados, os dois são relacionados entre si. A impureza sempre faz parte do pecado, mas nem sempre a impureza é fruto do pecado.

[89] "*Quando lutron [gr.] é traduzido por kopher [heb.], sempre dá a entender um dom vicário ou substitutivo que compensa a dívida; a dívida não é simplesmente cancelada*" (Otto Procksch, "The *Lutron* Word-Group in the Old Testament," em *TDNT*, 4:329).

[90] Confira a obra importante de Paul Garnet, "Atonement Constructions in the Old Testament and the Qumran Scrolls," *EQ* 46 (1974): p. 131-63. Ele conclui que a palavra hebraica kipper inclui o significado de "propiciação" porque se relaciona particularmente com a remoção da culpa e do castigo do pecado, inclusive com a mudança de atitude de Deus com relação ao pecador.

tampa sobre a arca da aliança localizada no Santo dos Santos é o kapporet (heb., gr. *hilastērion*), chamado de "propiciatório". Era feita de ouro com a parte superior esculpida na forma de dois querubins com asas estendidas sobre a arca (Êx 25.17-22). Sobre esse "propiciatório", o sumo sacerdote aspergia o sangue do sacrifício no Dia da Expiação, efetuando o perdão dos pecados da nação de Israel.

O conceito da expiação também se expressa de forma clara e resumida em Levítico 17.11: "Porque a vida da carne está no sangue; pelo que vo-lo tenho dado sobre o altar, para fazer expiação pelas vossas almas; porquanto é o sangue que faz expiação, em virtude da vida". Com base na expiação, os pecadores culpados podiam experimentar o perdão e um relacionamento restaurado com Deus. Em Levítico 4.4, 15, 24, 29, o indivíduo se identificava com o animal sacrificado impondo as mãos sobre a cabeça dele. O animal foi morto, simbolicamente tomando o lugar do pecador.

O SALMO 22

Jesus usou as palavras do salmo 22 enquanto estava na cruz. O seu uso do primeiro verso desse salmo quando bradou por causa do abandono do Pai está registrado em Mateus 27.46: "Deus meu, Deus meu, por que me desamparaste?". A importância messiânica do salmo 22 é tema de vários debates. Será que o sofrimento ali expresso se refere ao sofrimento de Davi ou se refere a Israel como um todo? Os estudiosos judeus, juntamente com muitos especialistas cristãos, não veem referência alguma neste salmo além de Davi ou Israel. No entanto, existem três boas razões para ver o salmo 22 como uma referência profética ao sofrimento de Cristo na cruz: (1) a expressão dos detalhes do sofrimento, (2) o modo pelo qual alguns desses detalhes descrevem o que Cristo sofreu na cruz segundo os relatos do NT, e (3) o fato de que Cristo recorreu a esse salmo sobre a cruz para expressar seu brado de desamparo. Como Patterson afirma,

A possibilidade de haver duas formas de se entender o salmo ganha credibilidade por causa das pessoas envolvidas na crucificação cujo comportamen-

to parece ser predito no salmo 22. Os romanos lançaram sortes pela túnica de Jesus (Sl 22.18), e os judeus hostis gritaram que, já que Jesus confiou em Deus, ele deveria resgatá-lo (Sl 22.8). Mesmo que a tradução do versículo 16: "transpassaram-me as mãos e os pés" seja descartada ou tenha sua aplicação negada à narrativa da paixão, é suficiente para justificar sua importância messiânica atribuída à passagem por muitos comentaristas.[91]

As provas sugerem que o salmo 22 se trata de um salmo messiânico prevendo o sofrimento de Cristo na cruz.

ISAÍAS 52.13-53.12[92]

Por muitos motivos, Isaías 53 é o texto principal do AT com referência à expiação. A quarta Canção do Servo se encontra em Isaías 52.13-53.12. Essa passagem é composta de cinco parágrafos: 52.13-15; 53.1-3; 53.4-6; 53.7-9; e 53.10-12. Voltarei minha atenção principalmente a Isaías 53.4-6 e 10-12, já que esses são os versículos mais relevantes para o tema.

Quem é o Servo Sofredor de Isaías 53? O profeta nunca revela isso. O que parece óbvio é que ele não pode ser identificado com um ente coletivo como a nação de Israel. O Servo foi identificado com pelo menos dezesseis indivíduos diferentes, inclusive com o próprio profeta Isaías. Se usarmos os óculos do NT, obviamente não identificaremos o Servo de Isaías com outra pessoa além de Jesus Cristo. Os escritores do NT citam e se referem a Isaías 53, interpretando o texto como se referindo a Jesus. Várias afirmações específicas que são feitas nesse texto com relação ao Servo Sofredor se comparam com a vida e a morte de Jesus. Oswalt destaca de forma correta que esses pontos de contato "são tantos que não há como se tratarem de coincidências".[93]

---

[91] Paige Patterson, "The Work of Christ," em *A Theology for the Church*, ed. rev., ed. Daniel L. Akin (Nashville: B&H Academic, 2014), p. 447.

[92] Parte desse material aparece no capítulo de minha autoria do livro "Substitutionary Atonement and Cultic Terminology in Isaiah 53," em *The Gospel According to Isaiah 53*, eds. Darrell L. Bock e Mitch Glaser (Grand Rapids: Kregel, 2012), 171-89.

[93] John N. Oswalt, *The Book of Isaiah: Chapters 40-66*, NICOT (Grand Rapids:

Embora o Servo seja uma pessoa distinta de Javé, algumas afirmações que são feitas sobre ele o conferem um status divino. Em Isaías 52:13, por exemplo, diz-se que ele é "exaltado, e elevado, e mui sublime". Essa expressão em hebraico só é usada em três outras passagens em todo o AT, todas elas no livro de Isaías (6.1; 33.10 e 57.15). Em cada uma delas, a expressão se refere a Javé. Groves interpreta que essas informações indicam que "os próprios lábios de Javé declararam que o Servo devia ser identificado com o próprio Javé".[94]

Em Isaías 53.4-6, a quem se referem os pronomes "nos", "nós" e "nossas"? Provavelmente, Isaías deixou de determinar a quem eles se referiam de propósito. À primeira vista, podemos estar certos de que Isaías esteja se referindo a si mesmo em conjunto com todo o povo de Israel.[95] No entanto, Isaías 42.6 e 49.6 indicam que o ministério do Servo Sofredor não se limita somente ao povo de Israel. Além disso, ele também é apresentado como luz de todas as nações. Logo, à luz do contexto, o uso de "nos", "nós" e "nossas" parece incluir todas as pessoas.[96]

Será que o Servo sofre por causa dos pecados do povo de Israel (ou das nações), ou será que sofre no lugar dessas pessoas? Aqueles que, à maneira de Orlinsky e Whybray, assumem a primeira posição,[97] afirmam que Israel já sofreu, portanto o Servo não pode sofrer por Israel. Tudo o que pode fazer é participar do sofrimento do povo. A maioria das pessoas que mantém essa

---

Eerdmans, 1998), p. 407-408. "Quatro pressupostos explicam o sofrimento de Cristo: ele sofreu verdadeiramente, voluntariamente, inocentemente e significativamente por permissão divina. A doutrina adequada da cruz exige que todos esses quatro pontos sejam observados juntos" (Oden, Systematic Theology, 2:322 [veja cap. 1, nº 27]).

[94] J. Alan Groves, "Atonement in Isaiah 53", em *The Glory of the Atonement: Biblical, Theological & Practical Perspectives,* ed. Charles E. Hill e Frank A. James III (Downers Grove, IL: IVP Academic, 2004), p. 81.

[95] Oswalt, *The Book of Isaiah: 40-66,* p. 384.

[96] Oswalt, p. 384.

[97] Roger N. Whybray, *Thanksgiving for a Liberated Prophet: An Interpretation of Isaiah Chapter 53,* JSOTSS 4 (Sheffield: JSOT Press, 1978); Harry M. Orlinsky, *Studies on the Second Part of the Book of Isaiah,* VTS 14 (Leiden: Brill, 1967).

posição interpretam o Servo como sendo ou o profeta Isaías, ou o Deutero-Isaías, ou algum profeta posterior. Seja quem for o Servo, ele é justo; mas por causa do pecado do povo, ele tem que sofrer com eles também. Existem muitos problemas com esse ponto de vista, mas dois deles são fatais.

Em primeiro lugar, essa posição viola o contexto mais amplo de Isaías 53. Do capítulo 49 ao 52, o profeta fala sobre a expectativa de salvação para as pessoas. Nos capítulos 54 e 55, Deus convida as pessoas para participar em sua salvação. Isaías 53 é o capítulo principal que liga essas duas seções identificando que o meio dessa salvação se dá pela expiação do Servo Sofredor. Já que o Servo é identificado com "o braço do Senhor", que efetua essa salvação (v. 1), não é possível identificar o Servo com o profeta Isaías, que acaba sofrendo pelos pecados do povo.[98]

O segundo problema é que o castigo pelo pecado previsto por Isaías 53 não se trata de um castigo temporário, mas de um castigo espiritual ou eterno. Todo o sistema sacrificial levítico abordava a questão do castigo espiritual para a nação de Israel. Um versículo importante com relação a isso é o de Levítico 17:11, afirmando que sem derramamento de sangue não há perdão de pecado. O propósito geral do sistema sacrificial era proporcionar a expiação para as pessoas.[99] As muitas referências de Isaías 53 a aspectos do sistema sacrificial, especialmente ao ritual do Dia da Expiação, tornam impossível ver o caráter do sofrimento de outro modo que não seja o substitutivo.

---

[98] Oswalt, *The Book of Isaiah:* 40-66, p. 385. Oswalt observa um outro problema na posição de Whybray: "Se o profeta fosse colocado na prisão por pregar contra a Babilônia, em que sentido estaria lá por causa dos pecados de seus companheiros exilados, ou em que sentido sua prisão levaria cura às pessoas? Por que seu povo sentiria que, de algum mudo, ele estaria fazendo isso por causa deles e estaria profundamente envergonhado de como eles tinham pensado dele? Repito que essa passagem é profunda e ampla demais para ser colocada nos ombros de um profeta hipotético" (p. 394).

[99] Oswalt, p. 394. Observe que Heb 9:1-14 chega a essa conclusão pela perspectiva do NT.

VERSÍCULO 4

Em Isaías 53.4, o sofrimento do Servo era pelo profeta Isaías e pelo seu povo. O texto hebraico deixa claro esse contraste pelo uso dos pronomes independentes enfáticos "ele" e "nós", que têm a função de sujeito: "Verdadeiramente ele... carregou com as nossas dores; e nós o reputávamos por aflito" (destaque nosso).

O uso dos verbos "tomar" (heb. *nassá*) e "carregou" (heb. *sabal*) vem da linguagem sacrificial encontrada em Levítico. No Yom Kippur, o Dia da Expiação, o bode expiatório "tomaria" (Heb. *nassá*, "levaria") os pecados do povo. De acordo com Levítico 16.22, o animal sacrificial morre em lugar do povo. O uso da palavra hebraica *sabal* indica carregar o peso por alguém (Is 46.4, 7). Isso confere um tom claro de substituição por parte do Servo Sofredor *no lugar* do povo. O uso da voz ativa em Isaías 53.4 de forma distinta da voz passiva no contexto em redor deixa claro que a escolha do Servo de levar os pecados das pessoas sobre si foi um gesto e uma decisão de sua autoria.[100]

VERSÍCULO 5

O quinto versículo continua a acentuar a diferença entre o Servo e o povo. Observe a estrutura deste versículo: "Ele"... "por causa das nossas"... "Ele"... "por causa das nossas"... "nos"... "sobre ele"... "pelas suas"... "nós somos"...". A primeira parte do versículo 5 fala das "nossas transgressões" e das "nossas iniquidades". Essas referências preparam o caminho para o que vem na segunda parte do versículo, "onde o sofrimento vicário do Servo é visto de forma plena".[101] O Servo não somente substitui as pessoas por si mesmo, mas também as ações dele trazem benefícios para as pessoas: "pelas suas pisa-

---

[100] Hermann Spieckermann, "*The Conception and Prehistory of the Idea of Vicarious Suffering in the Old Testament*," em The Suffering Servant: Isaiah 53 in Jewish and Christian Sources, ed. Bernd Janowski e Peter Stuhlmacher, trad em inglês de Daniel P. Bailey (Grand Rapids: Eerdmans, 2004), 6.

[101] Jan L. Koole, *Isaiah III*. Vol. 2: Isaiah 49–55, trad. para o inglês de Anthony P. Runia, Historical Commentary on the Old Testament (Leuven, Belgium: Peeters, 1998), p. 292.

duras fomos sarados". A palavra hebraica traduzida como "castigo" (*mussar*) frequentemente tem a conotação de punição, como nesse contexto. A expressão "castigo que nos traz a paz" é entendida literalmente por Motyer como "nosso castigo de paz" que semanticamente transmite o significado de "castigo necessário para garantir ou restaurar nossa paz com Deus".[102] Os versículos 4 e 5 claramente afirmam a substituição da parte do Servo.[103]

VERSÍCULO 6

O escritor prossegue no uso dos sujeitos enfáticos no versículo 6 com "todos nós" e "o Senhor". A palavra *kullanu* (heb. "todos nós") é colocada no final do versículo 6. O versículo começa com "todos nós" e termina com "nós todos", referência óbvia a toda a raça humana.[104] O autor deu destaque à expressão final "o Senhor fez cair sobre ele a iniquidade de todos nós", por meio do uso enfático do nome divino "Javé" (heb. "o Senhor") combinado com o uso do marcador do objeto direto hebraico antes do substantivo "iniquidade". Não somente se trata de um ato de substituição, mas todo o conceito possui uma íntima correlação com a terminologia e com a prática sacrificial na aliança mosaica. O Servo é "a provisão e o plano de Deus, que pessoalmente coordena a tarefa sacerdotal (Lv 16.21) de transferir a culpa dos culpados para a cabeça do Servo, observando que isto se trata da sua satisfação premeditada e aceita para o pecado".[105] Por fim, o

---

[102] J. Alec Motyer, *The Prophecy of Isaiah: An Introduction and Commentary* (Downers Grove, IL: InterVarsity Press, 1993), p. 430.

[103] Na verdade, Motyer afirma, "Logo, o versículo 4 exige o substantivo 'substituição', e o versículo 5 acrescenta o adjetivo 'penal'" (Motyer, p. 430). Embora o versículo não mencione de forma clara a ira de Deus, o Servo passa pelo castigo no lugar dos outros. Veja Koole, *Isaiah 49-55*, p. 296.

[104] Oswalt, *Isaiah 40–66*, p. 389. Veja Allen, *The Extent of the Atonement* (see chap. 1, nº 16) para acompanhar uma análise de Isaías 53:6 e do significado e do uso de "todos" se referindo a todo o Israel e, por extensão, a toda a humanidade. Veja também Norman F. Douty, *Did Christ Die Only for the Elect? A Treatise on the Extent of Christ's Atonement* (Swengel, PA: Reiner Publications, 1972; reimpr., Eugene, OR: Wipf and Stock, 1998), p. 72-73.

[105] Motyer, *The Prophecy of Isaiah*, p. 431. "Embora o Servo sofra, ainda esta-

texto diz de forma clara que Deus é o autor desse gesto de sofrimento e de substituição.[106]

Esse é provavelmente o versículo principal do Antigo Testamento que afirma o caráter ilimitado e universal da expiação. Mesmo que Isaías 53 estivesse falando somente sobre os judeus no contexto, o que é altamente questionável, obviamente existem muitos gentios que estão entre "os eleitos" e, portanto, a morte de Cristo não aconteceu somente para Israel. O comentário de Calvino desse versículo é interessante: "Sobre ele [Cristo] foi depositada a culpa de todo o mundo".[107] Ele também afirmou: "Deus se satisfaz e se acalma, porque ele levou toda a maldade e todas as iniquidades do mundo".[108] Conforme demonstro em outros lugares, o próprio Calvino defendia a expiação ilimitada.[109]

VERSÍCULOS 7-12

Os versículos 7 a 9 do capítulo 53 empregam uma terminologia que indica que o Servo sofre a ponto de dar sua vida. O versículo 7, fala do Servo sendo levado "como um cordeiro ao matadouro". Todas as referências a Jesus como Cordeiro de Deus vêm desta profecia de Isaías 53.7 (veja Mt 26.63; 27.14; Mc 14.61; 15.5; Jo 1:29; 19.9; At 8.32; 1Pe 2:23). O versículo 8, fala de ele ter sido "cortado da terra dos viventes". O versículo 9 afirma: "deram-lhe a sepultura com os ímpios, e com o rico na sua morte".

Já os versículos 10 a 12 exibem um contraste com os três versículos anteriores. Primeiramente, o sofrimento do Servo foi planejado e executado pelo próprio Senhor (v. 10), conforme é indicado pela colocação enfática do nome divino Javé no início da frase. Os maus tratos dispensados ao Servo pelo povo revelam ser parte do plano de Deus. O próprio Deus está por trás tanto do plano da sal-

---

mos nos desviando, e o Senhor, agindo como sumo sacerdote com relação à Vítima-Servo (6c; cf. Lv 16.21), toma sobre si a nossa transgressão" (Motyer, p. 429).

[106] Oswalt, *Isaiah 40–66*, 389.
[107] Calvino, *Commentary on Isaiah*, 4:131.
[108] Calvino, *Sermons on Isaiah's Prophecy*, p. 70.
[109] Veja Allen, *Por Quem Cristo Morreu?*, p. 103-22.

vação quanto do meio específico pelo qual ela seria conquistada.[110] Em segundo lugar, o sofrimento do Servo é expresso nos termos de uma "oferta pelo pecado" (heb. *'asham*, v. 10). O terceiro aspecto desse contraste é que o Servo "verá a sua posteridade" e "prolongará os seus dias", a despeito da sua morte (v. 10).

O uso que Isaías fez da palavra *'asham* no versículo 10 se refere à "oferta pela culpa [ou pelas transgressões]", que funcionava como um sacrifício expiatório pelo pecado (Lv 5-7; cf. "oferta pelo pecado" em Lv 6.24-29).[111] Tanto a oferta pela culpa quanto a oferta pelo pecado "são consideradas de forma ampla como as principais ofertas expiatórias no sistema de ofertas levíticas".[112] Observe a frase frequente: "e o sacerdote fará expiação por eles, e eles serão perdoados" (veja Lv 4.20, 26, 31, 35; 5.6, 10, 13, 16, 18; 6.7). Nessas passagens, os conceitos paralelos da expiação do pecado e do perdão são justapostos constantemente. Sempre é bom lembrar que a afirmação conhecida de Levítico 17.11 serve como base de todo o sistema de sacrifícios levítico: "Porque a vida da carne está no sangue; pelo que vo-lo tenho dado sobre o altar, para fazer expiação pelas vossas almas".

A afirmação de que o Servo "verá a sua posteridade" e "prolongará os seus dias" (v.10) segue-se imediatamente à deixa do versículo 9 onde é mencionada a morte do Servo. Embora alguns intérpretes considerem essas afirmações como metafóricas, Isaías está falando clara e necessariamente sobre a ressurreição do Servo, já que mortos não podem ter filhos.[113] A linguagem e a simbologia sugerem uma referência à ressurreição de Cristo. O NT também associa bem de perto a expiação alcançada na cruz por Jesus Cristo com a sua res-

---

[110] Koole, *Isaías 49-55*, p. 318.

[111] Levítico 5.16,18; 7.7. A palavra aparece 35 vezes em Levítico, Números e Ezequiel. Quando a palavra é usada em contextos fora do tabernáculo/templo, quase sempre tem a conotação de culpa que leva ao juízo.

[112] Richard E. Averbeck, "Sacrifices and Offerings," *Dictionary of the Old Testament: Pentateuch*, ed. T. Desmond Alexander e David W. Baker (Downers Grove, IL: InterVarsity Press, 2003), p. 720.

[113] Veja Sigmund Mowinckel, *He That Cometh*, trad. para o inglês de G. W. Anderson (New York: Abingdon, 1954), p. 204-205.

surreição, como acontece em 1Coríntios 15.3-4. No versículo 11, a única base pela qual o Servo pode justificar a muitos é o gesto de ele levar sobre si "as iniquidades deles". Oswalt destaca que no texto hebraico: "O objeto direto 'as iniquidades deles' é colocado no início da frase na posição enfática, e 'ele', no sujeito colocado no meio dela, é destacado pela presença do pronome independente da terceira pessoa masculino singular, trazendo o significado: 'são deles as iniquidades que ele leva'".[114]

O versículo 12 funciona como um resumo, onde a conclusão referente à repartição do seu quinhão com os grandes e a divisão do despojo são colocados em primeiro lugar, seguidos da razão pela qual isso acontece: "porquanto derramou a sua alma até a morte". Essa ordem serve para dar destaque semântico para a causa declarada, isto é, a morte substitutiva do Servo. A noção do Servo se derramar até a morte claramente sugere a linguagem sacrificial, especialmente à luz do contexto imediato da oferta de culpa no versículo 10. Oswalt disse bem: "O Servo será exaltado até os mais altos céus (52.13) não por ter sido humilhado (apesar de isso ter acontecido), nem por ter sofrido de forma injusta (como de fato aconteceu), nem por ter feito tudo isso de forma voluntária (que também é um fato), mas porque tudo aconteceu para tirar o pecado do mundo, a fim de permitir que os filhos de Deus retornassem a ele".[115]

Os versículos 11-12 afirmam claramente que o Servo sofre pelos pecados do povo: "as iniquidades (heb. sabal) deles levará sobre si" (heb. *'awon*, v. 11); "ele levou sobre si (heb. nassá) o pecado (heb. *chēt*) de muitos" (v. 12).[116] As duas frases falam sobre levar

---

[114] Oswalt, *Isaíah 40-66*, p. 405, n. 60 (destaque do autor).

[115] Oswalt, p. 407. "O tema doutrinário integrador é o entendimento da morte do Servo como uma oferta pela culpa (9-10b), um sacrifício que leva os pecados que os retira e imputa justiça (11–12ab), como uma auto-identificação voluntária e como mediação (12c–f)" (Motyer, *The Prophecy of Isaiah*, p. 437).

[116] Levítico também emprega essa linguagem – por exemplo, "aquele bode levará [*nassá*] sobre si todas as iniquidades deles [*'awon*]" (sobre o Dia da Expiação, 16:22) e "não levem [*nassá*] pecado [*chēt*] sobre si e morram nele" (22:9).

tanto a culpa quanto o castigo. Além disso, somente em Isaías 53 essas frases são usadas nesse padrão com respeito a uma pessoa e não a respeito de um animal. Isaías declara o Servo Sofredor como oferecendo um sacrifício substitutivo penal pelos pecados das pessoas.¹¹⁷

Aqueles que defendem a expiação limitada geralmente recorrem à palavra "muitos" em Isaías 52.14-53.12 e a passagens do NT que citam ou se referem ao texto de Isaías como prova desse conceito (e.g., Mc 10:45), mas essa é uma leitura equivocada dos textos hebraicos e gregos. Como Joachim Jeremias destaca com respeito às interpretações pré-cristãs da palavra "muitos" em Isaías 53, os "muitos" são ampliados para incluir os gentios no livro de *1Enoque* e no livro *Sabedoria de Salomão*, e podem se referir principalmente a eles, senão de forma exclusiva, em Isaías 52.14-15. No entanto, prossegue Jeremias dizendo que no texto hebraico não há diferença entre os "muitos" de Isaías 52.14-15 e os de 53.11-12. Nesses textos estão incluídos todos os judeus e todos os gentios. Ele continua explicando o seguinte:

> *Na verdade, a Peshitta traduz Isaías 52.15 da seguinte forma: "ele purificará muitos povos"... Se a versão Peshitta for pré-cristã (o que é bem provável), então temos aqui um exemplo da inclusão dos gentios no grupo dos "muitos" para os quais a obra expiatória do Servo se aplica... Portanto, a expressão "por muitos" das palavras eucarísticas, como já vimos, não se trata de uma exclusão ("muitos, mas não todos") mas sim, na figura de linguagem semítica, de uma inclusão ("a totalidade, consistindo em muitos"). A tradição joanina interpreta o texto dessa maneira, porque em referência à palavra pão... ela faz a paráfrase "para muitos" como "pela vida do mundo" (Jo 6.51c).¹¹⁸*

O versículo 12 também destaca que o Servo não sofre como uma vítima passiva ou involuntária, mas de forma voluntária e

---

¹¹⁷ Jeffery, Ovey, e Sach, *Pierced for Our Transgressions*, p. 60. Veja também Groves, "Atonement in Isaiah 53," p. 61-89.
¹¹⁸ Joachim Jeremias, *The Eucharistic Words of Jesus* (Philadelphia: Fortress, 1966), p. 228-29.

com uma intenção deliberada. A promessa de Deus exaltar o Servo no versículo 12a é baseada na disposição do Servo de se entregar à morte como sacrifício em favor das pessoas, como se afirma no versículo 12b. O uso da voz passiva no versículo 12 indica a atividade de Deus por trás do sofrimento do Servo. Por fim, observe que toda a perícope da Quarta Canção do Servo começa (52.13) e termina (53.11-12) sob a perspectiva de Deus.[119]

Isaías termina o versículo 12 com o mesmo verbo que utilizou para concluir o versículo 6, como Motyer observou: "Na primeira passagem, o Senhor identifica seu servo como aquele que leva o pecado, e na segunda o Servo se coloca como intercessor a favor daqueles cujos pecados ele leva; logo, ele é o mediador entre Deus e nós (6) e entre nós e Deus (12)".[120] Existe pouquíssima margem para dúvida de que o vocabulário de Isaías vem do ritual do Dia da Expiação e claramente afirma que a expiação de Cristo é substitutiva.

Um jogo de palavras proposital entre Isaías 52.13 e 53.12 serve para a criar uma inclusão lexical, trazendo para a Quarta Canção do Servo uma consistência linguística. O Servo que levou (*nassá*) o pecado das pessoas (Is 53.12) é aquele que será "exaltado" (*nassá*) pelo próprio Javé (Is 52.13).

O emprego que Isaías faz da palavra *nassá* em Isaías 53.4, 12 se refere a Levítico 16.22, onde a mesma palavra é usada para descrever o bode expiatório levando as iniquidades do povo.[121] Tanto Levítico 16 quanto Isaías 53 apresentam claramente uma expiação que possui caráter substitutivo.[122]

---

[119] David W. Pao e Eckhard J. Schnabel, "Lucas", em *Comentário do uso do Antigo Testamento no Novo Testamento,* ed. G. K. Beale e D. A. Carson (São Paulo: Vida Nova, 2014).

[120] Motyer, *The Prophecy of Isaiah*, p. 437.

[121] Veja a análise em Mark F. Rooker, *Levíticus,* NAC 3A (Nashville: B&H, 2000), p. 221. Rooker observa que Ben-Shammai afirmava que o Servo Sofredor tinha a função do bode emissário de carregar os pecados do pecador (Rooker, p. 226).

[122] A acusação de que Anselmo, Lutero, Calvino, e outras pessoas desde a Reforma, se baseiam de forma incorreta em metáforas forenses de substituição para a expiação é bem absurda, considerando o fato de que Isaías 53 claramente apresenta a expiação com esse sentido.

EXPIAÇÃO SUBSTITUTIVA

O profeta Isaías afirma o caráter substitutivo da obra do Servo Sofredor que leva o pecado das pessoas por nada menos que doze vezes:

- "Ele tomou sobre si as nossas enfermidades" (v. 4);
- Ele "carregou com as nossas dores" (v.4);
- "Ele foi ferido por causa das nossas transgressões" (v. 5);
- Ele foi "esmagado por causa das nossas iniquidades" (v. 5);
- "O castigo que nos traz a paz estava sobre ele" (v. 5);
- "Pelas suas pisaduras fomos sarados" (v. 5);
- "O Senhor fez cair sobre ele a iniquidade de todos nós" (v. 6);
- Ele foi "ferido por causa da transgressão do meu povo" (v. 8)
- "Quando ele se puser como oferta pelo pecado" (v. 10);
- "As iniquidades deles, levará sobre si" (v.11);
- Ele "foi contado com os transgressores" (v. 12);
- "Ele levou sobre si o pecado de muitos" (v. 12).

O sacrifício voluntário do Servo entregando sua vida em favor das pessoas fica bem claro ao levar seus pecados e receber o castigo. Várias verdades são óbvias: (1) Deus ordenou o sofrimento do Servo. (2) O Servo não sofre pelos seus próprios pecados, e faz isso em silêncio. (3) O Servo sofre voluntariamente. (4) O Servo serve como substituto das pessoas e sofre por elas. (5) O sofrimento do servo redime as pessoas.

Dentre os quatro Evangelhos, Jesus cita diretamente Isaías 53 somente em Lucas: "Porquanto vos digo que importa que se cumpra em mim isto que está escrito: E com os malfeitores foi contado. Pois o que me diz respeito tem seu cumprimento" (22.37). Essa citação serve como prefácio para o início da narrativa da Paixão que, por sua vez, é prefaciada por uma fórmula introdutória: "e eu lhes digo que isto precisa cumprir-se em mim" (NVI). Logo, para Lucas, Isaías 53 é a chave hermenêutica da narrativa da Paixão.[123] Joachin Jeremias afirma que, se não se perceber o cenário de Isaías 53 por trás das palavras de Jesus na Última Ceia, a narrativa

---

[123] Pao e Schnabel, "Luke", p. 385.

"permaneceria incompreensível".¹²⁴ A passagem de Mateus 26.28 registra Jesus dizendo nessa ocasião: "Pois isto é o meu sangue, o sangue do pacto, o qual é derramado por muitos para remissão dos pecados". Essa parece ser uma alusão direta a Isaías 53.10, onde o Servo se autodeclara "uma oferta pelo pecado" e a Isaías 53.12, onde o Servo "foi contado com os transgressores", mas, mesmo assim, "levou o pecado de muitos". Claramente Jesus considerava que a passagem de Isaías 53 se cumpriria nele mesmo.¹²⁵

Tanto Isaías como Jeremias se esforçaram para demonstrar que a aliança mosaica com seu sistema sacrificial levítico não era adequada para garantir a salvação do povo de Israel (Is 1.11-15; Jr 31.31-33). Deus prometeu "coisas novas" (Is 48.6) e "uma nova aliança" (Jr 31.31-33), que seria conquistada pelo sofrimento e pela morte substitutiva do Messias Davídico, Jesus Cristo. O sistema sacrificial era somente uma "sombra" (Hb 8.5; 10.1) da qual Jesus é o cumprimento substantivo final. O escritor de Hebreus esclarece a impossibilidade de "o sangue de touros e de bodes tirar pecados" (10.4). Nenhum sacrifício animal pode funcionar como substituto permanente para os pecados do ser humano. A salvação final dos pecados só é efetuada pelo Servo Sofredor de Isaías, Jesus Cristo. Como é que então o autor aos Hebreus explica o sumo sacerdócio de Cristo? O Messias davídico não tinha descendência sacerdotal, e Jesus não era da tribo de Levi, mas da tribo de Judá. Por meio da justaposição exegética brilhante dos versículos 1 e 4 do Salmo 110, o escritor de Hebreus cumpre sua tarefa teológica:

---

¹²⁴ Joachim Jeremias, "This Is My Body..." *Expository Times* 83, no. 7 (April 1972): p. 203.

¹²⁵ Donald Guthrie, *New Testament Theology* (Grand Rapids: InterVarsity Press, 1981), p. 445-446. Veja também John Nolland, Luke 18:35-24:53, WBC 35c (Dallas, TX: Word), p. 1077. No entanto, Joseph A. Fitzmyer chega à conclusão oposta (*The Gospel According to Luke X-XXIV,* AB 28A [Garden City, NY: Doubleday], p. 1418). Veja a análise em Bradly S. Billings, *Do This in Remembrance of Me: The Disputed Words in the Lukan Institution Narrative* (Luke 22.19b–20): *An Historico-Exegetical, Theological and Sociological Analysis, Library of New Testament Studies* 314 (New York: T&T Clark, 2006), p. 42-43.

Disse o Senhor ao meu Senhor:
Assenta-te à minha direita,
até que eu ponha os teus inimigos por escabelo dos teus pés. (Sl 110.1)

Jurou o Senhor,
e não se arrependerá:
"Tu és sacerdote para sempre,
segundo a ordem de Melquisedeque" (Sl 110.4)

JESUS, O SERVO SOFREDOR, É TANTO REI COMO SACERDOTE

A comparação com Melquisedeque é um exemplo de tipologia do AT cumprida no NT. Outros exemplos incluem as sete ofertas de cheiro suave (Lv 1-3); as ofertas pelo pecado (Lv 4-5); os dois bodes do Dia da Expiação (Lv 16); o parente redentor (Lv 25.49; Is 59.20; o livro de Rute); o Cordeiro (Is 53.7; Jo 1.29); a Páscoa (Êx 12.11) e a Rocha (Êx 17.6; Nm 20.8; 1Co 10.4).[126]

Logo, Schürer concluiu com respeito ao conceito de sacrifício no AT:

> *Por causa disso, não há como contestar que no século II d.C. a ideia de um Messias sofredor, e, de fato, de um Messias sofrendo pela expiação do pecado da humanidade era conhecida pelo menos em alguns setores. Quanto a isso, um pensamento, que era bem comum no judaísmo rabínico, era aplicado ao Messias, isto é, o pensamento que o homem perfeitamente justo não somente guarda todos os mandamentos, mas também expia pelos seus sofrimentos os pecados que podem ter sido cometidos, e que a sobrecarga de sofrimento do homem justo é benéfico aos outros.[127]*

---

[126] Para a tipologia do AT, veja Fairbairn, *The Typology of Scripture*; Ernst Wilhelm Hengstenberg, *Christology of the Old Testament*, trad. James Martin, 2 vols. (London: T&T Clark, 1875).

[127] Emil Schürer, *A History of the Jewish People in the Time of Jesus Christ, Second Division*, trad. Sophia Taylor e Peter Christie, 5 vols., History of Judaism (New York: Charles Scribner's Sons, 1891; reimpr., Peabody, MA: Hendrickson, 1995), 2:186.

No AT, os tipos e símbolos apresentados na Páscoa, no Dia da Expiação, no tabernáculo e em todo o sistema sacrificial – culminando com o Servo Sofredor em Isaías 53 – apontam de forma infalível para a pessoa e a obra de Cristo no NT, já que encontram seu total cumprimento na nova aliança inaugurada pela cruz.[128] Como explica T. F. Torrance, "As promessas da aliança se cumprem nele... os mandamentos da aliança se cumprem nele". Os sacrifícios do AT simbolizam "o cumprimento do juízo divino sobre o pecado da humanidade e a remoção desse obstáculo ou barreira do pecado entre Deus e a humanidade".[129]

A nova aliança prometida no AT é inaugurada no NT na Última Ceia, como está registrado nos Evangelhos. Jesus tomou o pão, partiu e disse: "Tomai, comei; este é o meu corpo" (Mt 26.26; Mc 14.22). Ele também tomou o cálice de vinho e disse que representava "pois isto é o meu sangue, o sangue do pacto, o qual é derramado por muitos para remissão dos pecados" (Mt 26.28). Como Torrance observa de forma correta: "Trata-se de um sacrifício da aliança que envolve: a) o partir do pão e o derramamento do sangue; b) comunhão em uma refeição da aliança, e c) compromisso e obrigação solene, um aspecto evidenciado de forma especial pela epístola aos Hebreus".[130]

No que se refere à cruz de Cristo em relação aos sacrifícios do AT, James Pendleton afirma: "Era o antítipo e o fim de todos os sacrifícios. O rito sacrificial foi estabelecido por Deus. Todos os altares enviaram seu sangue e sua fumaça em direção ao Cal-

---

[128] ❦ "A expiação pelo templo encontra o seu fim e ao mesmo tempo o seu cumprimento no acontecimento salvador e escatológico do Gólgota" (Hengel, *The Atonement*, p. 53; destaque do autor [veja "Introdução", nº 2]).

[129] ❦ Torrance, *Atonement*, p. 9; destaque do autor (veja "Introdução", n. 6).

[130] ❦ Torrance, p. 14. Torrance destaca o princípio de que "o agente real" no sistema sacrificial do AT é o próprio Deus: "As palavras para expiação, reconciliação, satisfação, etc. não são usadas como ações sofridas por Deus... Deus não é objeto dessa ação. Ele é sempre sujeito... Logo, a pergunta que se faz com tanta frequência: 'Será que os sacrifícios do Antigo Testamento tiravam o pecado ou eles somente envolviam a impureza litúrgica ou cúltica?' se trata de uma pergunta falsa com uma alternativa falsa" (Torrance, 19).

vário. As muitas vítimas apontavam para uma vítima".¹³¹ Em um sentido, o sistema sacrificial do AT era um ensaio para a realidade da cruz. Agora que a obra da cruz foi realizada, não é necessário voltar ao ensaio.¹³²

Com base nas provas claras da expiação como sacrifício e substituição no AT, é bem surpreendente descobrir que muitos querem distanciar o ensino do AT sobre a expiação da "propiciação" e da "substituição penal". Por exemplo, Stephen Chapman observa corretamente que a maioria dos eruditos têm relutado em aceitar as distinções radicais de Milgrom entre a expiação e a propiciação em Levítico, "preferindo concluir que os sacrifícios israelitas tinham nuances diferentes de expiação e propiciação, dependendo nos seus vários contextos".¹³³ Chapman considera a expiação como objetiva, necessária, representativa e participativa, mas não substitutiva ou penal.¹³⁴

No entanto, à luz das provas, essa conclusão claramente não tem respaldo algum. O AT apresenta a expiação como substitutiva, usando as categorias da propiciação e da expiação.

---

¹³¹ Pendleton, *Christian Doctrines*, p. 238 (veja cap. 1, nº 4).
¹³² Forde, "Seventh Locus: The Work of Christ," 2:87 (veja cap. 1, nº 22).
¹³³ Stephen B. Chapman, "God's Reconciling Work: Atonement in the Old Testament," em T&T Clark Companion to Atonement (London: Bloomsbury T&T Clark, 2017), p. 99. Veja Jacob Milgrom, Leviticus 1–16: *A New Translation with Introduction and Commentary*, AB 3; 3 vols. (New York: Doubleday, 1991–2001).
¹³⁴ Chapman, "God's Reconciling Work," 101-106.

III
A EXPIAÇÃO NO NOVO TESTAMENTO

Considerando que o AT fornece a base profética e simbólica para o conceito da expiação, os escritores do NT constroem sobre essa base, demonstrando o seu cumprimento profético nos Evangelhos e seu desenvolvimento doutrinário nas cartas. Da mesma forma que no AT, os autores do NT tratam a expiação como sacrificial, substitutiva e representativa. Já vimos as várias metáforas nas quais a simbologia da expiação se apresenta no NT. Como observa Blocher de forma correta, as passagens sobre a expiação no NT são convergentes e complementares, mas não são contraditórias.[135] Os escritores do NT estão mais interessados em abordar o caráter da salvação, em vez do modo real pelo qual ela foi alcançada por meio da expiação.[136]

---

[135] Henri Blocher, "Atonement," em *Dictionary for Theological Interpretation of the Bible,* ed. Kevin J. Vanhoozer (Grand Rapids: Baker Academic, 2005), p. 75.

[136] I. Howard Marshall, "The Development of the Concept of Redemption in the New Testament," in *Reconciliation and Hope: New Testament Essays on Atonement and Eschatology Presented to L. L. Morris on His 60th Birthday,* ed. Robert Banks (Grand Rapids: Eerdmans, 1974), p. 169.

Classificaremos em primeiro lugar os vários textos no NT que abordam a expiação de forma direta ou indireta.[137] Essa abordagem nos permitirá ter uma visão panorâmica do todo. Então passaremos a estudar os textos principais sobre a expiação à medida em que aparecem na ordem canônica, começando com os Evangelhos e terminando com o Apocalipse.[138] A essa altura, podemos fazer um pouco mais do que estudar esses textos de modo superficial ou resumido, de modo que alguns textos que são considerados por todos como tendo uma importância especial quanto à expiação serão discutidos de forma mais completa.

CLASSIFICAÇÃO DOS TEXTOS

Os textos do Novo Testamento sobre a expiação podem ser classificados da seguinte forma:

1. Textos que abordam a intenção ou o propósito da expiação.

Assim como o Filho do homem não veio para ser servido, mas para servir, e para dar a sua vida em resgate de muitos. (Mt 20.28)

Há um batismo em que serei batizado; e como me angustio até que venha a cumprir-se! (Lc 12.50)

---

[137] ❧ Os teólogos desenvolvem várias estratégias para estudar todos os textos no NT que tratam do assunto da expiação. Por exemplo, Augustus H. Strong, um dos teólogos sistemáticos mais importantes do século XX, incluiu todas as passagens sobre a expiação em quatro categorias (Strong, *Systematic Theology*, p. 716-22 [veja cap. 1, n. 26]): (1) Categoria moral – vê a expiação como um provisão que vem do amor de Deus e como um exemplo de amor; (2) Categoria comercial – a expiação como um resgate para libertar da escravidão do pecado; (3) Categoria legal – a expiação como um ato de obediência à lei, um castigo que foi sofrido para resgatar o culpado; (4) Categoria sacrificial – a expiação como obra de mediação sacerdotal, uma oferta pelo pecado, propiciação, substituição.

[138] ❧ Entre os vários estudos resumidos e úteis sobre os textos do NT acerca da expiação, consulte: on the atonement, consulte: Leon Morris, *The Cross in the New Testament* (Grand Rapids: Eerdmans, 1965); Hill e James, eds., *The Glory of the Atonement*, p. 90-208 (veja cap. 2, nº 39); e Paige Patterson, "The Work of Christ," 439-479 (see "Introdução", nº 21).

E disse-lhes: Assim está escrito que o Cristo padecesse, e ao terceiro dia ressurgisse dentre os mortos; (Lc 24.46)

E como Moisés levantou a serpente no deserto, assim importa que o Filho do homem seja levantado; para que todo aquele que nele crê tenha a vida eterna. (Jo 3.14-15)

"Eu sou o bom pastor; o bom pastor dá a sua vida pelas ovelhas. Por isto o Pai me ama, porque dou a minha vida para a retomar. Ninguém a tira de mim, mas eu de mim mesmo a dou; tenho autoridade para a dar, e tenho autoridade para retomá-la. Este mandamento recebi de meu Pai". (Jo 10.11, 17-18)

"Agora a minha alma está perturbada; e que direi eu? Pai, salva-me desta hora? Mas para isto vim a esta hora. (Jo 12.27)

Aquele que nem mesmo a seu próprio Filho poupou, antes o entregou por todos nós, como não nos dará também com ele todas as coisas? (Rm 8.32)

Porque a graça de Deus se manifestou, trazendo salvação a todos os homens, ensinando-nos, para que, renunciando à impiedade e às paixões mundanas, vivamos no presente mundo sóbria, e justa, e piamente, aguardando a bem-aventurada esperança e o aparecimento da glória do nosso grande Deus e Salvador Cristo Jesus, que se deu a si mesmo por nós para nos remir de toda a iniquidade, e purificar para si um povo todo seu, zeloso de boas obras. (Tt 2.11-14)

Vemos, porém, aquele que foi feito um pouco menor que os anjos, Jesus, coroado de glória e honra, por causa da paixão da morte, para que, pela graça de Deus, provasse a morte por todos. Porque convinha que aquele, para quem são todas as coisas, e por meio de quem tudo existe, em trazendo muitos filhos à glória, aperfeiçoasse pelos sofrimentos o autor da salvação deles. Portanto, visto como os filhos são participantes comuns de carne e sangue, também ele semelhantemente participou das mesmas coisas, para que pela morte derrotasse aquele que tinha o poder da morte, isto é, o Diabo; (Hb 2.9-10, 14)

Doutra forma, necessário lhe fora padecer muitas vezes desde a fundação do mundo; mas agora, na consumação dos séculos, uma vez por todas se manifestou, para aniquilar o pecado pelo sacrifício de si mesmo. (Hb 9.26)

Nisto está o amor: não em que nós tenhamos amado a Deus, mas em que ele nos amou a nós, e enviou seu Filho como propiciação pelos nossos pecados. (1Jo 4.10)

2. Textos que tratam da expiação como necessária para a salvação

Respondeu-lhe Jesus: "Eu sou o caminho, e a verdade, e a vida; ninguém vem ao Pai, senão por mim". (Jo 14.6)

E em nenhum outro há salvação; porque debaixo do céu nenhum outro nome há, dado entre os homens, em que devamos ser salvos. (At 4.12)

Porque ninguém pode lançar outro fundamento, além do que já está posto, o qual é Jesus Cristo. (1Co 3.11)

3. Textos que falam sobre a expiação como motivada e iniciada pelo amor de Deus

"Porque Deus amou o mundo de tal maneira que deu o seu Filho unigênito, para que todo aquele que nele crê não pereça, mas tenha a vida eterna" (Jo 3.16)

Pois, quando ainda éramos fracos, Cristo morreu a seu tempo pelos ímpios. Porque dificilmente haverá quem morra por um justo; pois poderá ser que pelo homem bondoso alguém ouse morrer. Mas Deus dá prova do seu amor para conosco, em que, quando éramos ainda pecadores, Cristo morreu por nós. (Rm 5.6-8)

Pois o amor de Cristo nos constrange, porque julgamos assim: se um morreu por todos, logo todos morreram; e ele morreu por todos, para que os que vivem não vivam mais para si, mas para aquele que por eles morreu e ressuscitou. Por isso daqui por diante a ninguém conhecemos segundo a carne; e, ainda que tenhamos conhecido Cristo segundo a carne, contudo agora já não o conhecemos desse modo. Pelo que, se alguém está em Cristo, nova criatura é; as coisas velhas já passaram; eis que tudo se fez novo. Mas todas as coisas provêm de Deus, que nos reconciliou consigo mesmo por Cristo, e nos confiou o ministério da reconciliação; pois que Deus estava em Cristo reconciliando consigo o mundo, não imputando aos homens as suas transgressões; e nos encarregou da palavra da reconciliação. De sorte que somos embaixadores por Cristo, como se Deus por nós vos exortasse. Rogamo-vos, pois, por Cristo que vos reconcilieis com Deus. Àquele que não conheceu pecado, Deus o fez pecado por nós; para que nele fôssemos feitos justiça de Deus. (2Co 5.14-21)

E andai em amor, como Cristo também vos amou, e se entregou a si mesmo por nós, como oferta e sacrifício a Deus, em cheiro suave... Vós, maridos, amai a vossas mulheres, como também Cristo amou a igreja, e a si mesmo se entregou por ela (Ef 5.2, 25)

Nisto se manifestou o amor de Deus para conosco: em que Deus enviou seu Filho unigénito ao mundo, para que por meio dele vivamos. Nisto está o amor: não em que nós tenhamos amado a Deus, mas em que ele nos amou a nós, e enviou seu Filho como propiciação pelos nossos pecados. (1Jo 4.9-10)

4. Textos que tratam do que a expiação conquista para os pecadores e para o pecado

E tomando pão, e havendo dado graças, partiu-o e deu-lhe, dizendo: "Isto é o meu corpo, que é dado por vós; fazei isto em memória de mim". Semelhantemente, depois da ceia, tomou o cálice, dizendo: "Este cálice é o novo pacto em meu sangue, que é derramado por vós". (Lc 22.19-20)

"Eu sou o pão vivo que desceu do céu; se alguém comer deste pão, viverá para sempre; e o pão que eu darei pela vida do mundo é a minha carne". (Jo 6.51)

Pois, quando ainda éramos fracos, Cristo morreu a seu tempo pelos ímpios. Porque dificilmente haverá quem morra por um justo; pois poderá ser que pelo homem bondoso alguém ouse morrer. Mas Deus dá prova do seu amor para conosco, em que, quando éramos ainda pecadores, Cristo morreu por nós. (Rm 5.6-8)

Porquanto o que era impossível à lei, visto que se achava fraca pela carne, Deus enviando o seu próprio Filho em semelhança da carne do pecado, e por

causa do pecado, na carne condenou o pecado... Aquele que nem mesmo a seu próprio Filho poupou, antes o entregou por todos nós, como não nos dará também com ele todas as coisas? (Rm 8.3, 32)

Porque primeiramente vos entreguei o que também recebi: que Cristo morreu por nossos pecados, segundo as Escrituras; (1Co 15.3)

Pois o amor de Cristo nos constrange, porque julgamos assim: se um morreu por todos, logo todos morreram; e ele morreu por todos, para que os que vivem não vivam mais para si, mas para aquele que por eles morreu e ressuscitou... Àquele que não conheceu pecado, Deus o fez pecado por nós; para que nele fôssemos feitos justiça de Deus. (2Co 5.14-15, 21)

Jesus Cristo, o qual se deu a si mesmo por nossos pecados, para nos livrar do presente século mau, segundo a vontade de nosso Deus e Pai. (Gl 1.3, 4)

Porque Deus não nos destinou para a ira, mas para alcançarmos a salvação por nosso Senhor Jesus Cristo, que morreu por nós, para que, quer vigiemos, quer durmamos, vivamos juntamente com ele. (1Ts 5.9-10)

E, como aos homens está ordenado morrerem uma só vez, vindo depois o juízo, assim também Cristo, oferecendo-se uma só vez para levar os pecados de muitos. (Hb 9.27-28)

Levando ele mesmo os nossos pecados em seu corpo sobre o madeiro, para que mortos para os pecados, pudéssemos viver para a justiça; e pelas suas feridas fostes sarados. (1Pe 2.24)

*E cantavam um cântico novo, dizendo:
Digno és de tomar o livro,
e de abrir os seus selos;
porque foste morto,
e com o teu sangue compraste para Deus
homens de toda tribo, e língua, e povo e nação...
Ouvi também a toda criatura que está no céu, e na terra, e debaixo da terra, e no mar, e a todas as coisas que neles há, dizerem:
Ao que está assentado sobre o trono, e ao Cordeiro,*

*seja o louvor, e a honra, e a glória, e o domínio
pelos séculos dos séculos:
e os quatro seres viventes diziam: Amém. E os anciãos prostraram-se
e adoraram. (Ap 5.9, 13-14)*

5. Textos que abordam a morte de Cristo como tendo caráter sacrificial

No dia seguinte João viu a Jesus, que vinha para ele, e disse: Eis o Cordeiro de Deus, que tira o pecado do mundo. (Jo 1.27)

Expurgai o fermento velho, para que sejais massa nova, assim como sois sem fermento. Porque Cristo, nossa páscoa, já foi sacrificado por nós. (1Co 5.7)

E andai em amor, como Cristo também vos amou, e se entregou a si mesmo por nós, como oferta e sacrifício a Deus, em cheiro suave... Vós, maridos, amai a vossas mulheres, como também Cristo amou a igreja, e a si mesmo se entregou por ela (Ef 5.2, 25)

Pelo que convinha que em tudo fosse feito semelhante a seus irmãos, para se tornar um sumo sacerdote misericordioso e fiel nas coisas concernentes a Deus, a fim de fazer propiciação pelos pecados do povo. (Hb 2.17)

Porque aquele, de quem estas coisas se dizem, pertence a outra tribo, da qual ninguém ainda serviu ao altar, visto ser manifesto que nosso Senhor procedeu de Judá, tribo da qual Moisés nada falou acerca de sacerdotes. (Hb 7.13-14)

Porque nos convinha tal sumo sacerdote, santo, inocente, imaculado, separado dos pecadores, e feito mais sublime que os céus; (Hb 7.26)

E quase todas as coisas, segundo a lei, se purificam com sangue; e sem derramamento de sangue não há remissão. Era necessário, portanto, que as figuras das coisas que estão no céu fossem purificadas com tais sacrifícios, mas as próprias coisas celestiais com sacrifícios melhores do que estes. Pois Cristo não entrou num santuário feito por mãos, figura do verdadeiro, mas no próprio céu, para agora comparecer por nós perante a face de Deus;

nem também para se oferecer muitas vezes, como o sumo sacerdote de ano em ano entra no santo lugar com sangue alheio; doutra forma, necessário lhe fora padecer muitas vezes desde a fundação do mundo; mas agora, na consumação dos séculos, uma vez por todas se manifestou, para aniquilar o pecado pelo sacrifício de si mesmo. (Hb 9.22-26)

Tendo pois, irmãos, ousadia para entrarmos no santíssimo lugar, pelo sangue de Jesus, pelo caminho que ele nos inaugurou, caminho novo e vivo, através do véu, isto é, da sua carne, e tendo um grande sacerdote sobre a casa de Deus, cheguemo-nos com verdadeiro coração, em inteira certeza de fé; tendo o coração purificado da má consciência, e o corpo lavado com água limpa. (Hb 10.19-22)

6.   Textos que abordam a expiação como a base da reconciliação e do perdão

"Pois isto é o meu sangue, o sangue do pacto, o qual é derramado por muitos para remissão dos pecados". (Mt 26.28)

"E como Moisés levantou a serpente no deserto, assim importa que o Filho do homem seja levantado; para que todo aquele que nele crê tenha a vida eterna. Porque Deus amou o mundo de tal maneira que deu o seu Filho unigénito, para que todo aquele que nele crê não pereça, mas tenha a vida eterna. Porque Deus enviou o seu Filho ao mundo, não para que julgasse o mundo, mas para que o mundo fosse salvo por ele. Quem crê nele não é julgado; mas quem não crê, já está julgado; porquanto não crê no nome do unigénito Filho de Deus". (Jo 3:14-18)

"Seja-vos pois notório, varões, que por este se vos anuncia a remissão dos pecados. E de todas as coisas de que não pudestes ser justificados pela lei de Moisés" (At 13.38-39)

Porque se nós, quando éramos inimigos, fomos reconciliados com Deus pela morte de seu Filho, muito mais, estando já reconciliados, seremos salvos pela sua vida. E não somente isso, mas também nos gloriamos em Deus por nosso Senhor Jesus Cristo, pelo qual agora temos recebido a reconciliação... Portanto, assim como por uma só ofensa veio o juízo sobre todos os homens para condenação, assim também por um só ato de justiça veio a graça sobre todos os homens para justificação e vida. Porque, assim como pela desobediência de um só homem muitos foram constituídos pecadores, assim também pela obediência de um, muitos serão constituídos justos. (Rm 5.10-11, 18-19)

Em quem temos a redenção pelo seu sangue, a redenção dos nossos delitos, segundo as riquezas da sua graça. (Ef 1.7)

Mas agora, em Cristo Jesus, vós, que antes estáveis longe, já pelo sangue de Cristo chegastes perto. (Ef 2.13)

A vós também, que outrora éreis estranhos, e inimigos no entendimento pelas vossas obras más, agora contudo vos reconciliou no corpo da sua carne, pela morte, a fim de perante ele vos apresentar santos, sem defeito e irrepreensíveis. (Cl 1.21-22)

Porque Deus não nos destinou para a ira, mas para alcançarmos a salvação por nosso Senhor Jesus Cristo, que morreu por nós, para que, quer vigiemos, quer durmamos, vivamos juntamente com ele. (1Ts 5.9-10)

7. Textos que abordam a expiação como meio da redenção

"Assim como o Filho do homem não veio para ser servido, mas para servir, e para dar a sua vida em resgate de muitos". (Mt 20.28)

Cuidai pois de vós mesmos e de todo o rebanho sobre o qual o Espírito Santo vos constituiu bispos, para apascentardes a igreja de Deus, que ele adquiriu com seu próprio sangue. (At 20.28)

Porque todos pecaram e destituídos estão da glória de Deus; sendo justificados gratuitamente pela sua graça, mediante a redenção que há em Cristo Jesus. (Rm 3.23-24)

Ou não sabeis que o vosso corpo é santuário do Espírito Santo, que habita em vós, o qual possuís da parte de Deus, e que não sois de vós mesmos? (1Co 6.19)

Cristo nos resgatou da maldição da lei, fazendo-se maldição por nós; porque está escrito: Maldito todo aquele que for pendurado no madeiro; (Gl 3.13)

Para o louvor da glória da sua graça, a qual nos deu gratuitamente no Amado; em quem temos a redenção pelo seu sangue, a redenção dos nossos delitos, segundo as riquezas da sua graça. (Ef 1.6-7)

E que nos tirou do poder das trevas, e nos transportou para o reino do seu Filho amado; em quem temos a redenção, a saber, a remissão dos pecados; (Cl 1.13-14)

Porque há um só Deus, e um só Mediador entre Deus e os homens, Cristo Jesus, homem, o qual se deu a si mesmo em resgate por todos, para servir de testemunho a seu tempo. (1Tm 2.5-6)

Cristo Jesus, que se deu a si mesmo por nós para nos remir de toda a iniquidade, e purificar para si um povo todo seu, zeloso de boas obras. (Tt 2.13-14)

Mas Cristo, tendo vindo como sumo sacerdote dos bens já realizados, por meio do maior e mais perfeito tabernáculo (não feito por mãos, isto é, não desta criação), e não pelo sangue de bodes e novilhos, mas por seu próprio sangue, entrou uma vez por todas no santo lugar, havendo obtido uma eterna redenção (Hb 9.11-12)

Andai em temor ... sabendo que não foi com coisas corruptíveis, como prata ou ouro, que fostes resgatados da vossa vã maneira de viver, que por tradição recebestes dos vossos pais, mas com precioso sangue, como de um cordeiro sem defeito e sem mancha, o sangue de Cristo. (1Pe 1.17-19)

*"Digno és de tomar o livro,
e de abrir os seus selos;
porque foste morto,
e com o teu sangue compraste para Deus
homens de toda tribo, e língua, e povo e nação;
e para o nosso Deus os fizeste reino, e sacerdotes;
e eles reinarão sobre a terra"* (Ap 5.9-10)

8. Textos que abordam a expiação como propiciação e satisfação pelo pecado

Sendo justificados gratuitamente pela sua graça, mediante a redenção que há em Cristo Jesus, ao qual Deus propôs como propiciação, pela fé, no seu sangue, para demonstração da sua justiça por ter ele na sua paciência, deixado de lado os delitos outrora cometidos; para demonstração da sua justiça neste tempo presente, para que ele seja justo e também justificador daquele que tem fé em Jesus. (Rm 3.24-26)

Pelo que convinha que em tudo fosse feito semelhante a seus irmãos, para se tornar um sumo sacerdote misericordioso e fiel nas coisas concernentes a Deus, a fim de fazer propiciação pelos pecados do povo. (Hb 2.17)

E ele é a propiciação pelos nossos pecados, e não somente pelos nossos, mas também pelos de todo o mundo. (1Jo 2.2)

9. Textos que abordam a expiação como a base de todos os benefícios espirituais para os crentes

Mas, a todos quantos o receberam, aos que creem no seu nome, deu-lhes o poder de se tornarem filhos de Deus. (Jo 1.12)

Quem crê no Filho tem a vida eterna; o que, porém, desobedece ao Filho não verá a vida, mas sobre ele permanece a ira de Deus. (Jo 3.36)

Mas o Ajudador, o Espírito Santo a quem o Pai enviará em meu nome, esse vos ensinará todas as coisas, e vos fará lembrar de tudo quanto eu vos tenho dito. (Jo 14.26)

Ora, a este Jesus, Deus ressuscitou, do que todos nós somos testemunhas. De sorte que, exaltado pela destra de Deus, e tendo recebido do Pai a promessa do Espírito Santo, derramou isto que vós agora vedes e ouvis. (At 2.32-33)

Porque o salário do pecado é a morte, mas o dom gratuito de Deus é a vida eterna em Cristo Jesus nosso Senhor. (Rm 6.23)

> *E, tendo sido aperfeiçoado, veio a ser autor de eterna salvação para todos os que lhe obedecem. (Hb 5.9)*

JESUS E A EXPIAÇÃO

Segundo os escritores dos evangelhos, Jesus frequentemente previa a sua própria morte.¹³⁹ Nos Evangelhos Sinóticos, quando Jesus era reconhecido pelos seus discípulos como Messias, ele imediatamente os informava que o seu sofrimento e a sua morte na cruz eram necessários: "era necessário [gr. *dei*] que o Filho do homem padecesse" (Mc 8.31), "era necessário [gr. *dei*] que ele fosse a Jerusalém" (Mt 16.21), e "É necessário [gr. *dei*] que seja morto" (Lc 9.22). Jesus e os escritores dos evangelhos associam sua morte à Páscoa judaica, o Dia da Expiação e Isaías 53. Jesus previu sua morte iminente em vários momentos nos Evangelhos (Mt 16.21; 17.22-23; 20.17-19; 26.12, 28, 31; Mc 9.32-34; 14.8, 24, 27; Lc 9.22, 44-45; 18.31-34; 22.20; Jo 2.19-21; 10.7-18; 12.7).

MATEUS¹⁴⁰

No Evangelho de Mateus, a anunciação do nascimento de Jesus a José destacou a importância do nome a ser dado ao filho de Maria: "chamarás (o seu nome) JESUS; porque ele salvará o seu povo dos seus pecados" (Mt 1.21). O significado do nome Jesus (gr. "Jeová é salvação") destaca a obra que Jesus realizaria – "salvação". Encontramos referências a Isaías 53 (veja o capítulo 2) em Mateus 8.17 e 12.17-21. Lemos em Mateus 20.28 uma referência direta a Isaías 53 e ao Servo Sofredor que dará "sua vida em resgate de muitos". No texto grego deste versículo, a preposição *antí* (de), que vem antes de *pollōn* ("muitos"), denota claramente substituição. O sentido intencional deste versículo é expressar o propósito da morte de Cristo.

---

¹³⁹ ❧ Mt 16.21; 17.22-23; 20.18-19; Mc 8.31; 9.31; 10.33-34; Lc 9.22, 44; 18.32-33.
¹⁴⁰ ❧ Para obter uma lista de obras sobre a expiação no Evangelho de Mateus, consulte Mark Randall Jackson, "Atonement in Matthew's Gospel" (PhD diss., The Southern Baptist Theological Seminary, 2011), especialmente a sua bibliografia. Veja também Jonathan T. Pennington, "Matthew and Mark", em *T&T Clark Companion to Atonement,* ed. Adam J. Johnson (London: Bloomsbury T&T Clark, 2017), p. 631-37.

Mateus começa seu evangelho identificando Jesus como o Messias que é tanto "o filho de Davi" quanto o "filho de Abraão" (Mt 1.1). Como todos os outros evangelistas, concentra sua atenção na obediência de Jesus a Deus no cumprimento de sua missão salvadora. A repetição das referências ao silêncio de Jesus (26.63; 27.14) e à sua inocência (27.4; 18-19, 23-24) no relato da paixão de Cristo nesse evangelho indicam o cumprimento do seu papel como Servo, que faz referência a Is 53.7.[141]

MARCOS[142]

Quatro passagens importantes do Evangelho de Marcos falam sobre a expiação. Três delas são predições da morte de Jesus (8:31; 9:31; 10:32-34), e a quarta é a famosa "declaração de resgate" em 10.45. Do mesmo modo que Mateus, Marcos relata que a exigência divina da expiação está relacionada com as profecias do AT a respeito da morte de Cristo, e associa os acontecimentos da semana da Paixão com as profecias e as promessas do AT.[143]

O principal versículo sobre a expiação do Evangelho de Marcos é Marcos 10.45. Ele é colocado de propósito no final do ministério público de Jesus e novamente no relato da Última Ceia em Marcos 14.22-25, que inclui o último discurso de Jesus aos discípulos antes da sua crucificação. Parece que os dois propósitos de Marcos são: (1) apresentar Jesus como baseando, destacando e interpretando sua morte como universal para toda a humanidade com base em Isaías 53 (muito mais provavelmente associada ao sacrifício da aliança em Êxodo 24.8) e (2) com o uso da preposição grega *anti* ("de", como em Mateus 20.28) para destacar a natureza substitutiva de seu sacrifício.

---

[141] Joel B. Green, "Death of Jesus," em Dictionary of Jesus and the Gospels, ed. Joel B. Green, Scot McKnight, and I. Howard Marshall, IVP Bible Dictionary Series (Downers Grove, IL: InterVarsity Press, 1992), p. 156.

[142] Para uma lista de obras sobre a expiação no Evangelho de Marcos, consulte Peter G. Bolt, *The Cross from a Distance: Atonement in Mark's Gospel,* New Studies in Biblical Theology 18 (Downers Grove, IL: InterVarsity Press, 2004).

[143] Green, *"Death of Jesus,"* p. 158.

A palavra *muitos* (gr. *pollon*, como em Mateus 20.28) se trata de um hebraísmo de Isaías 53 incorporando a importância inclusiva universal da palavra grega *polys*. O termo hebraico *rabbîm* de Isaías 53 ("os grandes", v. 12) é usado no sentido da palavra grega *pas*, que tem o significado de "todos". Quando Jesus falou sobre a sua intenção de "dar a sua vida em resgate de muitos", ele deu a entender a palavra "todos".¹⁴⁴ "A declaração sobre o cálice e a afirmação sobre o resgate estão interligadas pelo serviço universal "de muitos", no sentido de "por todos".¹⁴⁵

A expressão preposicional "por muitos" em Marcos 14.24 utiliza a palavra grega *hyper*, que significa "em nome de" ou "em lugar de" – isto é, em um sentido substitutivo. Paulo igualmente emprega esse termo com frequência.

LUCAS¹⁴⁶

Em Lucas 9.30-31, descobrimos que a morte de Jesus será redentora. Na Última Ceia, Jesus claramente indicou que sua morte iminente na cruz seria a inauguração da Nova Aliança para cum-

---

¹⁴⁴ Veja, por exemplo, Hengel, *The Atonement*, p. 50, 70 (veja "Introdução", nº 2). Esse também foi o modo que João Calvino entendeu o sentido de muitos, tanto em Isaías 53 quanto em Marcos 10.45: "Ele declara que sua vida foi o preço da nossa redenção. Deduz-se a partir daí que a nossa reconciliação com Deus é gratuita... A palavra 'muitos' é usada, não para um número definido, mas para um número grande... Esse também é o significado em Romanos 5.15, onde Paulo não está falando de uma parte da humanidade, mas de toda a raça humana" (John Calvin, *Commentary on A Harmony of the Evangelists: Matthew, Mark, and Luke*," trad. William Pringle, Calvin's Commentaries 16 [1844; reimp., Edinburgh: Calvin Translation Society, Grand Rapids: Baker, 1984], p. 427).

¹⁴⁵ Hengel, *The Atonement*, p. 73. Veja também a análise anterior de Isaías 53.12-13.

¹⁴⁶ Para uma lista de obras sobre a expiação no Evangelho de Lucas, consulte John Kimball, *The Atonement in Lukan Theology* (Cambridge: Cambridge Scholars Publishing, 2014) e a sua bibliografia. Veja também Darrell L. Bock, *A Theology of Luke and Acts*, Biblical Theology of the New Testament (Grand Rapids: Zondervan, 2012).

prir passagens do AT como Jeremias 31.31-33 e Isaías 53: "Semelhantemente, depois da ceia, tomou o cálice, dizendo: Este cálice é o novo pacto em meu sangue, que é derramado por vós". (Lc 22:20). O relato de Lucas da Ceia do Senhor registra as seguintes palavras de Jesus: "Isto é o meu corpo que é dado por vós". O complemento "por vós" (gr. *hyper humōn*) indica claramente uma intenção substitutiva.[147]

O publicano na parábola de Jesus ora: "Ó Deus, sê propício a mim, o pecador!" (18:13). *Sê propício* (gr. *hilasthēti*) nessa passagem é muito bem traduzido. Jesus afirma que esse homem foi "justificado" (18.14).

Jesus via sua própria morte como o cumprimento da profecia do Servo Sofredor de Isaías 53.12. Ele citou diretamente da canção do servo: "Porquanto vos digo que importa que se cumpra em mim isto que está escrito: E com os malfeitores foi contado. Pois o que me diz respeito tem seu cumprimento" (Lc 22.37). Como Isaías 53 revela, a morte de Jesus seria representativa, sacrificial e substitutiva.

Demonstra-se que Jesus via a obra que realizaria na cruz como cumprimento em Lucas 4.16 no início do seu ministério, e novamente em Lucas 22.37 na véspera da sua crucificação. Em Lucas 24.25-27, Jesus também identifica sua missão na cruz como cumprimento do capítulo 53 de Isaías:

> A importância da identificação da paixão de Jesus com o Servo Sofredor para Lucas reside em três aspectos. Em primeiro lugar, ela indica o modo pelo qual Lucas pode destacar a necessidade soteriológica e histórica da cruz e ressaltar a exaltação ou a glória de Jesus como o acontecimento que traz salvação... O segundo aspecto é que o destaque do Servo fornece uma estrutura para se extrair as consequências universais da missão de Jesus... Em terceiro lugar, ao retratar a jornada de Jesus como o Servo Sofredor, especialmente sua morte e exaltação, Lucas acaba demonstrando o seu entendimento sobre o caminho da salvação.[148]

---

[147] Patterson, "The Work of Christ," p. 561.
[148] Green, "Death of Jesus," p. 161.

Já afirmei em outra obra que Lucas apresenta Jesus como o sumo sacerdote pelo menos de três maneiras no seu Evangelho.¹⁴⁹ Primeiramente, Jesus orou por Pedro para que "sua fé não desfaleça" (Lc 22.32). Nessa passagem, o ministério de intercessão do Sumo Sacerdote Jesus destacado em Hebreus recebe um exemplo concreto na vida terrena de Jesus. Em segundo lugar, Lucas registra que na crucificação Jesus orou: "Pai, perdoa-lhes; porque não sabem o que fazem" (Lc 23.34). Daube afirma que essa oração possui um cenário completamente judaico e não era dirigida primeiramente aos romanos, mas para os judeus (apesar de eles também terem sido incluídos).¹⁵⁰ É interessante observar a associação que Daube estabelece entre Números 15.25-26, uma referência à liturgia do Dia da Expiação (na qual ofensas que a comunidade não tem consciência de ter cometido são perdoadas), e Hebreus 5.2, que descreve o sumo sacerdote judeu, ao qual Jesus é comparado, como tendo "compaixão dos que não sabem o que fazem e estão perdidos".¹⁵¹ Por todo o Evangelho de Lucas, Jesus é retratado com os atributos sacerdotais da empatia, da compaixão e da misericórdia.

Por fim, no relato que Lucas faz da ascensão, Jesus "levantou as mãos e abençoou" os discípulos (24.50-51). Embora Jesus ainda estivesse fazendo isso, ele foi "elevado ao céu" (v. 51). Talbert explica a cena: "Esse gesto de abençoar é parecido com o do sumo sacerdote Simão em Eclesiástico 50.19-20. Com um gesto sacerdotal, o Jesus ressuscitado coloca seus discípulos sob a proteção de Deus antes de deixá-los... Do mesmo modo que o Evangelho começa com o ministério do sacerdote Zacarias, ele termina com Jesus agindo como sacerdote em favor das suas ovelhas (cf.

---

¹⁴⁹ Veja David L. Allen, *Lukan Authorship of Hebrews,* NAC Studies in Bible & Theology (Nashville: B&H Academic, 2010), p. 204-212. Parte do material desta seção sobre Lucas apareceu anteriormente em *Lukan Authorship of Hebrews.*

¹⁵⁰ David Daube, "'For They Know Not What They Do': Luke 23:24," *Studia Patristica* 4, no. 2 (1961): 58–70.

¹⁵¹ Daube, 65–67.

Hb 2.17; 3.1; 6.19-20)".[152] Lucas destaca o aspecto sacrificial da morte de Jesus ao situá-la na época da Páscoa, apontando desse modo para o caráter sacrificial da sua morte (Lc 22.1, 7-8, 11, 13, 15; cf. Ex 12.14, 25, 27).[153]

Além disso, como Capinelli demonstra, as palavras de Jesus sobre o pão e o cálice na Última Ceia claramente expressam essa natureza sacrificial.[154] No relato que Lucas faz dela, observe a referência ao "novo testamento" de Jeremias 31.31-34, uma alusão que não se encontra nos outros evangelhos.[155] Essa referência à nova aliança é "incontestável", de acordo com Rata.[156]

Mekkattukunnel afirma que Lucas vê a morte de Jesus na cruz como o cumprimento e a superação do templo e do sacerdócio do

---

[152] Charles H. Talbert, *Reading Luke: A Literary and Theological Commentary on the Third Gospel* (Macon, GA: Smyth & Helwys, 2002), p. 233. Isso foi demonstrado de forma inquestionável por Andrews George Mekkattukunnel, *The Priestly Blessing of the Risen Christ: An Exegetico-Theological Analysis of Luke 24, 50-53*, European University Studies 714 (Bern: Peter Lang, 2001). Cf. E. Earle Ellis, The Gospel of Luke, 7th ed., The New Century Bible Commentary (Grand Rapids: Eerdmans, 1996), p. 279; I. Howard Marshall, *The Gospel of Luke: A Commentary on the Greek Text*, NIGCT (Grand Rapids: Eerdmans, 1979), 908-909; e William Hendriksen, Exposition of the Gospel According to Luke, NTC (Grand Rapids: Baker, 1978), p. 43. Veja Dennis D. Sylva, "The Temple Curtain and Jesus' Death in the Gospel of Luke," JBL 105 (1986): p. 239-250. Podemos citar dentre aqueles que consideram isso como a bênção de um sumo sacerdote P. A. van Stempvoort, "The Interpretation of the Ascension in Luke and Acts," NTS 5 (1957–58): 30–42; Marshall, Luke, 908-909; Robert J. Karris, "Luke 23:47 and the Lucan View of Jesus' Death," JBL 105 (1986): p. 65-74.

[153] "A maneira enfática pela qual Lucas apresenta Jesus como o 'primogênito' (2:7, 23) nos remete ao cordeiro pascoal que se constituía no resgate para a libertação dos primogênitos dos israelitas" (Mekkattukunnel, *The Priestly Blessing*, p. 177).

[154] Francis Giordano Carpinelli, "'Do This as My Memorial' (Luke 22:19): Lucan Soteriology of Atonement," CBQ 61 (1999): p. 74-91.

[155] Mesmo assim, Jeremias 31.31-34 se constitui em uma passagem que dá base a Hebreus 8-9.

[156] Tiberius Rata, *The Covenant Motif in Jeremiah's Book of Comfort: Textual and Intertextual Studies of Jeremiah 30–33*, Studies in Biblical Literature 105 (New York: Peter Lang, 2007), p. 125.

AT. Para o médico amado, Jesus é o sumo sacerdote supremo e o mediador perfeito entre Deus e os homens.[157] Carpinelli chega à mesma conclusão:

> Lucas retrata Jesus na ascensão ministrando a bênção araônica do mesmo modo que o sumo sacerdote faria depois do sacrifício no Dia da Expiação. A interpretação sacrificial e expiatória do cálice se encaixa com a referência lucana ao capítulo 50 do Eclesiástico, onde a glória e a função do sumo sacerdote na liturgia do Yom Kippur são exaltadas... Em Lucas 22.14-23 e 24.50-53, Jesus é retratado desse modo, agindo como sacerdote. O pão como memorial e o cálice como símbolo da aliança pelo sangue de Jesus trazem a base para retratar o Jesus que ascende aos céus como aquele que completa a liturgia do Dia do Perdão. Jesus oferecendo o cálice como o novo testamento no seu sangue e ministrando a bênção de Arão revela completamente, através da narrativa, a perspectiva pela qual Lucas associa Jesus ao templo.[158]

Stempvoort, juntamente com outros autores, citam a *inclusio*, formada pela bênção sacerdotal fracassada de Zacarias nas narrativas dos nascimentos e pela bênção completa dada pelo novo sumo sacerdote na cena final do Evangelho de Lucas. Essa bênção era um elemento importante ao final de todo culto no templo, que inclui a oferta de incenso, a qual Zacarias estava ministrando, segundo Lucas 1.5-25. O "ministério" de Zacarias (v. 23) foi uma "leitourgia incompleta", mas no final do Evangelho de Lucas se encontra a "leitourgia finalizada" ministrada pelo sacerdote Jesus (24.50).[159]

---

[157] Mekkattukunnel, *The Priestly Blessing*, p. 180-81.
[158] Carpinelli, "'Do This as My Memorial,'" p. 90.
[159] Van Stempvoort, "The Interpretation of the Ascension," pp. 35, 39. Veja também Mikeal C. Parsons, *The Departure of Jesus in Luke-Acts: The Ascension Narratives in Context* (London: Sheffield Academic Press, 1987), p. 69-111; Arie W. Zwiep, *The Ascension of the Messiah in Lukan Christology* (Leiden: Brill, 1997), 88. Tanto Brown quanto Schweizer afirmam que essa bênção sacerdotal preenche a lacuna que Zacarias deixou por não ter conseguido abençoar a congregação no início do Evangelho (Lc 1.21-22). Veja Raymond E. Brown, *The Birth of the Messiah: A Commentary on the Infancy Narratives in Matthew and*

Já que a bênção sacerdotal no AT (e em outros livros judaicos) geralmente só acontecia depois do final do(s) sacrifício(s), Kapic conclui que a bênção sacerdotal confirmou ao povo que o sacrifício foi aceito e que os seus pecados foram perdoados. Logo, a bênção se tratava de algo mais do que simplesmente uma opção na liturgia judaica, funcionando, pelo contrário, como "uma conclusão necessária para a atividade expiatória sacerdotal".[160] Creio que o entendimento de Kapic sobre a intenção pastoral de Lucas quanto a isso é bem exata: "O povo de Deus era lembrado constantemente, por meio dessa bênção, sobre *a presença e a fidelidade divinas* apesar de seus pecados, e era essa bênção que passaria a ser um consolo para os crentes cansados e exilados que questionavam se Deus os tinha abandonado".[161]

Kapic ainda destaca que o tema da bênção continua em Atos e desempenha um papel importante no final da segunda pregação de Pedro depois do Pentecostes: "Vós sois os filhos dos profetas e do pacto que Deus fez com vossos pais, dizendo a Abraão: Na tua descendência serão abençoadas todas as famílias da terra. Deus suscitou a seu Servo, e a vós primeiramente o enviou para que vos abençoasse, desviando-vos, a cada um, das vossas maldades" (At 3.25-26). Quanto ao entendimento de Lucas nessa passagem, "a bênção encontra seu clímax com a encarnação, e agora a pregação destaca de forma específica a bênção personificada para a salvação".[162] A afirmação de Pedro em Atos dos Apóstolos 3.26 também sugere que a intenção da expiação é lidar com o problema do pecado ("desviando... das vossas maldades") e que a extensão da expiação é ilimitada ("a cada um").

Luke (New York: Doubleday, 1977), p. 281-82; Eduard Schweizer, The Good News According to Luke, trad. David E. Green (Atlanta: John Knox Press, 1984), 378–79. Essa inclusio (estrutura de sanduíche) funciona como uma figura literária que Lucas usa para destacar esse acontecimento e indicar a atividade sacerdotal de Jesus.
[160] Kelly M. Kapic, "Receiving Christ's Priestly Benediction: A Biblical, Historical, and Theological Exploration of Luke 24:50-53", WTJ 67 (2005): p. 259.
[161] Kapic, p. 252; destaque do autor.
[162] Kapic, p. 253.

Kapic associa o retrato que Lucas traça da ascensão de Jesus com passagens de Hebreus: "Jesus parte e, ao mesmo tempo, abençoa seus discípulos; ele tinha consumado o sacrifício final e perfeito, garantindo o perdão dos pecados do seu povo (Hb 7.26-27; 10.12)".[163] Lembre-se da bênção do escritor em Hebreus 13.20-21, associando a expiação com a bênção, do mesmo modo que Lucas faz em seu Evangelho e em Atos dos Apóstolos.

Hamm afirma que sete passagens de Lucas-Atos se referem ao serviço judaico *Tamid*:[164]

· Zacarias no templo (Lc 1.5-25)
· Pedro e João no templo na hora nona (At 3.1)
· Cornélio orando na hora nona (At 10)
· O fariseu e o publicano no templo (Lc 18.9-14)
· A morte de Jesus à hora nona e a reação do centurião
· A declaração de Jesus: "Fazei isto em memória de mim" (Lc 22.19)
· A bênção de Jesus antes da sua ascensão (Lc 24.50-53).[165]

Hamm conclui de forma correta que a obra sacerdotal de Zacarias no templo registrada em Lucas 1.5-22 era levar a porção de incenso no serviço *Tamid* da tarde.[166] Para Hamm, a atividade de Zacarias no templo e a bênção de Jesus em Lucas 24 "estabelecem a trama do terceiro Evangelho e sugerem que o serviço *Tamid* funciona como cenário simbólico na teologia narrativa de Lucas".[167] A importância de tudo isso é resumida por Mekkattukunnel:

---

[163] Kapic, p. 252.
[164] O serviço *Tamid* acontecia às 15:00 todos os dias no templo. Dele fazia parte o sacrifício do segundo cordeiro do dia para a expiação e a santificação do povo judeu.
[165] Dennis Hamm, "The Tamid Service in Luke-Acts: The Cultic Background behind Luke's Theology of Worship (Lc 1.5-25; 18.9-14; 24.50-53; At 3.1; 10.3, 30)", CBQ 65 (2003): p. 215-231.
[166] Hamm, p. 221.
[167] Hamm, p. 231.

A bênção sacerdotal se encaixa bem com o final da narrativa do Evangelho porque é nessa passagem que o Cristo ressuscitado, depois de seu sacrifício substitutivo na cruz, aparece em glória para os seus discípulos. Dessa maneira, Lucas se refere ao fato que o escritor aos Hebreus afirma claramente nos capítulos 8 e 9. O sistema litúrgico existente não tinha o poder intrínseco de efetuar a mediação entre Deus e os homens, porque o sumo sacerdote judeu não ia à habitação de Deus no Dia da Expiação, mas simplesmente entrava em uma tenda humana material (Hb 9.1, 8, 24) na qual o Altíssimo não habita (At 7.48; 17.24). O sacrifício de Cristo muda completamente a situação, ultrapassando o sistema antigo de sacrifícios. A oferta sacrificial de Cristo com seu próprio sangue pelo "maior e mais perfeito tabernáculo" (Hb 9.11; Lc 23.45) o fez "mediador de um novo pacto" (Hb 9.11-15; Lc 22.20; Jr 31.31-34). Portanto, Lucas está mais do que justificado ao retratar Cristo depois de sua paixão e ressurreição de uma maneira sacerdotal.[168]

JOÃO[169]

Bem no início do Evangelho de João, ouvimos João Batista declarar a respeito de Jesus: "Eis o Cordeiro de Deus, que tira o pecado do mundo" (Jo 1.29). Essa referência é uma alusão à Páscoa de Êxodo 12 e a Isaías 53.[170] Esse versículo destaca dois aspectos: (1) o caráter sacrificial da morte de Jesus, de acordo com Isaías 53; e (2) o fato de que ele morreu pelos pecados de todo o mundo, entendido como a expiação dos pecados de todas as pessoas.

A morte de Cristo é mencionada nas passagens seguintes do Evangelho de João: 1.29; 2.19; 3.14-16; 6.5; 10.11; 11.49-52; 12.24; e 15.13. No Apocalipse, a morte de Cristo é mencionada em 1.5; 5.9;

---

[168] Mekkattukunnel, The Priestly Blessing, p. 207-208.
[169] Para uma boa análise sobre a expiação no Evangelho de João e a indicação de obras sobre a expiação no Evangelho de João, consulte Leon Morris, "The Atonement in John's Gospel", *Criswell Theological Review 3*, no. 1 (1988): p. 49-64. Veja também Edward W. Klink III, "Gospel of John," *T&T Clark Companion to Atonement*, ed. Adam J. Johnson (New York: Bloomsbury T&T Clark, 2017), p. 515-21; e D. A. Carson, "Adumbrations of Atonement Theology in the Fourth Gospel", JETS 57, no. 3 (2014): p. 513-522.
[170] Green, "Death of Jesus", p. 162.

7.14 e 13.8. Existe uma associação em João 3.16 entre a encarnação de Jesus e a cruz juntamente com a oferta de vida eterna a todo aquele que nele crê. Como os evangelistas sinóticos, João emprega a preposição grega hyper ("em favor de") para ressaltar o caráter redentor da cruz em 6.51; 10.11, 15; 11.50-52; 18.14.[171]

Quando Jesus disse: "Derribai este santuário, e em três dias o levantarei" (Jo 2.19), obviamente ele estava falando metaforicamente do seu corpo no momento de sua morte, mas existem muito mais detalhes nessa comparação. O templo é o lugar onde os pecadores têm um encontro com Deus. Na morte e na ressurreição de Cristo, os pecadores recebem a oportunidade de ter um encontro com Deus e ter os seus pecados perdoados. Como observa D. A. Carson: "O vínculo entre a morte de Jesus e a ressurreição com o templo e a sua destruição e a sua edificação posterior faz com que qualquer pessoa que conheça o AT e o pensamento cristão primitivo associe a cruz com o sacrifício e a expiação".[172]

Provavelmente o versículo mais conhecido de toda a Bíblia é João 3.16. Localizado ao final da perícope de Nicodemos, trata-se de uma passagem onde Jesus tece afirmações sobre vários temas importantes relacionados com a expiação. Primeiramente, a motivação da expiação reside no amor de Deus. Em segundo lugar, o alvo do amor de Deus é "o mundo", uma referência que inclui todas as pessoas sem exceção. O terceiro aspecto é que a expiação é vista como tendo início em Deus, e Cristo é visto como um dom para a humanidade, onde o verbo "deu" não somente dá a entender a encarnação, mas também a crucificação. Por fim, os benefícios da expiação (o livramento do juízo, juntamente com a vida eterna) estão disponíveis para todo aquele que crê em Cristo.

João situa a morte de Jesus no contexto do cordeiro sacrificial na Páscoa judaica em João 19.14, 36, do mesmo modo que Lucas. Essa evidência, associada com o modo pelo qual Jesus associa sua morte com Isaías 53, indica o caráter sacrificial e substitutivo da

---

[171] ❧ Green, p. 162.
[172] ❧ Carson, "Adumbrations of Atonement Theology", p. 515.

expiação, bem como a perspectiva de João de que Jesus cumpriu a profecia de Isaías 53.

ATOS[173]

Existem poucas referências diretas à expiação em Atos dos Apóstolos, embora se perceba claramente que a pregação apostólica era baseada na morte e na ressurreição de Cristo. Podemos resumir o conceito da expiação em Atos da seguinte forma:

· A expiação era uma exigência divina. Jesus "foi entregue pelo determinado conselho e presciência de Deus" (2.23).
· A expiação é vista como o cumprimento das profecias do AT (3.18; 13.27; 17.3; 26.22-23).
· A base da pregação do evangelho é a morte e a ressurreição de Cristo. Isso fica claro a partir da análise do conteúdo das pregações de Atos.
· Em Atos 8.32-35, Jesus é identificado como o Servo Sofredor de Isaías 53. Outras referências de Jesus como "Servo" e "o Justo" indicam associações com esse texto (At 3.13-14, 26; 4.27, 29-30; 7.52; 22.14-15).
· A primeira referência clara à expiação em Atos aparece na despedida de Paulo dos anciãos de Éfeso (20.28). Paulo os exorta "para apascentar a igreja de Deus, que ele adquiriu com seu próprio sangue". Nessa passagem, a expiação é descrita como algo que foi adquirido, mas Paulo não quer indicar uma simples operação comercial. Pelo contrário, ele está usando uma metáfora para descrever o fato de que a salvação tem um preço muito alto – o sangue de Cristo derramado na cruz.
· Em sua defesa diante do rei Agripa, Paulo associou o conteúdo da sua pregação com aquilo que os profetas e Moisés

---

[173] ❧ Para pesquisas sobre a teologia da expiação em Atos, consulte Joel B. Green, "Theologies of the Atonement in the New Testament," T&T Clark Companion to Atonement, ed. Adam J. Johnson (New York: Bloomsbury T&T Clark, 2017), 119–23; e I. Howard Marshall, "Acts (Book of)," T&T Clark Companion to Atonement, p. 361–64.

disseram que aconteceria com o Messias – "como o Cristo devia padecer, e como seria ele o primeiro que, pela ressurreição dos mortos, devia anunciar a luz a este povo e também aos gentios" (At 26.23). Provavelmente ele esteja se referindo a Isaías 53.

Green identifica três textos importantes que falam da salvação associada com a morte e a ressurreição de Jesus: Atos 2.14-40; 5.31 e 10.43. Ele afirma equivocadamente que esses três textos fundamentam a soteriologia de Lucas com destaque na ascensão de Cristo em vez da sua morte na cruz. No entanto, Green admite que Lucas 22.19-20 e Atos 20.28 demonstram a adesão de Lucas a um conceito mais tradicional de expiação.[174]

EPÍSTOLAS PAULINAS

Biblicamente falando, aparecem mais referências à expiação nas cartas de Paulo do que nas cartas de qualquer outro escritor do NT. "Para Paulo, a questão do significado da cruz se trata principalmente de uma questão sobre Deus – *teologia* – e somente depois disso que passa a ser uma questão antropológica e soteriológica".[175] Trata-se também de uma questão de teologia prática que o tema dominante da sua pregação seja a crucificação, a ponto de se referir a ela como "a mensagem [pregação] da cruz" em 1Coríntios 1.18, e em 1Coríntios 2.2 afirmar: "Porque nada me propus saber entre vós, senão a Jesus Cristo, e este crucificado". O evangelho de Cristo – sua morte e ressurreição – é a plataforma central da pregação de Paulo (1Co 1.18; 15.1; 2.2; Gl 1.11; 1Tm 1.3, 11. 2Tm 2.8).

Não é preciso ir muito longe nas cartas de Paulo para descobrir que Paulo trata a morte de Cristo na cruz com um padrão dualista no que diz respeito ao papel de Deus e ao papel de Cristo. Primeiramente, Deus é aquele que inicia a vinda de Cristo para morrer na cruz. É aquele que "entrega" Cristo para morrer na cruz em Romanos 4.25 e 8.32. Cristo também é o agente que "se en-

---

[174] Green, "Theologies of the Atonement," p. 120-121.
[175] Green, "Death of Christ, p. 205; destaque do autor.

tregou" pelas pessoas (Gl 1.14; 2.20; Ef 5.2, 25; Tt 2.14; 1Tm 2.6). Em segundo lugar, Paulo emprega a terminologia de que Cristo morreu "por nós" em passagens como Romanos 5.8; 1Coríntios 5.7; Efésios 5.2; 1Tessalonicenses 5.10; Tito 2.14 (cf. 1Co 8.11; 2Co 5.14-15; Gl 2.21).

A dependência de Paulo de Isaías 53 e da sua influência sobre ele também ficam bem claras, como se pode ver em 1Coríntios 15.3-4 e Romanos 4.25. A passagem de 2Coríntios 5.21 faz uma referência direta a Isaías 53.6, do mesmo modo que Filipenses 2.7-8 e Romanos 5.19. Em Romanos 10.16 e 15.21, Paulo faz citações diretas de Isaías 52.13-53.12. Paulo também se utiliza de uma ampla variedade de metáforas da expiação em suas cartas. Green sugere três razões para isso: (1) A simbologia da expiação é metafórica. (2) A linguagem da expiação é pastoral. (3) Os símbolos da expiação explicam questões culturais bem amplas.[176] A explicação mais completa da teologia da expiação se encontra na literatura paulina, encontrando sua expressão principal em Romanos.

ROMANOS 3.21-26
Muitos especialistas consideram que Romanos 3.21-26 é o ponto central da carta e o ápice do ensino de Paulo sobre a expiação:[177]

---

[176] Green, "Theologies of the Atonement," p. 130.
[177] Thomas R. Schreiner, *Romans*, Baker Exegetical Commentary on the New Testament (Grand Rapids: Baker, 1998), p. 178. Michael F. Bird classifica isso como o "epicentro" do evangelho de Paulo (*Romans,* The Story of God Bible Commentary [Grand Rapids: Zondervan, 2016], p. 110). Leon Morris sugere que é possível que Romanos 3.21-26 seja "o parágrafo isolado mais importante que já foi escrito" (Morris, *The Epistle to the Romans* [Grand Rapids: Eerdmans, 1988], p. 173). Hultgren observa: "Além disso, todas as teorias da expiação da história da teologia tiveram que se harmonizar com o que Paulo diz nesses versículos" (Arland J. Hultgren, *Paul's Letter to the Romans* [Grand Rapids: Eerdmans, 2011], p. 151). A passagem está repleta de dificuldades exegéticas. Quanto a Romanos 3.21-26, Denney comenta: "Já se contestou todas as sílabas desse texto, e se impingiu e se descartou varios significados das suas palavras" (Denney, *Studies in Theology*, p. 116 [veja "Introdução", nº 10]). Para os detalhes referentes aos debates exegéticos que são realizados sobre esses versículos, consulte os comentários exegéticos e veja D. A. Carson, "Atonement in Romans 3:21–26",

Mas agora, sem lei, tem-se manifestado a justiça de Deus, que é atestada pela lei e pelos profetas; isto é, a justiça de Deus pela fé em Jesus Cristo para todos os que creem; pois não há distinção. Porque todos pecaram e destituídos estão da glória de Deus; sendo justificados gratuitamente pela sua graça, mediante a redenção que há em Cristo Jesus, ao qual Deus propôs como propiciação, pela fé, no seu sangue, para demonstração da sua justiça por ter ele na sua paciência, deixado de lado os delitos outrora cometidos; para demonstração da sua justiça neste tempo presente, para que ele seja justo e também justificador daquele que tem fé em Jesus.

Esse parágrafo funciona dentro do discurso geral de Romanos como a parte principal dos seus primeiros onze capítulos e se constitui na unidade central com a qual se relaciona toda essa seção.[178] Passarei a analisá-lo de forma mais completa do que o espaço permite para as outras passagens por causa disso e também porque é considerada uma passagem importante (se não for a mais importante) do NT sobre a expiação.

Ele inicia a segunda divisão importante de Romanos, logo depois da seção que vai de 1.18 a 3.20, onde Paulo se concentrou na defesa do princípio de que todos – judeus e gentios – estão separados de Deus por causa do pecado e de que a ira e o juízo de Deus também recaem sobre todos de forma justa por causa dele (Rm 1.18). Lemos em Romanos 3.21-26 a explicação do que se constitui a provisão de Deus para o problema do pecado. O parágrafo é composto de duas sentenças no texto grego: a primeira vai do versículo 21 até o começo do versículo 22; e a segunda do final do versículo 22 até o 26. A primeira parte afirma que Deus declara justas as pessoas que depositam sua fé em Cristo, já a segunda explica como Deus pode fazer isso: Cristo expiou os pecados de toda a humanidade por sua morte na cruz.[179]

em *The Glory of the Atonement: Biblical, Theological & Practical Perspectives,* ed. Charles E. Hill e Frank A. James III (Downers Grove, IL: IVP Academic, 2004), p. 119-39; e Gregory K. Beale, *A New Testament Biblical Theology: The Unfolding of the Old Testament in the New* (Grand Rapids: Baker, 2011), p. 481-92.

[178] Ellis W. Deibler, *A Semantic Structural Analysis of Romans* (Dallas, TX: Summer Institute of Linguistics, 1998), p. 93.

[179] Para uma análise cuidadosa da estrutura semântica deste parágrafo,

A oração adversativa que começa com "Mas agora" no versículo 21 (e novamente no versículo 26, criando uma *inclusio*) traz uma verdadeira guinada no assunto da seção que vai de 1.18 a 3.20, que destaca que toda a humanidade está debaixo da ira e do juízo de Deus por causa do pecado. A ira de Deus passa a ser compensada pela justiça de Deus.[180] A solução para o problema do pecado consiste na sua revelação e na sua oferta de redenção – uma posição justa diante dele, proporcionada aos pecadores pela expiação providenciada por Deus em Cristo.[181] Hultgren define a "justiça" de Deus como "a atividade [salvífica] de Deus por meio da qual ele justifica, ou estabelece o relacionamento da humanidade consigo mesmo. Em virtude disso, a humanidade pode ser liberta do poder do pecado (3:9), uma liberdade que é recebida por antecipação pela fé (3.25)".[182] Essa justiça combina o caráter justo e a iniciativa salvadora de Deus com a posição justa diante dele que a pessoa recebe quando crê.[183]

Paulo ressalta a iniciativa salvadora de Deus ao prover a expiação e a justiça para a humanidade decaída afirmando que essa justiça vem "de Deus". Green resume a lógica de Paulo: "Essa lógica apresenta o papel duplo de Cristo na sua morte – a sua substituição para a humanidade diante de Deus, e também sua substituição oferecida a Deus diante do pecado humano".[184]

O substantivo "justiça" ou sua forma verbal "tornar justo ou justificar" aparece sete vezes nesse parágrafo.[185] Essa justiça que é

---

consulte *A Semantic and Structural Analysis of Romans,* p. 92-97.

[180] Stott vê essa expressão introdutória como uma referência tripla – uma referência lógica (o argumento que está sendo desenvolvido), outra cronológica (o tempo presente), e outra escatológica (a nova era chegou). Veja John Stott, Romans: *God's Good News for the World* (Downers Grove, IL: InterVarsity Press, 1994), p. 108.

[181] Nessa passagem, Paulo provavelmente estava se referindo ao ritual do Dia da Expiação de Levítico 16. Veja Douglas J. Moo, *Romans 1-8,* p. 220 (veja cap. 1, nº 22); e Joel B. Green, "Death of Christ," em *Dictionary of Paul and His Letters,* IVP Bible Dictionary Series, ed. Gerald F. Hawthorne and Ralph P. Martin (Downers Grove, IL: IVP Academic, 1993), p. 208.

[182] Hultgren, *Paul's Letter to the Romans,* p. 149.

[183] Stott, *Romans,* p. 109.

[184] Green, "Death of Christ", p. 208.

[185] Moo, *Romans 1-8,* p. 219. Moo diz: "Ela aparece quatro vezes (vv. 21, 22,

disponibilizada não se trata somente de algo totalmente novo, já que até mesmo a lei do AT e os profetas falam sobre ela.[186] Paulo ainda declara que essa "posição justa" diante de Deus é conquistada pela fé em Cristo.[187] Trata-se de uma posição justa disponível para

25, 26 ['Sua justiça' nas últimas duas vezes]) dentre as quais o verbo relacionado 'justificar' [dikaioō] aparece duas vezes... e o adjetivo 'justo' [dikaios] somente uma" (Moo, p. 219). Moo também defende dois significados de "justiça" nessa passagem: "Estamos supondo que a 'justiça de Deus', que se refere nos vv. 21-22 ao ato justificador de Deus, significa algo diferente nos vv. 25-26 – a 'integridade' de Deus, sua obra que sempre age completamente de acordo com o seu próprio caráter. Temos a certeza de que essa mudança de significado, embora seja negada amplamente na nossa época, é exigida pelos dados que se encontram no texto e, de fato, dá ao texto seu poder e importância extraordinários" (Moo, p. 219). Veja também Cousar analisando a "justiça de Deus" (A Theology of the Cross, p. 117, nº 21 [veja o "Prefácio", nº 1]).

[186] No AT, particularmente nos Salmos e nos profetas, a justiça de Deus se constitui em um tema bem importante. Como James Luther Mays observa, a palavra hebraica tsedaqa (geralmente traduzida como "justiça") é um "conceito relacional" baseado no concerto em vez de uma "norma eticamente absoluta" (James Luther Mays, Amos: A Commentary, Old Testament Library [Philadelphia: WJK, 1969], p. 92), mas devemos observar que a justiça de Deus, do modo que é expressa no AT, se trata de uma "norma ética absoluta".

[187] Existe uma divergência considerável de opinião sobre se o caso genitivo do grego no versículo 22 deve ser interpretado como um genitivo do objeto ou do sujeito. Moo explica: "Portanto, somente o contexto pode determinar a força do genitivo, e as considerações do contexto favorecem de forma irrefutável o genitivo do objeto em Romanos 3.22". Moo observa "o uso coerente de pistis ["fé"] em todo o contexto do cap. 3.21 a 4.25 para designar a fé em Deus ou em Cristo exercida pelo povo como o único meio de justificação" (Moo, Romans 1-8, p. 224–25). Moo prossegue: "Se diá pistéos Iesou Christou dá a entender a fé em Jesus Cristo, por que teria Paulo acrescentado o complemento eis pantas taus písteuontas?... Provavelmente o propósito de Paulo seja destacar a disponibilidade universal da justiça de Deus... [a qual] está disponível somente pela fé em Cristo, mas se encontra disponível a todo o que crê em Cristo" (p. 225). Para a explicação da diferença entre "pela fé em Jesus" e "pela fé de Jesus", veja também Hultgren (Paul's Letter to the Romans, p. 150) e Bird (Romans, 112-15), que optam pela tradução "pela fé em Jesus". Bird tenta extrair alguma coisa dos dois sentidos quando propõe a seguinte

"todos", sem qualquer distinção ou exceção. "Justificação é o ato pelo qual Deus cria um novo povo, com uma posição nova, no novo concerto, como parte de uma nova era".[188]

Essa justiça não é concedida automaticamente a todos. A fé em Cristo é a condição para o seu recebimento. Todos são pecadores, trata-se de uma categoria universal. Todos devem ser justificados ao observarem a seguinte condição: a fé em Cristo. J. B. Lightfoot demonstra de modo importante que o conceito da justiça de Deus nesse contexto consiste em dois aspectos: trata-se de algo inerente a Deus, e também de algo que é transmitido ao crente. "Logo, consiste em um ato externo, realizado por nós, e em uma mudança interna que é operada dentro de nós".[189] Do mesmo modo, Schreiner observa de forma correta que "a justiça de Deus possui duas dimensões. Por um lado, ela se refere à obra de Deus através da história que foi manifestada na obra expiatória de Jesus Cristo. Por outro lado, a justiça de Deus também é subjetivamente apropriada no presente pela fé".[190]

Paulo destaca o modo pelo qual se recebe esta justiça da parte de Deus – "mediante a fé em Jesus Cristo para todos os que

---

paráfrase: "A justiça de Deus vem à humanidade pela fé em sua obra salvadora revelada pela fidelidade, pela morte e pela ressurreição de Jesus por todo aquele que nele crê" (p. 115).

[188] Bird, p. 115-16. Não há como abordarmos aqui os debates atuais dentro dos estudos sobre Paulo quanto ao sentido da justificação e, ao mesmo tempo, a imputação da obediência ativa e/ou passiva de Cristo ao crente. Para acompanhar um resumo acessível, consulte Peter T. O'Brien, "Justification in Paul and Some Crucial Issues of the Last Two Decades," em *Right with God: Justification in the Bible and the World,* ed. D. A. Carson (Grand Rapids: Baker Academic, 1992), p. 69-81. Veja também D. A. Carson, "The Vindication of Imputation: On Fields of Discourse and Semantic Fields", em *Justification: What's at Stake in the Current Debates,* ed. Mark Husbands e Daniel J. Treier (Downers Grove, IL: InterVarsity Press, 2004); John Piper, *The Future of Justification: A Response to N. T. Wright* (Wheaton: Crossway, 2007); e Beale, *A New Testament Biblical Theology,* 469-77.

[189] J. B. Lightfoot, *Notes on the Epistles of St. Paul from Unpublished Commentaries* (New York: Macmillan, 1895; reimpr., Peabody, MA: Hendrickson, 1993), p. 270.

[190] Schreiner, *Romans,* p. 184.

creem" (Rm 3.22) – por meio da referência dupla à "fé" e "crer". Paulo também está ressaltando a universalidade da redenção, a disponibilidade universal da justiça de Deus. Ela se acha disponível somente por meio da fé, mas está à disposição de todo aquele que deposita sua fé em Cristo. Essa universalidade é destacada pela seguinte frase: "Pois não há distinção". Deus não faz acepção de pessoas, como Paulo demonstrou em Romanos 2.11.[191]

Essa justiça revelada não é algo que viria como uma surpresa para Moisés e para os profetas. As promessas que Deus fez por toda a Lei e profetas foram cumpridas em Cristo.[192] De um modo interessante, Paulo declara que essa justiça oferecida aos pecadores ao mesmo tempo traz uma continuidade e uma interrupção da lei. A obediência à lei não é, nem nunca foi, a base do acesso à salvação.[193] No entanto, para Paulo, a lei possui uma função profética.[194] A promessa da Lei e dos profetas aparece várias vezes por todo o AT. "Essa promessa surge periodicamente no cenário bíblico com uma luz de direção que pisca apontando uma saída de emergência para as pessoas. Essa promessa salvífica é mencionada de forma bem clara, e em outras passagens ela é exemplificada e até mesmo profetizada em uma série de versículos, visões, vitórias e derrotas por toda a narrativa bíblica.[195]

Paulo prossegue associando essa "justiça" de Deus com a justificação.[196] Os crentes são "justificados gratuitamente" pela sua "graça" (Rm 3.22-24). O meio dessa justificação é "mediante a re-

---

[191] Hultgren, *Paul's Letter to the Romans*, p. 155.
[192] Hultgren, p. 154.
[193] "A lei de Deus não previa nenhuma expiação nem reparo algum pela desonra, além do castigo pessoal dos transgressores" (Pendleton, *Christian Doctrines*, p. 223 [veja cap. 1, n° 4]).
[194] Bird, *Romans*, p. 111-112. Veja também Brian S. Rosner, *Paul and the Law: Keeping the Commandments of God*, NSBT 31 (Downers Grove, IL: InterVarsity Press, 2013), p. 135-158.
[195] Bird, *Romans*, p. 112. Bird também compara isso com outdoors na estrada da salvação mostrando o caminho para Cristo.
[196] Para uma análise excelente sobre a teologia de Paulo sobre a justificação, consulte Mark A. Seifrid, *Christ, Our Righteousness: Paul's Theology of Justification*, NSBT 9, ed. D. A. Carson (Downers Grove, IL: InterVarsity Press, 2000).

denção que há em Cristo Jesus" (v. 24). O próprio Deus "propôs" Cristo como "propiciação". Observe a conexão entre a propiciação e o sacrifício expiatório de Cristo e "seu sangue", indicando sua morte sacrificial e substitutiva na cruz.

Ao operar tudo isso, Deus demonstrou sua própria justiça em "passar sobre" os pecados da humanidade antes do sacrifício pelos pecados efetuado por Cristo na cruz (v. 25). Pode-se recorrer a Atos 17.30, que expressa a ideia que a demonstração da justiça de Deus por meio da cruz de Cristo era necessária porque os pecados só tinham sido cobertos, no sentido que eles não tinham sido perdoados de forma permanente.[197] Até o momento da expiação de Cristo, Deus tinha iniciado algo semelhante a uma suspensão da execução. Ele reteve temporariamente o seu juízo completo e final contra o pecado. Até a cruz, os pecados cometidos de Adão e Eva em diante "não tinham sido nem castigados como mereciam, nem receberam a expiação que lhes estava destinada".[198]

Paulo está respondendo à pergunta articulada por John Stott: como pode o justo dentre aqueles que pecaram antes da morte de Cristo na cruz ser declarado justo diante de Deus sem que ele comprometa seu caráter justo ou consinta com a injustiça?[199] De fato, a justificação é a concessão da posição de justo no sentido jurídico, mas não consiste somente nisso. Ela inclui a restauração da comunhão do pecador com Deus. Não se limita a um processo onde o juiz diz ao réu que está livre e que sua dívida está paga. Nesse caso,

---

[197] Lightfoot, *Notes on the Epistles of St. Paul*, p. 273.
[198] C. E. B. Cranfield, *Romans* 1-8, 2 vols., ICC (New York: T&T Clark, 1975), 1:212. Como Otto Weber observa, os sacrifícios do AT nada trazem senão a manutenção da paciência divina conforme se descreve em Romanos 3.25 (Otto Weber, *Foundations of Dogmatics*, trad. Darrell L. Guder, 2 vols. [Grand Rapids: Eerdmans, 1983], 2:201).
[199] John R. W. Stott, *The Cross of Christ* (Downers Grove, IL: InterVarsity Press, 1986), p. 112. Ou, como foi articulado por Bird: "Então, o que acontece quando a imparcialidade de Deus como juiz cósmico do mundo se encontra com a sua fidelidade pactual de trazer salvação ao mundo por Israel? Como que a justiça punitiva de Deus se harmoniza com a justiça salvadora? [...] Vemos a resposta de Paulo em 3:21-4:25" (Bird, *Romans*, p. 110).

Deus diz ao pecador: "Você acaba de entrar em um novo relacionamento comigo pelo meu amor – conquistei isso quando paguei o seu castigo".[200]

John Stott resume de forma prática o que acontece em Romanos 3.21-26, observando que Deus, por sua graça, é a fonte da nossa justificação; a base dela é Cristo e sua cruz, e o seu meio é a nossa fé em Cristo.[201]

O texto usa várias palavras fundamentais para a expiação. Em primeiro lugar, Cristo proporcionou a "redenção" sobre a cruz (24b). Além disso, Cristo trouxe a "propiciação" (25a) e, em terceiro lugar, Cristo proporcionou a justificação (25b-26). O termo grego que é traduzido como "redenção" (*apolytrōseōs*) foi tomado emprestado da linguagem do comércio ou do mercado antigo. Embora "redenção" seja a tradução mais usada, a palavra tem uma gama de significados que inclui "absolvição", "libertação" e "livramento". No AT, o termo foi usado com referência a escravos que foram libertados e ao Israel remido (liberto) da escravidão egípcia. Em algumas passagens do NT, *apolytrosis* não inclui especificamente algum pagamento, mas "de forma invariável, a noção de 'preço' se faz presente", e a ideia principal é de libertação mediante um preço que foi pago.[202] A palavra aparece em Romanos 3.24 e em Lucas 21.28; Romanos 8.32; 1Coríntios 1.30; Efésios 1.7, 14; Colossenses 1.14; e Hebreus 9.15; 11.35. "Nesse caso em particular [Rm 3.24], indica ser liberto do poder do pecado como condição que domina a humanidade (Rm 3.9) e, como consequência, ser liberto da ira divina no juízo final (Rm 5.9)".[203]

Essa redenção se dá "em Cristo Jesus". Paulo geralmente usa essa expressão para se referir aos crentes que experimentam a redenção, então se vê a redenção como sendo conquistada e aplicada. Esse não é o caso de Romanos 3.24. Nessa passagem, Paulo está usando o

---

[200] Veja Marcus L. Loane, *This Surpassing Excellence: Textual Studies in the Epistles to the Churches of Galatia and Philippi* (Sydney: Angus and Robertson, 1969), p. 94, como é observado por Stott, Romans, p. 110.

[201] Stott, *Romans*, p. 111-118.

[202] Schreiner, *Romans*, p. 190.

[203] Hultgren, *Paul's Letter to the Romans*, p. 156.

caso instrumental no grego – a frase aborda o meio pelo qual Deus realizou a redenção, seja qual for sua aplicação. Podemos ver outros exemplos do uso que Paulo faz desse caso em Romanos 6.23; 1Coríntios 1.4; 2Coríntios 5.19; Gálatas 3.14.[204] Paulo está afirmando que a "justificação acontece *pela* redenção *em* Cristo Jesus. A graça é a causa eficiente da justificação, mas sua causa instrumental é a redenção".[205]

A palavra grega traduzida como "propiciação" *(hilastērion,* usada só uma vez nas cartas de Paulo) pode ter três significados possíveis: (1) "propiciatório", (heb. *kapporet,* Êx 25.17-22), referindo-se à tampa de ouro em cima da arca da aliança no Santo dos Santos, a princípio no tabernáculo e depois no templo;[206] (2) expiação do pecado com base em sacrifício; (3) propiciação (incluindo a expiação do pecado).[207] Não há dúvida de que os três significados fazem parte do uso de Paulo (não precisamos sucumbir diante da falsa dicotomia sobre a possibilidade de Paulo querer se referir à "propiciação" ou a "expiação), mas a "propiciação" é a melhor tradução para a palavra grega. Uso de hilasterion e palavras correlatas inclui a noção da ira de Deus e da expiação do pecado. O contexto anterior de Romanos 1.18-3.20 deixa bem claro. A ira de Deus é

---

[204] Hultgren, p. 156.

[205] Bird, Romans, p. 117, em nota de rodapé do livro de Constantine Campbell, *Paul and Union with Christ:An Exegetical and Theological Study* (Grand Rapids: Zondervan, 2012), p. 74, 114-115.

[206] Para uma boa defesa dessa interpretação, consulte Beale, A *New Testament Bíblical Theology,* p. 486-489. HilastÐrion designa o local da expiação, nunca a vítima sacrificial, de acordo com Daniel P. Bailey, "Jesus as the Mercy Seat: The Semantics and Theology of Paul's Use of Hilasterion in Romans 3:25" (tese de doutorado, Cambridge University, 1999).

[207] Schreiner percebe de forma precisa as falsas dicotomias interpretativas que geralmente são propostas a respeito desse texto: "De fato, um erro de interpretação comum nesse texto é propor soluções somente em duas vias: tanto nas tradições dos mártires quanto no cenário de Levítico 16, ou se coloca em foco a propiciação ou a expiação, e se Jesus é o sacrifício, ele não pode ser retratado como o lugar onde o sangue é derramado. Tenho defendido que todos esses conceitos estão presentes em Romanos 3.21-26. O que Jesus conquistou na cruz transcendeu as categorias anteriores e se constituiu no seu cumprimento" (Schreiner, *Romans,* p. 194).

resultado do pecado humano (1.18), e faz parte do juízo de Deus contra o pecado (2.5; 3.5-6).²⁰⁸ Como Stott afirma de forma tão digna: "Foi assim que o próprio Deus deu a si mesmo para salvar-nos de si mesmo".²⁰⁹

Esse ato de expiação também foi uma "demonstração" da longanimidade de Deus no AT que adiou o juízo e exemplificou a justiça divina no NT, que exigiu justiça no cumprimento da Lei. É por isso que se diz que Deus é "justo e justificador" (Rm 3.26).²¹⁰ Como observa Schreiner, a questão não é se Deus pode castigar de forma justa pelos seus pecados, mas de que modo Deus pode perdoar alguém de forma justa.²¹¹ A resposta de Paulo é que o perdão de Deus não oculta sua justiça, mas, pelo contrário, a demonstra. Pendleton expressa bem isso: "Para resumir, a expiação de Cristo exerce uma influência tão grande sobre o trono de Deus, a ponto de fazer o seu ocupante 'justo e justificador daquele que crê em Jesus (Rm 3.26)... Sem a expiação conheceríamos Deus como justo e condenador – com ela o conhecemos como 'justo e justificador'".²¹²

A fé em Cristo é citada três vezes como o meio da justificação e como uma necessidade para a aplicação dos benefícios da expia-

---

²⁰⁸ Morris, The Apostolic Preaching of the Cross, p. 144-213 (veja cap. 1, n. 6); David Hill, Greek Words and Hebrew Meanings: Studies in the Semantics of Soteriological Terms, Society for New Testament Studies Monograph Series 5 (Cambridge: Cambridge University Press, 1967), p. 23-48; Schreiner, Romans, p. 191. Como Green declara, "Para Paulo, a ira não é uma propriedade divina ou um atributo essencial de Deus. Pelo contrário, do modo que ele elabora esse conceito em Romanos 1, a 'ira' consiste na presença ativa do juízo de Deus sobre 'toda a impiedade e injustiça' (Rm 1.18)" (veja Green e Baker, Recovering the Scandal of the Cross, p. 54 [veja "Introdução", nº 26]).

²⁰⁹ Stott, A cruz de Cristo (São Paulo: Ed. Vida, 2006).

²¹⁰ Schreiner sugere que a conjunção grega kai que une as duas orações provavelmente seja concessiva, portanto, ao ser aplicada à versão CSB, seria traduzida "de modo que ele seria justo mesmo declarando justo aquele que tem fé em Jesus" (Schreiner, Romans, p. 198).

²¹¹ Schreiner, p. 198.

²¹² Pendleton, Christian Doctrines, p 227-228.

ção. Ela não é aplicada a ninguém *ipso facto*. Existe uma condição que tem que ser cumprida, acrescentada pelo próprio Deus.

Algumas pessoas têm questionado o motivo pelo qual essa expressão "pelo seu sangue, pela fé" (Rm 3.25) é mencionada nesse ponto do discurso. Sugerem que a melhor interpretação para o contexto é ler o significado de "pela fé" como uma expressão paralela a "no seu sangue", sem desse modo dar a entender a reação humana à recepção da graça, como na referência anterior, mas, nessa passagem, a fidelidade de Jesus demonstrada em sua obediência que o levou até a cruz. Embora essa seja uma interpretação possível, a justificativa de Schreiner para entender a frase como referência a fé do cristão em Cristo acaba prevalecendo.[213]

No versículo 24, a expressão "sendo justificados" deve se referir ao "todos" anterior, do versículo 23. O "todos" é um grupo inclusivo que é difícil de qualificar, de acordo com Cousar.[214] O particípio do presente que é traduzido "sendo justificados" indica que Paulo está afirmando um princípio e não somente falando de algum grupo de pessoas que experimentaram o ato justificador de Deus. O destaque se encontra no modo pelo qual Deus justifica – ele o faz "gratuitamente pela sua graça".[215] No entanto, "ser o

---

[213] ❧ Schreiner, Romans, p. 185. Moo comenta: "É mais difícil saber se ... (en to autou haimati, 'em seu sangue') é o objeto de pisteos - 'fé no seu sangue' - ou um adjunto adnominal de hilasterion — 'uma propiciação no sangue' [...] a segunda opção parece ser a preferível. A preposição en nesse caso provavelmente seja instrumental, destacando o sangue de Cristo como o meio pelo qual a ira de Deus é propiciada" (Moo, Romans, p. 238).
[214] ❧ Cousar, A Theology of the Cross, p. 59 (veja "Prefácio", nº 1).
[215] ❧ Veja Sam K. Williams, Jesus' Death as Saving Event: The Background and Origin of a Concept, HDR 2 (Missoula, MT: Scholars Press, 1975), p. 15. Beale interpreta o particípio grego como "indicando uma ideia concessiva" em associação com o v. 23 ("todos pecaram, embora sejam justificados"), veja Beale, A New Testament Biblical Theology, 483, n. 22), mas a estrutura semântica não dá razão para isso. É melhor ver o particípio como que escondendo um acréscimo parentético do v. 22a (Deus declara as pessoas justas) e funcionando como resultado do meio de redenção no v. 24b. Desse modo, o sentido é "Deus declara como justa toda pessoa que confia em Cristo" (v. 22a) com base no v. 22b ("já que não há distinção"), seguido pelo v. 23 ("por-

justificador de" em 3.26 (o mesmo verbo grego *dikaioo*, traduzido como "sendo justificados" no v. 24) não se refere àquela totalidade que havia pecado (v. 23), mas a "aquele que tem fé em Jesus". Paulo parte do princípio da justificação, de que é possível que, dentre "todos" aqueles que pecaram, algum indivíduo seja declarado justo ou justificado porque expressou sua fé em Jesus. A fé é a condição para que essa justificação aconteça.

Hultgren observa que existem dois tipos de afirmação sobre a atividade justificadora de Deus nas cartas de Paulo. Um tipo não menciona a fé, mas expressa ou dá a entender a justificação de toda a humanidade (Rm 3.24; 5.6-9). Esses textos se encontram em contextos fortemente teológicos. A base cristológica está em Romanos 5.12-21, onde a disponibilidade e a oferta universal da graça superam a universalidade do pecado de Adão.[216] Deus não faz acepção de pessoas, com uma espécie arbitrária de amor, restrita a algumas e não a todas as pessoas. O acesso à salvação foi franqueado a todo aquele crê, porque a expiação foi feita pelos pecados de todos. Deus oferece a mesma a graça a todos; "Porque não há distinção" (Rm 3.22) – uma afirmação que não quer dizer que não existam diferenças étnicas, o que obviamente seria falso. Pelo contrário, não há distinção em termos de preferir uma pessoa e negligenciar a outra. A expressão "todos pecaram" faz com que qualquer distinção seja considerada questionável.[217]

O segundo tipo de declaração menciona claramente a fé (tanto como verbo como substantivo) e tem a tendência de assumir uma interpretação judicial da atividade justificativa de Deus (Rm 3.22, 26; 5.1; 10.4). Hultgren consegue provar que as duas afirmações precisam ser diferenciadas, mas têm que ser vistas como possuindo alguma correlação. Metodologicamente, as afirmações univer-

---

que todos pecaram"), que fundamenta a conclusão de v. 22a ("Deus declara as pessoas justas"). Ele faz isso pela redenção por meio da sua morte (v. 24b). Veja Deibler, A Semantic Structural Analysis of Romans, p. 92–95.

[216] ❖ Arland J. Hultgren, Christ and His Benefits: Christology and Redemption in the New Testament (Philadelphia: Fortress, 1987), p. 54.

[217] ❖ Adolf Schlatter, Romans: The Righteousness of God (Peabody, MA: Hendrickson, 1995), p. 95.

sais exigem uma consideração prévia. "Somente à luz delas é que se interpretam as afirmações mais específicas sobre a justificação. Em contrapartida, cada tipo possui um papel específico a desempenhar na estratégia das epístolas".[218]

Paulo fala que a morte de Cristo proporciona "redenção" (Rm 3.24), que se trata de uma libertação mediante o pagamento de um preço determinado. Esse preço, que foi pago na cruz, foi o sangue de Cristo, derramado na cruz pelos pecados do mundo. No entanto, do mesmo modo que a justificação, o efeito da "redenção" não liberta a ninguém *ipso facto*. Ele precisa primeiramente ser aplicado a cada pessoa, e a condição dessa aplicação é a fé em Cristo, como Paulo reitera três vezes em Romanos 3.21-26.

No texto grego, os versículos 25-26 compõem um período longo, do qual as cinco primeiras palavras formam a premissa principal: "ao qual Deus propôs como propiciação". A morte de Cristo na cruz como "redenção" e "propiciação é o meio pelo qual Deus justifica os pecadores. Quanto ao sentido lexical e o uso dessas palavras, consulte o capítulo 1, "Expiação: terminologia e conceitos".

Em Romanos 3.24-26, a ação de Deus com relação ao pecado humano possui um âmbito universal. A morte de Jesus opera uma mudança completa da situação da humanidade pecaminosa para com Deus. Nesse contexto, a graça disponibilizada a todos e oferecida a todos com base na expiação pelos pecados é essencial para o argumento de Paulo de que, por esse motivo, não há distinção para Deus entre judeus e gentios. Devido ao fato de não haver essa distinção, também não há diferença na provisão da expiação para os pecados de todos e na oferta da salvação a todas as pessoas.

Em resumo, a justificação é efetuada pela morte de Cristo, quanto a sua *base*; e é efetuada pela graça de Deus quanto a sua

---

[218] Hultgren, Christ and His Benefits, p. 61. A morte de Cristo conquista a expiação pelos pecados, mas ainda não entrega a salvação para cada pessoa em particular. Essas duas categorias são separadas cuidadosamente uma da outra na teologia de Paulo" (Timo Eskola, Theodicy and Predestination in Pauline Soteriology, in Wissenschaftliche Untersuchungen zum Neuen Testament, 2. Reihe, ed. Martin Hengel and Otfried Hofius [Mohr Siebeck, 1998/Eugene, OR: Wipf & Stock, 2017], p. 185-86).

causa, e se dá pela fé, quanto à sua *aplicação*.[219] Paulo declara três ideias importantes nesse parágrafo: (1) Todos os seres humanos são iguais em seu estado notório de pecado e precisam de salvação. (2) Cristo providenciou a expiação pelos pecados de todas as pessoas por meio de sua morte na cruz. (3) Todas as pessoas têm igual acesso à justiça de Deus por meio da fé em Cristo. Há uma igualdade entre judeus e gentios (ou seja, toda a humanidade) em termos de julgamento, de acordo com Romanos 1.18-3.20, e há uma igualdade entre judeus e gentios (isto é, toda a humanidade) na possibilidade de salvação, como se afirma em Romanos 3.21-26 e novamente, de forma resumida, nos capítulos 9 a 11, especialmente em Romanos 11.32.

O que esse parágrafo diz sobre a intenção, a extensão e a aplicação da expiação? Com relação à *intenção*, a expiação é necessária para que Deus realize seu objetivo de prover sua justiça às pessoas. Além disso, Deus aparentemente deseja que todas as pessoas desfrutem de sua provisão de justiça. "Não há distinção", de acordo com Romanos 3.22. No entanto, de acordo com algumas pessoas, Deus faz uma distinção entre os eleitos e os reprovados com relação à sua *intenção* de salvar. Os eleitos são escolhidos no passado eterno de forma incondicional, por razões que as Escrituras não revelam e, por essas razões que só Deus conhece, Deus não tem nenhuma intenção de salvar aqueles que não são eleitos.[220] Além disso, esse texto não menciona a eleição com relação à expiação e às pessoas que têm fé em Cristo. Vale a pena perguntar como Deus poderia ser chamado de Justo se ele escolhesse alguns para salvar dos seus pecados de forma arbitrária e reprovasse a todos os outros. Se ele tivesse escolhido salvar a todos ou não salvar ninguém, a sua justiça não seria questionada. No entanto, se ele escolhesse alguns para serem salvos e outros para serem reprovados, o seu caráter divino quanto a isso seria impugnado.

---

[219] Hultgren, p. 61.
[220] Embora seja um fato que alguns calvinistas cheguem a dizer que Deus tem a intenção de salvar a todos, eles só querem dar a entender a chamada "vontade revelada" ou "de preceito", não em sua vontade "secreta" ou "eficaz".

Com relação à *extensão* da expiação, a consequência óbvia é de que ela foi realizada em prol de todas as pessoas e não somente de algumas delas. Isso se encaixa com muitos outros textos que afirmam de forma direta que a extensão da expiação é ilimitada pelos pecados de todos (Mc 10.45; Jo 1.29; 3.16; Rm 5.8, 18-19, 1Co 15.3-4; 2Co 5.14-21; 1Tm 2.4-6; Tt 2.14; Hb 2.9; 2Pe 2.1; 1Jo 2.2).

Aqueles que defendem a expiação limitada afirmam que, no que diz respeito à extensão da expiação, Deus separou a raça humana em duas categorias – aqueles por cujos pecados Jesus morreu e os outros, por cujos pecados Jesus não morreu. Essas pessoas acreditam que Cristo acaba justificando (declarando como justos) somente aqueles pelos quais morreu. No entanto, a passagem de Romanos 3.21-26 não diz isso. Deus declara como justos todos aqueles que creem em Cristo. A intenção do texto é falar sobre a justiça a qual todos têm acesso com base na expiação e na condição da fé, que Paulo menciona por três vezes. A totalidade dos que pecaram pode ser justificada gratuitamente pela graça de Deus. Não existem limites nem condições quanto à provisão da expiação. Cristo não passa a ser uma propiciação só no instante em que as pessoas creem nele. Ele é a propiciação por todos os pecados e por todos os pecadores (1João 2.2). A única condição se refere à aplicação da expiação ao pecador em particular, e afirma-se de forma clara que ela consiste na fé em Cristo. Já que todos pecaram, todos podem ser declarados justos se cumprirem a condição para a salvação – a fé em Cristo. Essa passagem não limita a expiação em nenhum aspecto. A fé é a única condição que limita a aplicação da salvação (que engloba a justificação, o perdão e a redenção).

É por meio da provisão do caminho da redenção que Deus justifica as pessoas. Ele realiza isso por meio da sua expiação (v. 24). A justificação (o ato de ser declarado justo por Deus) se baseia na redenção (libertação mediante o pagamento do preço da cruz – isto é, a morte de Jesus), tem como condição a fé em Cristo, e acontece com a base e com a instrumentalidade da expiação (a satisfação da ira de Deus pela expiação do pecado). A aplicação da expiação se baseia no cumprimento da condição exigida por Deus, que é a fé.

ROMANOS 5. 6-11

Pois, quando ainda éramos fracos, Cristo morreu a seu tempo pelos ímpios. Porque dificilmente haverá quem morra por um justo; pois poderá ser que pelo homem bondoso alguém ouse morrer. Mas Deus dá prova do seu amor para conosco, em que, quando éramos ainda pecadores, Cristo morreu por nós. Logo muito mais, sendo agora justificados pelo seu sangue, seremos por ele salvos da ira. Porque se nós, quando éramos inimigos, fomos reconciliados com Deus pela morte de seu Filho, muito mais, estando já reconciliados, seremos salvos pela sua vida. E não somente isso, mas também nos gloriamos em Deus por nosso Senhor Jesus Cristo, pelo qual agora temos recebido a reconciliação.

Cristo "morreu... pelos ímpios". Isso significa que ele morreu pelos pecados dos ímpios, exatamente como foi descrito nos versículos 21 a 26 do capítulo 3. Já que toda a humanidade incrédula é descrita como "ímpios", deduzimos que Cristo morreu por todos os ímpios, efetuando assim uma expiação universal.

Gathercole observa que as palavras de Paulo nessa passagem refletem a linguagem que costumava ser utilizada pela literatura secular para descrever as mortes substitutivas.

Enfim, dizer que a morte de Jesus não é descrita aos moldes das narrativas heroicas greco-romanas não basta. Existe muita coisa parecida, mas Paulo rompe com o paradigma dos relatos sobre a morte vicária. Nesses exemplos da literatura clássica, primeiro se estabelece o relacionamento, e depois esse relacionamento proporciona o contexto que dá pelo menos algum sentido à morte vicária, mesmo que ela seja heroica. No entanto, no capítulo 5 de Romanos, a morte de Cristo foge a todos os padrões filosóficos da época, porque estabelece uma amizade onde anteriormente havia inimizade.[221]

Paulo associa a palavra *amor* com a expiação pela primeira vez na sua Epístola aos Romanos. É o amor de Deus que motivou a morte de Cristo, que nada mais é que a demonstração desse amor. A cruz é

---

[221] Simon Gathercole, Defending Substitution: An Essay on Atonement in Paul (Grand Rapids: Baker, 2015), p. 105-106.

a lente segundo a qual a humanidade consegue enxergar e conhecer o amor de Deus.

No entanto, no texto de 2Coríntios 5.14-21, Paulo identifica o tema teológico da morte de Cristo como algo que foi providenciado por Deus para se reconciliar com os pecadores. Essa reconciliação não é realizada por nós. Nós nos limitamos a receber a reconciliação que já foi realizada. O pecador recebe o que já se cumpriu antes de ter tomado qualquer atitude. Paulo está falando de uma reconciliação que de alguma maneira se completou de forma objetiva e que consiste na base da reconciliação subjetiva que acontece quando a pessoa crê em Cristo.

A palavra reconciliação pressupõe que antes houve uma inimizade. De acordo com a Bíblia, Deus se ofende com o pecado da humanidade e com cada ser humano em particular. Ele tem todo o direito de condenar a todos nós. No entanto, por sua graça e misericórdia, ele providenciou um modo pelo qual os seres humanos podem ser restaurados à comunhão com ele, uma providência que ele não tomou a favor dos anjos decaídos. Ele realizou isso pela conquista desse direito na cruz. Por ter satisfeito a todas as suas exigências justas, agora ele permanece pronto a perdoar qualquer pecador que se aproxima dele com arrependimento e fé. Como o teólogo luterano Luthardt afirmou com respeito a Romanos 5.10: "Dá-se a entender uma mudança de atitude *da parte de Deus*".[222] No entanto, temos que ter cuidado quando usamos esses termos. Fleming Rutledge afirma, referindo-se a Romanos 5.8-10:

> *Deus não mudou de atitude, nem com relação à cruz, nem com relação a qualquer outro aspecto. Ele nem mesmo precisava mudar, porque nunca foi nosso adversário. A barreira a ser transposta era a nossa oposição a Deus, não a oposição dele a nós, e o único modo de transpor essa barreira tinha que partir de Deus, de sua própria iniciativa, a partir da carne humana, a carne do Filho. A hostilidade divina, ou a ira de Deus, sempre se constituiu*

---

[222] ❖ Christoph Ernst Luthardt, citado por Franz Pieper, Christian Dogmatics, 4 vols. (St. Louis: Concordia Publishing House, 1951), 2:346; destaque do autor.

*em um aspecto do seu amor e não se distingue dele. Não se trata de uma oposição ao amor de Deus, não se trata de algo no coração de Deus que ele devesse superar.*²²³

Bruce McCormack expressa uma ideia parecida quando afirma:

*Deus não permitirá que algo crie um obstáculo para o seu amor. O que faz esse amor santo é o fato de ele ser irresistível. A decisão que Deus toma de amar a criatura é impossível de ser impedida pela vontade da criatura de resistir a ela. O amor de Deus sempre cumprirá seu objetivo, ainda que o caminho que leve a ele consista em condenar, excluir e aniquilar toda a resistência contra ele. O amor de Deus se torna em ira quando encontra resistência, mas em nenhum momento deixa de ser amor, mesmo quando se expressa com ira.*²²⁴

Quando nos arrependemos e acreditamos, somos então restaurados a um relacionamento pacífico com Deus com termos justos, isto é, reconciliados. No momento em que recebemos essa "reconciliação", restauramos o relacionamento com o Deus que já tinha se reconciliado conosco na expiação totalmente suficiente da cruz, que se constitui no motivo pelo qual ele veio a nós proclamando o desejo de paz. Ele depôs suas armas (que consistiam nas exigências rigorosas da lei), e agora nos propõe deporms nossas armas, que consistem no pecado e na hostilidade. Como o puritano Thomas Watson disse: "Agora Deus ergue a bandeira branca e está disposto a negociar com os pecadores".²²⁵

---

²²³ Rutledge, The Crucifixion, p. 323 (veja "Introdução" n. 41). Contudo, de certo modo, sua ira é consequência da justiça de Deus que foi ofendida, que, na verdade, precisava ser "satisfeita". Foi exatamente isso que a cruz alcançou.

²²⁴ Bruce L. McCormack, For Us and Our Salvation: Incarnation and Atonement in the Reformed Tradition, Studies in Reformed Theology and History 1, no. 2 (Princeton, NJ: Princeton Theological Seminary, 1993): p. 28-29.

²²⁵ Thomas Watson, The Doctrine of Repentance (1668; reimp., Edinburgh: Banner of Truth Trust, 1987), p. 87.

Encare isso do seguinte modo: Deus é a parte ofendida. Fomos nós que o ofendemos. Deus abriu o caminho para satisfazer as exigências legais necessárias para restaurar o relacionamento entre nós e ele. Ele proporcionou tudo isso por meio da morte de Cristo na cruz. Essa é a reconciliação objetiva. Quando nós que o ofendemos "recebemos" essa oferta de reconciliação, observando a condição para que ela aconteça, pode se dizer que formos "reconciliados" com Deus. Essa é a reconciliação subjetiva. Isso que Paulo nos afirma em 2Coríntios 5.14-21, como passaremos a estudar.

ROMANOS 5.18-19

Portanto, assim como por uma só ofensa veio o juízo sobre todos os homens para condenação, assim também por um só ato de justiça veio a graça sobre todos os homens para justificação e vida. Porque, assim como pela desobediência de um só homem muitos foram constituídos pecadores, assim também pela obediência de um, muitos serão constituídos justos.

Paulo se refere à morte de Cristo como um "ato de justiça" e um ato de "obediência" que levou à justificação. Esses dois versículos estabelecem um paralelismo um com outro – o pecado de Adão leva à condenação para toda a humanidade, enquanto a morte de Cristo leva à salvação que se encontra disponível para toda a humanidade.

Qual é o vínculo entre o "todos" do versículo 18 e os "muitos" do versículo 19? Não há como interpretar que essa passagem ensina o (1) universalismo, muito menos que ela ensina (2) a expiação limitada. Com relação ao universalismo, Longenecker afirma quanto a esses versículos:

O caráter universal da graça de Deus, que foi alcançado 'por Jesus Cristo nosso Senhor', se relaciona com o que Deus providenciou em favor de todas as pessoas. No entanto, ela não afirma inevitabilidade, como se percebe no uso do tempo futuro do verbo (tanto de forma tácita quanto implícita) nos versículos 18 e 19 do capítulo 5, e do modo subjuntivo (viesse) do verbo em 5.21, *mas, em vez disso, fala do que Deus providenciou de forma gratuita, para as pessoas que respondem de forma positiva.*²²⁶

No que diz respeito à expiação limitada, já demonstramos que o uso de "muitos" nessa e em outras passagens se trata de uma expressão hebraica que significa "todos".²²⁷ Paulo também emprega um paralelismo que deixa isso bem claro. Paulo já tinha estabelecido a necessidade da fé antes da aplicação da expiação.

Quando Paulo diz "sobre todos os homens para justificação e vida" (Rm 5.18), obviamente não quer levar à sugestão de que simplesmente por causa da expiação "todos os homens" (isto é, todas as pessoas) seriam justificados de fato. Isso se trataria de universalismo, que é uma doutrina falsa. Redenção realizada não implica em redenção aplicada. Paulo está afirmando um princípio: com base na expiação, é possível que qualquer pessoa seja justificada. Contextualmente, o versículo 17 fala daqueles "que recebem", indicando que nem todos recebem o dom da justificação e que somente aqueles que de fato o recebem serão salvos. Paulo já tinha demonstrado em Romanos 3 e 4 que a salvação só pode ser apropriada pela fé.

William Lane Craig afirma a respeito de Romanos 5.18-19:

> *O sacrifício expiatório de Cristo é visto nessa passagem como tendo um escopo universal. A natureza representativa da morte de Cristo se faz bem clara na afirmação de Paulo: "Porque julgamos assim: se um morreu por*

---

²²⁶ Richard N. Longenecker, The Epistle to the Romans, NIGTC (Grand Rapids: Eerdmans, 2016), p. 601.

²²⁷ Como afirma Longenecker: "Cf. o uso equivalente de 'todos' e 'muitos' nos relatos sinóticos de Jesus curando os doentes na Galileia, onde Marcos 1.32, 34 diz que as pessoas 'traziam todos os enfermos' a Jesus e ele curou 'muitos' deles; em Marcos 8.16 se lê que traziam 'muitos' a ele e ele curou 'todos' eles; e lemos em Lucas 4.40 que eles trouxeram 'todos' a ele e ele curou a 'todos'. Observe também que o uso de 'muitos' (οἱ πολλοί [hoi polloi]) em Romanos 5.19 se aplica tanto para (1) aqueles que foram atingidos pelo pecado de Adão e (2) todos aqueles que recebem o dom da graça pela obediência a Jesus" (Longenecker, p. 595, n. 50). Acompanhe a análise de "muitos" significando "todos" no contexto da expiação limitada, veja também Allen, The Extent of the Atonement, p. 694-695 (veja cap. 1, nº 16).

todos, logo todos morreram" (2Co 5.14). Não foi somente Cristo que morreu no meu lugar. Pelo contrário, eu fiz tudo o que meu representante fez. A morte de Cristo foi a representação da nossa própria morte. Esse também foi o significado das palavras do autor de Hebreus: "para que, pela graça de Deus, provasse a morte por todos" (Hb 2.9).[228]

ROMANOS 8.32-34

Aquele que nem mesmo a seu próprio Filho poupou, antes o entregou por todos nós, como não nos dará também com ele todas as coisas? Quem intentará acusação contra os escolhidos de Deus? É Deus quem os justifica; Quem os condenará? Cristo Jesus é quem morreu, ou antes quem ressurgiu dentre os mortos, o qual está à direita de Deus, e também intercede por nós;

Essa passagem afirma várias verdades a respeito da expiação. Em primeiro lugar, como o agente que "entregou [a Cristo]", Deus foi quem a iniciou. O segundo aspecto que Paulo menciona é que Cristo foi "entregue" (gr. *paredoken*), uma palavra de conotação sacrificial.[229] Em terceiro lugar, Cristo foi oferecido "por todos nós". Nesse contexto, Paulo está se referindo aos crentes e a sua posição atual por terem crido em Cristo. O destaque reside na posição dos cristãos que já possuem um relacionamento com Deus por meio da justificação.

Algumas pessoas tentam usar esse texto para defender a expiação limitada. Seu argumento é o seguinte: "Todos" pelos quais Cristo morreu, segundo essa passagem, recebem "todas as coisas". Aqueles que não são eleitos não recebem todas as coisas; portanto, Cristo não morreu por eles. Esse é um argumento *modus tollens*, que é diferente do argumento *modus ponens*[230], que também faz uso de

---

[228] Craig, The Atonement, p. 26 (veja "Introdução," nº 46).
[229] O uso desse verbo grego em Isaías 53.12 na LXX indica sua natureza sacrificial nesse contexto.
[230] Modus ponens se trata do seguinte argumento "Se A é verdade, B também é; portanto B é verdadeiro". Modus Tollens propõe o seguinte: "Se A é verdade, B também é; logo, se B não é; A também não é". Boruch A. Brody, "Logical Terms, Glossary of," em The Encyclopedia of Philosophy, 8 vols.,

um reforço *a fortiori* (do maior para o menor): (1) Se Cristo morreu por você (a coisa maior), você receberá "todas as coisas", incluindo todos os dons provenientes de sua obra (coisas menores). (2) Alguns – isto é, aqueles que não foram eleitos, não recebem as coisas menores. (3) Portanto, Cristo não morreu por algumas pessoas (as que não foram eleitas). Se P (você morreu pela causa maior), então Q (todas as coisas menores foram concedidas). Se Q não ocorrer (alguns não recebem as coisas menores), então P não aconteceu. Esse argumento possui uma forma válida de modus tollens, mas se constitui em um argumento incoerente.

Todos aqueles pelos quais Cristo morreu recebem todas as coisas.
Alguns não recebem todas as coisas;
Portanto, Jesus não morreu por eles.

Aqui está a falácia. O "nós" (em "entregou por todos nós", Romanos 8.32) está sendo mudado para "todos pelos quais Cristo morreu", quando, no contexto, o "nós" se refere aos crentes, não a todos pelos quais Cristo morreu.

Essa linha de pensamento não consegue reconhecer que Paulo está se dirigindo aos crentes e descrevendo a posição deles com relação às bênçãos de Deus. Ela confunde o que Paulo diz aos crentes e sobre os crentes e extrapola para uma abstração referente a todos os eleitos, sejam crentes ou não, mas isso não passa de um argumento circular sobre a extensão da expiação. O "todos" nessa passagem se refere a todos os crentes, conforme destaca o contexto. Concluir a partir de Romanos 8.32 que Cristo morreu somente pelos crentes e não por todos é recorrer à *falácia da inferência negativa*.[231]

Paulo não está falando sobre todos os eleitos em geral, considerando-os uma classe abstrata (dos eleitos que ainda não ti-

---

ed. Paul Edwards, reimpr. (New York: Macmillan, 1972), 5:69.

[231] A prova de uma afirmação não refuta seu inverso. Não se pode fazer uma inferência negativa (e.g., "Cristo não morreu pelo grupo A") a partir de uma afirmação positiva (e.g., "Cristo morreu de fato pelo grupo B").

nham nascido naquela época juntamente com os vivos que não creem). A ideia de Paulo é que não se vinculará nenhuma condenação para os crentes pelos quais Cristo morreu (o dom maior) e que eles receberão todas as coisas (o dom menor), não que Cristo não tenha morrido por todos os incrédulos.[232]

1 CORÍNTIOS 15.3-4

> *Porque primeiramente vos entreguei o que também recebi: que Cristo morreu por nossos pecados, segundo as Escrituras; que foi sepultado; que foi ressuscitado ao terceiro dia, segundo as Escrituras.*

Essa passagem é considerada como o texto básico que mais se aproxima da definição do evangelho no NT. A expiação é descrita nas palavras "morreu por nossos pecados". Destaca-se nela o uso da preposição "por" (gr. *hyper*). Paulo usa essa preposição com frequência quando se refere à expiação (e.g., Rm 5.6, 8; 2Co 5.14; Gl 1.4; 2.20; 3.13; 1Ts 5.10). Esse uso particular da palavra "por" tem como significado "em lugar de", "substituindo a".[233] Essa definição do evangelho se baseia no contexto do modus operandi padrão de Paulo quando chegava a alguma cidade pela primeira vez para pregar (veja 1Co 15.11).

---

[232] ❖ Veja Allen, *Por Quem Cristo Morreu?*, p. 588. A ideia que Paulo expressa nesse texto é semelhante à de Romanos 5.8-10. Cristo morreu pelos pecadores, e aqueles que agora foram justificados pelo seu sangue e reconciliados com ele pela fé serão salvos da ira divina e receberão todas as coisas com Cristo. Para uma análise pormenorizada desse texto e sobre a razão pela qual ele não ensina a expiação limitada, veja David W. Ponter, "Romans 8:32 and the Argument for Limited Atonement," Calvin and Calvinism: An Elenchus for Classic-Moderate Calvinism (blog), 25 de maio de 2011, acesso em 14 de agosto de 2018, http://calvinandcalvinism.com/?p=12487; e "Romans 8:32 and the Argument for Limited Atonement (Revisited)", Calvin and Calvinism: An Elenchus for Classic-Moderate Calvinism (blog), 25 de outubro de 2012, acesso em 14 de agosto de 2018, http://calvinandcalvinism.com/?p=12483. Com referência à importância desse texto para a doutrina da expiação substitutiva, veja Gathercole, *Defending Substitution*, p. 55-79.
[233] ❖ Sobre o significado e o uso da preposição grega hyper, consulte H. Riesenfeld, "ὑπέρ," TDNT, 8:507-16.

A diferença com relação a Romanos 3:21-26 é que não se vincula condição alguma, mas existe a semelhança de não haver nenhuma limitação de sua abrangência. Como Cousar afirma: "Um evento aconteceu no passado, de uma vez por todas, de dimensões universais".[234] Hultgreen concorda: "Não se diz que ele ocorreu em favor de algum eleito em particular ou mesmo por aqueles que viriam a crer nessa morte como meio de expiação. Em vez disso, o caráter 'objetivo' e 'universal' da morte expiatória de Cristo é o que constitui o evangelho como sendo verdadeiramente uma boa notícia".[235] Com certeza, se a extensão da expiação não abranger os pecados de todas as pessoas, o evangelho não se constitui em boas novas pra aqueles cujos pecados não foram expiados.

Esse texto exemplifica a conexão vital entre a expiação, a extensão da expiação e a pregação do evangelho. Quando Paulo resume o evangelho em 1Coríntios 15.3-4, ele vincula o conteúdo do evangelho com o conteúdo de sua pregação quando visitou Corinto pela primeira vez. O procedimento padrão de Paulo era entrar em uma cidade e não pregar nada além da mensagem que "Cristo morreu por nossos pecados". Nesse texto, Paulo está relembrando os coríntios da mensagem que pregou a eles quando foi até lá pela primeira vez (At 18.1-18). Ele afirma claramente que o conteúdo do evangelho que pregou em Corinto incluía o fato de que "Cristo morreu por nossos pecados". Observe com cuidado que Paulo está dizendo que ele pregava isso antes da conversão, não depois dela. Portanto, os "nossos" pecados que ele menciona não podem se referir a todos os eleitos ou simplesmente aos eleitos que creem, como os ultracalvinistas são forçados a defender. Deve ser levada em conta toda a perícope de 1Coríntios 15.3-11. Observe como Paulo, quando chega ao versículo 11 ("Então, ou seja, eu ou sejam eles, assim pregamos e assim credes"), retorna ao que tinha dito no versículo 3: "Porque primeiramente vos entreguei o que também recebi". O verbo grego[236] que Paulo

---

[234] Cousar, A Theology of the Cross, p. 56.
[235] Hultgren, Christ and His Benefits, p. 50-51.
[236] Daniel B. Wallace, The Basics of New Testament Syntax (Grand Rapids: Zondervan, 2000), p. 224-25.

geralmente usava no presente ao dizer "assim pregamos", juntamente com o verbo no aoristo "crestes", deixa claro que Paulo se refere a um momento no passado no qual eles creram, em meio a sua pregação costumeira, de que Cristo morreu por nossos pecados: ele pregou a eles indistintamente, em seu esforço evangelístico para ganhar todos os incrédulos para Cristo, uma mensagem que incluía essas palavras.

A afirmação que alguns calvinistas geralmente propagam de que Paulo não pregou uma expiação universal e de que ele nunca disse a nenhuma plateia de pessoas que ainda não tinham sido salvas que "Cristo morreu por nossos pecados" é falsa, e a base é esse texto que estamos analisando. Pode-se imaginar se essa relutância em dizer que "Cristo morreu por você" indica uma recusa em dizer às pessoas que não são salvas que Deus está disposto e pronto a cumprir a sua parte de salvar a todos eles se eles se arrependerem e tiverem fé. O foco é que Deus está pronto para salvar a todos por causa da satisfação ilimitada de Cristo, mesmo aqueles que não creem. Sua preparação objetiva continua existindo da sua parte, não importando se a pessoa crê ou não, mas ele só concederá o que prometeu se essa pessoa receber isso por meio da fé.

2CORÍNTIOS 5.14-21

Pois o amor de Cristo nos constrange, porque julgamos assim: se um morreu por todos, logo todos morreram; e ele morreu por todos, para que os que vivem não vivam mais para si, mas para aquele que por eles morreu e ressuscitou. Por isso daqui por diante a ninguém conhecemos segundo a carne; e, ainda que tenhamos conhecido Cristo segundo a carne, contudo agora já não o conhecemos desse modo. Pelo que, se alguém está em Cristo, nova criatura é; as coisas velhas já passaram; eis que tudo se fez novo. Mas todas as coisas provêm de Deus, que nos reconciliou consigo mesmo por Cristo, e nos confiou o ministério da reconciliação; pois que Deus estava em Cristo reconciliando consigo o mundo, não imputando aos homens as suas transgressões; e nos encarregou da palavra da reconciliação. De sorte que somos embaixadores por Cristo, como se Deus por nós vos exortasse. Rogamo-vos, pois, por Cristo que vos reconcilieis com Deus. Àquele que não conheceu pecado, Deus o fez pecado por nós; para que nele fôssemos feitos justiça de Deus.

Vários aspectos importantes da expiação são ensinados nesse texto. Em primeiro lugar, Paulo afirma a extensão universal da expiação. "Um morreu por todos" (v.14).[237] O segundo aspecto é que Paulo afirma que o amor de Cristo é demonstrado por uma expiação universal (vv. 14-15). A tradução NEB expressa a ideia de Paulo no texto grego: "Porque o amor de Cristo não nos dá opção, ao chegarmos à conclusão de que um homem morreu por todos". Como se poderia dizer que Jesus ama e busca salvar a todos se ele não tivesse morrido por todos?

Outro aspecto é que, pela morte de Cristo, Deus reconciliou o mundo consigo mesmo de forma objetiva (v. 19).[238] Ao usar a palavra "mundo" (gr. *kosmon*), Paulo indica novamente a extensão universal da expiação. Em nenhuma passagem da Bíblia a palavra "mundo" é utilizada indicando os eleitos. Deus "não imputou aos homens as suas transgressões".

Em quarto lugar, de modo semelhante a Romanos 3.21-26, o resultado dessa reconciliação objetiva com o mundo que não crê é ação de Deus "não imputando aos homens as suas transgressões" no sentido de que ele não condena o mundo, mas busca a sua salvação (Jo 3.17).[239] Paulo se refere aos incrédulos que vi-

---

[237] Aqueles que limitam a expiação tentam tirar a força da palavra "todos" nessa passagem restringindo seu sentido a "todos os eleitos", uma manobra que não é viável exegeticamente. Verifique os principais comentários exegéticos de 2Coríntios referentes a esse texto.

[238] A ideia de Cristo ter sido reconciliado ao mundo de forma objetiva possui um precedente bem antigo. Tomás de Aquino afirmou isso, bem como Calvino e outros reformadores. Veja também o teólogo luterano Pieper, Christian Dogmatics, 2:347-51.

[239] "Em uma frase negativa, a reconciliação que Deus estabeleceu com o mundo 'não imputou as suas transgressões contra ele'. Deus pôde agir desse modo porque, em vez disso, ele imputou os pecados em Cristo (2 Co 5.21; Is 53.6). Portanto, na prática, Deus, por meio de Cristo, se envolveu na obra de reconciliar os pecadores, não na tarefa de condená-los (cf. João 3.17: "Porque Deus enviou o seu Filho ao mundo, não para que julgasse o mundo, mas

vam na sua época e descreve a situação desde a morte de Cristo na cruz até o momento atual para os incrédulos que se encontram vivos.

O quinto aspecto é que, ainda que Cristo tenha morrido por todos, somente aqueles que creem "em Cristo" são reconciliados com Deus de forma subjetiva, experimentando desse modo a salvação (vv. 17-18). Deus "nos reconciliou consigo mesmo". Esse uso da palavra "reconciliação" se refere a Romanos 5.10-11.[240]

Além disso, o chamado à evangelização se baseia em uma expiação universal (2Co 5.19b, 21): Deus nos deu a palavra da reconciliação (o mandato para o evangelismo). Como embaixadores de Cristo, rogamos às pessoas que se reconciliem com Deus (v. 20). Paulo igualmente afirma que, como tal, Deus roga por meio de nós a todos aqueles que não são salvos (v.20). Com certeza Deus deseja a salvação de todos! Essa verdade é confirmada em 1Timóteo 2.4-6 e 2Pedro 3.9. Muitos comentaristas entendem 2Coríntios 5.20-21 como um apelo à igreja de Corinto a se reconciliarem com Deus, mas essa interpretação é um tanto problemática. Paulo se inclui com a igreja como rogando aos descrentes fora da igreja a se reconciliarem com Deus.[241]

O sétimo aspecto é que Deus fez com que Cristo se fizesse "pecado por nós". Em sua expiação substitutiva, Cristo tomou o nosso lugar e sofreu o juízo de Deus pelo nosso pecado. Precisa-se ter um pouco de cuidado nessa questão. Isso não significa

---

para que o mundo fosse salvo por ele"). A proclamação desse ato tremendo de graça da parte de Deus foi confiada a Paulo e aos outros apóstolos, e, em certo sentido, a todos os crentes na Grande Comissão" (Homer A. Kent, A Heart Opened Wide: Studies in II Corinthians [Grand Rapids: Baker, 1982], p. 89-90).

[240] ❦ Paulo também fala de reconciliação no contexto da expiação em Colossenses 1.20 quanto à reconciliação de todas as coisas com Deus, e em Efésios 2.16, com referência à reconciliação dos judeus e dos gentios com Deus e uns com os outros por causa da expiação que lhes foi aplicada.

[241] ❦ Como observa Stanley E. Porter de forma correta no verbete "Peace, Reconciliation," do Dictionary of Paul and His Letters, IVP Bible Dictionary Series, ed. Gerald F. Hawthorne, Ralph P. Martin, e Daniel G. Reid (Downers Grove, IL: InterVarsity Press, 1993), p. 696.

que Cristo de algum modo se tornou culpado de algum pecado. A expressão traduzida por "pecado por nós" deve ser entendida de forma mais clara como "uma oferta pelo nosso pecado". A alusão provável de Paulo a Isaías 53, o fato de a palavra grega *hamartia* (pecado) na LXX geralmente ter esse significado, e a impossibilidade de se atribuir pecado a Cristo concorrem para uma maior certeza de se atribuir esse sentido.[242]

O nosso pecado foi imputado a Cristo, de modo que ele foi tratado como pecador. Nossa culpa foi imputada a ele de modo parecido, mas não foi transferida a ele, devido ao fato de a culpa não poder ser transferida. Do mesmo modo, quando somos salvos, a justiça de Deus foi imputada a nós, de tal modo que somos considerados justos, mesmo sem que a justiça dele tenha sido transferida para nós. Ao falar sobre a verdade profunda de 2Coríntios 5.21, James Denney comenta: "Esse encontro de contradições, essa união de antônimos lógicos e morais é o maior atestado de sua veracidade".[243]

É imperioso fazer a pergunta: O castigo implica em culpa? Não necessariamente. Há pessoas que recebem o castigo que outros deveriam receber, enquanto elas mesmas são inocentes. O próprio Jesus não se tornou culpado quando foi à cruz em meu lugar. A Escritura sempre retrata Cristo como inculpável, inocente e sem pecado. O que queremos provar é que a culpa é intransferível. Pode-se transferir o castigo de outra pessoa, mas nunca a própria culpa. Jesus foi à cruz no lugar do culpado *no que diz respeito às consequências penais*. Deus tratou Jesus na cruz como se ele fosse culpado; mas no sentido mais restrito, Jesus levou o castigo pelos nossos pecados na cruz, embora ele mesmo não tivesse culpa de pecado nenhum.[244] É necessário que se faça uma distinção entre imputação e transmissão, e que também se evite pensar na imputação em termos de uma

---

[242] Veja Beale, *A New Testament Biblical Theology*, p. 472; e Scott J. Hafemann, 2 Corinthians, NIVAC (Grand Rapids: Zondervan, 2000), p. 247–48.
[243] Denney, *Studies in Theology*, p. 111 (veja "Introdução", nº 10).
[244] Frederic Platt, "Atonement," em *Dictionary of the Apostolic Church*, ed. James Hastings, 2 vols. (New York: Charles Scribner's Sons, 1922), 1:114.

transferência de pecado e culpa como se fossem itens de troca.²⁴⁵ Frederic Platt captura o que Paulo quis dizer:

> *Essas palavras [2Co 5.18-21] dão a entender a ideia de uma identificação tão grande dos homens "em Cristo" que se verifica uma justificação geral da humanidade da parte de Deus por meio da abstenção de imputação de pecados, baseada simples e objetivamente na satisfação por ter oferecido a si mesmo naquele que não conheceu pecado que se fez pecado por nós. A identificação individual do homem vem depois, já que é em resposta ao chamado de Deus que cada homem se reconcilia com ele.*²⁴⁶

Esse ato de *reconciliação objetiva* se situa no passado – tendo sido conquistada na cruz. Esse sentido da reconciliação não pode ser equivalente ao perdão ou à justificação de todos os que creem, porque nem todos que ainda crerão foram perdoados ainda! A reconciliação subjetiva não se trata de um ato que se cumpriu de forma plena. A Bíblia só fala da reconciliação real entre Deus e o homem que acontece na conversão. Portanto, a passagem não pode se referir à reconciliação real e completa do mundo com Deus. Se esse fosse o caso, não haveria necessidade para que Paulo exortasse as pessoas para se reconciliarem com Deus como ele faz em 2Coríntios 5.20. E então, de que se trata essa reconciliação? Trata-se da providência do meio pelo qual as pessoas podem se reconciliar por meio da morte de Cristo. Deus não se encontra em um estado de reconciliação real (*reconciliação subjetiva*) com todas as pessoas. Ele está em um estado de *reconci-*

---

²⁴⁵ ⚜ Confira maiores detalhes sobre isso no capítulo 7 sobre a natureza da expiação.
²⁴⁶ ⚜ Platt, "Atonement," p. 117. "O fato de todos terem morrido em Cristo não é nem totalmente subjetivo nem totalmente objetivo. A doutrina plena de São Paulo exige as duas coisas: a obra de Cristo termina com a morte e o pecador, quando confessa, também acaba com ela" (Platt, p. 117). Em vez de dizer que existe uma "justificação geral" da humanidade, é adequado dizer que houve uma "reconciliação geral" da humanidade. A "justificação" propriamente dita é uma palavra reservada no NT para a "reconciliação subjetiva", não para a objetiva.

liação objetiva com todas as pessoas. Por causa da expiação, não há barreiras da parte de Deus impedindo a salvação de ninguém. A morte de Cristo reconciliou objetivamente o mundo com Deus no sentido que a sua justiça foi satisfeita, e que ele se encontra pronto a perdoar. O lado subjetivo da reconciliação não acontece até que a expiação seja aplicada quando o indivíduo se arrepende e crê em Cristo. Lewis Sperry Chafer expressa isso muito bem:

> *De acordo com 2Coríntios 5.19, existe uma reconciliação declarada como mundial e totalmente operada por Deus; no entanto, no versículo seguinte desse contexto se indica que o indivíduo pecador tem a responsabilidade, além da reconciliação universal efetuada por Deus, de se reconciliar com ele... Logo, existe uma reconciliação que por si só não salva a ninguém, mas se constitui na base para a reconciliação de todo aquele que vir a crer.*[247]

Green resume várias outras verdades nessa passagem que não podemos abordar no momento:

> *Embora a reconciliação seja o assunto principal dessa passagem (2Co 5.18, 19, 20), destacam-se outras características: a substituição vicária ('por nós', 2Co 5.14, 15), a representação (2Co 5.14, 21), o sacrifício (2Co 5.21; cf Dunn, p. 42-43), a justificação (de forma implícita em 2Co 5.19, 21), o perdão (2Co 5.19) e a nova criação (2Co 5.16, 17). Além disso, em paralelo, a cruz e a ressurreição de Cristo aparecem como acontecimentos salvíficos (2Co 5.15).*[248]

Podemos chegar a várias conclusões teológicas e práticas a partir desse texto. Primeiramente, a motivação da morte do Filho de Deus é o amor do Pai por todas as pessoas pelos pecados de todos. Em segundo lugar, somente aqueles que tem os pecados expiados são "pas-

---

[247] Lewis Sperry Chafer, *Systematic Theology*, 4 vols. (Dallas, TX: Dallas Seminary Press, 1971), 3:192. Do mesmo modo, o teólogo metodista Thomas Oden defendeu a necessidade de se ver a reconciliação como objetiva e subjetiva. A salvação não acontece até que os pecadores "recebam o acontecimento reconciliador que já foi realizado e sejam reconciliados com Deus" (Oden, Systematic Theology, 2:356 [veja o cap. 1, nº 27]).
[248] Green, "Death of Christ", p. 204.

síveis de salvação". O terceiro aspecto é que só aqueles que recebem a expiação dos seus pecados podem ser "alvo" dessa oferta – porque como o perdão dos pecados e a vida eterna poderiam ser oferecidos para aquele para quem não existe expiação disponível, como seria o caso de acordo com aqueles que defendem a expiação limitada?[249]

Qual é a base para a fé universal, e qual a base da oferta universal do evangelho? O ensino claro de Paulo nesses versículos consiste em uma expiação universal que prevê que Cristo morreu pelos pecados de todos.[250]

---

[249] Tecnicamente, não é propriamente o evangelho que é oferecido a todos, mas a promessa do evangelho — a saber, o perdão dos pecados e a vida eterna sob a condição da fé em Cristo. O evangelho é declarado indiscriminadamente para todas as pessoas, e a mensagem do evangelho contém promessas do que Deus fará quando a pessoa crer. Ele perdoará seus pecados e concederá todas as coisas em Cristo, se eles crerem. Já que os não eleitos, no esquema daqueles que limitam a expiação, não recebem uma satisfação pelos seus pecados, têm a mesma impossibilidade de perdão dos anjos não eleitos. Esta é uma impossibilidade legal, supondo que Cristo não tenha realizado a satisfação por eles. Os não eleitos não podem receber a promessa de perdão, de salvação ou de qualquer bênção que se encontre em Cristo, já que Cristo não conquistou a satisfação legal para eles.

[250] É interessante observar que Agostinho, Calvino e Richard Baxter afirmaram unanimemente que esse texto ensina a expiação ilimitada: "Logo todos, sem exceção alguma, estavam mortos em pecados, ... e por todos os mortos morreu a única pessoa viva, isto é, que não tinha pecado algum, de modo que aqueles que vivem pela remissão dos seus pecados vivessem, não para si mesmos, mas para aquele que morreu por todos" (Agostinho, Cidade de Deus [De civitate Dei; 20.6], NPNF, 425). Veja também João Calvino, The Epistle of Paul the Apostle to the Romans and to the Thessalonians, ed. David W. Torrance e Thomas F. Torrance, trad. Ross Mackenzie, Calvin's Commentaries 8 (Grand Rapids: Eerdmans, 1960), p. 77-82. "Quando Deus declara de forma tão expressa que Cristo morreu por todos [2 Co 5.14–15], e que ele provou a morte por todos [Hb 2.9], e se constitui no resgate para todos [1Tm 2.6] e a propiciação pelos pecados de todo o mundo [1Jo 2.2], cabe mais a todo cristão explicar em que sentido Cristo morreu por todos do que negar isso categoricamente" (Esse texto foi modernizado e os colchetes foram colocados pelo autor). (Richard Baxter, The Universal Redemption of Mankind [London: Printed by John Salusbury, 1694], p. 286). Veja também as anotações de Baxter sobre 2Coríntios 5.19 em A *Paraphrase*

GÁLATAS 2.20

Já estou crucificado com Cristo; e vivo, não mais eu, mas Cristo vive em mim; e a vida que agora vivo na carne, vivo-a na fé no filho de Deus, o qual me amou, e se entregou a si mesmo por mim.

Em Gálatas 2.20, Paulo associa o amor pessoal de Deus por ele ("me amou") com a cruz ("se entregou a si mesmo por mim"). Paulo está falando como crente sobre o relacionamento que agora tem com Cristo por causa de sua união com ele. O destaque nesse versículo é a conexão entre o amor de Deus e a expiação de Cristo. Já examinamos versículos como João 3.16 que apontam para o amor de Deus por todos como a motivação da expiação. De acordo com esses versículos, o amor de Deus é a razão de ele ter entregado Jesus para morrer na cruz "pelo mundo" e por Paulo antes de ele ter se tornado cristão.

GÁLATAS 3.10-14

Pois todos quantos são das obras da lei estão debaixo da maldição; porque escrito está: Maldito todo aquele que não permanece em todas as coisas que estão escritas no livro da lei, para fazê-las. É evidente que pela lei ninguém é justificado diante de Deus, porque: O justo viverá da fé; ora, a lei não é da fé, mas: O que fizer estas coisas, por elas viverá. Cristo nos resgatou da maldição da lei, fazendo-se maldição por nós; porque está escrito: Maldito todo aquele que for pendurado no madeiro; para que aos gentios viesse a bênção de Abraão em Jesus Cristo, a fim de que nós recebêssemos pela fé a promessa do Espírito.

---

on the New Testament, with Notes, Doctrinal and Practical (London: Printed for B. Simmons, 1685; rev. e corrigida ed., London: Richard Edwards, 1810), p. 415. A descrição que Baxter faz do erro no qual muitos comentaristas incorrem ainda é importante nos dias de hoje. Ele observou que o versículo 19 "é entendido de forma equivocada por muitas pessoas, como se [a palavra mundo] retratasse somente [os eleitos] porque se menciona a reconciliação, não a imputação das transgressões: Mas o texto nos fala mais claramente de uma reconciliação geral e de uma não imputação geral para toda a humanidade, e de uma particular para os que creem" (Baxter, A Paraphrase, p. 415, n. 11).

Essa passagem contém duas afirmações claras e uma verdade implícita sobre a expiação. Cristo providenciou (1) redenção ("nos resgatou") pela cruz, e fez isso por meio da (2) substituição ("por nós"). O conceito de sacrifício também está implícito nessa afirmação.[251]

Paulo afirma que todo aquele que vive sob o poder da maldição de Deus devido ao fato pronuncia uma maldição sobre todos aqueles que não cumprem suas exigências (Dt 27.26). É impossível se acertar com Deus (justificação) por meio da lei porque a lei não tem origem na fé. A lei não pode conceder vida, mas a fé pode. Deus opera a justificação do pecador por meio de Jesus Cristo, que na verdade levou a maldição da lei sobre a cruz por nós (Dt 21.23).[252] Logo, nossa identidade não vem mais da obediência à lei, mas do dom do Espírito pela fé em Cristo.[253]

GÁLATAS 4.4-5

> *Mas, vindo a plenitude dos tempos, Deus enviou seu Filho, nascido de mulher, nascido debaixo de lei, para resgatar os que estavam debaixo de lei, a fim de recebermos a adoção de filhos.*

O texto afirma várias coisas com relação à expiação. Em primeiro lugar, ele indica o propósito de Deus para ela: a redenção e a adoção de filhos para aqueles que creem em Cristo. Ele também destaca a encarnação e a humanidade plena de Cristo — Ele foi "nascido de mulher". Em terceiro lugar, Cristo veio como alguém "nascido debaixo da lei" com a implicação de que ele guardou e cumpriu a lei durante toda a sua vida e morte de modo que se tornou o Salvador de todos aqueles que creem nele:

---

[251] Green, "Death of Christ", p. 204-205.
[252] "É nesse processo de cumprir a lei que ele é moído por ela" (Weber, Foundations of Dogmatics, 2:196). Weber continua: "É nesse momento que a lei que o homem usurpou pecaminosamente chega ao fim, e a lei com a qual Deus compra o homem totalmente para si atinge seu objetivo" (2:198).
[253] Rutledge resumiu isso muito bem — veja The Crucifixion, p. 99-100.

A ruína do homem foi trazida sobre ele por uma quebra da lei divina, e o resgate dessa ruína, quando acontece, tem que acontecer de uma forma coerente com ela. Portanto, Deus "na plenitude dos tempos, enviou seu Filho, nascido de mulher, nascido sob a lei para remir aqueles que estão sob a lei", Gálatas iv. 4, 5... Pela obediência e pela morte [de Jesus] ele... demonstrou ao universo que se trata de uma lei perfeita. Ele a revestiu de uma grandeza moral mais sublime do que ela possuía antes da transgressão... Ele honrou a lei nascendo sob ela, mais ainda por obedecê-la e no nível mais alto por sofrer sua pena de morte.[254]

EFÉSIOS 1.7

Em quem temos a redenção pelo seu sangue, a redenção dos nossos delitos, segundo as riquezas da sua graça.

Em Cristo, temos a redenção pelo seu sangue. Isso é algo que aconteceu no passado, referindo-se ao momento em que cada um dos efésios creu em Cristo. Em Efésios 1.14, a redenção é um ato escatológico, onde a redenção efetiva ocorre. Ela é associada com a nossa "herança". Paulo associa a redenção com o perdão dos pecados, baseado na graça de Deus.

EFÉSIOS 5.1-2

Como Cristo também vos amou, e se entregou a si mesmo por nós, como oferta e sacrifício a Deus, em cheiro suave.

Paulo, em primeiro lugar, indica que o motivo da expiação de Cristo foi o amor. Em segundo lugar, a natureza substitutiva da expiação é sugerida pelo acréscimo "por nós".[255] Além disso, Jesus é

---

[254] Pendleton, *Christian Doctrines*, p. 223-224.
[255] Essa passagem não pode ser usada para apoiar a expiação limitada sem se recorrer à falácia da inferência negativa. "Não é necessariamente lógico que se uma afirmação é verdadeira, a inferência negativa seja também verdadeira. Pode até ser que a inferência negativa seja verdadeira, mas não se pode partir dessa suposição, e, em todos os casos, nada é verdadeiro por se tratar

chamado de forma específica de "oferta e sacrifício", indicando que a expiação é um sacrifício oferecido "a Deus".

FILIPENSES 2.5-11

> *Tende em vós aquele sentimento que houve também em Cristo Jesus, o qual, subsistindo em forma de Deus, não considerou o ser igual a Deus coisa a que se devia aferrar, mas esvaziou-se a si mesmo, tomando a forma de servo, tornando-se semelhante aos homens; e, achado na forma de homem, humilhou-se a si mesmo, tornando-se obediente até a morte, e morte de cruz. Pelo que também Deus o exaltou soberanamente, e lhe deu o nome que é sobre todo nome; para que ao nome de Jesus se dobre todo joelho dos que estão nos céus, e na terra, e debaixo da terra, e toda língua confesse que Jesus Cristo é Senhor, para glória de Deus Pai.*

Essa passagem declara a humanidade e a divindade plenas de Jesus. O versículo 8 destaca o fato de que, por causa da encarnação, Jesus teve a possibilidade de experimentar a morte na cruz; morte pela qual ele voluntariamente escolheu padecer. A passagem também destaca a humildade de Jesus demonstrada pela sua encarnação e crucificação. O ponto alto de ele ter se feito carne é ele ter ido até a cruz, manifestando, assim, tanto a sua humildade quanto o seu sofrimento. Rejeitado desde o nascimento, quando não havia lugar para ele na estalagem, ele também foi rejeitado na cruz. "A manjedoura e a cruz eram feitas da mesma madeira".[256] Jesus amou de forma sacrificial. "Deixou os palácios de marfim rumo a um mundo de dor sem fim; veja por onde o Salvador andou, só pelo seu eterno amor".[257] Jesus é bem mais do que uma pessoa que possui uma preocupação social e que envia um cheque

---

de uma inferência negativa" (D. A. Carson, *Exegetical Fallacies* [Grand Rapids: Baker, 1984], p. 115; destaque do autor). Veja também as consequências sob o título "A extensão da expiação".

[256] Helmut Thielicke, *The Evangelical Faith*, vol. 2, *The Doctrine of God and of Christ* ed. e trad. de Geoffrey W. Bromiley (Grand Rapids: Eerdmans, 1977), p. 383.

[257] Henry Barraclough, "Ivory Palaces" (1915).

que pode ser descontado de impostos para nos ajudar. Jesus não fez nenhuma transferência de dinheiro. Ele transferiu a si mesmo "do abrigo da residência do Logos para o abismo da culpa, da dor e da morte".[258]

COLOSSENSES 1.20-22

E que, havendo por ele feito a paz pelo sangue da sua cruz, por meio dele reconciliasse consigo mesmo todas as coisas, tanto as que estão na terra como as que estão nos céus. A vós também, que outrora éreis estranhos, e inimigos no entendimento pelas vossas obras más, agora contudo vos reconciliou no corpo da sua carne, pela morte, a fim de perante ele vos apresentar santos, sem defeito e irrepreensíveis.

Esse texto afirma que a reconciliação que Deus faz de todas as coisas consigo mesmo se baseia na expiação – proporcionando a paz por meio do sangue de Cristo derramado na cruz. Jesus reconciliou os crentes "no corpo da sua carne pela morte". Finalmente o texto fala sobre o propósito ou a intenção de Deus por trás desse ato de reconciliação baseada na expiação – apresentar os crentes como santos, inculpáveis e irrepreensíveis perante ele.

COLOSSENSES 2.13-15

E a vós, quando estáveis mortos nos vossos delitos e na incircuncisão da vossa carne, vos vivificou juntamente com ele, perdoando-nos todos os delitos; e havendo riscado o escrito de dívida que havia contra nós nas suas ordenanças, o qual nos era contrário, removeu-o do meio de nós, cravando-o na cruz; e, tendo despojado os principados e potestades, os exibiu publicamente e deles triunfou na mesma cruz.

Esse texto descreve com clareza o triunfo da cruz. Nessa passagem, os poderes demoníacos foram desarmados, destituídos de

---

[258] Thielicke, p. 384. Veja também Treat, *The Crucified King*, p. 116-119.

poder, e derrotados pelo cancelamento da dívida legal na cruz.²⁵⁹ Essa vitória sobre Satanás e os poderes demoníacos efetuada por Cristo na cruz também é declarada em Gálatas 3.23; Hebreus 2.14 e Apocalipse 12.11.

Aqueles que desejam limitar a expiação aos pecados daqueles que acabarão crendo interpretam esse versículo de forma equivocada. Eles traçam o seguinte raciocínio: Jesus cancelou a dívida ou o pecado para todos que viveram, então de que modo os incrédulos podem ser julgados eternamente por sua dívida ou pecado se está julgando pessoas cujas dívidas já foram pagas? O texto diz que a dívida ou o pecado foi cancelado na cruz. Se Jesus cancelou o pecado ou a dívida na cruz para todos que já viveram, então o universalismo faz com que todos os pecados sejam cancelados. Portanto, de acordo com essa linha de pensamento, a passagem de Colossenses 2.4 pressupõe a expiação limitada.

Esse argumento é falho em vários pontos. Em primeiro lugar, observe que o texto não afirma claramente a expiação limitada. O argumento que se faz é uma *dedução* baseada em algumas premissas, mas algumas delas são falsas, conforme veremos. Em segundo lugar, Paulo se dirige aos crentes, não a pessoas que não estão em Cristo. O argumento mina a união virtual com Cristo por parte de todos aqueles que crerão no futuro e a união real com Cristo, que só acontece no momento da salvação. No contexto, Paulo claramente está falando aos crentes, relatando a eles sobre a base legal do seu perdão, mas ele não está dizendo a eles que "riscar" a cédula da dívida seria equivalente ao perdão, da forma que João Batista não diz que Jesus "tira o pecado do mundo" (que significa levar o pecado, como o bode emissário do Antigo Testamento) significa *ipso facto* o perdão do pecado. Reitero que a redenção conquistada deve ser diferenciada da redenção aplicada, distinção feita pelo NT.

A terceira restrição é que o argumento envolve a justificação na cruz, um erro antinomista ou hipercalvinista. Na cruz, Cristo pagou

---

²⁵⁹ ❖ Henri Blocher, "*Agnus Victor:* The Atonement as Victory and Vicarious Punishment,"em *What Does It Mean to Be Saved? Broadening Evangelical Horizons of Salvation*, ed. John G. Stackhouse (Grand Rapids: Baker, 2002), p. 86.

de fato as dívidas legais que todas as pessoas têm, mas em nenhuma parte da Escritura nos é dito que no momento da expiação somos perdoados *ipso facto* dos nossos pecados quando Cristo sofreu o castigo que merecemos.

Em quarto lugar, o argumento ignora o problema de como todos aqueles que finalmente crerão que seu pecado ou sua dívida foi cancelada na cruz, podem, enquanto em seu estado de incredulidade, estarem sob condenação com o perigo da perdição eterna, como Paulo diz que acontece em Efésios 2.1-3? A dedução do argumento é que nenhum dos eleitos que não creem (aqueles que crerão em Cristo em algum momento) está em um estado de condenação,[260] pelo menos desde o momento da cruz, o que simplesmente não é verdade.

A quinta objeção é que o argumento se baseia em uma falsa teoria comercial da expiação. A linguagem do pecado como "dívida" é interpretada erroneamente segundo o raciocínio da dívida comercial literal, de modo que, quando a dívida é paga, não há mais obrigação alguma. Não é assim que a expiação funciona, como demonstraremos agora. A morte de Cristo não compra

---

[260] "Deus em algum sentido abomina seus eleitos antes da sua reconciliação efetiva. Deus tinha disposição de perdoar antes de Cristo, e foi apaziguado por Cristo, mas até que aconteçam as condições que Deus determinou para a criatura, ele não tem interesse nessa reconciliação com Deus; e seja qual for a pessoa cuja condição não for observada, ele permanece debaixo da ira de Deus, e, por esse motivo, se encontra de algum modo debaixo da ira de Deus e, portanto, de algum modo é abominável perante ele" (*Stephen* Charnock, "A Discourse of God's Being the Author of Reconciliation," in *The Works of Stephen Charnock*, 5 vols. [Edinburgh: Banner of Truth, 1986], 3:345). Charnock era um puritano conhecido que rejeitava a doutrina da expiação limitada. De forma semelhante, Manton disse: "Em si mesmos, os eleitos de Deus em nada diferem do resto do mundo, até o momento em que a graça os contemple; eles eram tão perversos como qualquer pessoa no mundo, ou da mesma raça maldita da humanidade, não somente vivendo no mundo, mas de acordo com os moldes do mundo; 'mortos em delitos e pecados', e sujeitos à maldição e à ira de Deus". Veja Thomas Manton, "Sermon XXXIV", em Sermons upon 2 Corinthians V, in The Complete Works of Thomas Manton, D. D., 22 vols. (London: James Nisbet & Co., 1873), 13:253.

coisas, como em mercadorias. Ninguém recebe pagamento algum como resultado da morte de Cristo na cruz. Em nenhum lugar das Escrituras existem coisas como "fé" que se diz serem compradas pela morte de Cristo. As pessoas são os objetos da redenção nas Escrituras. Não há transação. A compra não é literal no sentido comercial ou pecuniário. A linguagem pecuniária para a redenção de Cristo deve ser entendida metaforicamente.

Em sexto lugar, todo o argumento levanta a questão da legitimidade do argumento de pagamento duplo usado para apoiar a expiação limitada (consulte "Extensão da Expiação").

1TIMÓTEO 2.4-6

> *O qual deseja que todos os homens sejam salvos e cheguem ao pleno conhecimento da verdade. Porque há um só Deus, e um só mediador entre Deus e os homens, Cristo Jesus, homem, o qual se deu a si mesmo em resgate por todos, para servir de testemunho a seu tempo;*

Esta passagem é importante por várias razões. Primeiro, Paulo associa o propósito e o desejo de Deus para a salvação de todas as pessoas com a expiação como os meios pelos quais isso pode ser realizado. O texto ensina explicitamente a vontade salvadora universal de Deus. Deus não está disposto a que alguém pereça em seus pecados, mas deseja que todos sejam salvos (2Pe 3.9). A frase grega que é expressa nos versículos 5–6 é introduzida pela conjunção subordinada *gar*, que semanticamente fornece as bases para a afirmação no versículo 4. Paulo relaciona a morte de Cristo "por todos" com o desejo declarado de Deus para que "todos os homens sejam salvos".

Em segundo lugar, diz-se que Jesus é o "mediador" entre Deus e os homens.[261] Em terceiro lugar, o uso da palavra "resgate" (gr. *antílutron*) significa o pagamento de um preço para efetuar a li-

---

[261] ❦ O termo grego (*mesitēs*) é usado seis vezes no NT — Gálatas 3.19–20 (sobre Moisés); Hebreus 8.6; 9.15; 12:24 (sobre Christ); e 1Timóteo 2.5 (sobre Cristo).

bertação de cativos. Quarto, o texto afirma claramente a expiação universal – Cristo morreu "por todos." A passagem de 1Timóteo 2.6 é uma reformulação do que Jesus falou em Marcos 10.45, com "todos" substituindo os "muitos" encontrados nesse texto. Os "muitos" de Marcos 10:45 foram expressos novamente usando um grego mais idiomático para esclarecer que a frase original e a intenção de Paulo são de expressar uma expiação universal.[262] Em referência a 1Timóteo 2.5-6, Pendleton declara: "Podemos, portanto, dizer da expiação que ela é tão geral que todos são salvos que vêm a Deus 'por Cristo', e é tão limitada que ninguém é salvo que não vem a Deus 'através do Mediador,' o homem Cristo Jesus, que se deu em resgate de todos".[263]

TITO 2.11-14

Porque a graça de Deus se manifestou, trazendo salvação a todos os homens, ensinando-nos, para que, renunciando à impiedade e às paixões mundanas, vivamos no presente mundo sóbria, e justa, e piamente, aguardando a bem--aventurada esperança e o aparecimento da glória do nosso grande Deus e Salvador Cristo Jesus, que se deu a si mesmo por nós para nos remir de toda a iniquidade, e purificar para si um povo todo seu, zeloso de boas obras.

Esse texto faz duas afirmações sobre a expiação. Em primeiro lugar, a associação da graça de Deus que traz salvação "a todos os homens", que deu a si mesmo para alcançar a redenção indica que a

---

[262] Como observou I. Howard Marshall, "Universal Grace and Atonement in the Pastoral Epistles," em *The Grace of God and the Will of Man*, ed. Clark H. Pinnock (Minneapolis: Bethany House, 1995), p. 59. O ensaio de Marshall é uma excelente refutação exegética à visão de que 1Timóteo 2.4–6 se refere somente a alguns de "todos os tipos de pessoa" em vez de todos os tipos universalmente. Tratarei essa questão com maiores detalhes na seção seguinte sobre a extensão da expiação. Veja também I. Howard Marshall, *A Critical and Exegetical Commentary on the Pastoral Epistles,* ICC (Edinburgh: T&T Clark, 1999), p. 425-33 (sobre 1Timóteo 2.4-6); Allen, *Por Quem Cristo Morreu?*, p. 862-65.

[263] Pendleton, *Christian Doctrines,* p. 245.

expiação é ilimitada em sua extensão. Se a graça de Deus através da morte de Cristo apareceu para todas as pessoas, é lógico que a morte de Cristo na Cruz deve ser para todas as pessoas. Caso contrário, a intenção expressa no versículo 11 e a redenção que é realizada não coincidem. Este versículo fala sobre propósito ou intenção de Deus na expiação: trazer a salvação a todas as pessoas. O versículo indica que a salvação é uma possibilidade para todos por causa da expiação que foi realizada por todos.

Em segundo lugar, esta passagem usa a palavra "resgatar", uma das palavras-chave para expiação, indicando a liberação por meio da compra com um preço. Cristo morreu por nós, a fim de que pudéssemos ser libertos para viver em retidão para Deus (2Co 5:15, 17).

RESUMO DAS CARTAS DE PAULO

Em primeiro lugar, Paulo compreende e apresenta a morte de Cristo em categorias sacrificiais e substitutivas. O segundo aspecto é que Paulo nunca mescla a expiação objetiva com seus efeitos subjetivos.[264] A expiação alcançada deve ser diferenciada da expiação aplicada. A cruz por si só não salva ninguém até que seja apropriada pela fé em Cristo por parte do pecador crente. Como Simon Gathercole, entre outros, demonstrou, Paulo claramente incorpora a noção de substituição penal ao falar da expiação em suas cartas.[265]

HEBREUS

A carta aos Hebreus é única no NT em sua abordagem da obra expiatória de Jesus, o grande Sumo Sacerdote, que "aniquila o pecado" (Hb 9.26) oferecendo "um único sacrifício pelos pecados" (Hb 10.12). Sua expiação cancela nossa culpa e nos limpa do pecado (Hb 1.3).

---

[264] Strong, Systematic *Theology*, p. 720 (veja o cap. 1, n. 26).
[265] Gathercole, *Defending Substitution*, p. 109-113.

HEBREUS 1.1-3

A primeira referência direta à expiação em Hebreus ocorre em 1.3: " havendo ele mesmo feito a purificação dos pecados". Esta frase em particular é, de muitas maneiras, crucial para o argumento do autor. Seu uso da linguagem do templo – *feito a purificação* (gr. *katharismon*, "uma limpeza ou purificação") – implicitamente se refere ao trabalho sumo-sacerdotal de Cristo, implícito no Tabernáculo do Antigo Testamento. A maior parte das seções expositivas de Hebreus explica ainda mais sobre isso teologicamente com o autor apresentando o tema do sacerdócio de Cristo.[266]

O uso que o autor faz da palavra *katharismon* é significativo, uma vez que este tema é desenvolvido amplamente nas seções doutrinárias da epístola. O termo é usado tanto para a limpeza física como para a ritual (tendo a ver com o Tabernáculo e as práticas do templo) no NT. O termo ocorre dezenove vezes na LXX, com o foco na purificação ritual (ver Êx 29.36; Lv 15.13). Seu uso em Êxodo 30.10 referente ao ritual do dia da expiação é significativo, uma vez que o autor desenvolve a ligação entre Cristo e o dia da expiação em Hebreus 8.1– 10.18. A palavra também é usada, como nessa passagem, para a purificação do pecado através da morte de Cristo. Este substantivo ocorre sete vezes no NT (cinco nos Evangelhos, uma vez em Hebreus, uma vez em 2Pedro), mas nunca no evangelho de Mateus ou nas Epístolas Paulinas.[267]

Na dispensação sacrificial do AT, o pecado contaminava a pessoa e consequentemente exigia uma limpeza pela aspersão de sangue sobre o altar do sacrifício. O resultado tríplice da oferenda sacrificial foi a remoção, o perdão e a purificação, ob-

---

[266] Para acompanhar o comentário de passagens importantes de Hebreus sobre a expiação, veja David L. Allen, Hebrews, NAC 35 (Nashville: B&H, 2010).

[267] Veja *TDNTa*, 384. Para consultar a bibliografia sobre essa palavra e o conceito de "purificação", veja H. Thyen, *EDNT*, 2:218. *A forma verbal aparece dezessete vezes nos Evangelhos, três vezes em Atos, outras três nas cartas de Paulo, quatro vezes em Hebreus (onde sempre está associada à morte de Cristo como sacrifício), uma em Tiago e duas em 1João.*

jetivos do pecador.²⁶⁸ Isso é analisado com detalhes pelo autor no capítulo 9.

Lemos em Hebreus 1:3 que os "nossos pecados" (*hamartiōn*) são limpos ("purificados").²⁶⁹ Tanto Êxodo 30.10 quanto Levítico 16.30 são instrutivos para entender o conceito que o autor tem da purificação nessa passagem e por toda a carta de Hebreus. A passagem do Êxodo 30.10 se refere às instruções que o Senhor deu a Moisés sobre o altar de incenso no Dia da Expiação. A tradução que a LXX faz dessa passagem contém as instruções do Senhor a Moisés por Arão para "fazer expiação" nos chifres deste altar anualmente no dia da expiação "com o sangue da oferta do pecado da expiação". Em Levítico 16.30, o Senhor disse a Moisés que no dia da expiação, Arão devia fazer expiação pelas pessoas "para purificar-vos; de todos os vossos pecados sereis purificados perante o Senhor". É um princípio fundamental no AT que tanto o pecado como a sua a impureza resultante na vida do indivíduo devem ser tratados se o adorador deseja aproximar-se de Deus. A purificação por sacrifício é necessária se alguém quer "se aproximar" de Deus, como o autor de Hebreus exorta os leitores a fazerem várias vezes na Epístola (Hb 7.19; 10.22).

REFERÊNCIAS À EXPIAÇÃO POR TODO O LIVRO DE HEBREUS

No início de Hebreus, o autor diz que o Filho de Deus fez a purificação dos pecados (dando a entender sua encarnação e alto papel sacerdotal), mas, como o autor explica mais tarde, o Filho como

---

²⁶⁸ ❧ Hermann Cremer comparou o uso de katharismon em Hebreus 1.3 e 2Pedro 1.9. Ele explicou que o destaque em 1:3 está na remoção objetiva do pecado, enquanto em 2Pedro 1.9 a palavra denota a purificação conquistada pelo pecador ("havendo-se esquecido da purificação dos seus antigos pecados". Veja Hermann Cremer, *Bíblico-Theological Lexicon of New Testament Greek*, trans. W. Ulrick, 4th ed. (New York: Charles Scriber's Sons, 1895), p. 319.

²⁶⁹ ❧ Embora Hebreus faça uso dessa forma plural de *hamartía* (gr. "pecado") doze vezes — até um pouco mais que o singular (dez vezes) — não há muita diferenciação no significado.

Sumo Sacerdote também é aquele que se tornou o sacrifício pelos pecados. A próxima referência clara da expiação (Hb 2.9) afirma que a encarnação era necessária para Cristo para que pudesse morrer ou "provar a morte" em favor de "todos": "Vemos, porém, aquele que foi feito um pouco menor que os anjos, Jesus, coroado de glória e honra, por causa da paixão da morte, para que, pela graça de Deus, provasse a morte por todos". Nessa passagem encontramos a conexão entre a necessidade da encarnação para a expiação e uma referência à expiação como universal.

Em Hebreus 2.14-15, um propósito para a morte de Cristo é destruir o diabo e libertar aqueles que foram mantidos na escravidão por seu medo da morte. O versículo 17 também fala da necessidade da encarnação — o seu sumo sacerdócio e a sua capacidade de fazer expiação pelos pecados dependiam disso. Uma questão tradutória e teológica importante tem a ver com a correta versão da palavra *hilaskomai* ("fazer expiação", v. 17), que pode denotar expiação ou propiciação. Já tivemos oportunidade de observar o estudo magistral de Leon Morris sobre este assunto, que fornece clara e irrefutável evidência de que o verbo *hilaskomai*, embora se trate de um termo complexo que inclui nele a ideia de expiação do pecado, no entanto transmite o conceito de evitar a ira divina.[270] a diferença entre "expiação" e "propiciação" é que "expiação" indica o cancelamento do pecado, enquanto a "propiciação" denota o afastamento da ira de Deus. A visão coerente das Escrituras é de que o pecado da humanidade incorreu na ira de Deus e que essa ira só é evitada pela expiação substitutiva que Cristo providenciou na Cruz.

Vemos que Hebreus 5.9 fala de Cristo "ter sido aperfeiçoado", uma alusão à sua paixão final na cruz. Ela tornou Jesus apto a ser "autor de eterna salvação para todos os que lhe obedecem".

---

[270] Morris, *The Apostolic Preaching of the Cross*, p. 155 (veja cap. I, n. 6); em especial as pp. 125–160. A apresentação especial da opinião que o termo deve ser traduzido por "expiação" é de C. H. Dodd, "*ΙΛΑΣΚΕΣΘΑΙ* [Hilaskesthai], Its Cognates, Derivatives, and Synonyms, in the Septuagint," JTS 32 (1931): p. 352–60. Esse artigo também aparece em C. H. Dodd, *The Bible and the Greeks* (London: Hodder & Stoughton, 1935), p. 82–95.

Já em 7:26-27, fala-se da oferta de Cristo na cruz como um acontecimento único e definitivo. Vemos a passagem de Hebreus 8.6 falando de Jesus como "mediador de um melhor pacto" pela morte na cruz. Mais adiante, em Hebreus 9.12, Jesus, "por seu próprio sangue ... entrou uma vez por todas no santo lugar, havendo obtido uma eterna redenção". O versículo 14 afirma que o sangue de Cristo "purificará das obras mortas a vossa consciência, para servirdes ao Deus vivo". Outro versículo importante é Hebreus 9:22, que afirma que "sem derramamento de sangue", isto é, a morte de um substituto sacrificial, não pode haver remissão de pecados. O sacrifício de Cristo é superior aos sacrifícios do AT porque realmente tira o pecado. Os sacrifícios preconizados no AT eram somente "uma sombra" (10.1), mas o sacrifício de Cristo não pode ser espiritualizado como uma simples comparação.[271] Hebreus 9.22 deixa claro que o sacrifício de Cristo não se trata de uma analogia com os sacrifícios do AT. Esses sacrifícios vieram primeiro na cronologia, são *eles* que servem como analogia do sacrifício final de Cristo.

Vemos Hebreus 9.26 falando da vinda de Cristo para "aniquilar o pecado pelo sacrifício de si mesmo". Referindo-se a Isaías 53, afirma Hebreus 9.27-28: "E, como aos homens está ordenado morrerem uma só vez, vindo depois o juízo, assim também Cristo, oferecendo-se uma só vez para levar os pecados de muitos, aparecerá segunda vez, sem pecado, aos que o esperam para salvação". Cristo foi oferecido uma vez "para levar os pecados de muitos". Como foi observado anteriormente, os "muitos" nessa passagem indicam "todos". Afirma-se em Hebreus 10.10 que "temos sido santificados pela oferta do corpo de Jesus Cristo, feita uma vez para sempre". Lemos também em Hebreus 10.12 que Cristo ofereceu "um único sacrifício, assentou-se para sempre". Jesus é mencionado também em Hebreus 13.12, "sofrendo fora da porta" a fim de "santificar o povo pelo seu próprio sangue".

Também encontramos em Hebreus várias declarações específicas sobre a expiação. Cristo "fez a purificação" dos nossos pecados

---

[271] Berkouwer, *The Work of Christ*, p. 297 (veja "Introduction," n. 13).

(1.3), fez "propiciação" pelo pecado (2.17), "tirou o pecado" (9.26), levou o pecado (9.28), e ofereceu "sacrifício pelos pecados" (10.12). Com tudo isso, o autor de Hebreus destaca a finalidade da obra expiatória de Cristo.[272]

Todos estes versículos são expressos dentro do contexto do desenvolvimento da autoria do sacerdócio de Cristo. A função principal e a característica do sacerdote em Israel era oferecer sacrifícios pelos pecados do povo como um mediador entre Deus e o homem. Assim, a ideia fundamental da expiação é demonstrada de forma clara. Para que pessoas pecaminosas sejam sempre levadas a um relacionamento correto com Deus, isso deve acontecer por meio de uma oferta vicária substitutiva no lugar do pecador — e essa é a razão da importante declaração: "sem derramamento de sangue não há remissão" (9.22). De modo diferente de todo o sistema sacrificial do AT, Jesus se tornou o sacerdote e o próprio Sacrifício. Só ele surgiu "nestes últimos dias" (1.2) e "no fim dos tempos para afastar o pecado pelo sacrifício de si mesmo" (9.26). Como sumo sacerdote, Jesus entrou no lugar santíssimo celestial pelo seu próprio sangue e fez expiação de uma vez por todas pelos pecadores diante de Deus (6.19-20; 7.26-27; 9.11-28; 10.12-14).

1 E 2PEDRO

Podemos chegar a várias conclusões a partir da abordagem dos escritos de Pedro sobre a expiação. Em primeiro lugar, há um certo enfoque na qualidade moral do sofrimento na cruz. Em segundo lugar, quando Pedro se refere à "aspersão do sangue de Jesus Cristo" (1Pe 1.2), ele provavelmente tem em mente a ideia do pacto com suas consequências sacrificiais. Em terceiro lugar, o uso da palavra "remido" seguido da frase "com o precioso sangue de Cristo, como de um cordeiro sem defeito e sem mancha" (1Pe 1.19)

---

[272] ❋ "A ideia de finalidade é a concepção característica que domina a apresentação da obra redentora de Cristo; é "eterno" neste sentido. Representa o valor ético de uma pessoa sem pecado em perfeita compaixão por seus irmãos pecaminosos, para quem ele apresenta seu sacrifício perfeito e sem mácula, é uma característica proeminente na doutrina da obra expiatória "(Platt, "Atonement", p. 118).

pode combinar a ideia do cordeiro sacrificial na Páscoa com a declaração sobre "resgate" em Marcos 10:45. Em quarto lugar, Pedro fala de Cristo sofrendo "por vós", indicando a natureza substitutiva da expiação (1Pe 1.20).

Joel Green encontra os seguintes temas de expiação em 1Pedro:

· Cristo exemplifica o sofrimento inocente (2.19 – 20; 3.16 – 17; 4:1 – 2,3 - 16).
· Cristo exemplifica o sofrimento efetivo (1.2, 19; 3.18).
· Cristo exemplifica a vindicação do justo sofredor (1.11; 2.20; 4.13 – 14; 5.1, 10).[273]

Há apenas uma declaração explícita em 2Pedro a respeito da expiação: "Mas houve também entre o povo falsos profetas, como entre vós haverá falsos mestres, os quais introduzirão encobertamente heresias destruidoras, negando até o Senhor que os resgatou, trazendo sobre si mesmos, repentina destruição" (2Pe 2.1). Este texto fala da expiação em termos de uma compra por empregar a palavra traduzida como "comprado" (gr. *agorazō*, forma lexical). A ideia do texto é que haverá falsos mestres na igreja e que Cristo morreu até mesmo pelos pecados desses falsos mestres. [274] Fala so-

---

[273] Green, "Theologies of the Atonement," p. 132.
[274] Para se conhecer as tentativas questionáveis de defender a expiação limitada à luz desse texto, veja Dan G. McCartney, "Atonement in James, Peter, and Jude," em *The Glory of the Atonement: Biblical, Theological & Practical Perspectives*, ed. Charles E. Hill and Frank A. James (Downers Grove, IL: IVP Academic, 2004), p. 178–79; Thomas R. Schreiner, "'Problematic Texts' for Definite Atonement in the Pastorals and General Epistles," in *From Heaven He Came and Sought Her: Definite Atonement in Historical, Biblical, Theological, and Pastoral Perspective*, ed. David Gibson and Jonathan Gibson (Wheaton, IL: Crossway, 2013), p. 390; e Schreiner, 1, 2 Peter, Jude, NAC 37 (Nashville: B&H, 2003), 331. McCartney e Schreiner rejeitam a interpretação tradicional de que a palavra "resgatados" se refere à morte de Cristo na cruz em favor dos falsos mestres. Schreiner prefere uma leitura "fenomenológica": "O texto parece dar a entender que o Senhor tenha comprado os falsos mestres com seu sangue (v. 1), embora realmente não pertencessem verdadeiramente ao Senhor" (Schreiner, "'Problematic Texts' for Defining Atonement", p. 391).

bre os falsos mestres que são incrédulos e que, aparentemente, permanecem nesse estado.

1JOÃO

As cartas de João continuam a mesma trajetória teológica estabelecida no Evangelho de João.[275] A linguagem sacrificial e substitutiva de João demonstra sua continuidade com outros escritores do NT sobre o assunto da expiação. Em 1João, a morte de Cristo é mencionada em 1.7; 2.2; 3.16; 4:10. Em 1João 1.7, João atribui a nossa purificação do pecado ao efeito do "sangue de Jesus", uma referência à expiação. João emprega o conceito de "propiciação" em duas passagens fundamentais no que diz respeito à expiação:

"Meus filhinhos, estas coisas vos escrevo, para que não pequeis; mas, se alguém pecar, temos um Advogado para com o Pai, Jesus Cristo, o justo. E ele é a propiciação pelos nossos pecados, e não somente pelos nossos, mas também pelos de todo o mundo" (2.1-2).

Nisto se manifestou o amor de Deus para conosco: em que Deus enviou seu Filho unigénito ao mundo, para que por meio dele vivamos. Nisto está o amor: não em que nós tenhamos amado a Deus, mas em que ele nos amou a nós, e enviou seu Filho como propiciação pelos nossos pecados. (4.9-10).

Deduz-se a satisfação judicial pelo uso do termo "propiciação" (gr. *hílasmon*), expressando a substituição penal. Além disso, quando João escreve: "nossos pecados são perdoados por causa de seu nome" (2.12), a clara implicação é que o perdão é baseado na Cruz e na ideia da morte substitutiva de Cristo.

João vincula a propiciação de Cristo com o amor divino: "ele nos amou e enviou seu Filho para ser a propiciação por nossos

---

Parece que Schreiner sentiu o tranco de sua própria exegese distorcida e se pergunta: "Será que isso não se trata de uma interpretação artificial apresentada para apoiar um viés teológico?" (Schreiner, p. 391).

[275] ❖ Compare João 1.29; 3.16; 10.11; 11.50; 13.10; 15.3; 17.19; e 19:34-35 com 1 João 2.1-2 e 4.9-10.

pecados" (4.10). João também associa o amor de Deus com a morte expiatória de Cristo: "Nisto conhecemos o amor: que Cristo deu a sua vida por nós; e nós devemos dar a vida pelos irmãos" (3.16).

Esses versículos indicam que o propósito e o objetivo da expiação de Cristo é a propiciação e expiação de todo o pecado. Além disso, a expiação foi motivada pelo amor de Deus e demonstrada pela Cruz. Devemos observar que 1João 2.2 é um dos versículos mais claros nas Escrituras que afirmam a expiação universal. Sempre que João usa o termo "mundo" (gr. *Kosmos*) em qualquer passagem de salvação lidando com a intenção de Deus da expiação ou da extensão da expiação, "mundo" significa todas as pessoas; ou, para ser mais preciso, dependendo da passagem, por "mundo" se entende ou todas as pessoas, inclusive de crentes e incrédulos, ou todos os incrédulos, excluindo os crentes (1 Jo 5.19). [276]

APOCALIPSE

As referências à expiação em Apocalipse são escassas e têm a ver com a obra acabada de Cristo como "o Cordeiro de Deus"[277] em seu estado exaltado, ainda com ênfase na Cruz: "um cordeiro como se fora morto" (Ap 5.6). As referências ao "sangue do cordeiro" (7.14; 12.11) também se referem à expiação. As passagens-chave são:

> E da parte de Jesus Cristo, que é a fiel testemunha, o primogénito dos mortos e o Príncipe dos reis da terra. Àquele que nos ama, e pelo seu sangue nos li-

---

[276] ❧ Para uma análise detalhada, veja o capítulo 6. Veja também Allen, *Por Quem Cristo Morreu?*, p. 856-857. Consulte também o material útil sobre 1João 2.2 em Ben Witherington, The Indelible Image: *The Theological and Ethical Thought World of the New Testament*, vol. 1, *The Individual Witnesses* (Downers Grove, IL: IVP Academic, 2009), p. 490-495. Com relação ao uso da palavra kosmos por parte de João, Witherington observa, "Para os nossos propósitos, o que é importante é que quando se trata da questão sobre a intenção e o desejo de Deus de salvar, existe a inclusão de todo o mundo, como em João 1.29; 3.16–17; 4.42; 6.33, 51; 12.46-47; 1Jo 2.2; 4.14 fica bem claro" (p. 491).

[277] ❧ Cristo é identificado como "Cordeiro" por vinte e oito vezes no Apocalipse.

bertou dos nossos pecados, e nos fez reino, sacerdotes para Deus, seu Pai, a ele seja glória e domínio pelos séculos dos séculos. Amém. (1.5-6);

Nisto vi, entre o trono e os quatro seres viventes, no meio dos anciãos, um Cordeiro em pé, como havendo sido morto, e tinha sete chifres e sete olhos, que são os sete espíritos de Deus, enviados por toda a terra... com o teu sangue compraste para Deus. (5.6, 9);

Disse-me ele: Estes são os que vêm da grande tribulação, e levaram as suas vestes e as branquearam no sangue do Cordeiro. (7.14);

E eles o venceram pelo sangue do Cordeiro e pela palavra do seu testemunho; e não amaram as suas vidas até a morte. (12.11);

E adorá-la-ão todos os que habitam sobre a terra, esses cujos nomes não estão escritos no livro do Cordeiro que foi morto desde a fundação do mundo (13.8).

A passagem de Apocalipse 1.5 fala de Cristo purificando nossos pecados "no seu próprio sangue", referência que conota o caráter sacrificial da morte de Cristo e remetendo ao sistema sacrificial do AT do qual Cristo é o cumprimento.

No capítulo 5, versículo 6, há a referência de Cristo como o Cordeiro em pé como "havendo sido morto", uma referência à crucificação de Cristo. Em Apocalipse 5.9, no contexto do louvor do cordeiro como digno, fala-se dele como aquele que foi "morto" e que "comprou para Deus pelo seu sangue" O uso da palavra traduzida como "morto" (gr. *esphagēs*) refere-se ao sofrimento físico e à morte de Cristo na Cruz. O cordeiro é identificado como "tendo remido" (gr. *agorazō*, forma lexical — o mesmo verbo traduzido "comprado" em 2Pedro 2.1) pessoas para Deus por meio de seu sangue, novamente uma referência à expiação.

A linguagem de resgate, como vimos, é uma metáfora que não deve ser tomada literalmente em um sentido comercial. Em vez disso, a palavra indica o alto preço pago pela salvação.

Como vimos, em nenhum lugar nas Escrituras foi dito que os crentes tenham sido remidos "por Deus", nem a morte de Cristo jamais disse ser um resgate pago "a Deus" (ou qualquer outra pessoa). Apocalipse 5.9 fala daqueles que foram remidos "para Deus", não "de Deus". Observe também nas Escrituras que sempre se diz que as pessoas foram "compradas", a "fé" ou a "salvação" nunca são "compradas". Observe que Apocalipse 5.:9 não diz nada sobre a extensão da expiação, mas apenas sobre a aplicação da expiação às pessoas de todas as nações. Aqueles que tentam defender uma expiação limitada costumam usar Apocalipse 5.9 como um texto-chave. Mas, como eu mostrei em outro lugar, [278]o versículo não pode ser adequadamente interpretado como limitando a extensão da expiação.

Vemos que em Apocalipse 7.14 há a referência ao que "saem da grande tribulação" e que "lavaram e embranqueceram suas vestes no sangue do Cordeiro". A passagem de Apocalipse 12.11 também fala de "o sangue do Cordeiro". Em ambos os casos, "o sangue do cordeiro" faz referência à expiação. Finalmente, Apocalipse 13.8 fala do "Cordeiro morto", novamente uma clara referência à expiação.

RESUMO DO ENSINO DO NOVO TESTAMENTO SOBRE A EXPIAÇÃO

Podemos agora resumir de forma ampla o ensino do NT sobre a expiação:

1. A expiação foi o plano de Deus desde a eternidade.
2. A encarnação de Cristo era necessária para a expiação. A expiação se baseia no Calvário, não em Belém, mas Belém era absolutamente necessária para o Calvário ocorrer.
3. Em virtude do seu nascimento virginal e da sua encarnação, Jesus não tinha pecado. Ele tinha que ser sem pecado para efetuar a expiação pelos pecados (2 Co 5.21).

---

[278] Allen, *Por Quem Cristo Morreu?*, p. 294, 547, 560, 735, 855 e 917. É também notável que o termo "mundo" não é usado em Apocalipse 5.9, embora alguns tentem fazer essa associação.

4. A expiação foi um sacrifício vicário.
5. A expiação foi substitutiva. Cristo tomou o lugar e pagou a pena pelo pecado para toda a humanidade.
6. A expiação foi uma redenção, um resgate e uma compra, que devem ser entendidas metaforicamente. O preço foi a morte de Cristo.
7. A expiação foi uma propiciação e uma expiação (Rm 3.26). A ira de Deus foi propiciada e os pecados foram expiados (levados embora) pela Cruz.
8. A expiação foi uma derrota de Satanás (HB 2.14).
9. A expiação foi um acontecimento concluído "de uma vez por todas" (Rm 6.10).
10. A expiação foi por todo o pecado, incluindo os pecados daqueles que morrem na incredulidade.

Deus, por causa de seu amor, por meio do sacrifício substitutivo de Cristo por todos os pecados de toda a humanidade na Cruz, juntamente com sua ressurreição, cria a situação pela qual a humanidade é objetivamente reconciliada consigo mesma. O pecado é propiciado e expiado, tornando assim a reconciliação subjetiva possível para toda a humanidade, e certa para todos os que acreditam em Cristo. O pecado, a morte e Satanás são derrotados na Cruz.[279] Deus efetua a reconciliação escatológica e cósmica de todas as coisas por meio da Cruz. Deus nos salva do pecado para a comunhão com ele mesmo.

---

[279] Para um resumo excelente sobre a derrota cósmica de Satanás efetuada por Cristo na cruz e o juízo final, veja John Peckham, *Theodicy of Love: Cosmic Conflict and the Problem of Evil* (Grand Rapids: Baker, 2018), p. 119-125.

IV
A NECESSIDADE DA EXPIAÇÃO

Depois que o pecado humano e a necessidade de perdão são constatadas, geralmente se pergunta se a expiação seria necessária para que Deus perdoasse o pecado da humanidade.²⁸⁰ A questão sobre se a expiação seria ne-

---

²⁸⁰ Essa questão tem gerado discussões e debates teológicos importantes na história da igreja. Os teólogos também têm debatido a questão sobre a necessidade da encarnação e da morte de Jesus caso a humanidade não tivesse pecado. Os socinianos (século XVII) defendiam que, nesse caso, a expiação não seria necessária, afirmando que Deus não enviou Cristo de fato com o propósito de expiar o pecado. Nos primórdios da comunidade reformada, essa questão também foi debatida. João Calvino e Samuel Rutherford, por exemplo, defendiam uma necessidade hipotética – isto é, que a expiação só foi necessária porque Deus decretou que ela seria, mas que Deus poderia ter utilizado outro meio de salvação se essa tivesse sido a sua escolha. Francis Turretini e John Owen afirmaram posteriormente que a expiação era absolutamente necessária por uma questão de justiça da parte de Deus. Portanto, por exemplo, Turretini declarou: "Mas já que essa justiça nada mais é que a vontade constante de castigar os pecadores, que em Deus não pode ser ineficaz (a quem pertence a majestade suprema e o poder infinito), ela exige necessariamente a aplicação do castigo tanto sobre o pró-

cessária se a humanidade não tivesse pecado ou se Deus poderia ter providenciado a expiação de alguma outra maneira foram muito discutidas e muitas vezes não passavam de meras especulações.²⁸¹ Forde afirma que "se Deus pudesse, de fato, fazer alguma coisa de outra maneira, então não haveria justificativa de ele ter agido da maneira que agiu".²⁸² "Portanto, a necessidade da expiação se baseia em duas coisas: na nossa escravidão e na nossa alienação, na nossa indispo-

---

prio pecador quanto naquele que foi colocado no seu lugar como substituto" (Francis Turretini, (Francisco Turretini, *Institutes of Elenctic Theology*, ed. James T. Dennison, trad. George Musgrave Giger, 3 vols. [Phillipsburg, NJ: P&R, 1994], 14.10.17; p. 2:422). A partir do início do século XVII, a necessidade da expiação se tornou a escola predominante na teologia reformada, em oposição ao socinianismo, que a negava (Heinrich Heppe, *Reformed Dogmatics*, rev. e ed. Ernst Bizer, trad. G. T. Thomson [London: George Allen & Unwin, 1950], p. 469-71). Tomás de Aquino disse que a expiação não era necessária devido a alguma compulsão da parte de Deus ou de Cristo. Pelo contrário, a expiação "era necessária a partir da necessidade do seu resultado", no sentido que a humanidade só poderia ser remida pela fé no Cristo que fez expiação pelo pecado, e, em segundo lugar, que Cristo tinha que providenciar a expiação para cumprir as Escrituras que necessariamente a exigiam (Tomás de Aquino, *Summa Theologica*, 3.46.1). Um livro excelente que analisa a posição de Aquino sobre a necessidade da expiação é o de J. B. Reeves, "The Speculative Development During the Scholastic Period," em *The Atonement: Papers from the Summer School of Catholic Studies Held at Cambridge, July 31–Aug. 9, 1926*, ed. C. Lattey (London: Burns Oates & Washbourne, 1928), p. 166-197. James Denney fala dessa necessidade como uma "imposição externa e inevitável devido às circunstâncias" e "uma imposição interna, indispensável que procede do fato da vontade de Deus e da vontade de Cristo" (Denney, *The Death of Christ*, p. 32 [veja cap. 1, nº 3]). Um debate interessante sobre a expiação que inclui sobre a questão da sua necessidade, aconteceu em 1987 entre Fisher Humphreys, que era professor de teologia no Seminário Teológico Batista de Nova Orleans, e Paige Patterson, que era presidente do Criswell College naquela época. Veja Jason Duesing, "Humphreys/Patterson—1987: A Southern Baptist Debate on the Atonement," *MWJT* 16, no. 2 (2017): p. 112-135.
²⁸¹ ❦ Atanásio, Tomás de Aquino e João Calvino responderam negativamente. Os outros responderam que sim, afirmando, ainda que de forma especulativa, que a encarnação teria acontecido mesmo se o homem não tivesse pecado.
²⁸² ❦ Forde, "Seventh Locus", 2:59 (veja cap. 1 n. 22).

sição de se reconciliar, e na decisão de Deus de ser fiel a si mesmo, continuando ainda assim a ser um Deus de firme misericórdia".[283]

Embora as Escrituras nunca falem diretamente da necessidade de haver uma satisfação antes que Deus possa perdoar o pecado, elas falam de fato sobre a exigência ou a necessidade de um sacrifício substitutivo antes que esse perdão aconteça. A necessidade da expiação se expressa de três maneiras: (1) afirmações diretas do fato, (2) provas indiretas por meio das afirmações do cumprimento profético, (3) alguns princípios teológicos que dizem respeito à natureza de Deus e aos seus atributos, à humanidade e ao pecado.

A NECESSIDADE DA HUMANIDADE

Os escritores do NT utilizam o verbo grego *deí*, que significa "é necessário que", com relação à morte de Cristo em Mateus 16.21; Marcos 8.31; Lucas 9.22; 17.25; 22.37; 24.7, 26, 44; João 3.14; 12.34 e Atos 17.3. Algumas dessas afirmações são vinculadas às profecias feitas no AT. A necessidade que Jesus expressa nos textos anteriormente citados não se trata de nenhuma compulsão contra a sua natureza, mas de uma rendição pessoal e deliberada à cruz.

A necessidade da expiação procede do fato do pecado humano. As Escrituras descrevem claramente todas as pessoas como pecadoras, e, por esse motivo, elas estão separadas de Deus. Essa condição faz com que toda humanidade seja culpada diante de Deus e condenada (Rm 5.16). O pecado leva à morte física, à morte espiritual e ao castigo eterno, além de se constituir na violação da lei de Deus, em uma questão de rebelião e desobediência, em um ato de infidelidade, além de muitas outras coisas. Ele se rebela contra a soberania e a santidade de Deus, perverte e distorce sua Palavra, sua vontade e os seus caminhos. Em tudo onde Deus é justo, o pecado é injusto. Onde se demonstra a sabedoria de Deus, o pecado escolhe a insensatez. Toda vez que Deus manifesta sua soberania, o pecado tenta usurpá-la. A narrativa da história, particularmente da história bíblica, apresenta o relato sórdido do pecado humano e de suas consequências destrutivas. O pecado traz a ira e a condenação de Deus. Por causa do

---

[283] Forde, p. 69.

pecado, a humanidade permanece desesperada e perdida diante de um Deus santo. Pendleton afirma o princípio de maneira exata:

> *"As Escrituras retratam o pecado como a culpa responsável pela qual deve ser feita uma expiação. No entanto, a necessidade de expiação surge do fato de que, embora o perdão do pecado seja indispensável para a salvação, o pecado é um mal tão imenso, e que merece castigo de uma tal maneira, que permaneceria completamente imperdoável se não houvesse um sacrifício expiatório".*[284]

Além do mais, o pecado também é um poder contrário que escraviza a todas as pessoas (Rm 3.9-10).[285] É necessário um poder maior do que o do pecado para libertar a humanidade da escravidão que ele gera. A cruz consiste na vitória de Cristo sobre o pecado, a morte, o inferno e Satanás. "*A vitória sobre o pecado* é o aspecto principal do sentido da crucificação, como todo o testemunho do Novo Testamento confirma".[286]

Como afirma a declaração *Baptist Faith and Message 2000*:

> *No princípio, o homem era inocente do pecado e recebeu do seu Criador o livre arbítrio. Por meio dele, o homem pecou contra Deus e trouxe o pecado para a raça humana. Pela tentação de Satanás, o homem transgrediu o mandamento de Deus, e decaiu de seu estado de inocência original, fazendo com que sua posteridade herdasse uma natureza e um ambiente que tende ao pecado. Portanto, a partir do momento em que passam a exercer alguma ação moral, eles se tornam transgressores e estão sob condenação.*[287]

---

[284] Pendleton, *Christian Doctrines*, p. 233 (veja o cap. 1, n. 4).

[285] Charles Cousar explica a abordagem dupla de Paulo com relação ao pecado em Romanos 3: (1) O pecado é um verbo, sendo assim, é algo que as pessoas fazem e se envolvem (Rm 3.22). (2) O pecado é um substantivo, um domínio sob o qual a humanidade existe (Rm 3.9). Veja Cousar, *A Theology of the Cross*, p. 57 (veja "Prefácio", nº 1).

[286] Rutledge, *The Crucifixion*, p. 185; destaque do autor (veja a nota 41 da Introdução).

[287] *The Baptist Faith and Message 2000*, Southern Baptist Convention, acesso em 14 de Agosto de 2018, http://www.sbc.net/bfm2000/bfm2000.asp.

É importante dizer que em razão do pecado de Adão e Eva, todas as pessoas herdam uma natureza pecaminosa, tão propensa ao pecado que a partir do momento em que nos tornamos capazes de tomar decisões morais, de fato cometemos pecado, nos tornamos transgressores da lei de Deus e caímos em sua condenação. Em um certo sentido, nascemos culpados diante de Deus, contudo não somos culpados pelo pecado de Adão, mas sim pelos nossos próprios pecados.

Nesse sentido, devemos evitar dois erros com relação à origem do pecado. Em primeiro lugar, não podemos culpar a Deus pelo pecado. Foi a humanidade que pecou, não Deus. Existem aqueles que querem amarrá-lo à causa direta ou indireta do pecado humano. No entanto, toda tentativa de fazer com que Deus seja autor do pecado para preservar a soberania divina é fútil e não consegue entender seu caráter verdadeiro. Dizer que Deus é a causa do estupro violento e do assassinato de uma criança, por exemplo, é blasfêmia.

O segundo erro é ver o pecado como uma simples questão de escolha humana e não uma ação que tem como base a natureza humana ou que faz parte ela. A linguagem geralmente utilizada para justificar esse erro é que "as pessoas não são perfeitas" e que "temos que tratar uns aos outros com respeito. Só precisamos parar com o comportamento ruim". "As visões sobre a expiação realizada por Cristo que não reconhecem a gravidade do pecado fogem à verdade em dois aspectos, ou seja, não dizem a verdade a respeito da condição humana e nem sobre o testemunho das Escrituras Sagradas, tanto do Antigo quanto do Novo Testamentos".[288]

A necessidade da expiação também procede da necessidade de redenção da humanidade pecaminosa. Quando existe a necessidade de redenção, de perdão de pecados, de reconciliação com Deus, o único meio de se chegar a isso é através da expiação. Trata-se de um acontecimento objetivo e se constitui na base e na condição da salvação. Sem a expiação, ela não é possível. Deus determinou que o pecado só pudesse ser retirado por meio da expiação. "Sem derramamento de sangue não há remissão" (Hb 9.22). "Deus não

---

[288] Rutledge, *The Crucifixion*, p. 197.

nos justifica pela sua graça sem nenhum preço ou sem exigir que nenhuma expiação seja realizada (por nossos pecados)", como observou Martinho Lutero.[289]

O CARÁTER DE DEUS

A necessidade da expiação tem como base e justificativa a natureza de Deus. Temos que ser cuidadosos nesse ponto para não chocarmos nenhum atributo de Deus um com o outro, como se sua justiça fosse mais essencial que o seu amor, ou o seu amor mais importante que a sua justiça. Por exemplo, A. H. Strong, um dos teólogos batistas mais importantes do século XX, afirmou: "Nenhuma teoria da expiação que não se baseie na necessidade da justiça divina em vez do amor cumprirá as exigências da razão ou da consciência".[290] Outros, de forma igualmente simplória, favorecem o amor de Deus sobre os outros atributos como o atributo principal demonstrado na expiação.

No entanto, tendo sido ditas todas essas coisas, a Escritura de fato indica com afirmações bem claras que o amor de Deus pela humanidade que não tinha meio de redenção é um fator importante de motivação para a expiação. Os escritores do NT observam que no sofrimento e na morte de Cristo pelos pecados do mundo, o Senhor demonstra o seu amor (Jo 3.16; Rm 5.8; 1Jo 4.10). Além disso, ele não quer "que ninguém se perca, senão que todos venham a arrepender-se" (2Pe 3.9). McDonald fala sobre a necessidade da expiação com relação ao amor de Deus:

> Por assim dizer, o amor de Deus não se acha no Novo Testamento como uma verdade declarada antes da obra de Cristo. Pelo contrário, o ensino uniforme consiste em dizer que esse amor é declarado pela vinda e pela obra de Cristo. O próprio ato de expiação como o julgamento do nosso pecado em Cristo é a principal razão para anunciarmos que Deus é amor. A morte do Filho, por meio da

---

[289] Martin Luther, *Commentary on Romans*, trad. para o inglês de J. Theodore Mueller (Grand Rapids: Zondervan, 1954; reimp., Grand Rapids: Kregel, 1976), p. 78.

[290] Strong, *Systematic Theology*, p. 715 (veja cap. 1, n. 26).

qual ele levou a condenação do pecado como algo essencial para o perdão divino, demonstra ao mesmo tempo a imensidão e a santidade do amor do Pai. O fato de que o próprio Deus encontrou na morte do seu Filho a exigência do seu julgamento santo sobre o pecado é a manifestação final do seu amor. Além disso, esse amor não se expressa por simples palavras. É um amor que se manifesta na expiação pela morte de Cristo. Não havia como Deus honrar seu amor e sua santidade com relação ao pecado de um modo menos terrível que esse: que o Filho de Deus levasse por nós toda a responsabilidade quanto a isso.[291]

Lembre-se que a lei procede de Deus, e a lei de Deus reflete a sua natureza de forma exata. Portanto, a necessidade da expiação procede, de modo semelhante, da justiça de Deus, e o perdão do pecado tem que ser baseado em algo maior do que a simples misericórdia. Pode-se concluir essa lógica juntamente com Pendleton que "se o pecado provoca a ira de Deus, é certo moralmente que a ira nunca pode ser afastada se não houver alguma provisão para o perdão do pecado que a motiva".[292]

Esse é um argumento que foi proposto mais recentemente por William Lane Craig, referindo-se a um artigo escrito por Samuel Morrison.[293] O artigo de Morrison aborda a existência da justificação para que os pecados sejam perdoados. Os retributivistas[294] se atêm à visão do perdão como meio exclusivo de justiça. A única justificativa para o perdão é corrigir alguma injustiça praticada. Por exemplo, um homem inocente que tenha sido indiciado equivocadamente por um crime pode ser perdoado. Outro que tenha sido indiciado por agir de forma ilegal, mas que tenha sofrido alguma

---

[291] ❧ McDonald, *The Atonement of the Death of Christ*, p. 30-31; destaque do autor (veja o cap. I, n. 11).

[292] ❧ Pendleton, *Christian Doctrines*, p. 234; destaque do autor.

[293] ❧ Samuel T. Morison, "The Politics of Grace: On the Moral Justification of Executive Clemency," *Buffalo Criminal Law Review 9*, n° 1 (Novembro de 2005): p. 1-138. Veja também Craig, *The Atonement*, p. 90-93 (veja "Introdução", n. 46).

[294] ❧ *O retributivista* é aquele que adere a uma política ou a uma teoria de direito penal que defende a punição dos criminosos em retribuição à lei que eles desobedeceram.

coação ou tenha agido em legítima defesa pode receber perdão. Em outras palavras, o perdão é um instrumento de justiça para garantir que a justiça seja feita quando se corrige uma injustiça. Nesse sentido, o perdão não se constitui em um gesto de misericórdia. Perdoar simplesmente por misericórdia seria injusto e imoral. Craig aplica esse pensamento à expiação de Cristo e sugere que seria injusto se Deus nos perdoasse somente motivado pela sua misericórdia. Em vez disso, para que o perdão aconteça, deve ser satisfeita a justiça divina. Portanto, a expiação era necessária.[295] Na verdade, a expiação da substituição penal é necessária, já que tanto as exigências da justiça quanto da misericórdia são satisfeitas. E em sendo todas elas satisfeitas, Deus tem o poder e a vontade de perdoar os pecados das pessoas devido à sua misericórdia.

A necessidade da expiação acaba residindo na natureza e no caráter no próprio Deus. Embora a natureza divina recuse passivamente ao pecado e se oponha ativamente a ele, por um lado não havia nenhuma imposição interna ou externa sobre Deus para que ele operasse a salvação. Sua decisão foi soberana. No entanto, a exigência que parece ser real é que Deus aja de forma coerente com sua natureza imutável, que inclui o seu amor e a sua justiça. "A liberdade de Deus está baseada em seu amor imutável, isto é, ele não pode agir de forma contrária à sua natureza. Por exemplo, já que Deus é verdade, "é impossível que Deus minta" (Hb 6.18; cf. Tt 1.2), e se é amor, é impossível para ele não amar tudo o que é bom".[296] Além

---

[295] ❧ Craig observa que nessas situações, todos apelam exclusivamente para as limitações humanas. Por exemplo, a oferta de perdão a um criminoso para esclarecer seu testemunho no tribunal e através disso indiciar outros criminosos não altera a questão, já que nenhuma dessas limitações humanas se aplicam a Deus.

[296] ❧ Norman L. Geisler, *Systematic Theology*, vol. 3, *Sin, Salvation* (Bloomington, MN: Bethany House, 2004), p. 182. Thomas Oden afirma: "Quando se fala da realidade da cruz, não existe nenhuma conotação intencional de que Deus tenha alguma necessidade externa de resolver o dilema causado pela história do pecado. A necessidade moral da expiação é uma exigência da vontade moral de Deus. Ela só é necessária por causa da liberdade do Deus santo de amar de forma correta" (Oden, *Systematic Theology*, 2:373 [veja o cap. 1, n. 27]).

disso, Geisler observou que "o amor e a necessidade não são contraditórios, mas sim o amor e a *compulsão*".²⁹⁷

Sobre a necessidade da expiação com relação à Trindade e a encarnação de Cristo, só podemos falar resumidamente, citando Adonis Vidu que expressa adequadamente a questão:

> Era necessário que Cristo morresse, tendo em vista que Deus escolheu estar unido com a humanidade de forma redentora. A consequência dessa união é que Cristo levaria nossa morte ao ser entregue por Deus. Entretanto, não é só o castigo da sua morte que faz com que Deus nos redima. Toda a Trindade entra em ação por nós de uma nova maneira na natureza humana do Filho, levando sobre si, nessa natureza, nossa morte penal.²⁹⁸

Logo, a melhor base para a necessidade da expiação parece estar em Deus, não no homem.

É importante destacar também que Anselmo foi um dos primeiros teólogos que começou a elaborar resposta a uma pergunta necessária em seu livro famoso *Cur Deus Homo? (Por que Deus se fez homem?)*. Sua conclusão foi essencialmente bem simples: Considerando o homem, o pecado e Deus como realmente são, a expiação se torna de fato uma necessidade. Porém, será que a necessidade humana é suficiente como base da necessidade da expiação? Além disso, a necessidade humana obriga que o método divino de salvação seja por meio da morte de Cristo na cruz? Aparentemente, a partir da perspectiva divina, o melhor que podemos observar das Escrituras é que o efeito do pecado sobre a humanidade era tão grande que só poderia ser removido pela cruz. Além disso, é somente pela cruz que se poderia cumprir a lei e se executar a justiça. Por consequência, além desses três fatores, deve-se levar em conta o amor de Deus. Como o amor faz parte de sua essência, seu amor pela humanidade e o

---

²⁹⁷ Geisler, *Sin, Salvation*, p. 194.
²⁹⁸ Adonis Vidu, "The Place of the Cross Among the Inseparable Operations of the Trinity," em *Locating Atonement: Explorations in Constructive Dogmatics*, ed. Oliver D. Crisp e Fred Sanders (Grand Rapids: Zondervan, 2015), p. 42.

desejo de buscar o bem para sua criação também faziam com que a expiação fosse necessária. Não é ilógico concluir que, por um lado, Deus não poderia se abster da provisão da expiação sem negar sua própria natureza. Às vezes, essa conclusão é chamada de necessidade moral da expiação.[299] Esse raciocínio, nas suas mais variadas formas e níveis de sofisticação, tem sido proposto por toda a história da igreja.[300] Pendleton expressa a questão de forma convincente:

> *Não faz sentido dizer que a expiação reconcilia Deus com os pecadores sem dar nenhuma explicação, mas corresponde mais à verdade dizer que ela efetua essa propiciação segundo a lei e a justiça. Deduz-se então que a necessidade da expiação surgiu a partir dos obstáculos colocados entre a lei e a justiça de Deus para a salvação dos pecadores. A lei, ao ser transgredida, exigiu a execução do seu castigo, e a justiça concordou com essa exigência.*[301]

Como John Stott afirma, a expiação é uma necessidade inerente e intrínseca.[302] Por que Deus não escolheu outro meio além de si mesmo para efetuar a expiação? Devido ao fato de a expiação não se tratar simplesmente de uma maneira de vencer nosso pecado de forma justa, mas de reconciliar o relacionamento rompido entre nós e Deus que o nosso pecado causou. O pecado é uma afronta pessoal à santidade de Deus e uma violação de sua lei. Para que se cumpra a justiça, o pagamento pelo pecado deve se igualar à dívida. Deus perdoa o pecado motivado pelo seu amor, pela sua misericórdia e graça baseada na expiação de Cristo. A expiação possibilita uma posição diferente para com Deus e com relação

---

[299] Veja, por exemplo, o livro de Garrett, *Systematic Theology*, 2:19-20 (veja a nota 21 da Introdução).

[300] Veja, por exemplo, Thomas H. Hughes, *The Atonement: Modern Theories of Doctrine* (London: George Allen & Unwin, 1949).

[301] Pendleton, *Christian Doctrines*, p. 229.

[302] Stott, *The Cross of Christ*, p. 124 (veja cap. 3, nota 65). Stott também cita três razões para aquilo que chama de "inevitabilidade" da expiação – "a hostilidade dos líderes nacionais judaicos, dos ensinos do Antigo Testamento sobre o Messias, e sua escolha deliberada" (Stott, p. 29-32).

ao seu relacionamento com o pecado e com os pecadores, como demonstra claramente 2Coríntios 5.14-21.

A essa altura, precisamos refletir sobre o significado da palavra "graça" com respeito à salvação, já que ele é fundamental à compreensão quanto à necessidade da expiação.[303] Por outro lado, não devemos ampliar a palavra "graça" como fazem alguns teólogos, a fim de indicar tudo o que Deus faz, inclusive a criação, a providência e a redenção. Boa parte dessa abordagem vem do conceito que Barth elaborou sobre a aliança da graça que precede e contempla todas as obras de Deus, inclusive a da criação. Nesse sentido, a palavra é usada em seu sentido mais amplo possível, como "dom" ou "auxílio divino". No entanto, esse uso ofusca a graça da redenção. A graça salvadora é singular, quando comparada às outras obras de Deus. Os teólogos católicos diferenciam a "graça natural" (criação e providência) da "graça sobrenatural" (graça salvadora). De modo parecido, a teologia reformada faz uma distinção semelhante entre a "graça comum" e "graça especial". No contexto da teologia reformada, a graça salvadora só é concedida aos eleitos pela doutrina da eleição incondicional. No entanto, existem estudiosos desse segmento que defendem a expiação ilimitada e concordam que a graça de Deus se estende aos que não foram eleitos no sentido de que Cristo morreu pelos pecados deles, além de sustentar que essa graça salvadora é suspensa na chamada efetiva com base na eleição, de modo que o dom de fé seja dado somente aos eleitos.

A base principal para a visão de que a graça se restringe aos eleitos é que Deus está livre para escolher se deve demonstrar sua graça para as pessoas. Ele tem a liberdade de escolher aqueles que serão alvo de sua graça. Já que a graça é um dom de fato, então precisa ser gratuita. Nada pode impor que ele a conceda. A soberania de Deus decide sobre quem ele derramará sua graça e a quem ele se absterá de conceder esse dom.

---

[303] ❖ Nessa seção, eu me baseio muito no excelente material do livro de Jack Cottrell, *What the Bible Says about God the Redeemer,* vol. 3, *The Doctrine of God* (Eugene, OR: Wipf & Stock, 2000), p. 377-400. Acho sua análise sobre essas questões bem útil.

No entanto, como Cottrell observa, essa visão possui pontos verdadeiros, mas também apresenta alguns equívocos. A graça é livre a partir da perspectiva do pecador – o pecador não tem nenhuma parte nisso. Nada no pecador obriga Deus a conceder graça. Ela também é livre no sentido de que Deus não exige que paguemos por ela com nossas obras. Entretanto, do ponto de vista de Deus, dizer que a graça é livre, ou que é uma opção que Deus pode fazer, reflete uma visão incoerente e antibíblica sobre ele.

Em primeiro lugar, afirma que a liberdade da graça de Deus separa sua vontade de sua natureza, pois parte da premissa que a natureza de Deus não influi em suas escolhas. "Uma coisa é dizer que a graça de Deus é livre e espontânea no sentido de que ela não é influenciada ou causada por nada que venha *da criatura*, mas outra coisa é dizer que ela é arbitrária ou opcional e, portanto, não sofre influência nem mesmo da sua própria natureza".[304]

Se o amor é a própria essência de Deus, como podemos ao mesmo tempo dizer que o exercício do seu amor é uma questão de sua vontade – livre e opcional? A soberania divina não indica que Deus seja livre para fazer tudo o que quer sem ser influenciado pela sua natureza. Como afirma o autor de Hebreus: "é impossível que Deus minta" (Hb 6.18). "Se a natureza de Deus consiste em ser gracioso com relação aos pecadores, então é da sua natureza ser gracioso em suas atitudes com relação a *todos* os pecadores. A esse nível, o particularismo é completamente antibíblico".[305] De modo interessante, os calvinistas moderados encaram os dados exegéticos que apoiam a expiação ilimitada de forma bem clara, mas não enxergam que os mesmos problemas com relação à boa vontade para com todos os pecadores que surgem da posição da expiação limitada também se encontram em sua doutrina de eleição incondicional e da defesa da liberdade de Deus para conceder graça a quem ele quer.

Segue-se a pergunta: Se Deus é obrigado, por causa de sua própria natureza, a ser gracioso para com todos os pecadores, será que isso não envolve o universalismo – que Deus salvaria a todos no fi-

---

[304] Cottrell, p. 385.
[305] Cottrell, p. 386.

nal? A resposta é não. A universalidade da atitude graciosa de Deus não indica ou exige que seja feita uma aplicação para todas as pessoas. O motivo é que Deus criou a humanidade com um certo grau de liberdade (liberdade que todos os teólogos reformados negam). Logo, com relação à aplicação da graça de Deus, ele não está livre, e isso por opção própria, como afirma Cottrell.[306]

Do mesmo modo que Deus não está livre, por sua própria natureza, para não desejar a salvação de todas as pessoas (como afirmam todos os calvinistas ortodoxos), em razão do fato de que esse desejo pela salvação universal é baseado na sua natureza (e expresso pelo que os calvinistas chamam de "vontade revelada"), igualmente, por escolha própria, ele não está livre para aplicar a sua graça a todos que o rejeitam. Pelo próprio desígnio divino, ele criou a humanidade com a liberdade de aceitar ou rejeitar seu dom da graça. Com certeza, deve se afirmar claramente que sem a graça capacitadora de Deus, ninguém seria capaz de escolher a salvação oferecida. O *pelagianismo* e o *semipelagianismo*[307] são doutrinas falsas,

---

[306] Cottrell, p. 387.

[307] *Pelagianismo*: "Sua perspectiva teológica era caracterizada por: uma insistência sobre a adequação da natureza humana criada, que se manteve inalterada pela queda de Adão, para cumprir a vontade de Deus; a negação do pecado original, tanto como culpa quanto corrupção transmitida de Adão para toda a humanidade; as expectativas morais e espirituais mais altas com relação ao cristão batizado que é capaz de ter uma vida de santidade perfeita, porque Deus assim o ordena; e um entendimento sobre os dons da graça que exclui, ou pelo menos diminui de forma drástica, o poder capacitador que atua no homem interior sem o qual nada podemos fazer de aceitável para com Deus" (David F. Wright, verbete "Pelagianism", *New Dictionary of Theology: Historical and Systematic,* ed. Martin Davie, Tim Grass, Stephen R. Holmes, John McDowell, e T. A. Noble [Downers Grove, IL: IVP Academic, 2016], p. 657-658). *Semi-Pelagianismo*: "Posição teológica que leva o nome de Pelágio, monge do século V que debateu com Agostinho, que afirma que a fé começava pela escolha humana, e a graça divina somente a auxiliava" (David F. Wright, verbete "Semi-Pelagianismo", Davie et al., eds., *New Dictionary of Theology,* p. 833–834). Quanto ao uso equivocado dessas palavras, veja D. L. Allen, "Claims, Clarity, Charity—Why the Traditional Baptist Statement on Soteriology is not and cannot be Semi pelagian," http://drdavidlallen.com/baptist/claims-clarity-charity-why-the-

embora, às vezes, aqueles que não são calvinistas sejam acusados falsamente de segui-las.

Que dizer da pergunta sobre o caráter da graça ser condicional ou incondicional? Biblicamente falando, ela consiste nas duas coisas, já que é incondicional à medida que Deus oferece salvação de forma gratuita e incondicional com base em uma expiação universal, mas é condicional, já que ele decretou que a aplicação da sua graça aos indivíduos seja condicionada ao arrependimento do pecado e à fé em Cristo. Em outras palavras, a *graça* é incondicional, mas a *salvação* é condicional.

Temos que evitar também o erro de associar as palavras "imerecida" e "incondicional". As obras não são condições para a salvação. O pecador não oferece pagamento a Deus para comprar o perdão. A graça é totalmente imerecida, mas seu recebimento é condicionado à fé em Cristo. Geisler resume bem a questão:

> *É verdade que não há nada nos pecadores que leve Deus a nos salvar. Em vez disso, como se questiona de forma justa, a justiça tem que nos condenar em nossa pecaminosidade. No entanto, também é verdade que existe algo em Deus que o leva a nos salvar: o seu amor. Já que Deus essencialmente estende sua benevolência a todas as criaturas, ele, por causa disso, tem a iniciativa de buscar a salvação de suas criaturas decaídas. Portanto, Deus não tem que demonstrar amor porque merecemos (porque de fato não merecemos), mas porque a sua natureza exige. O amor não é um atributo arbitrário de Deus, mas se baseia na sua natureza necessária. Afinal de contas, se ele é todo amor, então ele tem que amar a todos.[308]*

-traditional-baptist-satement-on-soteriology-is-not-and-cannot-be-semi-pelagian/#comments.

[308] Geisler, *Sin, Salvation*, p. 197; destaque do autor. Embora Geisler não diga de modo específico se ele afirma que não existe nenhum atributo arbitrário de Deus, essa afirmação passa a ser teologicamente problemática. Não devemos indicar que existam atributos arbitrários na natureza de Deus. Observe também que Geisler não afirma que o amor é a natureza necessária de Deus, mas que *está baseado* nessa natureza necessária. O calvinista pode responder a Geisler com a pergunta: "Se o que diz é verdade, por que Deus não fez nada quanto a salvação do diabo e dos demônios?". O fato é que as

Thiselton explica a necessidade da expiação em termos da confluência da natureza, da vontade e da promessa de Deus:

> *Frases como "Deus tem..." ou "Jesus tem..." sempre devem ser explicadas em termos condicionais: "Se Deus quer que sua promessa seja verdade, ele já se comprometeu a seguir esse plano de ação". Se Jesus quer viver o papel que lhe foi atribuído pelo Pai e encarnar o padrão de sofrimento-vindicação das Escrituras, o seu único plano de ação é prosseguir até o final que é a cruz".*[309]

Nesse sentido, parecemos ter uma base segura e sólida com respeito à questão da necessidade da expiação.

Escrituras simplesmente não respondem a essa pergunta; qualquer resposta seria especulativa. A teologia reformada geralmente apela ao "amor complacente" de Deus, pelo qual Deus se agrada e se alegra naquilo que aprova, e seu amor benevolente", que é o amor que procura salvar – um amor gracioso e misericordioso. Existe alguma liberdade no amor benevolente. Portanto, pode se dizer que é necessário que Deus seja gracioso e misericordioso para com as criaturas pecaminosas? Alguém pode dizer que Geisler não pode dar uma resposta negativa, de acordo com sua afirmação. Se o que ele diz é verdade, então Deus precisa, por uma necessidade da sua natureza, buscar a salvação da raça humana. Ele não está livre para agir de outra maneira. Sua obra para salvar a humanidade é "baseada em sua natureza necessária", e, se esse é o caso para a humanidade decaída, então por que não é o caso dos anjos decaídos? Repito que as Escrituras simplesmente não respondem a essa pergunta. Sempre refleti se a diferenciação que os reformados fazem entre o amor complacente e o amor benevolente está menos ligada a algum ensino bíblico direto que a afirme e mais relacionado com a noção reformada de eleição incondicional. O amor de Deus acaba sendo limitado sob a categoria da eleição de um modo que inverta a ideia de Geisler: Deus é necessariamente amável para com os eleitos embora seja amável arbitrariamente quanto aos não eleitos. A linguagem de "necessidade", se for aplicado à sua natureza ou obra, tem que ser empregado com cuidado para não se limitar a Deus. Essa linguagem pode sem querer desafiar sua aseidade. Tanto a criação quanto a redenção são atos livres e amorosos de Deus. A linguagem da necessidade divina (o que sua natureza exige dele) geralmente cria problemas desnecessários.

[309] Thiselton, *The Hermeneutics of Doctrine*, 347 (veja cap. 1, nº 22).

V
A EXPIAÇÃO E A CRISTOLOGIA

Embora a expiação seja uma categoria dentro da soteriologia, a melhor maneira de começar a análise é com a cristologia. Estudaremos a expiação com relação à Trindade, à encarnação, aos três ofícios de Cristo e à aliança.

A EXPIAÇÃO E A TRINDADE

Os pais da igreja primitiva situavam a discussão sobre a expiação dentro da estrutura mais ampla da doutrina da Trindade.[310] Os teólogos sistemáticos de todas as denominações destacam o papel da Trindade na expiação.[311] As obras modernas sobre a expiação e a salvação reco-

---

[310] Veja, por exemplo, Gregório de Nazianzo, *On God and Christ: The Five Theological Orations and Two Letters to Cledonius*, trad. para o inglês de Frederick J. Williams e Lionel R. Wickham, Popular Patristics Series (Crestwood, NY: St. Vladimir's Seminary Press, 2002), p. 96.

[311] Por exemplo, os teólogos batistas como Augustus H. Strong, Wayne Grudem, Millard Erickson, e James Leo Garrett. Temos como exemplo também o teólogo metodista William Pope, que observa que a expiação porta o nome e os atributos do Deus trino. Veja William B. Pope, *A Compendium of Christian Theology: Being Analytical Outlines of a Course of Theological Study,*

nhecem e enfatizam esse ponto. I. Howard Marshall afirma: "Existe uma unidade indissolúvel entre o Pai, o Filho e o Espírito Santo na obra da redenção".³¹² De acordo com John Webster: "A base da soteriologia é a doutrina da Trindade".³¹³ Adam Johnson descreve o formato trinitário da doutrina da expiação: "Aquele que Deus quis enviar como instrumento para cumprir três propósitos: como Pai ele quis sacrificar, como Filho, quis ser sacrificado, como Espírito Santo ele quis acompanhar e possibilitar o sacrifício".³¹⁴ Não me simpatizo muito com as palavras que Johnson emprega, porque ficam bem parecidas com a heresia do modalismo. Preferia que ele houvesse dito: "... o Pai quis sacrificar o Filho; o Filho quis ser sacrificado e o Espírito Santo quis acompanhar e possibilitar o sacrifício". Com essas palavras, a diferença entre as pessoas da Trindade é mantida de forma clara em vez de parecer que o Pai, o Filho e o Espírito Santo são apenas modos da Pessoa de um Deus único (isto é, o monarquianismo modalista). Com certeza, Johnson rejeita esse monarquianismo: "Toda vez que falamos do Pai, do Filho e do Espírito Santo como se opusessem um ao outro, quem sofre é a doutrina da Trindade e, por tabela, o Evangelho – e o mesmo acontece com aqueles que criticam a tradição e com aqueles que são zelosos ao extremo".³¹⁵ Ele ainda explica: "Devido ao fato de se constituir uma obra que Deus efetua para reconquistar a criação de Deus por meio de sua própria vida e atitude, para os efeitos do alcance dos propósitos de Deus, o formato da doutrina da expiação é essencialmente trinitária".³¹⁶

Biblical, Dogmatic, Historical, 3 vols. (London: Wesleyan Conference Office, 1879), 2:279.

³¹² ⁂ I. Howard Marshall, *Aspects of the Atonement: Cross and Resurrection in the Reconciling of God and Humanity* (London: Paternoster, 2007), p. 56.

³¹³ ⁂ John B. Webster, "'It Was the Will of the Lord to Bruise Him': Soteriology and the Doctrine of God," in *God of Salvation: Soteriology in Theological Perspective*, ed. Ivor J. Davidson and Murray A. Rae (Burlington, VT: Ashgate, 2011), p. 18.

³¹⁴ ⁂ Adam J. Johnson, Atonement: *A Guide for the Perplexed*, Bloomsbury Guides for the Perplexed (New York: Bloomsbury T&T Clark, 2015), p. 72.

³¹⁵ ⁂ *Atonement: A Guide for the Perplexed*, p. 74.

³¹⁶ ⁂ Johnson, "Atonement: The Shape and State of the Doctrine," p. 6; destaque do autor (consulte a nota 7 da Introdução).

Como Deus se relaciona com a expiação de Cristo na cruz? Será que Deus faz isso por nós por meio de Jesus, ou Jesus faz isso para Deus por nós? Essas perguntas são exemplos de várias dicotomias falsas que surgem quando estudamos a expiação. Em um sentido, a resposta às duas perguntas é afirmativa.

As Escrituras apresentam a expiação e a salvação como acontecimentos trinitários. Lemos a afirmação em Efésios 1.3-6 que Deus é o autor da salvação. Em Efésios 1.7-12 há a indicação de que Cristo trouxe a expiação pelos pecados, e a passagem de Efésios 1:13-14 afirma que o Espírito Santo aplica e preserva a salvação daquele que crê. Na expiação, o Pai concedeu o Filho, mas o Filho também deu a si mesmo. O Pai enviou o Filho, mas foi o Filho que veio. O Pai não exigiu que o Filho levasse uma cruz que o Filho não estivesse disposto a levar. O Filho "não extraiu do Pai uma salvação sobre a qual nutria reservas para conceder".[317] Na harmonia trinitária perfeita, o Pai, o Filho e o Espírito Santo colaboram para expiar o pecado do homem e operar a salvação.

Conforme se esclarece em Efésios 1.3-14, a expiação consiste em Deus doando a si mesmo em seu Filho por nossos pecados. A iniciativa procede de Deus, e cabe a nós responder a ela. Em primeiro lugar, Deus se move em nossa direção para que possamos nos aproximar dele:

> *Então, a obra salvífica de Deus consiste na obra expiatória do Filho, e a obra redentora do Pai é a obra salvadora do Filho. Por sua cruz e pela sua paixão em cumprimento gracioso do propósito amoroso do Pai, Jesus Cristo, o Filho de Deus, de uma vez por todas, no lugar do pecador e em favor dele, efetuou uma expiação completa e perfeita pelos pecados do mundo, por meio do qual o relacionamento destruído entre Deus e o homem deve ser restaurado e se remove a barreira à comunhão com Deus. Sem essa realidade da cruz não existe uma palavra segura de redenção para o homem. Essa é a "transação" divina — não devemos ter reservas quanto ao uso dessa palavra — que distingue o cristianismo de todas as outras religiões, ou de algum caminho alternativo pelo qual o homem pode se elevar até Deus, mas uma revelação de Deus do único evangelho de Cristo para o mundo.[318]*

---

[317] Stott, *The Cross of Christ*, p. 151 (veja a nota 65 do cap. 3).
[318] McDonald, *The Atonement of the Death of Christ*, p. 20-21 (veja a nota 11 do cap. 1).

O destaque trinitário da expiação nos ajuda a ver a cruz como expressão do amor do Pai por nós, bem como do amor do Filho, como observa H. Wheeler Robinson: "Quanto mais recorrermos ao amor de Cristo pelo homem, que é tão revelador quanto o amor do Pai, mais nos motivamos a atribuir a qualidade sacrificial desse amor, em sua essência mais íntima, tanto ao Pai quanto ao Filho".[319]

As obras contemporâneas sobre o relacionamento da Trindade com relação à expiação incluem o estudo do conceito da simplicidade divina.[320] Como Vidu observa, a história das teorias sobre a expiação consiste, na verdade, em um debate sobre a natureza de Deus, especialmente a relação entre os atributos da justiça e do amor.[321] Com relação à expiação, a obra de Deus por meio de Cristo na cruz se baseia na simplicidade divina (a unidade dos atributos divinos em ação ao mesmo tempo). Logo, nunca será o caso de Deus ser mais amoroso do que justo, ou vice e versa. Thomas McCall explica corretamente que essa simplicidade faz com o que um conflito entre o amor e a ira seja impossível.[322] James Pendleton afirma de forma comovente: "Existe uma cooperação cordial dos atributos na salvação do culpado".[323]

---

[319] H. Wheeler Robinson, *Suffering: Human and Divine* (New York: Macmillan, 1939), p. 157.

[320] Deus não é como um agente humano. Sua relação com suas obras é exclusiva, porque elas derivam unicamente da sua natureza. Os atributos divinos, embora sejam verdadeiramente identificáveis, são idênticas ao ser divino em vez de serem simplesmente elementos ou parte dele. As obras de Deus apresentam um tipo de perfeição inigualável. A simplicidade divina é uma consequência da aseidade divina. Veja por exemplo, Marshall, *Aspects of the Atonement*; Thomas H. McCall, *Forsaken: The Trinity and the Cross, and Why It Matters* (Downers Grove, IL: IVP Academic, 2012); Adonis Vidu, *Atonement, Law, and Justice: The Cross in Historical and Cultural Contexts* (Grand Rapids: Baker, 2014); Fred Sanders, *The Deep Things of God: How the Trinity Changes Everything*, 2ª ed. (Wheaton: Crossway, 2017); Sanders, "These Three Atone," p. 19-34 (veja a nota 9 da "Introdução").

[321] Vidu, *Atonement, Law, and Justice*, p. 236-239.

[322] McCall, *Forsaken*, p. 80.

[323] Pendleton, *Christian Doctrines*, 230 (veja o cap. 1, nota 4).

É importante que se faça uma formulação trinitária da substituição penal. I. Howard Marshall expressa isso de forma adequada: "Existe uma unidade indissolúvel entre o Pai, o Filho e o Espírito Santo na obra da redenção. O reconhecimento que Deus Filho, em termos mais simples o próprio Deus, que sofre e morre na cruz, acaba resolvendo a questão. É o próprio Deus que leva as consequências do pecado, sem se tratar da tortura de algum filho cósmico".[324]

Vidu também fala que,

> *Além disso, a condenação que Jesus sofreu expressa o amor de Deus do mesmo modo que a sua ressurreição e a sua glorificação. Novamente, a regra da simplicidade explica tudo: a crucificação não mudou Deus em nada, de modo que ele, a partir dela, pudesse se envolver em uma obra diferente. Pelo contrário, a crucificação, a glorificação... todos são elementos de uma obra única, abrangente, totalmente livre de contradições, cujo sucesso não depende de modo algum de nada que precise acontecer do lado humano que de algum modo fuja ao seu controle. Todas essas obras partem exclusivamente de Deus... A crucificação não capacita Deus a ajustar seus atributos para que possa nos receber a partir da sua realização.*[325]

Existe um sentido pelo qual Deus não é movido da ira para a misericórdia, mas há também outro sentido que pode afirmar exatamente isso. O que mudou na verdade por causa da expiação? Com certeza mudou o seu tratamento com relação aos pecadores, mas sua disposição com relação à humanidade nunca mudou. A ira de Deus é uma expressão contingente da sua santidade. A lei mosaica expressa essa santidade e o modo pelo qual ele condena o pecado por meio de formas institucionais concretas.[326] A ira de Deus se constitui no seu amor santo que se expressa de forma contingente contra o pecado.[327]

---

[324] Marshall, *Aspects of the Atonement*, p. 56.
[325] Vidu, *Atonement, Law, and Justice*, p. 260; destaque do autor.
[326] Vidu, p. 269.
[327] Vidu, p. 270, onde ele se refere a McCall, *Forsaken*, p. 88.

Paulo faz uma afirmação trinitária importante com respeito à expiação em 2Coríntios 5.19: "Deus estava em Cristo reconciliando consigo o mundo". A própria natureza da Trindade, isso sem falar na revelação da Escritura, indica que o plano da salvação para a humanidade possui uma dimensão individual e uma dimensão coletiva. A salvação não pode ser abordada somente a nível pessoal, embora sempre se inicie a esse nível. À medida em que somos trazidos a um relacionamento correto com Deus, somos trazidos a um relacionamento correto com aqueles que se encontram na igreja e até mesmo com aqueles que estão fora dela.[328]

Neste ponto, é importante refletir sobre como entender o clamor de abandono que Jesus fez: "Deus meu, Deus meu, por que me desamparaste?" (Mt 27.46; Mc 15.34). Será que ele indica que o relacionamento entre Pai e Filho de algum modo foi "rompido" ou "cortado" nesse momento? Embora algumas pessoas respondam de forma afirmativa, McCall analisa os dois lados da questão, inclusive os pais da igreja, e conclui de forma contrária.[329] Ele observa que no NT não existem referências que incluam conceitos como "rejeição" e "completamente abandonado" para explicar a ação do Pai com respeito ao Filho quando Jesus estava sobre a cruz. Em que sentido Jesus tinha sido "desamparado"? O Pai o entregou para que morresse. Ele foi entregue para a morte na cruz.[330]

---

[328] "Afirmar desde o princípio o formato trinitário da salvação evita que a salvação seja reduzida a um acontecimento individual ou a um acontecimento objetivo e coletivo. A salvação não se constitui simplesmente em um relacionamento experimentado de forma subjetiva entre uma pessoa e Deus. Nem mesmo se trata de simplesmente pertencer a uma igreja de pessoas com ideias semelhantes. A salvação envolve indivíduos que fazem parte de uma comunidade. A linguagem da aliança por todas as Escrituras destaca esse conflito que existe dentro das ações de Deus que dizem respeito à salvação. Tudo o que Deus faz para nos restaurar a um relacionamento de aliança com ele nos coloca em um relacionamento ordenado de forma diferente (isto é, dentro de uma aliança) com todos os outros que são reconciliados com Deus" (Lints, "Soteriology", p. 264 [veja a nota 24 da "Introdução"]).
[329] McCall, *Forsaken*, p. 13-47.
[330] McCall, p. 43-44.

Jesus cita diretamente as palavras do primeiro versículo de Salmos 22. Embora nem todos concordem com isso, essa citação direta tinha o propósito de relembrar todo o seu conteúdo como uma expressão profética daquilo que estava acontecendo na cruz. Isso passa a ser mais provável quando percebemos que tanto Mateus quanto Marcos empregam outras partes desse mesmo salmo em suas narrativas da paixão (Mt 27.27-31, 38-4; Mc 15.16-20, 25-32). A intenção deles é que o leitor o use como chave para interpretar a cruz.[331]

Logo, na minha opinião, McCall conclui de forma acertada que a Trindade não foi nem fraturada, nem quebrada, nem rompida de modo nenhum quando Cristo morreu na cruz:

> *Será que o Pai "afastou o seu rosto do seu Filho"? De modo algum. O único texto das Escrituras que podemos entender para abordar diretamente essa questão (Sl 22.24) diz que o Pai não escondeu seu rosto de seu Filho. Pelo contrário, ele "ouviu seu clamor por ajuda". Será que a comunhão eterna entre o Pai e o Filho foi rompida de algum modo naquele dia terrível? Terá havido alguma ruptura na Trindade? As respostas a essas perguntas devem ser expressivamente negativas: o estudo cuidadoso do texto bíblico torna essa visão desnecessária, e a teologia trinitária ortodoxa a torna completamente impossível.[332]*

Herman Bavinck expressa um conceito parecido:

> *Jesus continuou sendo o Filho amado na cruz, com quem o Pai se agrada (Mt 3.17; 17.5). É exatamente na sua morte e no seu sofrimento que Cristo demonstrou sua obediência maior e mais completa à vontade do Pai... e o próprio Jesus nos diz que chegaria a hora onde todos os discípulos o abandonariam, mas que ele mesmo nunca ficaria sozinho porque o Pai estaria com ele (Jo 16.32).[333]*

---

[331] McCall, p. 39-42.
[332] McCall, p. 43; destaque do autor.
[333] Herman Bavinck, *Reformed Dogmatics*, vol. 3, *Sin and Salvation in Christ*, ed. John Bolt, trad. John Vriend (Grand Rapids: Baker Academic, 2006), p. 389.

A união trinitária eterna de Cristo com o Pai, bem como a união com a humanidade por meio da encarnação permaneceram intactas na cruz.

Não precisamos recorrer além do decano dos teólogos wesleyanos do século XIX William Burt Pope, que resumiu de forma útil a relação entre a Trindade e a expiação:

> Não há nada que pertença ao nosso conceito da natureza divina que não seja manifestado no seu Filho, que tanto em sua justiça ativa quanto em sua justiça passiva revela tudo o que está no coração do Pai. O homem, na verdade, conhece Deus somente como Deus de redenção; nem será conhecido de outra maneira. Por todas as Escrituras da verdade temos uma revelação gradativa do ser divino que não termina até ter sua plenitude em Cristo. Deus e o homem estão ἐν αὐτῷ πεπληρωμένος [en autō peplērōmenos], completos nele. Não é o suficiente dizer que a Trindade a quem os cristãos adoram é revelada em Jesus, mas que esse outro atributo que a teologia associa a ele é ilustrado na sua obra. O próprio Deus, juntamente com todas as ideias que formulamos a respeito da sua natureza, chega até nós pela revelação de Cristo. O ser gracioso e digno de reverência que nos é apresentado pelas escrituras cristãs não se trata de uma divindade que a razão humana possa conceber ou tolerar se lhe fosse apresentado, mas para nós não existe nenhum outro igual a ele, e temos que recebê-lo conforme é revelado pelo mistério da mediação expiatória do seu Filho. É somente na cruz que o seu nome é proclamado. Nela temos sua bênção divina diferenciada, e todas as doxologias do Apocalipse recebem seu fervor e a sua força pela inspiração que a expiação traz.[334]

A EXPIAÇÃO E A ENCARNAÇÃO

O propósito da encarnação era que Cristo se fizesse carne. Jesus possui tanto a natureza divina quanto a humana, constituindo aquilo que os teólogos se referem como *união hipostática*. Isso não indica que as duas naturezas ajam de forma independente uma da outra ou que a natureza divina prevaleça sobre a humana. Tanto a natureza divina quanto a natureza humana de Cris-

---

[334] Pope, *A Compendium of Christian Theology*, 2:279.

to cooperaram na obra da expiação.³³⁵ Como observa Davidson: "Mas não há indicação nenhuma de que sua humanidade esteja sendo direcionada em sua caminhada pelo mundo pelo piloto automático divino".³³⁶

As Escrituras indicam que a encarnação aconteceu tendo em vista a expiação (Fp 2.5-11; Hb 2.9-18). "Convinha que em tudo ele fosse semelhante a seus irmãos" (Hb 2.17). A encarnação sempre é apresentada nas Escrituras em conexão com o plano divino de salvação. Elas não indicam nenhum outro motivo que possa existir para a encarnação na mente de Deus,³³⁷ e é melhor não especularmos sobre isso³³⁸.

Ivor Davidson observa de forma correta a importância universal da encarnação: "Em sua particularidade, o fato de ele ter se feito carne afirma que toda a carne humana é imensuravelmente preciosa para Deus: em todos os seus estágios e condições, em sua forma mais vulnerável e marginal, seja no ventre da mãe, seja no sepulcro silencioso".³³⁹

Como devemos enxergar a relação entre as duas naturezas de Cristo – a divina e a humana – no momento de sua paixão na cruz?

---

³³⁵ Veja Kenneth J. Foreman, *Identification: Human and Divine* (Richmond: John Knox Press, 1963), p. 91-113.

³³⁶ Ivor Davidson, "Atonement and Incarnation," em *T&T Clark Companion to Atonement*, ed. Adam J. Johnson (New York: Bloomsbury T&T Clark, 2017), p. 47.

³³⁷ Por toda a história da igreja foram discutidos motivos para a encarnação. Bloesch os resume da seguinte forma: (1) "para nos salvar da morte e da corruptibilidade e para nos unir com a natureza divina"; (2) "para preparar o caminho de união entre o homem e Deus"; (3) "para nos salvar do pecado e do juízo divino"; (4) "para reconciliar e unir a humanidade pecaminosa com Deus"; (5) para nos salvar "dos poderes demoníacos das trevas"; (6) "para demonstrar e revelar o amor de Deus por nós" (Donald G. Bloesch, *Jesus Christ: Savior & Lord*, Christian Foundations [Downers Grove, IL: IVP Academic, 1997], p. 145-148).

³³⁸ Como Berkouwer observa com relação ao propósito da encarnação que "a Igreja nunca teve conhecimento de nenhum outro motivo, nem hipotético nem secundário, além do motivo da vinda de Cristo ter sido com o propósito de salvar" (*The Work of Christ*, p. 33 [veja a nota 13 da "Introdução"]).

³³⁹ Davidson, "Atonement and Incarnation", p. 45.

McCall nos faz lembrar de modo correto que "ao considerar o sofrimento de Cristo, temos que considerar a diferença entre a divindade e a humanidade de Cristo. Sua divindade não estava sujeita ao sofrimento do mesmo modo que a sua humanidade, então, de alguma maneira, sua divindade fica impassível enquanto sua humanidade sofre".[340] A essa altura, a doutrina da impassibilidade se encaixa na simplicidade divina.[341]

A EXPIAÇÃO E OS TRÊS OFÍCIOS DE CRISTO: REI, SACERDOTE E PROFETA

Desde a Reforma, os teólogos falam e escrevem sobre os três ofícios de Cristo: profeta, sacerdote e rei.[342] Embora algumas pessoas tenham afirmado que essa abordagem tripla sobre a pessoa e a obra de Cristo é um tanto artificial e que carece de um apoio específico das Escrituras,[343] existe algum mérito na divisão que se encontra

---

[340] McCall, *Forsaken*, p. 69.

[341] McCall, p. 73-79.

[342] Referida em termos teológicos como *munus triplex*, esse desígnio tríplice aparentemente foi utilizado pela primeira vez como categoria cristológica por Martin Bucer nos anos 1520, e de modo parecido por Andreas Osiander, sendo empregado logo depois por Calvino em seu Catecismo Genovês (1545), e posteriormente em sua edição de 1559 das *Institutas*, 2.15.6. Desde essa época, teólogos reformados e até mesmo alguns que não são dessa escola adotaram essa categoria. Dentre as obras úteis, pode-se citar Geoffrey Wainwright, *For Our Salvation: Two Approaches to the Work of Christ* (Grand Rapids: Eerdmans, 1997); Robert Sherman, *King, Priest, and Prophet* (veja a nota 37 da "Introdução"); Adam J. Johnson, "*Munus Triplex*," em *T&T Clark Companion to Atonement*, ed. Adam J. Johnson (New York: Bloomsbury T&T Clark, 2017), p. 655-658; e Johnson, "The Servant Lord: The Role of the *Munus Triplex* in the Theology of Karl Barth," SJT 65, nº 2 (2012): p. 159-173.

[343] Como, por exemplo, o especialista luterano, Gerhard O. Forde, "Seventh Locus," 2:43-44 (veja a n. 22 do cap. 1). Forde escreve, "O ofício tríplice de Cristo parece ser um esquema artificial que não contribui essencialmente ao entendimento da Obra de Cristo" (Forde, 2:43). Já Sheldon é mais preciso: "Embora a distinção tríplice dos ofícios de Cristo não seja artificial de modo algum, ela pode ser artificializada por causa do exagero em sua exploração" (Henry C. Sheldon, *System of Christian Doctrine* [Cincinnati: Jennings and Pye;

em Hebreus 1.1-4, onde Jesus é identificado como o maior profeta ("Deus... nos falou pelo Filho"), sumo sacerdote ("havendo ele mesmo feito a purificação dos pecados"), e rei ("assentou-se à direita da Majestade nas alturas"). Jesus, em um sentido, cumpre esses ofícios: ele se constitui no grande profeta, no grande sacerdote e no grande rei ungido por Deus. Os fatores mais importantes da comunidade judaica – o monárquico, o sacerdotal e o profético – serviam como meio de projetar o ideal messiânico. Os escritores do NT estavam seguindo os padrões de pensamento do AT ao representar a Cristo em seu ofício tríplice.[344] O pensamento do Novo Testamento estava se dirigindo para os moldes que lhe foram preparados ao representar Cristo como profeta, sacerdote e rei.

Já a tese de Sherman de que a designação tríplice é "adequada biblicamente, sugestiva teologicamente, e útil pastoralmente para associar respectivamente esses três modelos e ofícios com o Pai, o Filho e o Espírito Santo" não é tão fácil de se perceber.[345] Sua preocupação é referente à inadequação "de se destacar um dos ofícios de Cristo, um modelo de expiação ou uma pessoa da Trindade à custa da exclusão de todos os outros".[346] Há um fundo de verdade nisso, porém o destaque do NT com certeza se encontra no papel da Segunda Pessoa da Trindade como profeta, sacerdote e rei. Além disso, os três ofícios estão interligados, de tal modo que

> *Cristo é Profeta de um modo real e sacerdotal, Sacerdote de um modo profético e real e Rei de um modo sacerdotal e profético. Os três ofícios podem ser discernidos, mas não podem ser separados. A cada momento, Cristo age em todas as três capacidades... Portanto, não é admissível destacar um dos três ofícios a tal ponto que os outros dois sejam esquecidos.*[347]

New York: Eaton and Mains, 1903], p. 360).
[344] Sheldon, p. 360.
[345] Veja Sherman, *King, Priest, and Prophet*, p. 16.
[346] Sherman, p. 16.
[347] Willem A. Visser 't Hooft, *The Kingship of Christ* (New York: Harper & Brothers, 1948), p. 16-17; citado em Sherman, *King, Priest, and Prophet*, p. 21.

A função de Cristo como sacerdote é predominante na carta aos Hebreus.[348] Ela se refere seis vezes a Jesus como "sacerdote" e dez vezes como "sumo sacerdote". Sacerdócio e sacrifício estão intimamente ligados nessa epístola. Nela, o sacerdócio do AT é colocado em confronto com o sacerdócio de Cristo. O sumo sacerdócio de Cristo se destaca em um ponto fundamental: o sacerdote do AT é um homem como qualquer outro e deve fazer uma oferta por si mesmo, bem como por aqueles que serve, mas Cristo não é assim. Como sacerdote sem pecado, ele só oferece sacrifício pelos pecados dos outros, não pelos seus (Hb 5.1-10). Outra diferença é que os sacerdotes do AT oferecem sacrifícios, enquanto Cristo se constitui tanto em sacerdote quanto em sacrifício. A terceira diferença é que os sacerdotes tinham que oferecer continuamente sacrifícios por toda a nação de Israel no Dia da Expiação, mas Cristo, nosso grande sumo sacerdote, ofereceu sacrifício "de uma vez por todas", alcançando assim uma "redenção eterna". A carta aos Hebreus se concentra no caráter único e suficiente do sacrifício de Cristo (7.27; 9.12, 28; 10.10, 18). Cristo é "sacerdote para sempre, segundo a ordem de Melquisedeque" (6.20; cf. 5.6, 10). O sacerdócio da ordem de Melquisedeque é superior ao levítico (7.1-28). Por causa da obra sacerdotal de Cristo, ele proporcionou "eterna redenção" (9.12) e "salvação eterna" (5.9).

Podemos resumir a apresentação bíblica do sacerdócio de Cristo da seguinte forma: Jesus passou a ser sumo sacerdote quando assumiu a natureza humana na encarnação. Como sacerdote, Jesus passou por todas as experiências humanas, inclusive por todo tipo de provações e pela morte física. Jesus exemplificou seu sacerdócio na Última Ceia e consumou sua obra expiatória na cruz. Ele inaugurou a nova aliança em sua morte na cruz pelos pecados do mundo. A ressurreição, a ascensão e a exaltação de

---

[348] Veja, por exemplo, John M. Scholer, *Proleptic Priests: Priesthood in the Epistle to the Hebrews* (Sheffield: Sheffield Academic Press, 1991); Gerald O'Collins e Michael K. Jones, *Jesus Our Priest: A Christian Approach to the Priesthood of Christ* (Oxford: Oxford University Press, 2010); e Allen, *Hebrews* (veja cap. 3, n. 129).

Cristo foram só o começo do seu ministério de intercessão em favor do mundo e daqueles que creem.

EXPIAÇÃO E PACTO[349]

O pacto é um tema muito importante do Antigo e do Novo Testamento: "Enquanto a obra de Cristo é pintada por muitas cores diferentes, o pacto é a tela onde elas são pintadas".[350]

A primeira menção clara de pacto nas Escrituras é o pacto entre Deus com Abraão em Gênesis 12.1-3.[351] Os outros pactos clara-

---

[349] Veja R. Larry Shelton, *Cross and Covenant: Interpreting the Atonement for 21st Century Mission* (Tyrone, GA: Paternoster, 2006); Scott W. Hahn, *Kinship by Covenant: A Canonical Approach to the Fulfillment of God's Saving Promises* (New Haven, CT: Yale University Press, 2009); Michael J. Gorman, *The Death of the Messiah and the Birth of the New Covenant: A (Not So) New Model of the Atonement* (Eugene, OR: Cascade Books, 2014); Jeremy R. Treat, "Covenant," in *T&T Clark Companion to Atonement,* ed. Adam J. Johnson (New York: Bloomsbury T&T Clark, 2017), p. 431-435; e, com maiores detalhes, Treat, "Atonement and Covenant: Binding Together Aspects of Christ's Work," em *Locating Atonement: Explorations in Constructive Dogmatics,* ed. Oliver D. Crisp e Fred Sanders (Grand Rapids: Zondervan, 2015), p. 101-117. Como Treat observa de forma correta, "Os 'teólogos do pacto' reformados não são os únicos que recorrem ao pacto para o entendimento da expiação. Os especialistas metodistas, anabatistas, católicos, ortodoxos e judaicos recentemente realizaram um apelo pela importância do pacto para se entender a expiação" (Treat, "Atonement and Covenant", p. 101, nota de rodapé nº 2).

[350] Treat, "Atonement and Covenant", p. 116.

[351] Muitos dentro da tradição reformada propõem dois pactos anteriores ao pacto abraâmico – 1) um pacto de obras realizado antes da queda, na época da criação (também chamada por alguns, o pacto da criação), onde a salvação é baseada nas obras; e (2) o pacto da graça realizada depois da queda, onde a salvação se baseia na graça. A ideia de um terceiro pacto, uma aliança pré-temporal entre o Pai e o Filho para remir os eleitos, geralmente chamada de pacto de redenção, tem a sua primeira menção identificada como sendo de Caspar Olevian em 1585 (veja Lyle D. Bierma, *German Calvinism in the Confessional Age: The Covenant Theology of Caspar Olevianus* [Grand Rapids: Baker, 1996], p. 107-112). De modo interessante, isso coincide com o estudo de Theodore Beza sobre a expiação limitada. O conceito de pacto da redenção foi elaborado com uma profundidade maior por João Cocceius (1603-1669). Não se menciona nas Escrituras nenhum "pacto da redenção". De modo pa-

mente mencionados nas Escrituras são o pacto mosaico, o davídico e o novo pacto. Desses quatro pactos, o único que se diz ser temporário é o mosaico e o único que possui uma referência específica ao plano divino de redenção para a humanidade é o novo pacto.

recido, a Confissão de Westminster e os catecismos de 1643-1649 também não falam nisso. Na verdade, nas Escrituras, todos os pactos que Deus tem a iniciativa de fazer são realizados entre Deus e as pessoas, nunca entre as pessoas da Trindade. O chamado pacto da redenção não é nada além de um resquício da dogmática reformada, e vários teólogos reformados rejeitam essa ideia. Karl Barth classificou essa noção de "pacto da redenção" como um contrato "mitológico" que não se enquadra no entendimento correto da doutrina da Trindade. Para Barth, o pacto da redenção apresenta um dualismo antibíblico dentro do ser divino. Como pode haver um precedente onde Deus, de algum modo, não é capaz de ser justo e misericordioso ao mesmo tempo? Barth também afirmava que todo conceito que envolve duas pessoas da Trindade como sujeitos legais é problemático porque prejudica a unidade divina e sugere conflito de interesses dentro dela (Karl Barth, *Church Dogmatics*, vol. 4.1, *The Doctrine of Reconciliation,* ed. G. W. Bromiley and T. F. Torrance, trad. G. W. Bromiley [Edinburgh: T&T Clark, 1956], p. 54-66). Para saber mais sobre a escola segundo a qual o pacto da redenção continua sendo possível, mesmo com essas objeções fundamentais "para nos orientar rumo a um fator indispensável na soteriologia", consulte o livro de Webster, "Soteriology and the Doctrine of God," p. 28-31. Veja também a obra sobre o pacto da redenção de J. V. Fesko, *The Trinity and the Covenant of Redemption* (Fearn, Ross-shire: Christian Focus, 2016). Para conhecer a história da teologia do pacto, veja David A. Weir, *The Origins of the Federal Theology in Sixteenth-Century Reformation Thought* (Oxford: Clarendon Press, 1990); e Andrew A. Woolsey, *Unity and Continuity in Covenantal Thought: A Study in the Reformed Tradition to the Westminster Assembly* (Grand Rapids: Reformation Heritage Books, 2012). De modo parecido, o fato de que nenhum desses conceitos – nem "pacto de obras", nem "pacto de graça" – se acharem nas Escrituras levou muitos teólogos reformados a questionar se eles são legítimos de fato. John Murray questiona se a ideia de "pacto de obras" é adequada (veja John Murray, *The Covenant of Grace: A Bíblico-Theological Study, The Tyndale Biblical Theology Lecture* [London: Tyndale, 1953]), do mesmo modo que Karl Barth. No entanto, até mesmo a ideia de "pacto da graça" tem sido questionada pelos defensores da Teologia do Novo Pacto e da Teologia do Pacto Progressivo (veja mais adiante). As Escrituras falam do novo pacto, a iniciativa de Deus em Cristo para a salvação do mundo, e esse pacto com certeza se trata de algo baseado na graça, do mesmo modo que todos os outros que se encontram na Bíblia.

O capítulo 8 de Hebreus esclarece que o pacto mosaico foi cumprido e superado pelo novo.³⁵² Esse entendimento de que o pacto

---

³⁵² ❦ Entende-se na teologia o relacionamento de Deus com Israel de três maneiras diferentes: Em primeiro lugar, *o supersessionismo ou a teologia da substituição* encara as promessas de pacto relacionadas a Israel como tendo sido cumpridas em Cristo e na igreja de tal modo que Cristo, a igreja ou os dois substituem Israel no plano de Deus, passando a ser, dessa maneira, um "novo Israel". Isso não reserva nada no futuro para um Israel étnico, nacional ou territorial conforme é apresentado nas alianças bíblicas. Em segundo lugar, alguns encaram o cumprimento futuro das promessas de pacto com Israel na expectativa de que um grande número de judeus étnicos será salvo no futuro, mas sem nenhum cumprimento dos aspectos nacionais ou territoriais de toda a abrangência da bênção pactual. Um terceiro aspecto é que outros esperam o cumprimento literal das promessas étnicas, nacionais ou territoriais para Israel em termos de uma nação restaurada sob o governo futuro de Cristo (tanto no futuro milênio quanto pela eternidade). A teologia reformada abraça tipicamente a primeira ou segunda dessas escolas, enquanto a terceira está associada a várias formas de *dispensacionalismo*. O espaço não permite uma explicação dos movimentos conhecidos como pactualismo progressista (que é parte do movimento da Teologia do Novo Pacto) e do dispensacionalismo progressista. O primeiro é supersessionista, mas o segundo não é. Entre os participantes principais do debate estão Peter Gentry e Stephen Wellum (do pactualismo progressista). Sobre o dispensacionalismo progressista, veja Craig Blaising e Darrell Bock, *Progressive Dispensationalism* (Grand Rapids: Baker, 1993, 2000); Blaising e Bock, eds., *Dispensationalism, Israel and the Church: The Search for Definition* (Grand Rapids: Zondervan, 1992). O dispensacionalismo progressista apresenta uma visão do reino de Deus que é maior que o próprio Israel e se constitui no tema integrador da teologia bíblica. Por causa disso, o dispensacionalismo progressivo também tem sido chamado Teologia Redentora do Reino (veja Craig Blaising, "A Theology of Israel and the Church" em *Israel, the Church and the Middle East: A Biblical Response to the Current Conflict*, ed. Darrell L. Bock e Mitch Glaser (Grand Rapids: Kregel, 2018), p. 85-100. Sobre o pactualismo progressista, veja Peter J. Gentry e Stephen Wellum, *Kingdom through Covenant: A Biblical-Theological Understanding of the Covenants* (Wheaton, IL: Crossway, 2012); Stephen J. Wellum e Brent E. Parker, eds., *Progressive Covenantalism: Charting a Course between Dispensational and Covenant Theologies* (Nashville: B&H Academic, 2016). Blaising e Bock também formularam críticas substanciais a Gentry e Wellum. Veja Craig Blaising, "A Critique of Gentry and Wellum's, *Kingdom through Covenant*: A Hermeneutical-Theological Response," MSJ 26, no. 1 (Spring 2015): p. 111-127; Darrell

mosaico seria temporário já tinha sido expresso pelo AT (Jr 31.31-34). O centro do novo pacto é a expiação onde Deus, por meio de Cristo, opera a reconciliação do mundo. Jesus descreveu sua morte iminente na cruz e o derramamento do seu sangue como a inauguração e o cumprimento dessa nova aliança prometida em Jeremias (Mt 26.28; Mc 14.24; Lc 22.20). Dentre os escritores dos três evangelhos sinóticos, somente Lucas cita claramente a referência à "nova aliança" no seu sangue (Lc 22.20). De modo parecido, o escritor aos hebreus descreve Cristo como aquele que inaugura essa nova aliança pelo seu sacrifício expiatório na cruz (Hb 8.6-13). Jesus é "Mediador de uma nova aliança" (Hb 13.20). Paulo entendia a Ceia do Senhor como uma festa memorial de comunhão, celebrando a inauguração que Cristo efetuou de uma nova aliança (1Co 11.25).

Treat resume o relacionamento dos pactos com a expiação em três teses. A primeira diz que o pacto é indispensável para o contexto da expiação. Isso acontece de duas maneiras: a redentora-histórica e a relacional. No AT, Deus é um Deus de aliança que toma a iniciativa de um relacionamento pactual com Israel com o propósito de conceder a expiação pelos pecados de todas as pessoas, tanto judeus como gentios.[353] Cristo morreu para trazer os pecadores para o relacionamento pactual. A segunda afirma que o pacto está dentro da definição da expiação no sentido em que a morte de Cristo é a base para possibilitar o relacionamento pactual entre Deus e os pecadores, e a terceira

---

L. Bock, "A Critique of Gentry and Wellum's, *Kingdom through Covenant*: A New Testament Perspective," MSJ 26, no. 1 (Primavera de 2015): p. 139-145.

[353] ❖ Existe alguma ambiguidade na obra de Treat quanto a sua visão da morte de Cristo como expiação pelos pecados de todas as pessoas (expiação ilimitada) ou pelos pecados do "seu povo", que dentro do contexto reformado são identificadas como "os eleitos". Essa ambiguidade fica bem clara no seu uso indiscriminado das expressões "seu povo" e "pecadores". Ele afirma que "o pacto consiste em Deus se vinculando a seu povo" (Treat, "Covenant", p. 434). Isso pode ser interpretado de duas maneiras. Ou ele entende a expiação como sendo efetuada somente para o "seu povo" (expiação limitada), ou como tendo sido realizada pelos pecados de todos os homens, mas que Deus tenha o propósito de aplicá-la de forma eficaz somente aos eleitos. Veja a seção seguinte sobre a intenção e a extensão da expiação.

propõe que o pacto é fator integrador na doutrina da expiação. "O poder integrador do pacto tem o potencial de resolver muitas dicotomias falsas comuns que assolam a teologia da expiação e demonstra através disso, por exemplo, que a obra expiatória de Cristo é relacional *e* jurídica, individual *e* coletiva, além de ser restauradora *e* retributiva".[354]

A cruz é um acontecimento pactual. "*A morte de Jesus salva porque é a condição necessária e suficiente para restaurar as 'relações pactuais corretas' entre Deus e a humanidade...* Ela salva porque ela alcança a *justiça pactual* (não somente no sentido jurídico) e o *relacionamento pactual* (não somente interpessoal)... Os fatores jurídicos e interpessoais acabam também acontecendo, porque a cruz se trata do cumprimento dos dois lados do pacto – lei e promessa, justiça e amor – embora a iniciativa pertença exclusivamente ao amor de Deus".[355]

---

[354] Treat, "Covenant", p. 435; destaque do autor.

[355] Vanhoozer, *The Drama of Doctrine*, p. 390-391; destaque do autor (veja a nota 32 da "Introdução"). Veja também o artigo de Vanhoozer, "The Atonement in Postmodernity: Guilt, Goats, and Gifts," em *The Glory of the Atonement,* IL: IVP Academic, 2004), p. 398-401.

VI
A INTENÇÃO, A EXTENSÃO E A APLICAÇÃO DA EXPIAÇÃO

Em termos gerais, e em palavras que a maioria dos cristãos de qualquer escola teológica aceitaria, podemos descrever o propósito da expiação como o plano de Deus para lidar de forma eficaz e definitiva com o pecado humano, para remir e perdoar os pecadores, reconciliá-los consigo mesmo e libertá-los do castigo, do poder e finalmente da presença do pecado. O conceito de reconciliação é revestido de grande importância com respeito ao propósito de Deus para a expiação. "Porque também Cristo morreu uma só vez pelos pecados, o justo pelos injustos, para levar-nos a Deus" (1Pe 2.18); "Deus estava em Cristo reconciliando consigo o mundo" (2Co 5.19); "quando éramos inimigos, fomos reconciliados com Deus pela morte de seu Filho" (Rm 5.10). A reconciliação com Deus é descrita como o momento em que o pecador remido passa a ter paz com Deus (Rm 5.1) e acesso a Deus (Rm 5.2; Ef 2.18; Hb 4.14-16; 10.19-22). Essa reconciliação é tríplice, consistindo na reconciliação com Deus (Rm 5.1), na reconciliação entre judeus e gentios pela cruz (Ef 2.18), e na reconciliação escatológica e cósmica (Cl 1.20).

Outro propósito para a expiação se constituía em estabelecer um novo pacto por onde essa reconciliação poderia ser realizada.

Lemos em Jeremias 31.31-34 a alusão a esse novo pacto, e Jesus descreveu sua morte iminente na cruz e o derramamento do seu sangue como a inauguração e o cumprimento da promessa do novo pacto prometido por Jeremias (Mt 26.28; Mc 14.24; Lc 22.20).356

O propósito de Deus para a expiação também foi definido de modo a trazer uma renovação espiritual que capacite o cristão a ter uma vida de temor a Deus. Isso é descrito com detalhes por Paulo nos capítulos 6 a 8 de Romanos. Observe como Paulo fala em Romanos 8.3-4: Cristo "na carne condenou o pecado, para que a justa exigência da lei se cumprisse em nós, que não andamos segundo a carne, mas segundo o Espírito". Explica-se o mesmo conceito em 2Coríntios 5.15: "E ele morreu por todos, para que os que vivem não vivam mais para si, mas para aquele que por eles morreu e ressuscitou". Lemos em Tito 2.14 a declaração de que Cristo "se deu a si mesmo por nós para nos remir de toda a iniquidade, e purificar para si um povo todo seu, zeloso de boas obras". O texto de Hebreus 9.14 explica que a morte de Cristo purifica a consciência "das obras mortas para servirmos ao Deus vivo". Observe também o enunciado de propósito de 1Pedro 2.24, segundo o qual Cristo levou "ele mesmo os nossos pecados em seu corpo sobre o madeiro, para que mortos para os pecados, pudéssemos viver para a justiça".

A INTENÇÃO DA EXPIAÇÃO

O que as Escrituras ensinam sobre a intenção ou o desejo de Deus no que diz respeito à salvação das pessoas? Existe alguma afirmação na Bíblia que indica que a intenção ou o desejo de Deus é *deixar de salvar* algumas pessoas? A resposta com certeza é negativa. Dois textos importantes do NT afirmam o desejo universal de Deus que todas as pessoas sejam salvas:

---

[356] ⁜ Como foi observado no capítulo 5 na seção "Expiação e pactos", a carta aos Hebreus descreve Cristo "como Mediador de um novo pacto" (Hb 9.15), que inaugura esse novo pacto na cruz (Hb 8.6-13). O novo pacto é "eterno" (Hb 13.20).

> *O qual deseja que todos os homens sejam salvos e cheguem ao pleno conhecimento da verdade. Porque há um só Deus, e um só Mediador entre Deus e os homens, Cristo Jesus, homem, o qual se deu a si mesmo em resgate por todos, para servir de testemunho a seu tempo (1Tm 2.4-6)*

> *O Senhor não retarda a sua promessa, ainda que alguns a têm por tardia; porém é longânimo para convosco, não querendo que ninguém se perca, senão que todos venham a arrepender-se. (2Pe 3.9)*

Em 1Timóteo 2.4-6, observe que o desejo de Deus para que todos sejam salvos está associado a uma expiação ilimitada que ele providenciou para a salvação de todos. Em 2Pedro 3.9, Pedro nos informa que Deus não quer que "ninguém" pereça eternamente; mas, pelo contrário, ele deseja que "todos" venham ao arrependimento e experimentem a salvação. Esses dois versículos, o primeiro com uma afirmação direta e o outro por consequência, falam sobre o desejo e a intenção de Deus a respeito da salvação de todas as pessoas como o motivo pelo qual ele providenciou uma expiação pelos pecados de todos.

B. H. Carroll, fundador e primeiro presidente do Seminário Teológico Batista do Sudoeste, escreveu a respeito desses dois versículos:

> *"O Senhor deseja que todos venham ao arrependimento" (2Pe 3.9). Esse texto não expressa um decreto irresistível, mas a atitude da mente divina com relação a todos os homens... O destaque deve estar no verbo "desejar" e no pronome "todos". O Senhor deseja, mas e o pecador? O desejo de Deus é com relação a todos, não excluindo nenhuma nação, ou classe social, nem indivíduo algum: "Quantas vezes quis reuni-los, mas não quisestes?", "Mas não vindes a mim para terdes vida", "Quem quiser, beba de graça da água da vida". Não se deve permitir que nenhuma visão de decreto divino, nem nenhuma interpretação de doutrinas de eleição ou predestinação ofusque o brilho ou limite a amplitude dessa atitude da mente divina com relação aos pecadores. Que o nosso coração esteja cheio dessa mesma atitude quando pregamos ou ensinamos o evangelho para os homens perdidos, e devemos lutar com oração e dedicação para que tudo para eles seja mentira nesse mundo, exceto que Deus "deseja que todos os homens sejam salvos e cheguem ao pleno*

conhecimento da verdade" (1Tm 2.4). Não podemos, em hipótese alguma, duvidar da sua sinceridade, nem rejeitar sua honestidade, quando ele diz: "Vivo eu, diz o Senhor Deus, que não tenho prazer na morte do ímpio, mas sim em que o ímpio se converta do seu caminho, e viva" (Ez 33:11).[357]

Os calvinistas geralmente falam sobre o propósito final da cruz como a revelação da glória de Deus e o seu propósito especial e distintivo como a satisfação pelos pecados.[358] Com certeza é verdade que, de alguma maneira, o propósito final da expiação, como de todas as coisas, é a glória de Deus. No entanto, quando se fala do propósito da expiação, o NT se refere principalmente à provisão da

---

[357] B. H. Carroll, *An Interpretation of the English Bible, The Four Gospels; Part 1*, ed. J. B. Cranfill (Nashville: Broadman Press, 1947; reimpr., Grand Rapids: Baker, 1948), 4:193-194. Carroll continuou explicando o que queria dizer: "Essa disposição de Deus que todos venham a se arrepender é provada: (a) pela provisão abundante de misericórdia – Porque Deus amou o mundo de tal maneira que deu o seu Filho unigénito, para que todo aquele que nele crê não pereça, mas tenha a vida eterna. (Jo 3.16); "para que, pela graça de Deus, provasse a morte por todos" (Hb 2.9); "E ele é a propiciação pelos nossos pecados, e não somente pelos nossos, mas também pelos de todo o mundo" (1Jo 2.2). (b) É evidente que os termos para que se alcance essa misericórdia consistem simplesmente no arrependimento diante de Deus e na fé em nosso Senhor Jesus Cristo (Mc 1.15; At 20.21; Rm 10.8-9). (c) É evidente que, por meio da igreja e do ministério, ele providenciou uma proclamação perpétua e mundial da sua misericórdia e das condições para alcançá-la (Lc 24.47; Mt 28.19; At 17.30). (d) Torna-se evidente pela sinceridade e pela amplitude de seus convites amáveis (Is 55.1; Mt 11.28; Ap 22.17). (e) É evidente pela suspensão efetiva do castigo da morte que o pecador merecia, ao ser permitir lugar para arrependimento (Gn 6.3; Mt 3.10; Lc 13.6-9; Rm 2.4; 2Pe 3.9, 15; Ap 2.21). (f) É evidente por seu acolhimento alegre daquele que se arrepende (Lc 15.20, 24) que retorna por se arrepender em tempo oportuno; (g) É evidente por sua tristeza sincera pela pessoa que não se arrepende e perde a oportunidade de se arrepender (Lc 19.41-44). Que motivação forte existe por trás desses pensamentos! Que fonte inesgotável de temas para pregações! Será que algum pregador já esgotou toda essa fonte de salvação? (Carroll, 194-195).

[358] Johannes Wollebius, "Compendium Theologiae Christianae," em *Reformed Dogmatics*, ed. e trad. de John W. Beardslee III (Grand Rapids: Baker, 1965), p. 103.

salvação para a humanidade motivada pelo amor de Deus, não a glória de Deus. Quando as Escrituras são lidas segundo a ótica da Confissão de Westminster, segundo a escola reformada, é possível que o propósito *bíblico* principal da expiação seja ofuscado – a teologia da cruz fica ameaçada de ser esquecida diante da teologia da glória.

Biblicamente falando, a expiação tinha o propósito de *trazer uma provisão* de pagamento pelo pecado para todas as pessoas, bem como de *aplicar* a salvação para todo aquele que crê. Essa é a posição que todo o cristianismo adota, com a única exceção de algumas pessoas dentre a comunidade reformada, isto é, os calvinistas. A teologia reformada afirma que a *intenção* de Deus com relação à expiação, o sentido de seu propósito de eleição, é de salvar somente os eleitos. Essa visão, com certeza, pressupõe o entendimento reformado da eleição incondicional. Todos os calvinistas afirmam essa única intenção salvífica para a expiação com relação aos eleitos.

No entanto, desde o princípio da teologia reformada no século XVI, tem havido aqueles que percebem na Bíblia um propósito múltiplo para a expiação.[359] Esses calvinistas afirmam que a intenção de Deus é salvar somente os eleitos (distinguindo de seu desejo revelado de que todos sejam salvos), mas eles também acreditam que as Escrituras ensinam que era intenção de Deus que Cristo morresse pelos pecados de todas as pessoas. Logo, dentro do próprio calvinismo, existem duas escolas com respeito à extensão real da expiação de acordo com a intenção de Deus com relação a ela: (1) calvinistas que afirmam que Cristo morreu somente pelos pecados dos eleitos, e (2) calvinistas que afirmam que Cristo morreu pelos pecados de todos.

Os calvinistas que afirmam a expiação limitada (veja a seção sobre esse assunto) geralmente criam uma dicotomia artificial, presumindo de forma equivocada que só havia uma intenção para a expiação – providenciar a salvação somente para os eleitos, ou que, de algum modo, os propósitos, as intenções ou a vontade de Deus seriam frus-

---

[359] ❦ Veja Allen, *Por Quem Cristo Morreu?* (veja o cap. 1, n. 60); e Gary L. Shultz Jr., *A Multi-Intentioned View of the Extent of the Atonement* (Eugene, OR: Wipf & Stock, 2013).

trados se alguma pessoa pela qual Jesus morreu não fosse salva. Esses calvinistas afirmam, juntamente com todos os outros que não são calvinistas, que Deus deseja a salvação de todas as pessoas[360] (naquilo que eles se referem como sendo a vontade revelada de Deus, como diferente da vontade decretal ou oculta de Deus – uma distinção que não existe na Bíblia); portanto, ele desejou (quis) que Cristo morresse para prover salvação para todas as pessoas. Todos os que não são calvinistas acham que as ideias de eleição incondicional, conforme foi definida pelo Concílio de Dort (1618-1619) e pelas Confissões Reformadas, e das duas vontades de Deus carecem de respaldo bíblico.

Deixando de lado por um momento o debate sobre a natureza da eleição, de modo interessante, nenhum texto que fala sobre a expiação nas Escrituras afirma que Cristo morreu somente pelos "eleitos" (contra o conceito dos altos calvinistas e hipercalvinistas), tampouco existe texto algum nas Escrituras que afirme que Deus tem a intenção

---

[360] ❖ A maioria dos calvinistas que defendem a expiação limitada também acredita no conceito da vontade divina salvadora universal. Essa é considerada a posição ortodoxa da teologia reformada e se reflete na maioria das confissões reformadas em seu ensino sobre a oferta sincera do evangelho. Todos os hipercalvinistas rejeitam a noção da vontade divina salvadora universal ou da oferta bem-intencionada como contraditória à expiação limitada e à intenção de Deus de salvar somente os eleitos. Curt Daniel diz: "Em Segundo lugar, existe o desejo salvador universal de Deus; que Deus, na pregação do evangelho, deseja que todos os que ouvem o evangelho se arrependam, creiam e sejam salvos. Isso é parte da oferta livre. Os calvinistas históricos acreditam nisso, mas os hipercalvinistas não creem assim" (Curt D. Daniel, "The Calvinism Debate" [palestra, Faith Bible Church, Springfield, IL, 3 de novembro de 2013], acesso em 14 de agosto de 2018, https://www.sermonaudio.com/sermoninfo.asp?SID=11313202106). Daniel também explica, "os calvinistas tradicionais ensinam com frequência que Deus deseja sinceramente a salvação de todos os pecadores perdidos, especialmente aqueles que ouvem o evangelho. Entretanto, já que alguns calvinistas negam isso, eles estão indo além do convencional. Portanto, nesse ponto, eles são hipercalvinistas. Eles vão longe demais, não somente do que é convencional, mas também daquilo que a própria Bíblia ensina" (Curt D. Daniel, "What is Hyper-Calvinism?" [palestra na Faith Bible Church, Springfield, IL, 24 de fevereiro de 2013], acesso em 14 de agosto de 2018, https://www.sermonaudio.com/sermoninfo.asp?SID=3181392882).

de salvar somente os eleitos (contra todos os calvinistas). Não existe nenhum texto bíblico referente à *expiação* que afirma que Deus deseja somente a salvação dos eleitos (contra todos os hipercalvinistas que negam a vontade salvadora universal de Deus). Mesmo se a eleição incondicional conforme se define na teologia reformada fosse verdadeira, ela não teria apoio em nenhum texto que se refira à *expiação* na Bíblia. Os textos que falam de algum modo sobre a intenção da expiação como sacrifício pelos pecados nunca limitam aqueles que a receberão com relação à intenção salvadora de Deus ou em termos da extensão da expiação. Esse é um ponto muito importante.[361]

Concluímos que o propósito principal de Deus para a expiação é lidar de forma eficaz e definitiva com o pecado humano, de modo a remir e perdoar todos os pecadores que creem em Cristo, reconciliá-los consigo mesmo, e livrá-los do castigo, do poder e finalmente da presença do pecado.

A EXTENSÃO DA EXPIAÇÃO[362]

A questão relativa à extensão da expiação nunca foi debatida até a época da Reforma. Antes dela, em toda a história da igreja, só existem provas de três pessoas que questionaram se Cristo morreu pelos pecados de todas as pessoas e propuseram o que acabou sendo chamado de "expiação limitada".[363]

---

[361] Para estudar a maneira pela qual os calvinistas e os não calvinistas encaram os textos principais nessas análises, veja o livro de David Gibson e Jonathan Gibson, eds., *From Heaven He Came and Sought Her: Definite Atonement in Historical, Biblical, Theological, and Pastoral Perspective* (Wheaton, IL: Crossway, 2013); e o livro de Allen, Por Quem Cristo Morreu? Natal: Editora Carisma, 2019.

[362] Escrevi de forma bem abrangente sobre esse assunto. Veja Allen, The Extent of the Atonement; David L. Allen, "*The Extent of the Atonement*: Limited or Universal?," em *Whosoever Will: A Biblical-Theological Critique of Five-Point Calvinism*, ed. David L. Allen e Steve W. Lemke (Nashville: B&H Academic, 2010), p. 61-108. Sou muito grato à editora B&H Academic pela permissão para usar partes significativas desse livro, especialmente nesta seção.

[363] Veja Allen, *Por Quem Cristo Morreu?*, p. 73-77. Desde toda a época dos pais da igreja, somente um nome pode ser mencionado para apoiar a expiação limitada, e ainda somente de um modo bem hipotético e temporário. Como

A extensão da expiação não estava na pauta de ninguém da primeira geração dos reformadores, nem no continente, nem na Inglaterra. Lutero, Calvino e Zuínglio, junto com todos os seus colegas e seguidores, acreditavam na expiação ilimitada. Não se percebe a defesa clara da expiação limitada até o final do século XVI com Teodoro Beza e Guilherme Perkins.[364] Os primeiros batistas ingleses criam na expiação ilimitada, mas dentro de trinta anos, surgiu um grupo de batistas chamado de "batistas particulares" de teologia mais calvinista, e muitos deles, mas nem todos, defendiam a expiação limitada.[365]

resultado do Concílio de Arles no século V, Luciano, que tinha se inclinado ao ponto de vista da expiação limitada, voltou-se para esse pensamento. Parece que uma forma extrema de predestinacionismo tinha despertado a possibilidade da expiação limitada na mente de Luciano. Posteriormente, Godescalco de Orbais, um monge do século X e forte discípulo do agostinianismo, tomou o ensino de Agostinho sobre a predestinação e foi bem mais radical do que ele, concluindo que Deus não desejava a salvação daqueles que não são eleitos; por isso, limitou a expiação de forma bem estrita aos eleitos. Ele e suas crenças foram condenadas por três concílios franceses. Fesko observa corretamente que com Godescalco temos a "primeira declaração existente da expiação definida [ou limitada] na história da igreja" (John V. Fesko, *Diversity within the Reformed Tradition: Supra- and Infralapsarianism in Calvin, Dort, and Westminster* [Greenville, SC: Reformed Academic Press, 2001], p.32). O outro defensor da doutrina da expiação limitada foi Florêncio de Lion, contemporâneo de Godescalco.

[364] Allen, *Por Quem Cristo Morreu?*, p. 165-169. Embora Perkins fosse restrito no seu pensamento sobre a expiação, ele era uma figura transitória, portanto ainda encontramos resquícios de sua linguagem mais antiga, clássica e moderada em alguns de seus escritos. Por exemplo, ele disse: "Porque eu reconheço voluntariamente e ensino a redenção universal e a graça, em todas as acepções da palavra" (Guilherme Perkins, *A Christian and Plaine Treatise of the Manner and Order of Predestination and of the Largeness of God's Grace,* trad. Francis Cacot e Thomas Tuke [London: impresso por F. Kingston, 1606], F8v; com parte da ortografia corrigida; seção 10 do texto digital acessado em 14 de agosto de 2018, em https://quod.lib.umich.edu/e/eebo/A09386.0001.001/1:4?rgn=-div1;view=fulltext).

[365] Allen, *Por Quem Cristo Morreu?*, p. 573-582. Para uma análise completa sobre as diferenças relacionadas com a extensão da expiação entre os batistas do início do século XVII até hoje, inclusive com um capítulo sobre a Convenção Batista do Sul, veja Allen, *Por Quem Cristo Morreu?*, p. 573-799.

Qual é a pergunta exata que fazemos a respeito da extensão da expiação? A pergunta é: "Cristo morreu pelos pecados de quem?". Só existem duas opções: (1) somente dos eleitos (expiação limitada) ou (2) por toda a humanidade.[366] Teologicamente falando, a *expiação limitada* é a visão dentro da qual Cristo levou o castigo devido somente pelos pecados dos eleitos. Temos também, como outros sinônimos para a expiação limitada usados pelos calvinistas, a *expiação definida*, a *redenção particular*, o *particularismo restrito*, ou simplesmente *particularismo*. A *expiação ilimitada* é a visão dentro da qual Cristo levou o castigo devido pelos pecados de toda a humanidade, dos vivos e dos mortos. Isso não deve ser confundido com o erro teológico conhecido como *universalismo*, que ensina que no final haverá uma salvação eterna – isto é, todas as pessoas serão salvas.

Ensina-se claramente em várias passagens que Cristo morreu pelos pecados de todos. As referências principais que afirmam a expiação ilimitada são Isaías 53.6; Marcos 10.45; João 1.29; 3.14-16; Romanos 5.18-19; 1Coríntios 15.3-11; 2Coríntios 5.14-21; 1Timóteo 2.4-6; 4:10; Tito 2.11-14; Hebreus 2.9; 9.28; 2Pedro 2.1 e 1João 2.1-2. Existem outros textos que afirmam essa verdade de forma implícita: Lucas 22.20–23; João 17.21,23; Atos dos Apóstolos 3.26; 10.34; Romanos 1.16; 2.11; 3.21–26; 5.15; 11.32; 14.15; 1Coríntios 8.11-12; 2Pedro 3.9; Judas v. 4; e Apocalipse 22.17.[367]

Por que, mesmo diante de todos esses textos, alguém negaria que Cristo morreu pelos pecados de todas as pessoas e afirmariam uma expiação estritamente limitada? A resposta é difícil de encon-

---

[366] A segunda posição pode ser ainda subdividida em (a) calvinistas que creem que Cristo morreu pelos pecados de todas as pessoas quanto à extensão, mas que acreditam que a vontade eficaz ou sua intenção é de salvar somente os eleitos; e (b) arminianos e não calvinistas que acreditam que Cristo igualmente deseja salvar a todos pela sua morte, que é uma expiação realizada pelos pecados de todas as pessoas. Quanto a questão da extensão, esses dois grupos concordam, só discordam da questão da intenção.

[367] Para acompanhar os argumentos de que esses textos ensinam a expiação ilimitada e os argumentos contra essa leitura, consulte o "Índice" para encontrar o número das páginas correspondentes em Allen, Por Quem Cristo Morreu?.

trar em qualquer prova exegética das Escrituras. Na verdade, não existe um único texto da Bíblia que afirme que Jesus morreu somente pelos pecados dos eleitos. A expiação limitada é uma doutrina que não possui nenhum texto como base. Trata-se de uma dedução teológica baseada primeiramente em um entendimento específico sobre a predestinação e a eleição.[368] É interessante o fato de que quase todos os argumentos contra a expiação ilimitada e a favor da limitada estão investidos de caráter lógico e indutivo. Trato de todos eles no livro *The Extent of the Atonement*.

A tipologia do AT indica uma expiação ilimitada. Temos no texto de 1Coríntios 5.7 a referência de que a páscoa do AT era um tipo da morte de Cristo. Segundo Êxodo 12, o primogênito da casa era protegido da morte simplesmente porque o cordeiro tinha sido morto? Deus não disse que quando visse o cordeiro que foi morto, passaria sobre a casa deles. Em vez disso, ele disse: "Vendo eu o sangue [sobre os umbrais e a verga da porta], passarei por cima de vós" (Êxodo 12.7, 13). O cordeiro tinha que ser morto para providenciar salvação para os primogênitos, mas o sangue também tinha que ser aplicado antes que provisão se tornasse efetiva a favor deles. Pedro mostra que "a aspersão do sangue", no cumprimento do tipo, fala sobre a "obediência" da fé, a aplicação pessoal da morte de Cristo pela fé (1Pe 1.2).

---

[368] É comum entre aqueles que limitam a expiação evitar as provas exegéticas que claramente apoiam a expiação ilimitada e apelar para questões teológicas mais amplas, as quais supostamente se diz que devem ser consideradas ao abordar essa questão. Por exemplo, Scott Swain afirma: "Esse ângulo de interpretação teológica é particularmente importante porque muitos debates sobre a teologia da expiação (e.g., perguntas sobre a 'extensão' da expiação) não podem ser resolvidos simplesmente recorrendo a vários textos onde a obra reconciliadora de Deus é abordada, mas somente quando se considera uma constelação mais ampla de termos como a Trindade, a união com Cristo, e a representação dos pactos (Gibson, cap. 13)" (Scott Swain, "Theological Interpretation of Scripture", em T&T Clark Companion to Atonement, ed. Adam J. Johnson [New York: Bloomsbury T&T Clark, 2017], p. 777). Em outras palavras, os textos claros que afirmam a expiação ilimitada não ensinam essa doutrina de fato e devem ser filtrados por meio de argumentos teológicos dedutivos.

Sugere-se em Isaías 53.6 que a expiação tinha caráter ilimitado:

Todos nós andávamos desgarrados como ovelhas,
cada um se desviava pelo seu caminho;
mas o Senhor fez cair sobre ele a iniquidade de todos nós.

Isaías compara o problema universal do pecado com a solução universal para o pecado na morte expiatória do Messias.

Dentre os textos que são utilizados para deduzir a expiação limitada estão Isaías 53.11-12; Mateus 1.21; Marcos 10.45; João 6.37-40, 44; 10.15; 17.9, 21, 23; Atos dos Apóstolos 20.28; Romanos 8.32-34; Efésios 5.25; Colossenses 2.13-14 e Apocalipse 5.9-10. A primeira coisa a se observar, que também é a mais importante, sobre todos esses textos é que nenhum deles diz que Cristo morreu somente pelos pecados de "seu povo", "das ovelhas", "da igreja" ou "dos amigos". Já que esses textos mencionam um grupo limitado para o qual houve intenção de salvação, ou por quem Cristo morreu, supõe-se que esses textos afirmem que Cristo *só* quisesse trazer salvação a esses grupos, ou que ele tenha morrido *somente* por essas pessoas. Essa linha de raciocínio usa uma lógica distorcida porque recorre à *falácia da inferência negativa*, que diz que a prova de uma afirmação não refuta a afirmação oposta. Quando Paulo diz: "Cristo ... se entregou a si mesmo por mim" em Gálatas 2.20, não podemos deduzir que ele morreu somente por Paulo. Esse é o equívoco do raciocínio ao qual todos os calvinistas que defendem a expiação limitada recorrem. Não existe nenhuma afirmação nas Escrituras que digam que Jesus morreu somente pelos pecados dos eleitos. Essa é a ideia principal.

Como vemos anteriormente, no NT, dois tipos de texto possuem um papel importante na questão da extensão: (1) os textos que empregam palavras como "todos" e "mundo" com referência à morte de Cristo e (2) os textos que falam que Cristo morreu por "suas ovelhas" e "pela igreja". Até esse ponto, tudo se encontra na mais perfeita ordem, mas, a partir daí, aqueles que apoiam a expiação limitada afirmam que o segundo conjunto de textos deve ser entendido contextualmente para se referir a Cristo morrendo apenas pelos pecados daqueles que são mencionados no grupo restrito. O primeiro conjunto de textos ou falam de (1) todos os eleitos, ou (2) dos judeus e dos gentios, ou de (3) todos os tipos ou grupos de pessoas no mundo. É aí que se torna óbvio que esses textos estão sendo examinados a partir da noção preconcebida da expiação limitada.

Com certeza é verdade que os escritores do NT, ao escreverem à igreja, falam sobre a expiação com referência aos destinatários. Não é de se admirar que nos deparemos com declarações como "Cristo morreu pela igreja", etc. Por que temos que exigir em todos os momentos que se referem à morte de Cristo com relação aos crentes que eles mencionem o propósito de dizer que Cristo morreu pelos pecados de todas as pessoas? Como adotaríamos essa exigência se não estivéssemos projetando uma teologia preconcebida sobre o texto?

Um dos versículos mais importantes que afirmam a expiação universal é 1João 2.2: "E ele é a propiciação pelos nossos pecados, e não somente pelos nossos, mas também pelos de todo o mundo". João está escrevendo para cristãos. Ele afirma que Cristo é a propiciação pelos seus pecados, mas não para por aí. Ele também afirma que Cristo é a propiciação pelos pecados "de todo o mundo". Qual é o significado da expressão "de todo o mundo"?

João usa constantemente a palavra "mundo" no seu Evangelho e nas suas cartas, mas essa expressão "de todo o mundo" só aparece em duas passagens em todos os escritos joaninos: 1João 2.2 e 5.19 – "Sabemos que somos de Deus, e que o mundo inteiro jaz no maligno". Aqui João mostra a diferença de dois grupos de pessoas: os que creem e os que não creem, que habitam sobre a terra na época em que ele escreveu. O mundo inteiro das pessoas que vivem na terra em determinada época, todas as pessoas sem exceção, recai em uma dessas duas categorias: crentes e não crentes. A expressão "o mundo inteiro" que João usa claramente indica todas as pessoas que não creem, sem exceção, que estão vivas na época em que ele escreveu. Os crentes faziam parte anteriormente desse mundo descrente, mas foram tirados dele pela fé em Cristo (Jo 15.19; 17.14, 16; 1Jo 5.4-5). Logo, claramente 1João 2.2 afirma que Cristo morreu pelos pecados de todos, sem exceção.

Apesar desse sentido claro, aqueles que defendem a expiação limitada tentam achar maneiras de limitar o significado da expressão "o mundo inteiro" para algo menor do que todos os incrédulos que viviam na terra na época em que João escreveu. Existem três abordagens diferentes com respeito ao significado de "o mundo inteiro": (1) os eleitos, (2) o mundo de gentios e/ou judeus e gentios, e (3) todos os tipos de pessoa no mundo – isto é, todas as pessoas "sem distinção" (raça, etnia, gênero, etc.), não todas as pessoas "sem exceção". Essas interpretações muitas vezes se mesclam, mas aqueles que apoiam a expiação limitada geralmente defendem que, para João, "mundo" significa todos os eleitos (geralmente os eleitos que creem) sem distinção dentre judeus e gentios.

Contextualmente, nenhum dos sentidos sugeridos para "o mundo inteiro" corresponde ao que João diz no texto. Quanto ao sentido da palavra "mundo" se tratar de "os eleitos", D. A. Carson observa de forma correta que a palavra grega traduzida como "mundo" (*kosmos*) nunca significa todos "os eleitos" de forma coletiva em nenhuma passagem do NT, pelo menos dentro das obras de João.³⁶⁹ Quanto à ideia da palavra mundo indicar

---

³⁶⁹ ⁂ Ao comentar sobre João 3.16, Carson observa como algumas pessoas interpretam a palavra "mundo" como se fizesse referência aos eleitos. Ele rejeita essa ideia e diz: "*Todas as evidências* do uso da palavra no Evangelho de João são contrárias a esta sugestão" (D. A. Carson, *A difícil doutrina do amor de Deus* [Rio de Janeiro: CPAD, 2007.], p. 17, destaque nosso). Ele descarta a "interpretação rígida" que acha que a palavra "mundo" se refere aos eleitos, no sentido de "todos aqueles que o Pai concedeu ao Filho". "Não há base para se interpretar essa palavra dessa maneira" (D. A. Carson, *Soberania divina e responsabilidade humana: Perspectivas bíblicas em tensão* [São Paulo: Vida Nova, 2019], p. 174). Ele avisa: "Não deixe as pessoas enganarem você, fazendo com que você pense que a palavra 'mundo' nessa passagem [em Jo 3.16] indica os eleitos" (D. A. Carson, "Chosen by God (Romans 8:28–30; 9:1–29) - part 1" [palestra, 1º de janeiro de 2000, disponível online, https://resources.thegospelcoalition.org/library/chosen-by-god-romans-8-28-30-9-1-29-part-1] acompanhe do segundo 12:59 até 13:03). Carson parece interpretar a palavra "mundo" com o sentido principal de "ordem criada (em especial os seres humanos e as questões humanas) em rebelião contra o seu Criador". Refere-se à "sociedade de rebeldes" (Veja D. A. Carson, *Comentário de João,* [São Paulo: Ed. Shedd, 2007], p. 525; *O Deus amordaçado: o cristianismo confronta o pluralismo* [São Paulo: Ed. Shedd], p. 254). Ele observa a respeito de João 6.33 que o conceito de "mundo" é ampliado dos judeus para o mundo, isto é, para homens e mu-

os gentios, ou mesmo judeus e gentios – de modo parecido, essa conotação não se encontra em nenhuma passagem do NT. Todavia, já que os judeus dividiram todas as pessoas em dois grupos, judeus e não judeus (gentios), então até mesmo essa distinção acaba consistindo semanticamente em uma referência a todos os incrédulos sem exceção. Além disso, não há como João se referir somente aos judeus em 1João 2.2, porque em 1João 5.19, tanto o judeu quanto o gentio descrente vivem sob o poder de Satanás. Porém, verificamos que a interpretação de mundo como "todas as pessoas sem distinção" é verdadeira. Trata-se de um destaque sem que haja diferença. Se eu disser: "Gosto de todos os tipos de sorvete", então minha afirmação indica que não existe nenhum sabor que não goste. De modo parecido, quando Paulo, pelo Espírito Santo, instrui a igreja a orar por todas as pessoas (1Tm

---

lheres indistintamente (*Comentário de João*, p. 288). Ao analisar a palavra "mundo", Carson frequentemente diferencia entre "todos sem exceção" e "todos sem distinção". Ela não pode se referir a "todos sem exceção" porque aqueles que creem são diferenciados do "mundo". Ele observa: "O 'mundo' no uso de João *não compreende ninguém que tem fé*. Aqueles que vêm à fé não são mais deste mundo; eles foram tirados deste mundo" (*Comentário de João*, p. 123, destaque nosso). O "mundo", entendido como a massa da humanidade perdida, é diferenciado dos discípulos de Jesus. Os que foram tirados deste mundo passam a constituir uma nova entidade, estabelecida contra o mundo (Comentário de João, p. 461; veja também suas caracterizações cuidadosas nas pp. 560-561 e 566-567). No entanto, quando Carson entende o mundo como "todos sem distinção", ele não indica "alguns dentre todos sem distinção", a maneira pela qual os calvinistas atuais fazem com que a palavra "mundo" indique "todos os eleitos" (ou pelo menos "os eleitos que creem" em alguns casos, como em 1João 2.2). O entendimento de Carson a respeito da palavra "mundo" parece indicar de modo coerente "toda a humanidade incrédula indistintamente", que inclui tanto os eleitos quanto os que não são eleitos, sejam eles judeus ou gentios. Essa também parece ser a sua interpretação preferida de "mundo" em João 1.29 (*Comentário de João*, p. 151; Soberania divina e responsabilidade humana, p. 164, 187-188) e 1João 2.2 (O Deus amordaçado p. 122, 289); A *difícil doutrina do amor de Deus,* p. 17), que assim corresponde ao sentido de "mundo" em 1João 2.15-17 e 1João 5.19. É possível que ele possa explicar ainda mais suas interpretações de "mundo" em seu comentário sobre as epístolas joaninas que será lançado em breve.

2.1-2), ele está dizendo que não devemos excluir nenhum tipo ou classe de pessoas das nossas orações. Semanticamente, todos sem distinção é o mesmo que todos sem exceção.

Com relação à palavra "propiciação" (gr. *hilasmos*), é importante observar que João usa a forma de substantivo da palavra e afirma que Cristo é a propiciação pelos nossos pecados e pelos pecados de todo o mundo. Como os especialistas demonstram, a "propiciação" inclui a "expiação". Os defensores da expiação limitada geralmente cometem um erro grotesco quando transformam de forma incorreta o substantivo propiciação em verbo.[370] Não é à toa que os substantivos são diferentes dos verbos. Os substantivos dizem respeito a alguma coisa ou algo que ela faz. Os verbos falam sobre o que essa coisa faz, fez ou fará. Diferentemente do verbo, o substantivo não possui flexão de tempo. O resultado é que se lê "propiciação" como falando da expiação como efetuada e aplicada – ou efetuada com a intenção para ser efetivamente aplicada somente para os eleitos. Cristo é visto como propiciando e *perdoando*, e *reconciliando* aqueles para os quais a propiciação foi realizada. Entretanto, percebe-se claramente que não é isso que o versículo diz.

Depois que se faz essa transferência ilegítima de substantivo para verbo, eles recorrem a argumentos silogísticos. Por exemplo, se "mundo" indica todas as pessoas, a consequência deveria ser que todo o pecado da humanidade fosse propiciado e expiado (como uma ação realizada com o resultado da salvação, de acordo com os que defendem a expiação limitada), mas, já que esse não é o caso e os pecados de toda humanidade foram expiados, a palavra "mundo" não pode denotar toda a humanidade. Em outras palavras,

1. Se Cristo propiciou a ira de Deus que estava sobre um homem (que chamaremos hipoteticamente de "Renato"), então esse homem não pode deixar de ser salvo.

---

[370] Devo muito desse material à análise excelente realizada por David Ponter, "1 John 2:2 and the Argument for Limited Atonement," *Calvin and Calvinism: An Elenchus for Classic-Moderate Calvinism* (blog), 16 de fevereiro de 2015, acesso em 14 de agosto de 2018, http://calvinandcalvinism.com/?p=15807. Fiz basicamente um resumo do que ele explica nesse texto.

2. Cristo propiciou a ira de Deus que estava sobre Renato.
3. Portanto, Renato não pode deixar de ser salvo.

Ou, mudando para o estilo do argumento *Modus Tollens*:

*Se Cristo morreu por todo o mundo, então todo mundo será
necessariamente salvo.
Não se verificou o fato de que todo o mundo tenha sido salvo;
Portanto, não é fato que Cristo tenha morrido por todo o mundo.*

Geralmente, esses silogismos são formalmente válidos, mas não seguem a lógica porque a primeira premissa só funciona quando se converte o substantivo em verbo. No entanto, o substantivo *hílasmos* ("propiciação") não se refere a uma ação que foi realizada no passado, mas a uma função – isto é, o modo pelo qual alguma coisa é realizada. A palavra "propiciação" se remete ao sacrifício de Cristo pelo pecado como *meio para que os pecadores encontrem perdão*. A cruz é o *meio* pelo qual a pessoa pode encontrar o perdão – por meio de uma propiciação/expiação que já foi realizada pelo pecado, não por causa de uma aplicação dos benefícios da expiação que já foi realizada como um efeito subjetivo que já foi executado.

Considere 1João 2.1 como um exemplo paralelo e comparável em estrutura com 1João 2.2. João diz: "se alguém pecar, temos um Advogado". Nessa passagem, Advogado (gr. *paraklēton*) é um substantivo e denota que, se alguém busca perdão para os seus pecados, existe um advogado para ele. Não quer dizer que Cristo já tenha advogado (verbo no passado indicando ação completa) por eles, mas que ele é o "Advogado" deles ou o Conselheiro a quem eles podem recorrer para encontrar auxílio e conforto. Isto é, se eles confessarem seus pecados, ele advogará em favor deles. João está descrevendo o ofício e a função de advogado que Jesus Cristo exerce – o que ele executará com relação àqueles que confessarem seus pecados.

A ideia de João em 1João 2.2 é que existe uma expiação objetiva que já foi realizada, a qual proporciona um meio válido de reconciliação subjetiva que acontece entre um pecador e Deus quando esse pecador se aproxima de Deus por Cristo através da fé. A realização da propiciação não significa, nem pode significar, *ipso facto*, a aplicação da propiciação. Sem arrependimento, o advogado não pode aplicá-la (1Jo 2.1), nem quando a pessoa não crê em Jesus Cristo. A morte de Cristo na cruz efetuou a propiciação pelos pecados de todas as pessoas e está objetivamente disponível – de forma condicional quanto a sua eficácia para todos que vierem a Deus por Cristo através da fé. Se alguém confessar seu pecado, encontrará em Cristo um advogado, porque Cristo é "a propiciação pelos nossos pecados, não somente pelos nossos, mas também pelos de todo o mundo".

David Ponter resume bem a questão no final de sua tese excelente sobre o significado de 1João 2.2, no qual me baseei bastante:

> *Quando alguém entende a importância da palavra 'mundo' que João utiliza na sua primeira carta, o vagão da satisfação limitada... verdadeiramente perde suas rodas, porque não há como admitir de maneira convincente, por um lado, que as palavras de 1João 2.2 considere todos os pecados dos crentes e 'do mundo todo', e, por outro lado, negue que essa mesma linguagem se refira na verdade a todos os pecados de todo mundo.*[371]

A propiciação abrange os pecados de todos os crentes e "do mundo". Logo, a expiação só pode ser ilimitada em sua natureza e sua extensão (mas limitada na sua aplicação, baseada na condição da fé).

RESPONDENDO AOS ARGUMENTOS CONTRA A EXPIAÇÃO ILIMITADA[372]

São cinco os argumentos principais que são geralmente apresentados contra a expiação ilimitada:

---

[371] Ponter, "1 John 2:2".
[372] Todos esses argumentos são explicados e respondidos no meu livro, *Por Quem Cristo Morreu?: uma análise crítica sobre a extensão da expiação*. Natal: Editora Carisma, 2019.

1. Pagamento duplo
2. Escolha tripla
3. Desunião na Trindade
4. Associação ao universalismo
5. Intercessão de Cristo limitada aos eleitos

Desses cinco argumentos, somente o último apela diretamente a algum texto bíblico como referência. Os outros quatro são tentativas de dedução lógica do que julgam ser consequências da expiação ilimitada. Passaremos a resumir esses argumentos e destacar onde eles pecam.[373]

DUPLO PAGAMENTO

"Se o resgate é pago, a justiça exige que aqueles que para quem ele foi pago sejam libertados. Não se pode dizer que se efetuou o pagamento para uma pessoa que acaba não sendo libertada". Ou, em outras palavras, "se Deus castigou os pecados de alguém na cruz e depois o castiga novamente no inferno, isso seria injusto da parte de Deus". Deduz-se daí a expiação limitada.

Existem inúmeras falhas nesse argumento. Em primeiro lugar, o conceito do pagamento duplo nunca é afirmado nas Escrituras. O segundo aspecto é que esse argumento se baseia em um entendimento comercial da expiação. Não consegue entender que a linguagem de dívida e resgate, quando é empregada com relação à expiação, é metafórica e não literal. O argumento supõe que, se Cristo morreu por alguém, isso é equivalente à salvação daquela pessoa. O erro é ver Deus como credor porque o pecado é descrito metaforicamente como uma dívida. O pecado como dívida se refere a uma obrigação, não como se a morte de Cristo fosse um pagamento a um credor (Deus). Na verdade, em nenhuma passagem da Bíblia Deus é visto como "credor" que recebe compensação pela dívida paga pela morte de Cristo.

O sangue de Cristo é comparado metaforicamente ou analogicamente com transações pecuniárias (comerciais) nas Escrituras

---

[373] Para uma análise mais detalhada, consulte *Por Quem Cristo Morreu?: uma análise crítica sobre a extensão da expiação*. Natal: Editora Carisma, 2019.

por meio do uso de termos referentes a dívidas, como "resgate", "redenção" ou "compra". Essa linguagem não tem o propósito de descrever o mecanismo real pelo qual a expiação funciona. O sangue de Cristo não se trata literalmente de uma mercadoria. O pecado é uma dívida, mas não se limita a isso – é um crime contra a lei de Deus com consequências morais. Por exemplo, suponha que eu e você estejamos jantando em um restaurante. Quando chega a conta, percebo de repente que estou sem dinheiro. Diante de minha situação vergonhosa, você concorda amistosamente em pagar minha conta. O dono do restaurante não se importa com quem paga a dívida, desde que seja paga. Minha dívida foi saldada porque você pagou o que eu devia. Esse é um exemplo de uma dívida comercial, pecuniária, mas suponha que, quando a conta chega e eu declare que não tenha dinheiro para pagá-la, depois de você pagar a nossa conta, eu fique completamente alterado, perca a cabeça, leve quinhentos dólares do caixa e suma no meio da noite. Você, demonstrando mais bondade ainda, pague esse dinheiro que eu roubei para o dono do restaurante. Posteriormente, quando sou pego, será que eu posso sair livre porque você pagou minha dívida? De modo nenhum! A dívida criminal não é equivalente à dívida comercial. O pecado e o seu pagamento não se tratam de dívidas comerciais, mas de dívidas morais ou criminais.

Permita-me que altere ainda mais o cenário. Suponha que, depois de ter roubado os quinhentos dólares, você passe a ser suspeito de roubo, seja acusado e fique preso por seis meses. Posteriormente, descobre-se que fui eu quem cometeu o crime, e depois de ter sido acusado e culpado do crime, sou condenado a seis meses de prisão. Eu não posso dizer: "Vocês não podem me mandar para a cadeia porque a dívida já foi paga! Alguém já cumpriu a pena por mim!" Nenhuma "dívida" criminal funciona dessa maneira. Simplesmente pelo fato de alguém que não cometeu o crime ter pago a dívida, isso não indica que estou isento de minha pena diante da lei.

Considere ainda essa ilustração: Suponha que o banco que cuida da hipoteca da sua casa seja comprado por outro. Nesse momento, seu empréstimo foi pago de forma completa pelo novo banco. A hipoteca foi comprada por outro banco. Será que você fica desobrigado de pagar a hipoteca? A resposta é negativa. Você passa a dever o saldo para os novos donos da hipoteca. A expiação não funciona com uma base comercial de modo que a dispensa da dívida do seu pecado *ipso facto* o salve. Como João 5.22-23 afirma: "Porque o Pai a ninguém julga, mas deu ao Filho todo o julgamento, para que todos honrem o Filho, assim como honram o Pai. Quem não honra o Filho, não honra o Pai que o enviou". Jesus pagou a dívida do seu pecado, mas existe uma condição para que o benefício desse pagamento seja aplicado a você: a fé em Cristo. Todos ainda precisam vir a Cristo pela fé para receber a isenção completa de sua culpa.

Em terceiro lugar, o argumento do pagamento duplo nega o princípio da graça. Como afirma Charles Hodge: "Não há graça envolvida em aceitar uma satisfação pecuniária. Ela não pode ser recusada. Ela liberta *ipso facto*. No momento em que a dívida é paga, o devedor está livre, sem que se imponha condição alguma. Nada disso acontece no caso da satisfação jurídica".[374] O argumento do pagamento duplo compromete a graça porque o eleito passa a "ter direito" da salvação.[375] Deve-se fazer a pergunta de como pode adiar de forma justa a concessão da fé (a partir do entendimento calvinista da fé como dom concedido apenas aos eleitos) às pessoas pelas quais Cristo morreu, se Cristo literalmente "adquiriu" a fé para eles.

O quarto aspecto é que o pagamento duplo peca por extrapolação. Deve-se fazer a pergunta: "Porque os eleitos não são justificados na cruz?"

---

[374] Charles Hodge, *Systematic Theology*, 3 vols. (Grand Rapids: Eerdmans, 1993), 2:557.

[375] Uma refutação muito bem observada por Andrew Fuller: "Mas ela [a visão da morte de Cristo como o pagamento literal de uma dívida] seria igualmente incoerente com o *perdão* gratuito do pecado, e com a instrução para que os pecadores venham suplicar por misericórdia, em vez de reivindicá-la" (Andrew Fuller, "The Gospel Worthy of All Acceptation," em T*he Complete Works of the Rev. Andrew Fuller*, ed. Joseph Belcher, 3 vols. [Harrisonburg, VA: Sprinkle, 1988], 2:373); destaque do autor. Veja também Andrew Fuller, "The Gospel Its Own Witness," em *The Complete Works*, 2:80-82.

Em quinto lugar, o argumento compromete o papel da fé negando a necessidade de qualquer condição na salvação.[376] A salvação não foi comprada para ser dada a qualquer um incondicionalmente, creia a pessoa ou não, mas somente quando ela exerce sua fé. Deus propôs que a salvação só acontecesse sob uma condição que deve ser cumprida por parte daquele que recebe a salvação. Não se constitui em injustiça se a salvação não for dada a alguém que não consegue cumprir a condição de Deus, mesmo depois de o pagamento pelos seus pecados ter sido efetuado. Se esse for o caso, não há injustiça da parte de Deus se ele exigir o pagamento sob a forma de sofrimento eterno por parte do pecador.[377]

Finalmente, podemos destacar que, em alguns momentos, aqueles que rejeitam a expiação substitutiva fazem isso com base no argumento do pagamento duplo. Entre os que rejeitam estão John McLeod Campbell no século XIX e, mais recentemente, o filósofo Elenore Stump.[378]

---

[376] ❧ Veja Allen, *Por Quem Cristo Morreu?*, p. 294-95.

[377] ❧ Para uma crítica recente do argumento do pagamento duplo feita por um calvinista, consulte Oliver D. Crisp, *Deviant Calvinism: Broadening Reformed Theology* (Minneapolis: Fortress, 2014), p. 213-233. Crisp emprega as críticas de Robert Lewis Dabney sobre o argumento do pagamento duplo. Veja também Michael Lynch, "Not Satisfied: An Analysis and Response to Garry Williams on Penal Substitutionary Atonement and Definite Atonement" (tese não publicada, Calvin Theological Seminary, primavera de 2015), p. 12-25. Como Lynch destaca corretamente contra Williams: "Os teólogos reformados insistem em uma infalibilidade da aplicação da satisfação que Cristo proporciona aos eleitos, mas essa infalibilidade não se encontra nem se baseia na *natureza* da satisfação. Basear a infalibilidade da aplicação sobre a natureza da obra expiatória de Cristo não somente sugere uma lógica pecuniária grotesca com relação à satisfação, mas também solapa a distinção entre a eleição e a obra de Cristo" (Lynch, p. 18; destaque do autor). Essa tese foi publicada recentemente com o título "*Quid Pro Quo* Satisfaction? An Analysis and Response to Garry Williams on Penal Substitutionary Atonement and Definite Atonement," *EQ* 89, no. 1 (2018): p. 51-70.

[378] ❧ John McLeod Campbell, *The Nature of the Atonement and Its Relation to Remission of Sins and Eternal Life* (Cambridge: Macmillan, 1856; reimpr., Grand Rapids: Eerdmans, 1996) ; Eleonore Stump, "Atonement and Justification," em

ESCOLHA TRIPLA
(O ARGUMENTO DO TRILEMA)

John Owen reconhecidamente propôs o que veio a ser chamado do dilema da escolha tripla contra a expiação ilimitada: Ou Cristo morreu (1) pelos pecados de todos os homens, ou (2) pelos pecados de alguns homens, ou (3) por alguns pecados de todos os homens.[379] Owen concluiu que as opções 1 e 3 são problemáticas. No caso de a opção 1 ser a verdadeira, Owen inquiria se a incredulidade seria um pecado expiado pela morte de Cristo. Se isso for um fato, como alguém pode sofrer no inferno por um pecado que foi expiado? Mas isso levanta uma série de questões que Owen não respondeu: Será que a substituição nas Escrituras é vista de forma quantitativa? Se a incredulidade for contada, por que os eleitos não são salvos na cruz? Qual é a relação entre a incredulidade com o pecado imperdoável?

O argumento do trilema de Owen enfrenta muitos dos mesmos problemas do argumento do pagamento duplo, e dois deles parecem incontornáveis. O primeiro é o problema da questão do pecado original. Observe que não são "pecados" originais, mas o pecado "original". Se Cristo morreu pelo pecado original, então ele morreu por pelo menos um dos pecados de todos, incluindo os não eleitos. Se esse é o caso, então o argumento é refutado, já que teria que admitir que Cristo morreu por alguns dos pecados (o pecado original) de todas as pessoas.

O segundo problema está relacionado à questão de como a imputação de pecado funciona. Pensar na imputação de pecado a Cristo como uma transferência de culpa de transgressões específicas é problemático, já que funciona de acordo com um mecanismo comercialista. O argumento do trilema compromete o sentido verdadeiro da imputação e funciona de acordo com a premissa de pecados específicos e quantificáveis.[380]

Trinity, Incarnation, and Atonement, ed. Ronald Feenstra e Cornelius Plantinga (Notre Dame, IN: University of Notre Dame Press, 1989), p. 178-209.

[379] John Owen, *The Death of Death in the Death of Christ*, em The *Works of John Owen*, ed. William H. Goold, 16 vols. (New York: Robert Carter and Brothers, 1852), 10:173.

[380] Alan Clifford teceu várias críticas a esse argumento com relação ao seu

O argumento de Owen se contradiz por sua extrapolação, como defende Neil Chambers. Nos próximos parágrafos, baseio-me principalmente na avaliação que Chambers faz do argumento do trilema.[381] Se Cristo morreu por todos os pecados de algumas pessoas (os eleitos), então ele necessariamente teria morrido por sua incredulidade. Se esse é o caso, então por que os eleitos não são salvos na cruz? Se Owen responder que é em virtude de os benefícios da morte de Cristo ainda não serem aplicados a eles, então eles permanecem no estado de incredulidade e, portanto, não podem ser classificados como salvos em nenhum sentido. Paulo confirma isso em Efésios 2.1-3, quando ele afirma que até os eleitos incrédulos permanecem sob a ira de Deus em seu estado incrédulo. Porém, de acordo com Owen, já que seu castigo já foi pago, eles não podem ser castigados por essa incredulidade, porque ele já afirmou que Deus não pedirá um segundo pagamento por aquela ofensa (argumento do pagamento duplo).

Owen se envolve em um reducionismo polêmico em sua reflexão sobre a "incredulidade" porque ela não se trata somente de uma ofensa como as outras, mas ela também é um estado, que não deve ser tratado somente com o perdão, mas também pela regeneração. Chambers observa que Owen chegou a reconhecer isso ao relacionar a cruz à remoção causal da incredulidade como estado, mas a incredulidade considerada como pecado e a incredulidade como estado são tratadas de maneiras diferentes pela cruz. O pecado possui uma relação direta com a cruz, que é sofrer o castigo por ele; a mudança de estado de não regenerado para um estado de re-

---

impacto sobre a culpa da incredulidade, por tirar o sentido de todas as "exortações gerais para crer", e o conflito que ele estabelece com o compromisso que Owen tem com a graça comum. Veja Alan C. Clifford, *Atonement and Justification: English Evangelical Theology, 1640—1790: An Evaluation* (Oxford: Clarendon Press, 1990), p. 111-112.

[381] Neil Andrew Chambers, "A Critical Examination of John Owen's Argument for Limited Atonement in 'The Death of Death in the Death of Christ'" (tese de mestre em teologia, Reformed Theological Seminary, 1998), p. 233-239. Veja também sobre minha fundamentação na obra de Chambers em Allen, *Por Quem Cristo Morreu?*, p. 282-307.

generação (de perdido para salvo) possui uma relação indireta com a cruz e depende da pregação e da regeneração pelo Espírito Santo. Chambers destaca que, para que Owen reconhecesse essa realidade, teria que dizer que Cristo morreu por todo o pecado, inclusive o da incredulidade, daqueles que creem, e por nenhum pecado daqueles que não creem, mas, por causa da força polêmica do argumento, Owen ignorou essa diferença que colocaria peso demais sobre a resposta humana e exporia seu argumento a críticas.

O segundo conflito é a recusa de Owen a reconhecer o "potencial de salvação" como resultado intencional da cruz. Se os eleitos não são salvos no momento da cruz, então eles, pelo menos, têm que ser considerados como tendo o potencial de serem salvos em termos históricos temporais porque estão em um estado onde recebem a possibilidade de serem salvos pela intenção direta de Deus e pela expiação de Cristo na cruz por seus pecados. Logo, historicamente é necessariamente verdade que existam algumas pessoas pelas quais Cristo morreu que possam ser salvas, ainda que, segundo a visão calvinista, a eleição eterna, o pacto de redenção e a aquisição de Cristo pela fé tornem essa salvação inevitável.

Owen enfrenta outro problema na sua tentativa de harmonizar a salvação histórica dos indivíduos que creem em Cristo com a perspectiva da causalidade ou da intenção eterna. A linguagem das Escrituras não se atém a explicações pré-temporais da salvação. Em vez disso, as palavras que ela usa para se referir à suficiência da expiação para salvar a todas as pessoas são aquelas que se ajustam às realidades históricas de vir à fé pela pregação do evangelho e pela obra do Espírito Santo. Essa linguagem fala de forma coerente sobre a natureza universal, inclusiva e indefinida da oferta e das promessas do evangelho, incluindo afirmações nos contextos que tratam da expiação que falam da intenção de Deus de vir ao mundo e morrer pelos pecadores. Em nenhuma passagem se declara que Cristo veio para salvar pecadores "eleitos".

Por essas razões, Chambers conclui que o argumento de trilema de Owen é falho porque extrapola demais. Ele tem como consequência necessária que os eleitos são poupados da ira de Deus quer creiam quer não creiam. Tudo o que resta é levá-los a percepção subjetiva de sua bênção por meio da pregação da cruz. Owen se comprometeu com três premissas extrabíblicas: (1) que a cruz exige a salvação dos eleitos, (2) a negação da possibilidade da salvação de algumas pessoas,[382] e (3) subjugação da causalidade temporal à causalidade eterna.

O trilema de Owen *necessariamente* trabalha sobre a premissa de que houve uma imputação *quantitativa* de pecados a Cristo. A ideia bíblica de imputação não funciona dessa maneira. Do mesmo modo que os crentes não são imputados com uma infinidade de atos particulares da justiça de Cristo, mas categoricamente com a sua justiça, também Cristo não houve uma imputação de todos os atos particulares de algumas pessoas, como um universo de "partículas pecaminosas", mas, pelo contrário, essa imputação do pecado aconteceu de forma abrangente. Ele sofreu a maldição da lei, conforme estava determinado pela própria lei. Os argumentos do pagamento duplo e do trilema de Owen comprometem o sentido verdadeiro da imputação e trabalham sobre a premissa da transferência de pecados específicos. Por outro lado, Charles Hodge absorveu o entendimento adequado da imputação:

> O que servia para um, servia para todos. A justiça de Cristo, o mérito da sua obediência e da sua morte, é necessária para a justificação de cada indivíduo da nossa raça, e, portanto, é necessária para todos. Não é mais adequada para um indivíduo do que para o outro. Cristo cumpriu as condições do pacto sob o qual todos os homens foram colocados. Prestou a obediência exigida para todos, e sofreu o castigo que todos mereciam e, portanto, sua obra é adequada da mesma maneira para todos.[383]

DESUNIÃO NA TRINDADE

Segundo essa objeção, semeia-se a discórdia dentro da Trindade, já que Deus elege somente algumas pessoas para serem salvas, mas

---

[382] ❧ Owen tem que negar, por consequência, que todas as pessoas têm a possibilidade de ser salvas, ou, mais especificamente, que os não eleitos podem ser salvos.

[383] ❧ Hodge, *Systematic Theology*, 2:544-545

Cristo morreu pelos pecados de todos. No entanto, esse argumento também possui vários problemas. O primeiro é que supõe que o entendimento reformado sobre a eleição é verdadeiro. Em segundo lugar, supõe que Deus só pode ter uma intenção com a expiação. Como os pioneiros calvinistas defenderam, e até mesmo o próprio João Calvino, Deus com certeza deseja salvar os eleitos, mas ele também pretendia que Cristo morresse pelos pecados de todas as pessoas, de modo que os incrédulos (os réprobos) passassem a ser "duplamente culpados" no juízo final por terem rejeitado a Cristo.

O terceiro aspecto é que ele ignora o fato de que os próprios calvinistas tradicionais têm defendido que existem aspectos gerais da expiação, além da intenção especial. Como observa Curt Daniel:

> *Então se apresenta o argumento da Trindade. Afirma-se que, se Cristo morreu igualmente por todos os homens, então haveria conflito entre as pessoas da Trindade. O Pai escolheu salvar somente alguns e o Espírito Santo só regenera algumas pessoas, então de que modo o Filho poderia morrer por todos os homens em geral? Realmente, esse argumento precisa ser trabalhado um pouco mais. Existem aspectos gerais e aspectos particulares sobre a obra de cada pessoa da Trindade. O Pai ama a todos os homens enquanto criaturas, mas concede um amor especial somente para os eleitos. O Espírito chama a todos os homens, mas chama de modo eficaz somente os eleitos. Temos que manter o equilíbrio com cada uma dessas pessoas. Se, por um lado, acreditarmos somente em uma expiação limitada rígida, então podemos regredir a uma obra particular do Pai e do Espírito Santo. O resultado é o hipercalvinismo, rejeitar tanto a graça comum como a oferta livre e universal do evangelho. Por outro lado, se a expiação for rigidamente universal, então haveria disparidade. A tendência seria se inclinar ao arminianismo – o resultado seria rejeitar a eleição e o chamado especial do Espírito.[384]*

Mesmo segundo os critérios calvinistas, não se pode usar a intenção especial de Deus de salvar os eleitos para anular seu amor universal, sua graça comum, ou a oferta livre. A argumento da uni-

---

[384] Curt Daniel, *The History and Theology of Calvinism* (Springfield, IL: Good Books, 2003), p. 371.

dade da Trindade divina,³⁸⁵ se for usado para negar um aspecto geral da obra de Cristo na cruz, leva ao hipercalvinismo, de acordo com Daniel.

ASSOCIAÇÃO AO UNIVERSALISMO

Alguns afirmam que, se Jesus morreu pelos pecados de todas as pessoas, então todas as pessoas serão salvas. Isso se chama *universalismo*. Essa é uma conclusão falsa por várias razões. Em primeiro lugar, as Escrituras são claras em dizer que nem todos serão salvos. O segundo aspecto dessa objeção é que ela confunde a extensão da expiação com a sua aplicação. Ninguém é salvo pela morte de Cristo na cruz até que creia em Cristo. Explica-se em Efésios 2.1-3 que até os eleitos estão debaixo da ira de Deus e "não têm esperança" até o momento em que creem. Em terceiro lugar, esse argumento entende de forma equivocada a natureza da expiação como uma transação comercial – se Cristo morreu pelos pecados de um indivíduo, então esses pecados são perdoados *ipso facto*. Esse não é o modo pelo qual a expiação funciona.

INTERCESSÃO DE CRISTO LIMITADA AOS ELEITOS (JOÃO 17)

O capítulo 17 de João contém a oração de Cristo pelos seus discípulos como sumo sacerdote. O argumento é o seguinte: Jesus intercede somente pelos eleitos: portanto, a expiação só se limita a eles. Já que Jesus não intercedeu pelo mundo, ele não morreria pelos pecados do mundo. Esse é um argumento comum no arsenal da expiação limitada e tem sido abordado e respondido, até mesmo por alguns calvinistas.³⁸⁶

---

³⁸⁵ Lembre-se da análise anterior sobre a relação da Trindade com a expiação.

³⁸⁶ Richard Baxter, *Catholick Theologie* (London: Printed by Robert White, 1675), 2:68-69; Daniel, *The History and Theology of Calvinism*, p. 371; Harold Dekker, "God's Love to Sinners: One or Two?," *Reformed Journal* 13 (1963): p. 14-15; Nathaniel Holmes, "Christ's Offering Himself to All Sinners, and Answering All Their Objections," em *The Works of Dr. Nathaniel Holmes* (London, 1651), p. 15; Edward Polhill, "The Divine Will Considered in Its Eter-

Esse capítulo não afirma que Jesus morreu somente por aqueles pelos quais ele ora. Mesmo deixando de lado no momento a possibilidade de que, no contexto, mais provavelmente seja uma referência aos discípulos, e até interpretando como se essa oração fosse extensiva a todos os crentes eleitos da época – mesmo assim, não há como garantir a conclusão de que o texto indica que Jesus não morreu pelos pecados de todas as pessoas, eleitas e não eleitas (falácia da inferência negativa).

O argumento sucumbe à falácia lógica de generalizar que a eleição acarreta expiação limitada. Se Jesus ora somente pelos eleitos, então ele deve ter morrido somente pelos eleitos. O erro envolvido é a extrapolação da intercessão de Cristo para sua expiação pelos pecados. Esse é simplesmente um argumento circular.

Harold Dekker, ex-professor e diretor acadêmico do Calvin Theological Seminary, faz uma interpretação melhor de João 17, que resumo a seguir:

- Será que João 17.9 indica que Jesus morreu somente pelos eleitos? O contexto que se inicia no versículo 4 explica que aqueles a quem Jesus se refere no versículo 9 são aqueles que vieram a crer nele até aquele momento. O versículo 20 confirma isso, já que ele diz que orar também por aqueles que crerão nele no futuro.
- Quando Jesus diz que ele não ora pelo mundo (v. 9), ele quer dizer que estava orando por coisas específicas para os que não se converteram, porque elas nunca poderiam acontecer com eles enquanto não se convertessem. O fato de Jesus não ter orado por eles não prova nada a respeito da sua disposição com relação ao mundo ou quanto à extensão de sua expiação pelo mundo.
- Isso é explicado de forma melhor ainda em João 17.21-23. Nes-

nal Decrees," in *The Works of Edward Polhill* (Morgan, PA: Soli Deo Gloria, 1988), p. 167-168, 170-171, 174; William G. T. Shedd, *Dogmatic Theology*, 3 vols. (Nashville: Thomas Nelson, 1980), 3:420-21; Joseph Truman, *A Discourse of Natural and Moral Impotency* (London: Printed for Robert Clavel, 1675), p. 185-186; Gryffith Williams, The Delights of the Saints (London: Printed for Nathaniel Butter, 1622), p. 37.

se texto, Jesus de fato ora pelo mundo – isto é, para que o mundo venha a crer. Nesse contexto, a palavra "mundo" não pode ser limitada aos eleitos e não significa nada além do mundo de todas as pessoas que não creem.[387]

David Pointer explica o modo pelo qual, em referência a João 17, faz-se referência a essas coisas, a ponto de se afirmar e pressupor sem nenhuma base a partir das evidências que a confirmariam:

1. Que Jesus está fazendo nesse contexto uma oração específica e efetiva como exercício de seu ofício de sumo sacerdote.
2. Que o "mundo" referido no versículo 9 representa o mundo dos reprovados.
3. Que as pessoas que Jesus se refere como "aqueles que tens me dado" no versículo 9 representam a totalidade dos eleitos.
4. Que a extensão da intercessão de sumo sacerdote define a amplitude da expiação.
5. Que o paralelismo entre os versículos 21 e 23 é ignorado de forma sistemática ou lido de maneira equivocada.[388]

Ponter destaca o item 5 sobre os versículos 21 e 23:

Para que todos sejam um; assim como tu, ó Pai, és em mim, e eu em ti, que também eles sejam um em nós; para que o mundo creia que tu me enviaste. E eu lhes dei a glória que a mim me deste, para que sejam um, como nós somos um; eu neles, e tu em mim, para que eles sejam perfeitos em unidade, a fim de que o mundo conheça que tu me enviaste, e que os amaste a eles, assim como me amaste a mim.

---

[387] Dekker, "God's Love to Sinners," p. 14-15. Veja também Leon Morris, *The Gospel According to John* (Grand Rapids: Eerdmans, 1971), p. 725, que afirma o mesmo. Essa interpretação também parece concordar com a opinião de Carson. Consulte o *Comentário de João*, de Carson.

[388] David Ponter, "Revisiting John 17 and Jesus' Prayer for the World," *Calvin and Calvinism: An Elenchus for Classic-Moderate Calvinism* (blog), 10 de fevereiro de 2015, acesso em 14 de agosto de 2018, http://calvinandcalvinism.com/?p=15779.

Ponter observa como Calvino interpretou a palavra "mundo" nos versículos 21 e 23 como o mundo dos réprobos (dos não eleitos) de acordo com o seu uso por todo o capítulo 17 de João. No entanto, quando chega o momento de ele interpretar os verbos "crer" e "conhecer", ele os interpreta como se referindo a algo alheio à fé salvadora. Qual é a base para alterar o significado normal dos verbos crer e conhecer no Evangelho de João de modo que indiquem algo que não seja a fé salvadora ou o conhecimento da salvação? Observe João 17.8: "Porque eu lhes dei as palavras que tu me deste, e eles as receberam, e verdadeiramente conheceram [gr. *egnōsan*] que saí de ti, e creram [gr. *episteusan*] que tu me enviaste". Jesus emprega os dois verbos crer (gr. *pisteuō*) e conhecer (gr. *ginoskō*) tendo a mesma referência aos apóstolos que vieram a conhecer e a crer que Jesus verdadeiramente tinha sido enviado pelo Pai. Esse mesmo uso se repete nos versículos 21 e 23, mas agora se aplica ao "mundo".

Ponter passa a considerar João 17.25: "Pai justo, o mundo não te conheceu, mas eu te conheço; conheceram que tu me enviaste". A mesma abordagem pode ser encontrada em outras passagens do Evangelho de João. Observe João 6.69: "E nós já temos *crido* e bem *sabemos* que tu és o Santo de Deus" (destaque nosso). Vemos isso de modo parecido em João 16.27: "pois o Pai mesmo vos ama; visto que vós me amastes e *crestes* que eu saí de Deus" e João 16.30: "Agora *conhecemos* que sabes todas as coisas, e não necessitas de que alguém te interrogue. Por isso *cremos* que saíste de Deus" (destaque nosso).

Aparentemente, essas expressões possuem uma espécie de caráter temático ou de fórmula para João. Calvino supôs e afirmou que a palavra "mundo" no versículo 9 denota os não eleitos, em vez do mundo da humanidade que se opõe a Deus e à igreja. O contexto e o uso divergem dessa interpretação:

> No entanto, já que o significado de kosmos por todo o capítulo recebe a permissão de assumir sua acepção normal, e já que as acepções do verbo crer e conhecer possuem essa mesma indicação (conforme é definido pelo contexto e pelo uso em vez de interpolações alheias a ele), então, de acordo com as re-

gras-padrão da hermenêutica, a leitura particularista rígida dessa passagem não encontra respaldo nenhum nesse capítulo.[389]

Jesus está orando pela salvação do mundo, como se mostra pelo uso dos verbos no modo subjuntivo (o modo da potencialidade) no grego: "para que o mundo creia" e "para que o mundo possa conhecer". Jesus ora para que os crentes no futuro estejam unidos por um propósito importante: para que o mundo venha a crer e conhecer que Jesus foi enviado pelo Pai. Essa exegese de João 17 apoia a expiação ilimitada.

Aqueles que afirmam a expiação limitada insistem que, se Cristo morre por uma pessoa em particular, então ele ora por essa pessoa em particular, mas esse argumento pode ser invertido. Todos teriam que concordar que, se Cristo ora por uma pessoa em particular, ele necessariamente morreu por essa pessoa. Os versículos 21 e 23 claramente afirmam que Cristo ora pelo mundo; portanto, ele necessariamente morreu pelo mundo.

A EXTENSÃO DA EXPIAÇÃO E A REMOÇÃO DAS BARREIRAS LEGAIS

Os calvinistas modernos que defendem a expiação limitada se confundem com frequência com essa ideia de reconciliação objetiva – isto é, a remoção das barreiras legais pela expiação de Cristo. Por exemplo, Tom Nettles, em sua análise de J. P. Boyce sobre a expiação, não parece compreender o que ele – e Charles Hodge, o mentor dele – queriam dizer quando falaram que a morte de Cristo "retirou todos os obstáculos legais". Nettles acha que "os impedimentos legais" equivalem ao perdão de pecados, porque como Deus pode condenar alguém tendo removido as barreiras legais?[390] A morte de Cristo sa-

---

[389] Ponter, "Revisiting John 17" (destaque do autor).
[390] Veja Thomas J. Nettles, *By His Grace and for His Glory: A Historical, Theological, and Practical Study of the Doctrines of Grace in Baptist Life*, 2ª ed. (Cape Coral, FL: Founders Press, 2006), p. 349. Veja também Allen, *The Extent of the Atonement*, p. 331-332 (veja a nota 16 da Introdução); e C. Hodge, *The Orthodox Doctrine regarding the Extent of the Atonement Vindicated* (Edinburgh: John Johnstone, 1846), p. 69.

tisfaz objetivamente as exigências da Lei, de modo que nada resiste ao caráter justo de Deus, possibilitando que agora ele, com base na morte de Cristo, ofereça a salvação para todo aquele que crê.

A EXTENSÃO DA EXPIAÇÃO E O AMOR DE DEUS

Muitos na história da tradição reformada subordinam o amor de Deus à sua soberania.[391] No centro dessa abordagem se encontra uma leitura básica equivocada sobre a natureza e o relacionamento de amor perfeito entre as pessoas da Trindade e sobre o modo pelo qual ele se expressa ao mundo por Jesus Cristo. A natureza de Deus é caracterizada pelo amor de tal maneira que estende esse amor a todos os indivíduos e deseja a sua salvação eterna. Por causa disso, Deus providenciou a expiação pelos pecados de todos. Além disso, já que o amor é intrínseco à natureza divina, propor uma distinção arbitrária entre o seu amor salvador pelos eleitos e o amor geral que ele demonstra por aqueles que não são eleitos, mesmo não resultando em salvação, acaba na verdade contrariando o caráter de Deus revelado na Bíblia.

A expiação limitada despreza a revelação bíblica do amor de Deus. Se Deus determinasse que Cristo morreria somente pelos pecados dos eleitos, ele claramente amaria mais aos eleitos e em um modo extremamente diferente em comparação com os não eleitos. John Frame fala do amor temporal de Deus pelos não eleitos, que deve ser diferenciado do seu amor salvador, que somente incide sobre os eleitos.[392] Passagens como João 3.16 que ensinam sobre o amor de Deus por todo o mundo devem ser interpretadas de forma literal. Como se pode dizer que Deus ama a alguém na oferta do evangelho sem que ele tenha providenciado o meio para sua salvação por meio de uma expiação?

---

[391] "Infelizmente, no afã de depurar o ensino de Calvino, esses calvinistas acabaram subordinando o amor irrestrito de Deus à sua vontade soberana, algo que Calvino nunca fez" (Ben Pugh, *Atonement Theories: A Way Through the Maze* [Eugene, OR: Cascade Books, 2014], p. 81).

[392] John Frame, *The Doctrine of God* (Philadelphia: P&R, 2002), p. 417-420.

Deve-se distinguir onde e como os hipercalvinistas e os calvinistas moderados diferem na questão do amor de Deus pelos eleitos e não eleitos, e onde eles concordam. Ambos concordam que devem diferenciar o amor de Deus pelos eleitos do amor que ele demonstra pelos réprobos no sentido de que Deus somente providencia a graça salvadora necessária pelo chamado eficaz para remir os eleitos. Todos os calvinistas, por causa da sua doutrina da eleição incondicional, têm que falar sobre o amor de Deus de maneiras que distinguem vários tipos, ou pelo menos graus, do seu amor com relação aos eleitos e não eleitos. Alguns preferem dizer que Deus tem um amor "especial" ou "salvador" pelos eleitos que ele não tem pelos não eleitos.

Nas duas escolas, a maioria concorda que a humanidade possui a capacidade natural de crer, mas não tem a capacidade moral para fazer isso sem que haja a chamada eficaz, que somente os eleitos recebem. No entanto, os calvinistas moderados afirmam que o amor de Deus pelo seu mundo, como as Escrituras ensinam, chega ao ponto de Cristo ter morrido pelos pecados de toda a humanidade, de modo que, se alguém realmente vir a crer, têm à sua disposição uma expiação suficiente para que seja salvo. Nesse conceito, ninguém perece por falta de uma expiação para o seu pecado. Na visão do hipercalvinismo, os não eleitos não poderiam ser salvos mesmo se quisessem, porque a expiação limitada, por definição, afirma que não há expiação para os seus pecados. Essa visão contraria a revelação bíblica da atitude de benevolência que Deus e Cristo demonstram para com todo o mundo.

Todas as pessoas que não são calvinistas acham que essa definição de "amor salvador" e "amor especial" um tanto problemática. Com certeza, o amor que Deus expressa como método de relacionamento e benefícios com relação a todos os crentes é diferente daquele demonstrado a quem não crê, mas sugerir, como todos os calvinistas, que Deus nutre um amor salvador por alguns indivíduos e não por outros já é outra coisa. A partir de uma perspectiva não calvinista, as Escrituras não fazem essa distinção. Vale a pena levar em conta a declaração de Harry Sheldon sobre essa noção de "amor especial de Deus":

Aqueles que acreditam na predestinação possuem o costume de diferenciar o amor especial de Deus, como se fosse um amor completamente independente do valor relativo das pessoas que são o seu alvo, e que ignora algumas pessoas para ser expresso por outros de forma exclusiva, encarando um sentimento assim como um mistério agradável. No entanto, um amor assim pode ser diagnosticado como patológico. É bem viável para os seres limitados onde o sentimento e a razão não são equilibrados na prática. No entanto, não existe base racional para atribuir esse tipo de amor a Deus, cujo sentimento nunca ultrapassa sua inteligência totalmente perfeita. Deve-se analisar que as demonstrações diversas do seu amor correspondam às realidades diferentes das pessoas que são o seu alvo. Ele não está sujeito à insinceridade em seus sentimentos, nem mesmo a falhas em sua percepção intelectual.[393]

A EXTENSÃO DA EXPIAÇÃO E A SUA SUFICIÊNCIA[394]

Alguns calvinistas que defendem a expiação limitada sustentam que a expiação de Cristo é suficiente para todas as pessoas, mesmo tendo efetuado somente a propiciação pelos pecados dos eleitos. O argumento da suficiência para aqueles que afirmam a expiação limitada toma essa forma: Cristo morreu apenas pelos pecados dos eleitos, mas, mesmo assim, a morte de Cristo é suficiente para todas as pessoas no sentido do seu valor e da sua importância absoluta. Portanto, devemos pregar o evangelho a todas as pessoas, já que essa morte é suficiente e não temos ideia de quem sejam os eleitos. Todo aquele que crê no evangelho será salvo.

O problema é esse: Como se pode dizer que a morte substitutiva de Cristo é suficiente para os pecados do mundo inteiro, enquanto, de acordo com a expiação limitada, não existe expiação para os pecados daqueles que não são eleitos? O que os calvinistas rígidos estão dizendo, por tabela, é que a expiação seria ou poderia ser suficiente para todos se Deus quisesse que fosse suficiente para eles, mas Deus, segundo eles, não quis que a expiação fosse

---

[393] ❧ Sheldon, *System of Christian Doctrine*, p. 433 (veja o cap. 5, n. 34).
[394] ❧ O material dessa seção aparece em Allen, *Por Quem Cristo Morreu?*, p. 937-940.

realizada de modo que fosse o pagamento do resgate dos não eleitos; logo, não há satisfação para os seus pecados. A suficiência, do modo que eles a veem, pode somente ser entendida como uma afirmação sobre o valor infinito intrínseco da expiação – de forma hipotética, seria satisfatória para todos, mas não é satisfatória de forma extrínseca ou real.

Os teólogos geralmente empregam a terminologia da "suficiência sem definir de forma clara o que querem dizer com isso. Existem, na realidade, duas teorias sobre a suficiência com relação à expiação: (1) *a suficiência infinita/universal/extrínseca*, e a (2) *suficiência limitada e intrínseca*. Quando os defensores da expiação limitada recorrem à primeira teoria, esses termos significam, pelo menos por consequência, que a morte de Cristo poderia ser suficiente ou capaz de expiar todos os pecados do mundo *se Deus tivesse a intenção de fazer isso*. No entanto, já que eles acham que Deus não queria que a morte de Cristo efetuasse a propiciação pelos pecados de todas as pessoas, mas somente pelos pecados dos eleitos, não é *realmente* suficiente ou *capaz de salvar* outras pessoas. No entanto, quando os calvinistas moderados e os não calvinistas adotam a suficiência infinita, universal e extrínseca, a terminologia indica que a morte de Cristo possui um caráter tão elevado que é capaz de salvar todas as pessoas de fato. Ela é realmente (não hipoteticamente) a propiciação diante de Deus pelos pecados de toda a humanidade. Portanto, se alguém perece, não é porque haja uma falta de expiação para os seus pecados. A falta recai totalmente sobre o pecador.

A *suficiência limitada* indica que a expiação foi satisfatória somente para os pecados dos eleitos, logo sua capacidade é limitada para salvar somente aqueles pelos quais Cristo morreu. A *suficiência intrínseca* fala sobre a capacidade interna, infinita ou abstrata da expiação de salvar toda a humanidade (se Deus quisesse assim), de tal modo que não existe uma referência direta à extensão real da expiação. Quando aqueles que defendem a expiação limitada falam sobre a "suficiência" da expiação, sempre estarão se referindo a uma "suficiência limitada" ou a uma "suficiência intrínseca".

A expiação é suficiente para os pecados de todas as pessoas, não somente por causa do seu valor, mas porque ela foi realmente realizada pelos pecados de todas as pessoas e os seus benefícios estão disponíveis para a redenção do pecado de todas as pessoas. Não há como se dizer que uma expiação é "suficiente" de nenhum modo significativo para alguém cujos pecados ela não expiou.[395]

No caso de a expiação limitada ser correta, Jesus não se ofereceu como substituto na cruz pelos pecados dos que não foram eleitos. Se esse é o caso, temos as consequências seguintes:

1. É impossível que os não eleitos possam ser, de fato, salvos, já que não existe expiação pelos seus pecados. Eles estão na mesma situação de perdição que estariam se Jesus não tivesse vindo ao mundo. Ou, como outros defendem, eles seriam como os anjos decaídos, sem condições de salvação.

2. É impossível que a expiação possa vir a ser descrita como suficientemente capaz de salvar os não eleitos senão de forma hipotética: uma coisa que consideramos inexistente não pode ser suficiente para ninguém. Sugerir algo diferente disso é simplesmente entrar em jogos de palavras, confusão e erro.

3. Cria-se mais complicações com relação à pregação do evangelho. Como podem os pregadores oferecer o evangelho de boa fé de forma universal e indiscriminada, que claramente inclui os não eleitos, quando não existe nenhum evangelho para oferecer a eles – isto é, enquanto não há possibilidade de propiciação por todos os seus pecados? A resposta comum dos hipercalvinistas é que não sabemos quem são os eleitos, portanto oferecemos o evangelho a todos. Mas isso não resolve a questão, nem afasta o problema. Não se trata de uma questão de não sabermos quem são os eleitos. Isso é um fato. A questão é se estamos oferecendo uma coisa para todas as pessoas, inclusive àqueles que acabem não sendo eleitos, que na verdade não existe para todos a quem se faz a oferta. Uma oferta feita a todos os pecadores cai em

---

[395] Até hipercalvinistas como Arthur Pink concordam com esse ponto: "Portanto, a expiação em nenhum sentido passa a ser suficiente para alguém, a menos que o Senhor tenha morrido *por* aquele homem" (Arthur Pink, *Exposition of the Gospel of John. Three Volumes in One: Volume Two—John 8 to 15:6* (Grand Rapids: Zondervan, 1973), p. 220; destaque do autor.

contradição, já que o pregador sabe que a expiação pelos pecados efetuada por Cristo na cruz não foi realizada por todas as pessoas a quem o evangelho é proclamado, mas finge e fala como se houvesse uma oferta legítima reservada a todos eles.

4. O problema fica ainda mais grave com respeito à oferta do evangelho quando se entende que é o próprio Deus que está fazendo a oferta por meio de nós. O texto de 2Coríntios 5.18-20 explica que *Deus* é quem oferece salvação a todos os homens pela igreja *com base na expiação de Cristo*. Se o próprio Deus limitou essa substituição somente para os eleitos, como ele pode fazer essa oferta de forma legítima a todas as pessoas?

5. Se Cristo não morreu pelos pecados de todos, de que os incrédulos teriam culpa se rejeitassem a oferta? Não existiria expiação alguma pelos pecados deles para que eles a rejeitassem. A incredulidade com relação ao evangelho, por definição, envolve a rejeição da provisão da graça de Deus por meio da morte de Cristo.

6. As Escrituras empregam exortações universais para que se creia no evangelho. A expiação limitada faz com que essas instruções percam todo o sentido.[396]

Dentro do esquema da expiação limitada, a expiação só pode ser suficiente para aqueles para os quais ela é eficiente.

---

[396] Com relação a essa questão, reflita sobre o raciocínio de James Pendleton: "Se crer, então, é o dever de todo homem, e se a fé envolve a confiança na expiação, e se a expiação foi realizada somente por parte da raça, deduz-se que é dever daqueles pelos quais nenhuma expiação foi realizada confiar em algo que não existe. Isso é um absurdo. Quanto mais se considera essa questão, mais claro fica que não há como separar o dever de todo homem de crer no evangelho da 'plenitude objetiva' das provisões da expiação para a salvação de todos os homens... Agora, se Cristo não tiver morrido por todos, e for o dever de todos de crer nele, é o dever de alguns – aqueles pelos quais Cristo não morreu – acreditar numa inverdade. Isso também reduz a questão para um absurdo, porque não pode ser dever de ninguém acreditar naquilo que não é verdade. Ou renunciamos à posição de que é dever de todos os homens crer no evangelho, ou admitimos que a expiação de Cristo diz respeito a todos os homens" (Pendleton, *Christian Doctrines*, p. 243-245 [veja o cap. I, n. 5]).

Limitar-se a dizer que a expiação é suficiente – no sentido de que todo aquele que crê no evangelho encontrará uma expiação suficiente pelos seus pecados – não funciona. Logicamente, todas as pessoas têm a possibilidade de serem salvas, na medida em que se alguém crer, será salvo. Isso é claro e ninguém duvida disso. Essa proposta é verdadeira até certo ponto, porque só fala de uma relação causal entre a fé e a salvação: todo aquele que crê com certeza será salvo. No entanto, a confusão se torna bem clara quando se pergunta a razão disso tudo. A resposta comum: porque existe uma expiação de valor infinito a ser aplicada a todo aquele que crê. Com certeza existe, mas faça a pergunta dessa maneira: suponha que um dos não eleitos viesse a acreditar, será que ele teria a possibilidade de ser salvo? Isso não aconteceria sob o ponto de vista da expiação limitada porque não existe satisfação pelos pecados dos não eleitos.

Imagine se Cristo não tivesse morrido na cruz, e, dentro desse contexto, imagine essa afirmação: "Se alguém crer em Cristo, será salvo". Essa frase não faria sentido nessa situação e, na verdade, seria falsa. Nesse cenário, não se teria providenciado meio algum para ser salvo, não importando se a pessoa crê ou não. Dentro do esquema da expiação limitada, essa é exatamente a posição onde os não eleitos se encontram nesse mundo com relação à cruz de Cristo e o seu pecado.[397]

A lógica aqui é simples. Se não há expiação para algumas pessoas, então essas pessoas não podem ser salvas. Nesse caso, como é possível oferecer o evangelho para essas pessoas para as quais não há expiação? Se alguém não tem possibilidade de ser salvo, essa pessoa não pode aceitar nenhuma oferta de salvação. Não há como oferecer a salvação de nenhum modo coerente para alguém pelo qual nenhuma expiação foi realizada. As Escrituras ensinam que ele morreu pelos pecados de todos. Somente a expiação universal garante

---

[397] Para maiores detalhes, confira a tese excelente de David Ponter, "Limited Atonement and the Falsification of the Sincere Offer of the Gospel," *Calvin and Calvinism: An Elenchus for Classic-Moderate Calvinism* (blog), 27 de março de 2012, acesso em 14 de outubro de 2018, http://calvinandcalvinism.com/?p=11670.

a veracidade da oferta de salvação que é feita para todas as pessoas mediante a pregação do evangelho.

PREGAÇÃO, EVANGELISMO, MISSÕES E A EXTENSÃO DA EXPIAÇÃO

Com relação à pregação e ao evangelismo, a expiação limitada acarreta algumas consequências práticas negativas para o ministério que, a esta altura, não temos espaço para abordar com profundidade. Elas podem ser classificadas sob três categorias: (1) uma diminuição da vontade salvadora universal de Deus, (2) a oferta do evangelho com base em boas intenções, e (3) a proclamação corajosa do evangelho. Analiso todas elas com maiores detalhes no livro *Por Quem Cristo Morreu?* [Editora Carisma, 2020].[398] Limito-me agora a fazer somente alguns comentários.

A vontade salvadora universal de Deus consiste em seu desejo claro de que todos venham à salvação. Isso se pode observar claramente em 1Timóteo 2.4-6 e 2Pedro 3.9. Os defensores da expiação limitada possuem dificuldades para harmonizar esses textos com sua posição – isto é, de que Deus deseja a salvação de todas as pessoas, mas planejou sua expiação de modo que pague os pecados de somente algumas pessoas.

O caráter sincero ou de boa vontade da oferta do evangelho se relaciona com a base para oferecer o evangelho para todas as pessoas do mundo. As Escrituras ensinam claramente que o evangelho deve ser oferecido a todos. Somente a expiação universal pode dar respaldo para que a oferta do evangelho seja feita de modo universal (veja a explicação de 2Coríntios 5.14-21 na seção anterior). A base para a "viabilização da oferta" do evangelho para (1) aqueles que nunca ouviram é tão importante como a base para a oferta do evangelho para (2) aqueles que a ouviram. As duas devem se basear na propiciação universal de Cristo, que fundamenta e capacita a comissão de Cristo para que a igreja pregue o evangelho para o mundo todo, até mesmo para os que nunca o ouvirem, pelo simples fato de ter sofrido em favor de toda a raça

---

[398] Allen, *Por Quem Cristo Morreu?*, p. 952-959.

humana (logo, proporcionando uma salvação que pode ser ofertada a todos), não somente a favor daqueles que ouvem o chamado do evangelho (ou aqueles a quem foi realmente oferecida a vida eterna por esse chamado). Teoricamente, todos têm a possibilidade de serem salvos (e, portanto, o evangelho tem uma capacidade universal de ser oferecido) por causa da morte de Cristo ter sido realizada em favor de todos, mas somente aqueles que ouvem o evangelho recebem de fato a vida eterna em Cristo. Repetimos que a base para a capacidade de o evangelho ser oferecido e da oferta real de vida em Cristo (para quem atende o chamado) é a mesma: Cristo morreu pelos pecados de todas as pessoas.

A "proclamação corajosa" se relaciona com a pregação do evangelho e com a proclamação para todos de que "Cristo morreu pelos nossos pecados porque ele nos ama". Aqueles que propõem a expiação limitada ficam impossibilitados de pregar a mensagem de que "Cristo morreu pelos seus pecados" a qualquer multidão onde haja uma mistura de crentes e incrédulos ou a qualquer grupo de incrédulos se, na realidade, dentre as pessoas que ouvem o evangelho, Cristo morreu somente pelos pecados dos eleitos. A abordagem comum é dizer algo como "Cristo morreu pelos pecadores", supondo que "pecadores" seja um código para "pecadores eleitos".[399]

Erskine Mason, pastor calvinista do século XIX, resumiu de modo útil a importância da expiação universal para a pregação:

> *Meus irmãos, confesso que não consigo entender o evangelho, se esta não for uma de suas doutrinas principais, se a oferta indiscriminada de Jesus Cristo, além do perdão e da vida eterna por meio dele, não for trazida à toda a raça, e de forma verdadeira, honesta e sincera de um membro para outro dessa mesma raça... Se toda a população do mundo estivesse diante de mim, e houvesse uma só pessoa dentro dessa reunião para a qual não houvesse provisão, eu não teria como pregar o evangelho, porque como poderia dizer com sinceridade ou honestidade para todos e para cada pessoa em particular, venha e beba de graça da água da vida?*[400]

---

[399] Para saber mais sobre essa questão, veja Allen, p. 952-958.
[400] Erskine Mason, "Extent of the Atonement," em *A Pastor's Legacy: Being Sermons on Practical Subjects* (New York: Charles Scribner, 1853), p. 281-282.

CONCLUSÃO

As Escrituras dizem que o conteúdo do evangelho inclui o fato de que "Cristo morreu pelos nossos pecados" (1Co 15.3). A expiação limitada nega e distorce um aspecto fundamental do evangelho: que Cristo morreu pelos pecados do mundo. A expiação limitada confunde o evangelho porque serra os braços da cruz até bem perto da estaca.

Cristo morreu pelos pecados de todas as pessoas por causa do amor do Pai e do Filho, para propor uma oferta genuína de salvação, e sua morte não somente torna a salvação possível, mas garante realmente a salvação de todos os que creem mediante a obra regeneradora do Espírito Santo. Existe uma provisão de perdão para todos que creem no evangelho.

APLICAÇÃO DA EXPIAÇÃO

Quando a expiação é aplicada a nível pessoal? A resposta bíblica é que a expiação é aplicada quando a pessoa crê em Cristo. A provisão para a expiação de todos é incondicional, mas existe uma condição que Deus associa à aplicação da expiação e para que *recebamos* a salvação, que se constitui no benefício da expiação: a fé em Cristo, como se afirma em uma infinidade de textos do NT (e.g., At 16.31; Rm 4.5; Ef 2.8-9).

A expiação não salva ninguém por si mesma. Pare para pensar e reconhecer essa realidade por um instante. Não há nada na própria expiação que faça com que ela se torne eficaz para ninguém. Para que ela se realize, ela tem que ser aplicada pela obra regeneradora do Espírito Santo. Esse é um princípio teológico que é confirmado pela opinião de teólogos calvinistas de renome como Charles Hodge, Robert Dabney, W. G. T. Shedd, A. H. Strong e Millard Erickson, isso sem mencionar muitos outros. Todos os cristãos ortodoxos têm que afirmar a diferença entre a realização e a aplicação da expiação.

Sobre a mesma questão, veja também Gardiner Spring, *The Attraction of the Cross; Designed to Illustrate the Leading Truths, Obligations and Hopes of Christianity*, 9ª ed. (New York: M. W. Dodd, 1854), p. 93-98.

As obras de John Flavel, o puritano notável do século XVII, são esclarecedoras: "A mesma mão que a preparou [a redenção] tem que aplicá-la, senão perecemos, não obstante tudo que o Pai fez para elaborar e deliberar, e tudo que o Filho fez para executar e consumar esse desígnio até o momento".[401] Ele prossegue dizendo: "A importância da aplicação pessoal de Cristo a nós pelo Espírito Santo, de modo que tudo aquilo que o Pai fez na elaboração, e tudo que o Filho fez na consumação da nossa redenção, se torna inatingível e ineficaz para nossa salvação".[402] Por fim, ele acrescenta:

Além disso, a humilhação e o sofrimento de Cristo se constituem na causa mais completa e suficiente meritória da nossa salvação, para a qual nada pode ser acrescentado para torná-la mais apta e capaz de obter nossa salvação do que ela já é, nem mesmo essa humilhação nem esse sofrimento podem salvar na realidade nenhuma alma, sem a aplicação de Cristo a ela. O Pai já elegeu, o Filho já remiu, mas até o momento em que o Espírito (que é a última causa) também faz a sua parte, não poderemos ser salvos.[403]

De modo parecido, o grande teólogo sistemático luterano Franz Pieper afirmou:

Entretanto, a santificação realizada pela obra redentora de Cristo não alcançou nossa reconciliação com Deus de modo algum. A reconciliação do mundo com Deus não foi alcançada, tanto em parte como de forma integral, pela garantia de que seus discípulos teriam uma vida "de união com Deus", mas pelo próprio cumprimento que o Salvador efetuou da lei divina, de forma total e exclusiva. O próprio Salvador pagou toda a dívida, contabilizou-a "matematicamente" e "juridicamente" e, na sua ressurreição, obteve o recibo concedido por Deus referente a ela, e esse recibo é válido para toda a humanidade. Cristo, que foi entregue à morte por nossos pecados, foi ressuscitado para nossa justificação (Rm 4.25). Esse recibo, "com o carimbo de totalmente

---

[401] John Flavel, *The Method of Grace: In the Holy Spirit's Applying to the Souls of Men, the Eternal Redemption Contrived by the Father and Accomplished by the Son* (New York: American Tract Society, 1845), p. 16.
[402] Flavel, p. 19.
[403] Flavel, p. 19.

pago", está contido no Evangelho, e o Evangelho, pela obra poderosa do Espírito Santo (Jo 16.14), desperta fé da parte do homem ("a fé é pelo ouvir", Rm 10.17). Portanto, o homem é justificado diante de Deus sola fide, excluindo, assim, as obras... A fé agora é creditada por Deus como justiça, não na medida em que garante uma vida "unida com Deus" (ainda que ela, e somente ela, a garanta), mas na medida em que aceita a conta paga com o recibo devido, e que acredita que Deus ressuscitou o Salvador da morte (Rm 10.9), e não justifica somente o "homem transformado", mas também "o ímpio" (Rm 4.5).[404]

É indispensável que a expiação seja considerada a partir da perspectiva da sua intenção divina, da extensão do seu alcance, e do modo pelo qual ela é aplicada.

A expiação é associada à sua aplicação, mas devemos ter o cuidado de não misturar a extensão com a aplicação. Como afirma Shedd de forma correta:

Pode-se diferenciar a expiação do perdão que ela proporciona. A expiação, de forma compreensível, pode acontecer sem que resulte em perdão. Quando Cristo morreu no Calvário, toda a massa do pecado humano, por assim dizer, recebeu a devida expiação exclusivamente por causa dessa morte, mas nem toda essa massa foi perdoada exclusivamente por ela. As exigências da lei e da justiça pelos pecados de todo o mundo foram cumpridas pela "oferta do corpo de Jesus Cristo, feita uma vez para sempre" (Hb 10.10), mas os pecados de todo ser humano de forma individual não foram perdoados e "desfeitos" por essa transação. Existe ainda outro pré-requisito para que isso aconteça, ou seja, a obra do Espírito Santo no coração do pecador operando a fé nessa oferta expiatória e o ato declaratório de Deus dizendo que seu pecado foi perdoado. O Filho de Deus, depois de ter oferecido um sacrifício único para sempre, "assentou-se à direita de Deus" (10.12); mas, se a obra redentora da Trindade tivesse parado nesse ponto, nenhuma alma humana teria sido perdoada e justificada, mesmo com todo o valor expiatório desse "sacrifício único".[405]

---

[404] ❧ Pieper, *Christian Dogmatics*, 2:365 (veja cap. 3, n. 88).
[405] ❧ Shedd, *Dogmatic Theology*, 3:418; destaque do autor. Os comentários de Shedd sobre o Espírito Santo produzindo fé no coração do pecador refletem seu entendimento calvinista sobre o caráter da depravação total e da eleição, de tal modo que Deus escolhe dar ou conceder fé somente para os

Nenhuma passagem bíblica diz que a expiação equivale à salvação. Os benefícios da expiação devem ser aplicados ao indivíduo para serem eficazes, e essa aplicação é claramente condicionada no NT à fé em Jesus. A própria cruz, quando não é aplicada, não salva a ninguém.[406] A salvação é uma realidade tanto objetiva quanto subjetiva. Ela não se dá somente em virtude da morte de Cristo na cruz, mas também por causa da aplicação dos benefícios de sua morte pelo Espírito Santo.[407] Participamos da vida do Deus trino "pela obra de Cristo como a base da sua possibilidade, e pela atuação do Espírito Santo como o fator que a realiza".[408]

---

seus eleitos. Com certeza, todos os que não compartilham da visão calvinista rejeitam essa concepção sobre o processo, além de rejeitarem a noção de que a regeneração vem antes da fé. Veja, por exemplo, David L. Allen, "Does Regeneration Precede Faith?", *JBTM* 11, no. 2 (Outono de 2012): p. 34-52.

[406] Até Calvino afirmou esse princípio de forma correta. Veja Calvino, *Institutas* 3.1.1 (veja a nota 15 da "Introdução").

[407] Bloesch, *Jesus Christ*, p. 163 (veja o cap. 5, n. 28).

[408] Thiselton, *The Hermeneutics of Doctrine*, p. 339; destaque do autor (veja o cap. 1, n. 22).

VII
A NATUREZA DA EXPIAÇÃO

A natureza da expiação tem sido um assunto de grande discussão teológica por toda a história da igreja.[409] As Escrituras falam sobre a expiação sob uma série de categorias e metáforas controladoras que demonstram a riqueza e a profundidade da obra de Cristo na cruz. A base de todos esses conceitos é a descrição bíblica da expiação como uma satisfação vicária real das exigências relacionadas aos pecados por meio de uma substituição.

---

[409] O debate sobre a natureza da expiação se intensificou no século XX. Steve Chalke e Alan Mann, em *The Lost Message of Jesus* (Grand Rapids: Zondervan, 2003), rejeita a substituição penal. Em 2005, o Simpósio de Londres sobre a teologia da expiação levou à publicação do livro de Derek Tidball, David Hilborn, e Justin Thacker, eds., *The Atonement Debate* (Grand Rapids: Zondervan, 2008). James Beilby e Paul Eddy foram os editores de *The Nature of the Atonement: Four Views* (Downers Grove, IL: IVP Academic, 2006). Nessa obra, Greg Boyd defende a teoria *Christus Victor;* Tom Schreiner afirma a visão da substituição penal; Bruce Reichenbach defende a visão da cura pela expiação; e Joel Green propõe a visão caleidoscópica – que nenhuma metáfora é suficiente para descrever a expiação. Veja também Marshall, *Aspects of the Atonement* (veja cap. 5, n. 3).

Na teologia moderna, a palavra *expiação* veio a substituir a palavra *satisfação* que era usada anteriormente. Quando falamos de expiação, estamos nos referindo à natureza da expiação como a satisfação das exigências com relação ao pecado. "Satisfação" é uma expressão mais abrangente. Na tradução NKJV do NT para o inglês, a palavra "atonement" (expiação) só aparece em Romanos 5.11, como equivalente da palavra grega *katallagē* ("reconciliação"). Nas traduções do AT para o inglês, a palavra equivalente a expiação geralmente é empregada para traduzir termos hebraicos importantes como *kipper* e *kippurim* com a intenção de passar a ideia de "cobrir", "expiar" e "propiciar".

Por causa disso, "expiação" se refere à obra de Cristo na cruz, e à natureza dessa obra como oferta pelo pecado, que é propiciatória, expiatória, e a base para o perdão e para a reconciliação das pessoas diante de Deus. O tratamento da culpa do pecado é efetuado por meio da expiação. Trata-se da provisão completa e definitiva para o problema do pecado porque, por meio da expiação, as exigências da lei divina são cumpridas. A lei exige o castigo pelo pecado. A morte de Cristo se constitui em um sacrifício substitutivo em favor da humanidade pecaminosa e satisfaz completamente as exigências da lei.

A natureza sacrificial e substitutiva da expiação pode ser observada nas seguintes referências: Mateus 20.28; 25.28; Romanos 3.24-25; Efésios 1.7; Colossenses 1.20; Hebreus 2.17; 1 Pedro 3.18, e 1João 2.2. Os pecados só podem ser tratados e a salvação só pode ser alcançada pela morte de Cristo na cruz. A liberação da culpa do pecado é realizada devido ao fato de Cristo ter levado os pecados da humanidade na cruz.

Podemos resumir a natureza da expiação conforme é revelada pelas Escrituras da seguinte forma: os pecados de todas as pessoas foram substituídos pela morte de Cristo. Ele morreu no lugar deles levando o seu pecado. Essa substituição teve um caráter sacrificial e se constituiu em uma satisfação para todo o pecado, de modo que o castigo, exigido em decorrência da transgressão à lei de Deus, foi cumprido de forma adequada. Essa morte substitutiva trouxe uma reconciliação objetiva, tirando todas as barreiras legais entre Deus e o homem. Nesse sentido, o preço de redenção pelo pecado foi pago.

As Escrituras descrevem a expiação como um acontecimento multifacetado. Possui consequências para Deus, para o homem, para o pecado, para Satanás e para toda a criação.[410] Constitui-se na base e na pedra fundamental da grande metanarrativa divina da salvação, como se revela nas Escrituras de Gênesis a Apocalipse.

A expiação é um ato de iniciativa divina e satisfaz à lei de Deus. Definida com referência à lei do AT, a obra de Cristo na cruz é uma expiação que cumpre as exigências da justiça divina conforme essa lei (Gl 3.12-14; 5.1; Cl 2.13-14). A salvação nunca poderia ser atingida com base em qualquer tentativa de se cumprir a lei. Na cruz, demonstra-se a ira, o amor, a graça, a justiça, a soberania e a misericórdia de Deus. Em nossa análise sobre a natureza da expiação, tentaremos mostrar como esses conceitos estão interligados.

A TRANSMISSÃO DO AMOR DE DEUS NA EXPIAÇÃO

A salvação começa em Deus, que toma a iniciativa providenciando a expiação pelos pecados. A motivação particular para a provisão expiatória de Deus que mais é mencionada nas Escrituras é o seu amor por todos os pecadores. "Porque Deus amou o mundo de tal maneira que deu o seu Filho unigênito para que todo aquele que nele crê não pereça, mas tenha a vida eterna" (Jo 3.16). "Mas Deus dá prova do seu amor para conosco, em que, quando éramos ainda pecadores, Cristo morreu por nós" (Rm 5.8). "Pois o amor de Cristo nos constrange, porque julgamos assim: se um morreu por todos, logo todos morreram" (2Co 5.14). O amor de Deus é demonstrado pela cruz: "Nisto se manifestou o amor de Deus para conosco: em que Deus enviou seu Filho unigênito ao mundo, para que por meio dele vivamos. Nisto está o amor: não em que nós tenhamos amado a Deus, mas em que ele nos amou a nós, e enviou seu Filho como propiciação pelos nossos pecados" (1Jo 4.9, 10).

---

[410] Veja o capítulo 4 sobre a necessidade da expiação.

De modo parecido, Jesus mencionou de forma específica para seus discípulos que o seu amor é a motivação de sua expiação: "Um novo mandamento vos dou: que vos ameis uns aos outros; assim como eu vos amei a vós, que também vós vos ameis uns aos outros" (Jo 13.34). "Se guardardes os meus mandamentos, permanecereis no meu amor; do mesmo modo que eu tenho guardado os mandamentos de meu Pai, e permaneço no seu amor" (Jo 15.10). "O meu mandamento é este: Que vos ameis uns aos outros, assim como eu vos amei. Ninguém tem maior amor do que este, de dar alguém a sua vida pelos seus amigos" (Jo 15.12-13).

As Escrituras afirmam várias coisas sobre o amor de Deus. Em primeiro lugar, Deus é amor por natureza (1Jo 4.8). Torrance afirma:

> *Deus não nos ama por causa da propiciação expiatória promovida pela morte sacrificial de Cristo. Em vez disso, essa propiciação vem diretamente da iniciativa própria que constitui o amor divino. É por meio desse simples transbordar de seu amor eterno que Deus providenciou para a humanidade a propiciação expiatória no sangue de Cristo, para que por ele se aproximasse de nós e nós nos aproximássemos dele com o propósito de retirar todas as barreiras do pecado, da hostilidade e do medo entre nós e a sua pessoa.*[411]

O segundo aspecto é que, dentro da Trindade, o relacionamento recíproco de amor se expressa de forma clara em João 15.9-10 e 17.23. O terceiro indica que o amor de Deus dá início a todas as formas de amor – "ele nos amou primeiro" (1Jo 4.19).

Em quarto lugar, o amor de Deus é concedido gratuitamente sem que haja nenhuma condição prévia, mas esse amor não exclui condições para ser recebido, como demonstra João 3.16. Deus busca um relacionamento de amor correspondido de forma universal, mas ele também toma a iniciativa de entrar em relacionamento somente com aqueles que correspondem de forma adequada ao seu amor. Existe, ao mesmo tempo, uma condicionalidade e uma incondicionalidade no amor de Deus, correspondendo aos aspec-

---

[411] T. F. Torrance, *Christian Doctrine of God: One Being, Three Persons* (Edinburgh: T&T Clark, 1996), p. 245.

tos objetivos e subjetivos do seu amor. O amor *subjetivo* de Deus é aquele que decorre do seu caráter independentemente da reação humana, mas o amor *objetivo* de Deus "descreve seus relacionamentos de amor (interativos) para com as criaturas e assim se refere a esse amor que toma a iniciativa de estabelecer um relacionamento com as pessoas com a correspondência de forma avaliativa e influenciada pelas disposições e/ou pelo modo que a criatura alvo age.[412] No sentido subjetivo, o amor de Deus é descrito nas Escrituras como eterno, incondicionalmente constante, e baseado em seu caráter eterno de amor. Os aspectos objetivos do amor de Deus são relacionais e se baseiam na correspondência humana ao amor preveniente[413] e imerecido.

O quinto aspecto que observamos é que não existe exemplo na Escritura de amor determinado de forma causal. As Escrituras geralmente retratam o amor divino e humano como voluntários.

Já o sexto é que o amor de Deus é avaliativo. "O amor de Deus pelos seres humanos é claramente associado ao prazer avaliativo e/ou desagrado de forma semântica e temática".[414] De modo parecido, o desagrado de Deus nas Escrituras nunca é retratado como arbitrário, mas sempre motivado e provocado pelo mal.

Em sétimo lugar, as Escrituras indicam que o amor de Deus tanto é universal quanto particular. O amor de Deus pelo mundo é pré-condicional[415] e universalmente relacional. Deus ama a todas as pessoas e deseja que todos venham a manter um relacionamento salvador com ele por meio de Cristo (1Tm 2.4-6). Deus ama a cada

---

[412] Peckham, *The Love of God*, p. 212 (veja o cap. 1, n. 5).

[413] "Precisamos resgatar essa palavra 'preveniente' porque nenhuma outra palavra ou expressão capta tão bem o fato essencial sobre a graça: ele vem antes, ou precede, o reconhecimento do pecado precede a confissão do pecado, precede o arrependimento de pecado, e precede o abandono do pecado" (Rutledge, *The Crucifixion*, p. 168 [veja a "Introdução", n. 41]).

[414] Peckham, *The Love of God*, p. 119.

[415] Um termo criado por John Peckham, que significa, "O amor de Deus é concedido gratuitamente antes de quaisquer condições, mas sem a exclusão delas. Por causa disso, alguns elementos do amor de Deus são incondicionais, enquanto outros, de outro modo, são condicionais" (Peckham, p. 191).

indivíduo pré-condicionalmente com o propósito de amá-los de forma particular em uma relação recíproca de amor.

Por que o amor de Deus é particular? A teologia reformada afirma que isso acontece por causa da escolha seletiva de alguns para a salvação – isto é, dos eleitos nos quais ele direciona seu amor eletivo salvador ou especial. Peckham concorda que as Escrituras diferenciam entre o amor universal e o amor particular de Deus, mas acredita que Deus concedeu à humanidade uma "liberdade significativa" para escolher corresponder a esse amor, ou rejeitá-lo. Alguns são amados por Deus de forma mais íntima do que os outros, recebendo as bênçãos do seu amor salvífico, não por causa de uma eleição arbitrária e soberana, mas por causa da rejeição humana do amor de Deus.[416]

O que essa avaliação do amor de Deus tem a dizer sobre a expiação? Será que as Escrituras associam o amor de Deus com a expiação? É claro que sim! Na verdade, considerando o que as Escrituras dizem sobre a expiação e sobre o amor de Deus, exclui-se a noção de uma expiação limitada por motivos óbvios. Como se pode dizer que Deus ama e tem desejo de salvar, com um mínimo sentido, aqueles para quem não providencia expiação pelos seus pecados? Como se pode dizer que Deus deseja a salvação de todas as pessoas se ele não providencia a expiação para todos? Já que ninguém pode ser salvo exceto pela expiação de Cristo, é simplesmente contraditório falar sobre o amor universal de Deus e sua vontade universal de salvação dentro da plataforma da expiação limitada.

Temos a indicação clara de João 3.16 de que a intenção divina de salvar abrange todo o mundo. João associa claramente o ato de expiação de Deus pelos pecados com o amor de Deus (1Jo 4.9, 10). Canonicamente, a lógica de Romanos 1-11 também demonstra isso. Do capítulo 1 ao capítulo 3, Paulo demonstra que a abrangência da pecaminosidade humana é universal. Em Romanos 11.32, o alcance da misericórdia de Deus é universal. A referência que Paulo faz aos grupos de pessoas denominados judeus e gentios não muda o fato

---

[416] Veja Peckham, p. 257-263.

que o propósito de Deus é demonstrar misericórdia a todos dentro dos dois grupos. H. D. McDonald se expressou dessa maneira:

> *O amor de Deus não é identificado no Novo Testamento como uma verdade declarada, por assim dizer, que antecede à obra de Cristo. Pelo contrário, o ensino uniforme é que o seu amor é declarado com relação à vinda e à obra de Cristo. É o próprio ato da expiação como julgamento de Deus sobre o nosso pecado em Cristo que é a razão principal para a declaração de que Deus é amor. A morte de Cristo, onde ele levou a condenação do pecado como a essência do perdão divino, consiste, ao mesmo tempo, em uma demonstração da imensidão e da santidade do amor de Deus. O fato de que o próprio Deus encontrou na morte do seu Filho a exigência do seu julgamento santo do pecado se constitui na manifestação definitiva do seu amor. Além disso, trata-se de um amor que transcende a simples palavras. É um amor que se demonstra na expiação da morte de Cristo. Deus não podia fazer jus ao seu amor e à sua santidade com relação ao pecado de um modo menos terrível do que esse: que o Filho de Deus tomasse por nós toda a responsabilidade por isso.*[417]

Deus ama o seu povo, a igreja. Com certeza, isso é verdade, mas igualmente temos que afirmar que Deus também ama a todas as pessoas e que Cristo morreu pelos pecados de todas as pessoas, senão estaremos omitindo a essência do evangelho.

EXPIAÇÃO OBJETIVA E SUBJETIVA

As Escrituras explicam que a expiação tem que ser considerada de forma objetiva e de forma subjetiva com relação a Deus. Deus é o sujeito na medida em que ele providencia, por causa do seu amor, a expiação na cruz por meio de Cristo, mas Deus Pai também, em algum sentido, é o objeto da expiação, já que a sua ira e a sua justiça são satisfeitas pela obra de Cristo na cruz. Nem os aspectos objetivos nem os aspectos subjetivos da expiação devem ser subordinados um ao outro.

---

[417] McDonald, *The Atonement of the Death of Christ*, p. 30-31 (veja o cap. 1, n. 11); destaque do autor.

Os termos *objetiva* e *subjetiva* também são usados de forma geral e ampla para diferenciar várias teorias sobre a expiação.

> *Essas classificações também são usadas frequentemente, tanto de forma positiva quanto pejorativa... Geralmente a primeira qualificação ["objetiva"] se refere a teorias que destacam que Deus alcançou algo alheio àqueles que recebem os benefícios da expiação, algo que se realiza mesmo que as pessoas em particular não façam ideia do que acontece. As teorias objetivas destacam a iniciativa de Deus, e tipicamente voltam sua atenção para o acontecimento da vida, da morte e da ressurreição de Cristo no passado... As teorias subjetivas se concentram na reação humana, logo elas geralmente voltam a sua atenção ao que acontece no presente.*[418]

Berkouwer faz uma crítica profunda das visões subjetivas sobre a expiação e sobre a reconciliação:

> *O erro da doutrina da reconciliação noética e subjetiva é que ela descaracteriza o amor de Deus como um sentimento sem afeto e desinteressado que é incapaz de ser insultado ou magoado, um amor que só precisa ser revelado, sem sofrimento e sem sacrifício, sem ato nenhum na história. Essa "revelação" toma o lugar da ira de Deus, que deve ser eliminada como uma distorção humana do conceito de Deus. Passa a se ignorar todo o ensino das Escrituras, não há reflexão sobre o motivo pelo qual o sofrimento de Cristo era imprescindível, porque um Sumo Sacerdote como esse tomou o nosso lugar (Hb 7.26), que de uma vez no fim dos tempos se manifestou para afastar o pecado pelo sacrifício de si mesmo (Hb 9.26).*[419]

Berkouwer destaca que o centro da batalha a respeito desse dilema reside no amor de Deus. Os críticos do modelo substitutivo penal da expiação afirmam que ele projeta em Deus características que ofuscam o seu amor. No entanto, a igreja sempre enfatizou a unidade e a harmonia dos atributos de Deus, inclusive a unidade entre seu amor e a sua santidade, na sua provisão de expiação. Na cruz

---

[418] Sherman, *King, Priest, and Prophet*, p. 19 (veja a nota 37 da Introdução).
[419] Berkouwer, *The Work of Christ*, p. 274 (veja a nota 13 da Introdução).

de Cristo, a justiça e o amor de Deus são revelados *simultaneamente*.[420] Como Berkouwer conclui de forma acertada, a questão se o objeto da reconciliação é Deus ou o homem se trata de um dilema falso.[421]

A EXPIAÇÃO COM RELAÇÃO A DEUS, CRISTO, SATANÁS, A HUMANIDADE E O PECADO

Quando se considera sua natureza, a expiação é realizada de forma específica pelo pecado humano e se relaciona a toda a humanidade. O pecado de Adão e Eva rompeu o relacionamento deles com Deus. Só podemos nos aproximar de Deus por meio de uma oferta sacrificial pelo pecado humano. Isso é retratado no AT pela instituição que Deus faz de várias ofertas, holocaustos e ofertas pacíficas. O pecado humano se manifesta em toda a história e se trata de um problema universal (Is 53.6; Rm 3.23; 5.12). O NT reconhece de forma direta a expiação como sacrifício pelos nossos pecados (Rm 4.25; Hb 10.12; 1Pe 3.18). Esses versículos que acabamos de citar e muitos outros parecidos indicam que a morte de Cristo aconteceu por causa do pecado do homem, que ele levou o castigo pelo nosso pecado, e que ele morreu com a intenção de nos libertar dos nossos pecados.[422]

O sentido exato de afirmações como essas é difícil de identificar. Elas podem indicar: (1) que os nossos pecados foram responsáveis pela sua morte, (2) que ele levou a responsabilidade de nossos pecados ou se submeteu ao juízo de Deus sobre os nossos pecados, ou (3) que ele morreu para nos libertar dos nossos pecados; ou elas podem ter um significado que combine um ou mais desses três que relacionamos.

A expiação é a base para a nossa salvação por meio do ato onde Cristo leva nossos pecados na cruz (Hb 9.28; 1Pe 2.24) como uma obra de propiciação e expiação pelo pecado (Rm 3.25; Hb 2.17; 1Jo 2.12), por meio do qual ele leva o pecado (Jo 1.29) e o afasta (Hb 9.26).

---

[420] Berkouwer, p. 275, 277.
[421] Berkouwer, p. 287.
[422] Culpepper, *Interpreting the Atonement*, p. 65 (veja o cap. 1, n. 19).

Quando a expiação é aplicada àqueles que creem em Cristo, o resultado é descrito como perdão ou a remissão de pecados (Mt 26.28; Lc 24.47; At 2.38; Ef 1.17; Cl 1.14), libertação ou redenção do pecado (Tt 2.14), purificação ou expurgo do pecado (Hb 1.3; 1Jo 1.7). A expiação possibilita que Deus perdoe os pecados daqueles que cumprem sua condição de salvação: o arrependimento dos pecados e a fé em Cristo. A obra consumada da cruz assegura que todos que cumprem a condição de salvação divina sejam salvos de verdade.

A expiação repercute em Satanás. A cruz reverte a maldição de Gênesis e serve como meio pelo qual Satanás e derrotado de forma definitiva. A primeira referência a essa derrota se encontra em Gênesis 3.15. Essa verdade também é expressa por Hebreus 2.14: "...para que pela morte derrotasse aquele que tinha o poder da morte, isto é, o Diabo". A expiação concede vitória sobre Satanás e sobre todos os poderes do mal (Jo 12.31-33; Cl 2.14-15; Hb 2.14-15).

A expiação também faz referência à morte. "O salário do pecado é a morte" (Rm 6.23), e, com base na expiação (Hb 9.12), quem crê fica livre do "medo da morte" (Hb 2.15) e se declara que ele "passou da morte para a vida" (Jo 5.24; cf. 3.15-16; 10.27-28).

Existe também uma ligação indissociável entre a expiação de Cristo e a sua ressurreição (1Co 15.3-4). A crucificação não pode ser separada nem ter um destaque maior do que a ressurreição.[423] A cruz e a ressurreição são os temas principais da pregação apostólica. Se Cristo não ressuscitou dentre os mortos, ainda estamos em nossos pecados, segundo 1Coríntios 15. Esses dois acontecimentos são necessários para a salvação da humanidade (Mc 8.31). Na ressurreição, temos a grande declaração de inocência da parte de Deus, vencendo o veredito que a humanidade recebeu para ser crucificada. Como afirma McDonald:

> *É na ressurreição que a realidade salvadora da cruz entra na história. Ela é a confirmação da expiação. É a garantia divina de que os nossos pecados,*

---

[423] Vidu, *Atonement, Law, and Justice*, p. 263 (veja o cap. 5, n. 11).

com sua culpa e castigo, foram devidamente tratados... Por meio da cruz e do túmulo vazio, a salvação de Deus passou a ser um fato histórico e eterno. A historicidade da expiação se encontra na cruz e a sua garantia eterna se encontra na ressurreição... Sem a cruz, a ressurreição seria vista como um milagre, mas não se relacionaria com a vida do ser humano, e, sem a ressurreição, a cruz seria vista como um erro sem nenhuma ligação com seu pecado. Além disso, a cruz não pode ser entendida como expiação sem a ressurreição, e sem a cruz, a ressurreição não se pode vivenciar a experiência redentora.[424]

EXPIAÇÃO COMO SACRIFÍCIO

Tanto o AT como o NT geralmente retratam a expiação com uma linguagem sacrificial. Isso se expressa claramente em passagens como Efésios 5.2, onde Paulo descreve a morte de Cristo como um "sacrifício" a Deus, além de se expressar implicitamente no fato de que existem o triplo de referências ao "sangue" de Cristo com relação às referências à "morte" de Cristo. Culpepper observa que Jesus emprega pelo menos quatro palavras sacrificiais quando instituiu a Ceia do Senhor – "sangue", "aliança", derramado", "corpo" – e que ele interpretou sua missão como cumprimento da profecia do capítulo 53 de Isaías.[425]

O caráter sacrificial da expiação é demonstrado de forma especial em Hebreus, onde se declara que a morte de Cristo é um sacrifício pelos pecados (Hb 7.27; 9.26; 10.12). O autor dessa carta declara que a morte de Cristo é o cumprimento de tudo que foi prefigurado e previsto de forma tipológica pelo sistema sacrificial do AT.

---

[424] ❦ McDonald, *The Atonement of the Death of Christ*, 38–40. Veja também o livro de Walter Künneth *Theology of the Resurrection* (St. Louis: Concordia Publishing House, 1965). Como James Denney afirma: "Não pode haver salvação sem que haja um Salvador vivo: isso explica a base estabelecida pelo apóstolo sobre a ressurreição. No entanto, aquele que ressuscitou só pode ser Salvador porque morreu: isso explica o destaque que se coloca na cruz" (Denney, *The Death of Christ*, p. 123 [veja cap. 1, n. 3]). Veja também a análise no livro de Patterson, "The Work of Christ", 473-475 (veja a nota 21 da Introdução).

[425] ❦ Culpepper, *Interpreting the Atonement*, p. 68.

O século XX testemunhou uma tendência crescente de rejeição à natureza sacrificial da expiação.[426] Outras pessoas, a princípio, não a descartaram, mas buscaram redefini-la para poderem desmenti-la.[427] Apesar disso, o conceito da expiação como um sacrifício e a afirmação de que foi essencialmente um sacrifício está presente tanto no AT como no NT.

EXPIAÇÃO COMO SUBSTITUIÇÃO

Muitos teólogos consideram a substituição a categoria teológica controladora que define a expiação e explica essencialmente como ela funciona. As obras mais antigas sobre a expiação usam o adjetivo "vicária", com o significado de "substitutiva". O tema da expiação como tendo natureza substitutiva está presente de forma expressiva na obra dos pais da igreja, tanto dos gregos quanto dos latinos.[428] Muitos escritores modernos criticam a substituição penal por não abordarem de forma adequada a

---

[426] Para consultar uma bibliografia, veja Royce G. Gruenler, "Atonement in the Synoptic Gospels and Acts", em *The Glory of the Atonement: Biblical, Theological & Practical Perspectives,* ed. Charles E. Hill and Frank A. James III (Downers Grove, IL: IVP Academic, 2004), p. 91.

[427] Do mesmo modo pensa Christian A. Eberhart em *The Sacrifice of Jesus: Understanding Atonement Biblically* (Minneapolis: Fortress, 2011). Eberhart identifica quatro razões para a rejeição generalizada da expiação como sacrifício: (1) Sua imagem é associada com morte e sofrimento. (2) Ela parece ser essencialmente violenta. (3) Alguns a encaram como a projeção da imagem de pai violento em Deus. (4) A cultura do individualismo dificulta o entendimento de um sacrifício vicário (Eberhart, p. 5-7). A tese de Eberhart afirma que o sentido do sacrifício é quadruplo: *"ser visto como abordagem, troca, comunicação e purificação.* Esses rituais não possuem nenhum destaque particular na morte ou na violência... A soteriologia do Novo Testamento não se concentra de modo exclusivo na morte de Jesus, mas possui uma *dimensão mais ampla sobre a encarnação que inclui toda a sua vida e missão"* (Eberhart, p. 11; destaque do autor). Logo, "as metáforas sacrificiais nos contextos cristológicos [nas Escrituras] não expressam somente violência ou morte vicária, mas possuem a conotação de santidade e aceitação" (Eberhart, 103).

[428] Veja J. N. D. Kelly, *Early Christian Doctrines,* ed. rev. (New York: Harper Collins, 1978), p. 380-389.

mudança de relacionamento que acontece na salvação.[429] Entretanto, os teólogos anteriores estavam bem cientes disso e identificaram a mudança que ocorre como baseada e iniciada na cruz (*santificação posicional*) e aquela que é operada na vida do cristão posteriormente (*santificação progressiva*).

Outra dicotomia falsa se revela na pergunta se a expiação foi representativa ou substitutiva. A resposta bíblica afirma que a expiação teve essas duas características. Pode haver representação sem substituição, mas não se pode ter substituição sem representação. Não há dúvida de que Jesus agiu como representante da humanidade na sua encarnação e na sua crucificação. Como Culpepper destaca, o conceito da expiação representativa expresso no NT se baseia no conceito da personalidade corporativa do AT. "Tanto o Filho do Homem quanto o Servo Sofredor na profecia do AT e no cumprimento do NT são figuras representativas".[430] Lemos em 2Coríntios 5.14-15 o exemplo da representação: "se um morreu por todos, logo todos morreram".

Há mais de cinquenta anos, Leon Morris tratou muito bem a questão. Estava na moda nessa época dizer que a cruz era representativa, mas não substitutiva. Morris acreditava que a linguagem da representação no lugar da substituição era problemática, em primeiro lugar porque "sofre da falta de uma definição precisa". Dentro do contexto da expiação, a representação e a substituição significam exatamente a mesma coisa, como se pode demonstrar consultando um dicionário. Nos contextos onde os dois conceitos podem ser diferenciados, não há razão suficiente para se preferir a representação à substituição. O fator principal de destaque parece ser o elemento de "delegação pessoal de res-

---

[429] Veja, por exemplo, Michael M. Winter, *The Atonement,* Problems in Theology (Collegeville, MN: The Liturgical Press, 1995); Darby K. Ray, *Deceiving the Devil: Atonement, Abuse, and Ransom* (Cleveland, OH: Pilgrim Press, 1998); e Cees J. den Heyer, *Jesus and the Doctrine of the Atonement: Biblical Notes on a Controversial Topic,* tradução para o inglês de John Bowden (London: SCM, 1998). Para uma análise sobre o andamento dos estudos sobre a expiação, veja Sherman, *King, Priest, and Prophet,* p. 23-46.

[430] Culpepper, *Interpreting the Atonement,* p. 70-71.

ponsabilidade". A humanidade não delegou a Cristo como nosso representante; muito pelo contrário, Deus o designou para executar a expiação pelos nossos pecados. Morris conclui que esse conceito pode ser útil, desde que se mantenha esta distinção e que *não se negue a substituição*.[431]

Leonard Hodgson acredita que os dois conceitos se@@ encontram no NT: "Não há necessidade de se escolher entre as doutrinas substitutivas e as representativas como se fossem alternativas mutuamente exclusivas... Há verdade em dizer que Cristo sofreu em nosso lugar (ἀντί ἡμῶν [*anti hēmōn*]) e também em se dizer que ele sofreu em nosso favor (ὑπὲρ ἡμῶν [*hyper hēmōn*]).[432]

Entretanto, não há como simplesmente limitar algumas referências à categoria de "representação" que sejam descritas de modo mais preciso como substitutivas (e.g., 2Co 5.21; Gl 3.13; 1Pe 2.24). A obra de Jesus não se tratou de algo meramente representativo, ela também foi algo substitutivo, como se aborda claramente em passagens como 1Pedro 3.18: "Porque também Cristo morreu uma só vez pelos pecados, o justo pelos injustos, para levar-nos a Deus". A morte de Cristo na cruz foi uma morte substitutiva na qual ele nos representou. Já estudamos como isso se expressa no capítulo 53 de Isaías. A única maneira pela qual

---

[431] Morris, *The Cross in the New Testament*, p. 407-409 (veja cap. 3, n. 4).

[432] Leonard Hodgson, *The Doctrine of the Atonement* (New York: Charles Scribner's Sons, 1951), p. 142. Sobre substituição/representação, veja também Johnson, *Atonement: A Guide for the Perplexed*, p. 43-46 (veja o cap. 5, n. 5). Johnson recorre a Thomas F. Torrance para combinar a representação com a substituição. Robert Anderson propôs a noção de que Cristo morreu dois tipos de morte – uma para os salvos e outra para os não salvos (Robert Anderson, *The Gospel and Its Ministry* [London: James Nisbet & Co., 1876; 17ª ed., London: Pickering and Inglis, 1969], p. 72). Ele afirmou que Cristo morreu hyper - "em benefício" dos ímpios — e não *anti* —"no lugar" dos ímpios. Aparentemente, Anderson baseou sua conclusão em sua observação de que a palavra grega *hyper* sempre é usada para apresentar o evangelho aos que não são salvos. Logo, Anderson disse que se pode dizer ao picador que Cristo morreu pelos seus pecados, mas não que Cristo morreu como seu substituto (Anderson, p. 72). Esse é um modo equivocado de entender as preposições gregas e uma confusão sobre a definição de substituição.

se pode expiar o pecado é que um substituto o leve em nosso favor.⁴³³

A expiação substitutiva se baseia exegeticamente em textos importantes sobre a expiação que empregam as preposições gregas *antí* (e.g., Mc 10.45) e *hyper* ("em favor de" ou "por"; e.g., 1Co 15.3). Os textos seguintes empregam a preposição *hyper*:

O sangue de Jesus foi "derramado por muitos" (Mc 14.24)
"Cristo morreu pelos ímpios" (Rm 5.6)
"Cristo morreu por nós" (Rm 5.8)
Deus "entregou" seu Filho "por nós" (Rm 8.32)
"Cristo morreu pelos nossos pecados, segundo as Escrituras" (1Co 15.3)
"Um morreu por todos" (2Co 5.14)
Deus "fez pecado por nós" "aquele que não conheceu pecado" (2Co 5.21)
Cristo "deu a si mesmo por nossos pecados" (Gl 1.4)
Cristo "deu a si mesmo por mim" (Gl 2.20)
Cristo se fez "maldição por nós" (Gl 3.13)
Cristo "deu a si mesmo em resgate por todos" (1Tm 2.6)
Jesus provou "a morte por todos" (Hb 2.9)
"Cristo... sofreu... o justo pelos injustos" (1Pe 3.18)

Em Lucas 22.37, Jesus cita Isaías 53 e indica que sua morte é substitutiva por natureza e que ele, na verdade, é o Servo Sofre-

---

⁴³³ "Segundo a doutrina da expiação, a obra de Cristo encontra sentido na retirada da barreira objetiva que se colocava entre Deus e a humanidade por causa do pecado... humano. Portanto, parte da premissa de que a santidade ofendida de Deus tem que ser expiada ou que a quebra da lei tem que ser recompensada por um ato humano de restituição. A obra de Cristo é entendida como um ato vicário e substitutivo, realizado diante de Deus a favor de outras pessoas que são incapazes de fazer isso por si mesmas" (Colin E. Gunton, "The Atonement: Systematic Theology," em *The Encyclopedia of Christianity*, ed. Erwin Fahlbusch, 5 vols. [Grand Rapids: Eerdmans, 1999], 1:156). Observe a diferença entre "substituição vicária" e "substituição penal" em Michael Horton, *Doutrinas da fé cristã* (São Paulo: CEP, 2017).

dor referido nesse capítulo.⁴³⁴ A expiação substitutiva é declarada expressamente nas Escrituras. "A unidade absoluta entre o Pai e o Filho na obra da redenção não pode ser um momento que possa ser ignorado. Quando Cristo toma o lugar do pecador em sua morte, trata-se do próprio Deus levando as consequências do nosso pecado. É Deus salvando o homem entregando a si mesmo, nunca às custas de outra pessoa".⁴³⁵ O teólogo batista J. M. Pendleton afirma:

> *Cristo morreu ao nosso favor porque morreu em nosso lugar. Somos beneficiados pela sua morte porque tomou o lugar da nossa morte. Não poderia haver nenhum benefício sem essa substituição: e é bem fundamentado o temor de que as palavras "em nosso favor" enganem muitas pessoas para sua perdição eterna. Eles supõem de forma inútil que serão beneficiados da morte de Cristo, dissociando-a da própria característica que a capacita a conceder esse benefício. A morte do Redentor possui poder de salvação para o homem, porque ele morreu por ele, na esfera do homem, mas não vale para os anjos decaídos, porque ele não morreu por eles. Não se pode insistir de forma totalmente honesta que a única razão pela qual recebemos o benefício da salvação pela morte de Cristo é que ele morreu em nosso lugar. Ele sofreu em nosso lugar e "afastou o pecado pelo sacrifício de si mesmo" (Hb 9.26). Sua obediência e sua morte sustentaram a dignidade do trono divino, fizeram jus à retidão da administração divina, honraram as afirmações normativas e penais da lei divina, e abriram o canal para o exercício constante da misericórdia para os pecadores culpados.⁴³⁶*

As críticas à substituição penal, embora tenham tomado vulto nas últimas décadas, já possuem um histórico bem longo. Os socinianos se opuseram a ela no século XVII, e, desde aquela época,

---

⁴³⁴ Quanto à citação de Jesus de Isaías 53 em Lucas 22:37, veja Oscar Cullmann, *The Christology of the New Testament*, trad. para o inglês de Shirley C. Guthrie e Charles A. M. Hall (Philadelphia: WJK, 1963), p. 68-69; Hengel, *The Atonement*, p. 57-60 (veja a nota 2 da Introdução); e Stott, A Cruz de Cristo, p. 147 (veja cap. 3, n. 65).

⁴³⁵ Morris, *The Cross in the New Testament*, p. 410.

⁴³⁶ Pendleton, *Christian Doctrines*, p. 227-228 (veja cap. 1, n. 4).

essas críticas têm surgido em alguns momentos. O século XX testemunhou um reaparecimento delas, de modo que Hughes podia observar em sua obra de 1949 o "movimento de revolta contra todas as teorias penais".[437]

Alguns detratores da substituição penal evitam a "violência" que eles veem na doutrina e simplesmente não conseguem conceber como um Deus que não é violento poderia agir dessa maneira. Eles essencialmente acusam a substituição penal de legitimar a violência em nome da justiça.[438] Johnson observa que "a convicção de que Deus não é violento em nenhuma de suas interações, especialmente na cruz, é uma tese bem definida, mantida de forma profunda e revolucionária para a doutrina.[439] No entanto, Pugh é bem correto: "Poderia ser dito que não existe teoria da expiação sem violência. Toda teoria da expiação, mesmo as que propõem não ser violentas, faz com que Deus se envolva em uma violência redentora".[440] A crítica blasfema da substituição penal como "violência paterna cósmica"[441] não consegue reconhecer a estrutura trinitária da cruz e solapa a soberania de Deus sobre a cruz (At 2.23), bem como a realidade do sofrimento redentor, do modo que é expresso em Isaías 52.13-53.12.[442]

Bruce McCormick faz uma crítica penetrante da falsa acusação contra a substituição penal como "violência paterna divina"[443] quando observa que a lógica da substituição penal não consiste no Pai fazendo alguma coisa contra o seu Filho eterno, mas, pelo con-

---

[437] Hughes, *The Atonement*, xiii–xiv (veja cap. 4, n. 21).

[438] Vanhoozer, *The Drama of Doctrine*, p. 382 (veja a nota 32 da Introdução).

[439] Johnson, "Atonement: The Shape and State of the Doctrine," p. 15 (nota 7 da Introdução).

[440] Pugh, *Atonement Theories*, p. 59 (veja o cap. 6, n. 37).

[441] Chalke e Mann, *The Lost Message of Jesus*, p. 182-183.

[442] Treat, *The Crucified King*, p. 176 (veja a nota 1 da Introdução). Veja também a crítica da calúnia de "violência paternal divina" em Jeffery, Ovey, e Sach, *Pierced for Our Transgressions*, p. 228-233 (veja o cap. 2, n. 5); e, mais recentemente, Johnson, *Atonement: A Guide for the Perplexed*, p. 71-77.

[443] Joanne Carlson Brown e Rebecca Parker, "For God So Loved the World?" em *Christianity, Patriarchy, and Abuse: A Feminist Critique*, ed. Joanne Carlson Brown e Carole R. Bohn (New York: Pilgrim Press, 1989).

trário, que a cruz se trata de um acontecimento entre o Pai e o Filho, o *Logos*, como *ser humano*: "O que acontece no derramar da ira da parte do Pai sobre Jesus Cristo é que a experiência humana do 'castigo da morte' que os seres humanos merecem por causa da sua pecaminosidade é levado pela vida do próprio Deus".[444] Além disso, já que o Deus trino se envolve na expiação, tudo o que ele faz na verdade está realizando consigo mesmo:

> *O Deus trino derrama sua ira sobre si mesmo e pela natureza humana que ele se apropriou na segunda pessoa do seu ser... Esse é o significado da substituição penal quando é vista dentro do cenário de uma cristologia bem equilibrada... Mas o ponto essencial é que um ensino equilibrado da teoria da substituição penal (que entende de forma adequada essas premissas ontológicas) não retrata esse acontecimento como uma ação violenta da parte de Deus (concebido como um indivíduo) contra o Filho (concebido como um segundo indivíduo distinto). Portanto, o acontecimento em questão é inimitável em um nível absoluto. Não tem como ser comparado no nível das relações humanas, e definitivamente a acusação moral contra a substituição penal não se sustenta.*[445]

A preocupação de Johnson é que quando a substituição penal é tratada como a teoria única, leva a "uma falta de proporção e de perspectiva perigosa".[446] Encaro essa afirmação como surpreendente diante das declarações mordazes que são feitas por aqueles que negam ou infamam a substituição penal. A falta de proporção e de perspectiva acontece justamente com essas pessoas, não com aqueles que defendem a substituição penal.

Dentre aqueles que apoiam a substituição penal, muitos não se dispõem muito a dar a essa doutrina a primazia nas Escrituras.

---

[444] Bruce L. McCormack, "The Ontological Presuppositions of Barth's Doctrine of the Atonement," em *The Glory of the Atonement: Biblical, Theological & Practical Perspectives,* ed. Charles E. Hill e Frank A. James III (Downers Grove, IL: IVP Academic, 2004), p. 364.

[445] McCormack, p. 364-65. Mas veja a preocupação e a cautela motivada pela "inseparabilidade" trinitária de McCormack em Vidu, "The Place of the Cross," p. 28-32 (veja o cap. 4, n. 19).

[446] Johnson, "Atonement: The Shape and State of the Doctrine," p. 16.

Michael Bird pensa que a substituição penal não é a doutrina primária, ou a mais importante da expiação, porque a pregação no livro de Atos destaca mais a ressurreição do que a cruz, e por causa do lugar da substituição penal na história da igreja.[447] No entanto, outros – de forma correta, na minha opinião – consideram a substituição penal como a abordagem básica da expiação nas Escrituras.[448] Robert Peterson apresenta quatro razões principais pelas quais ela deve ser encarada como fundamental com relação aos outros conceitos bíblicos: (1) a história da redenção (Is 52.13-53.12); (2) Marcos 10.45 (a única passagem dos Evangelhos onde Jesus interpreta a importância da sua morte e que afirma a substituição penal; (3) Hebreus 2.17; 9.23; e praticamente toda a carta aos Hebreus, onde a redenção consiste em mais do que a substituição, mas a inclui; (4) a presença da substituição legal em outras descrições da obra de Cristo; (5) a substituição penal como base da reconciliação em 2Coríntios 5.21; (6) a subordinação do tema *Christus Victor* ao da substituição em Colossenses 1.14, 15 e Apocalipse 5.5-9; (7) A linguagem sacrificial das Escrituras que indica a substituição; (8) a proeminência da substituição legal na Bíblia; e (9) a "orientação para Deus" da substituição penal.[449]

Jeremy Treat acredita de modo parecido que o lugar principal na doutrina pertence à substituição penal, citando dois motivos principais:

> *Em primeiro lugar, em termos teológicos, a substituição penal tem a prioridade por causa do seu poder de esclarecimento... O segundo motivo é que*

---

[447] Michael F. Bird, *Evangelical Theology: A Biblical and Systematic Introduction* (Grand Rapids: Zondervan, 2013), p. 414.

[448] A substituição penal como um modo de entender a expiação já se faz presente desde a era patrística. Veja Joseph F. Mitros, "Patristic Views of Christ's Salvific Work," *Thought* 42 (1967): p. 415-447; Henri A. G. Blocher, "Biblical Metaphors and the Doctrine of the Atonement," JETS 47 (2004): 629-645; e Michael J. Vlach, "Penal Substitution in Church History," MSJ 20 (2009): p. 199-214.

[449] Robert A. Peterson, *Salvation Accomplished by the Son: The Work of Christ* (Wheaton: Crossway, 2012), p. 557-560.

ela tem prioridade no sentido de que se relaciona mais diretamente com o relacionamento do homem com Deus, que é o destaque principal da criação, da queda e da redenção. Em outras palavras, a substituição penal aborda diretamente o problema principal entre Deus e a humanidade (ira/culpa), enquanto a teoria Christus Victor aborda o problema secundário da servidão humana a Satanás.[450]

A CRUZ É UMA VITÓRIA (CHRISTUS VICTOR) POR MEIO DA SUBSTITUIÇÃO PENAL.

Os questionamentos a respeito da expiação substitutiva são fartamente respondidos.[451] O argumento de I. Howard Marshall é bem elaborado: O modo de responder às críticas da substituição penal "não se acha em negar a percepção bíblica da importância da morte de Jesus, mas em entendê-la corretamente".[452] Ele também acerta ao destacar que a negação da substituição penal deve ser vista como a negação do que a Bíblia diz, em vez de uma reinterpretação convincente dessa mensagem.[453] Garrett observa que o tema da substituição tem como base a junção de quatro metáforas bíblicas empregadas com referência à morte de Cristo:

---

[450] Treat, *The Crucified King*, p. 223-224; destaque do autor.

[451] Veja, por exemplo, Erickson, *Christian Theology*, p. 744-752 (veja a nota 21 da Introdução); Geisler, *Sin, Salvation*, p. 245 (veja o cap. 4, n. 17); Daniel J. Hill e Joseph Jedwab, "Atonement and the Concept of Punishment," em *Locating Atonement: Explorations in Constructive Dogmatics*, ed. Oliver D. Crisp e Fred Sanders (Grand Rapids: Zondervan, 2015), p. 139-153. Marshall, *Aspects of the Atonement* (veja cap. 5, n. 3); Peterson, *Salvation Accomplished by the Son*, p. 396-412; Rutledge, *The Crucifixion*, p. 489-506 (veja a nota 41 da Introdução); Treat, *The Crucified King*. Para consultar aquela que possivelmente é a resposta mais completa a todas as objeções com relação à substituição penal, veja Jeffery, Ovey, e Sach, *Pierced for Our Transgressions*, p. 205-328 (veja cap. 2, n. 5). O grande especialista em grego, A. T. Robertson, disse, "Aqueles que se recusam a admitir que Jesus cria nessa noção de morte substitutiva... [adotam] uma manobra fácil de descartar passagens que contradizem as suas opiniões teológicas" (A. T. Robertson, *Word Pictures in the New Testament*, 6 vols. [Nashville, TN: Broadman, 1930] 1:163).

[452] Marshall, *Aspects of the Atonement*, p. 53.

[453] Marshall, p. 53.

o resgate, o sacrifício, a redenção e a justificação.⁴⁵⁴ A substituição é simplesmente indispensável para a expiação do modo que é revelada na Bíblia.

Stephen Holmes aborda as críticas contemporâneas à substituição penal e observa que a "receptividade cultural" da doutrina é fraca por causa de alguns conceitos sobre justiça retributiva, o "liberalismo político instintivo e dominante entre as elites culturais", e o fato de muitos na cultura ocidental simplesmente não se enxergarem a si mesmos como pecadores que precisam de salvação.⁴⁵⁵ Concordo com Holmes quando ele sugere o seguinte: "A substituição penal mantém o seu valor porque passa a ideia da inevitabilidade da culpa e, por consequência, da nossa necessidade de expiação".⁴⁵⁶ Holmes adota a abordagem de ver metáforas múltiplas, inclusive a da substituição penal, nas Escrituras. Ele nega o ponto de vista de que a substituição penal só pode ser encontrada na patrística e que Calvino teria sido o primeiro a propor essa doutrina.⁴⁵⁷ Por outro lado, Holmes protesta contra pessoas como Joel Green, Mark Baker, Steve Chalke e outros que negam veemente-

---

⁴⁵⁴ Garrett, *Systematic Theology*, 2:17 (veja a nota 21 da Introdução).

⁴⁵⁵ Stephen R. Holmes, "Penal Substitution," in *T&T Clark Companion to Atonement*, ed. Adam J. Johnson (New York: Bloomsbury T&T Clark, 2017), p. 309-310.

⁴⁵⁶ Holmes, "Penal Substitution", p. 313. A posição que Holmes sustenta a respeito da substituição penal não é tão clara, pois ele diz que "mesmo se considerarmos essa doutrina como impossível de pregar nos dias de hoje, trata-se de uma doutrina que deve ter o seu interesse teológico mantido, porque possui elementos que nos informam sobre a natureza da expiação que não podemos ouvir de forma tão clara nas outras escolas" (Holmes, p. 314). Se ela nos ensina coisas sobre a natureza da expiação, como ela pode ser "uma doutrina impossível de pregar nos dias de hoje"?

⁴⁵⁷ Stephen R. Holmes, *The Wondrous Cross: Atonement and Penal Substitution in the Bible and History*, Christian Doctrine in Historical Perspective (London: Paternoster, 2007), p. 57. Ben Pugh declara um equívoco semelhante, pensando que a substituição penal surgiu durante a Reforma (Ben Pugh, *Atonement Theories*, p. 63 [veja o cap. 6, n. 35]). "Então, a substituição penal é, na verdade, uma visão da expiação sob o ângulo da justificação. Suas raízes verdadeiras são a justificação pela fé... A substituição penal se constitui, na verdade, nas bases que justificam a justificação" (Pugh, p. 76).

mente a substituição penal. Ele conclui, de forma equivocada, que o NT não exige a substituição penal, já que "não existe nenhuma declaração que Jesus leva o castigo pelos nossos pecados",[458] acrescentando, ainda, que a substituição penal tem que continuar como uma metáfora viável, entre muitas outras, como expressão da expiação, desde que não a destaquemos sobre as outras metáforas, nem venhamos a distorcer o testemunho bíblico.[459] Thiselton destaca que "as palavras substituição, identificação, representação e participação não se tratam somente de simples abstrações que refletem 'problemas' extraídos das epístolas, mas se baseiam na essência de todo o Novo Testamento".[460]

Leon Morris afirma a importância de entender e defender a substituição penal com severidade:

De modo franco e claro, se Cristo não for meu substituto, continuo ocupando o lugar de pecador condenado. Se os meus pecados e a minha culpa não forem transferidos a ele, se ele não a levar sobre si, então eles continuam comigo. Se ele não tratar meus pecados, tenho que enfrentar suas consequências. Se meu castigo não for levado por ele, ele ainda está pendente sobre mim. Não existe outra possibilidade. Dizer que a substituição é imoral é dizer que a redenção é impossível. Temos que tomar cuidado para não adotar essa posição desastrosa.[461]

Como Lewis Smedes declara: "Enquanto a morte substitutiva de Cristo não tiver o pleno significado da redenção, nada mais supre essa necessidade sem ela".[462] Em geral, no que se relaciona hoje em dia à substituição penal, existem três abordagens: (1) aqueles que a difamam; (2) aqueles que a defendem com cautela como um modelo de expiação que deve ser incorporado a todos os outros modelos

---

[458] Holmes, *The Wondrous Cross*, p. 43.
[459] Holmes, p. 85-86.
[460] Thiselton, *The Hermeneutics of Doctrine*, p. 341; destaque do autor (veja cap. I, n. 22).
[461] Morris, *The Cross in the New Testament*, p. 410.
[462] Lewis B. Smedes, *The Incarnation: Trends in Modern Anglican Thought* (Kampen, Netherlands: J. H. Kok, 1953), p. 160.

do NT;⁴⁶³ e (3) aqueles que a defendem como a expressão mais fundamental e mais importante da teologia da expiação.⁴⁶⁴

EXPIAÇÃO COMO PROPICIAÇÃO E EXPIAÇÃO

Nós já constatamos que o NT utiliza a palavra grega *hilasmos*, "propiciação", em alguns dos textos principais sobre a expiação. A palavra significa "afastar a ira por meio de um sacrifício".⁴⁶⁵ Esse

---

⁴⁶³ E.g., Holmes, *The Wondrous Cross*; Holmes, "Can Punishment Bring Peace? Penal Substitution Revisited," SJT 58 (2005): 104-123.

⁴⁶⁴ E.g., Stott, *The Cross of Christ*. Veja também Jeffery, Ovey, e Sach, *Pierced for Our Transgressions*, p. 201-204 especialmente; Treat, *The Crucified King*. Os batistas, especialmente os da Convenção Batista do Sul, apoiam, na sua grande maioria, a substituição penal. Veja a declaração "Sobre a necessidade da expiação substitutiva penal" no apêndice. Um dos primeiros teólogos batistas do século XVII, Thomas Grantham, defendeu o caráter substitutivo penal da expiação e a expiação universal (Thomas Grantham, *Christianismus Primitivus* [London: Printed for Francis Smith, 1678], 2.62).

⁴⁶⁵ Para uma análise lexical profunda sobre o significado de "propiciação", veja BDAG, p. 473-474; TDNT, 3:300-323; TDNTa, 362-366; EDNT, 2:185-186; e NIDNTTE, 2:531-541. Veja também Morris, *The Apostolic Preaching of the Cross* (veja cap. 1, n. 6); nas p. 149-174, Morris analisa o conceito da ira de Deus no AT e demonstra que o conceito de "propiciação" não possui uma base somente lexical, mas também pelo contexto onde as palavras gregas e hebraicas são usadas. Na LXX, *hilaskomai* às vezes é associada com a ira de Deus (Êx 32.12-14; Dn 9.16-19), e a palavra normalmente se refere à propiciação da ira na literatura grega, como observa Ben Witherington, p. 493 (veja cap. 3, n. 139). C. K. Barrett afirma: "Seria um equívoco ignorar o fato de que a expiação tem, como deveria ser, o efeito da propiciação" (The Epistle to the Romans, BNTC [New York: Harper, 1957], p. 78). O verbo hilaskomai abrange tanto o significado da expiação quanto o da propiciação, como Leon Morris demonstrou de forma conclusiva (Morris, *The Apostolic Preaching of the Cross*, p. 155). "Se alguém reduz a linguagem bíblica da 'propiciação' à expiação em todas as vezes que ela aparece, ele ainda deve responder à pergunta: 'Por que os pecados devem ser expiados?' O que aconteceria se não houvesse nenhuma expiação disponível? Será que alguém pode negar que, segundo o ensino das Escrituras, os homens morreriam nos seus pecados?" (P. K. Jewett, verbete "Propitiation", em *The Zondervan Pictorial Encyclopedia of the Bible*, ed. Merrill C. Tenney, 5 vols. [Grand Rapids: Zondervan, 1975], 4:904-905). Para uma análise excelente sobre as palavras (inclusive com

substantivo é empregado somente duas vezes no NT (1Jo 2.2; 4.10). O substantivo relacionado *hilasterion* também aparece duas vezes e é traduzido ou como "propiciação" ou como "propiciatório" em Romanos 3.25, e como "propiciatório" em Hebreus 9.5. Vimos que na LXX, o verbo correlato *hiláskomai*, "propiciar", às vezes era usado para traduzir a palavra hebraica *kaphar*, "cobrir", no contexto da expiação e do culto. No NT, a forma verbal só aparece duas vezes (Lc 18.13 e Hb 2.17). Essa última passagem tem uma importância especial no contexto da expiação.

Em que sentido a expiação é uma propiciação? Responder a essa pergunta de forma correta é importante, diante de todos os equívocos com relação a esse conceito. "Jesus não nos faz propícios ao Pai de modo a mudar sua atitude com relação aos pecadores e possibilitar que ele perdoe o pecado. Em vez disso, o Pai e o Filho juntos levam sobre si todo o sofrimento e o juízo originado e devido ao pecado, tudo isso por nós".[466] Quanto ao aplacar da ira

bibliografia), veja Judith M. Gundry-Volf, "Expiation, Propitiation, Mercy Seat", em *Dictionary of Paul and His Letters,* ed. Gerald F. Hawthorne, Ralph P. Martin, e Daniel G. Reid (Downers Grove: InterVarsity Press, 1993), p. 279-284. Veja também George Eldon Ladd, *A Teologia do Novo Testamento* (São Paulo: Ed. Hagnos, 2008), p. 429-431. Dunn evita falar muito sobre entender a expiação como aplacar a ira de Deus contra o pecado, como fazem muitos teólogos, mas de forma mais especial nos tempos mais recentes (James D. G. Dunn, *The Theology of Paul the Apostle* [Grand Rapids: Eerdmans, 1998], p. 212-233). O'Collins tenta silenciar a menção paulina da "ira" de Deus em um esforço para negar a substituição penal. Embora ele diga de forma correta que a "raiva" designa o julgamento de Deus sobre o pecado, ele insiste, de forma equivocada, que o NT "nunca se refere à ira de Deus com relação ao sofrimento e a morte de Cristo" (Gerald O'Collins, "Redemption: Some Crucial Issues", p. 2 [veja o cap. 1, n. 10]). A afirmação de que Cristo levou em nosso lugar a ira de Deus pode não aparecer de forma literal em muitas referências bíblicas, mas isso parece ser declarado de forma semântica em Romanos 5.9: ("Muito mais, sendo agora justificados pelo seu sangue, seremos por ele salvos da ira") de forma particular com relação a Romanos 3.21-26. Veja também Gordon Fee, "Paul and the Metaphors for Salvation". p. 43-68 (veja a nota 22 da Introdução).

[466] Marshall, *Aspects of the Atonement,* p. 58. Quem sabe a linguagem de Marshall pudesse ser um pouco mais cuidadosa para evitar que se parecesse com

de Deus, não devemos pensar sobre a expiação de tal modo que retrate Deus como zangado com Cristo. Calvino afirma de forma correta que Deus castigou Jesus em vez de nos castigar, mas negou que o Pai estivesse irado com o Filho.[467] Temos que nos lembrar sempre do conceito trinitário adequado quando falamos sobre o relacionamento entre o Pai e o Filho na cruz. Como afirma Hodgson, Deus "quer que o pecado seja castigado, mas do mesmo modo que ele deseja isso, ele também está disposto a levar esse castigo".[468]

As Escrituras associam a propiciação com o amor de Deus pela humanidade em 1João 4.9-10: "Nisto está o amor: não em que nós tenhamos amado a Deus, mas em que ele nos amou a nós, e enviou seu Filho como propiciação pelos nossos pecados" (v. 10). Como explica James Denney: "Longe de encontrar algum tipo de incompatibilidade entre o amor e a propiciação, o apóstolo não concebe nenhuma ideia sobre o amor sem recorrer à propiciação – ela manifesta o amor, e a única forma que ele encontra para anunciar a propiciação é dizendo: "Vede que grande amor" [1Jo 3.1]".[469] Ou, como T. F. Torrance explica: "É exatamente nesse movimento propiciatório de reconciliação e justificação por meio do Filho que Deus Pai manifesta a intimidade da sua mente e do seu coração para nós na autorrevelação do seu amor".[470] Fleming Rutledge explica isso muito bem:

> *Deus não está dividido contra si mesmo. Quando vemos Jesus, vemos o Pai (Jo 14.7). O Pai não mudou de repente o seu coração quando viu Jesus na cruz. O propósito da expiação não era provocar uma mudança na atitude de Deus com relação a suas criaturas rebeldes. A atitude de Deus com relação a*

---

o erro do patripassianismo, que, sem dúvida, ele rejeita. Seria adequado dizer que só o Filho sofre o juízo devido aos pecadores, mas pela vontade do Pai.

[467] Calvino, *Institutas*, 1:517; 2:16:11 (veja a nota 13 da Introdução).

[468] Hodgson, *The Doctrine of the Atonement*, p. 77. "A ira de Deus cai sobre ele mesmo, pela sua própria escolha, por causa do seu próprio amor" (Rutledge, *The Crucifixion*, p. 143).

[469] Denney, *The Death of Christ*, p. 276 (veja o cap. 1, n. 3).

[470] Thomas F. Torrance, *The Mediation of Christ* (Grand Rapids: Eerdmans, 1984), p. 111.

nós sempre foi e sempre será a mesma. O juízo contra o pecado é precedido, acompanhado e seguido pela misericórdia de Deus. Nunca houve nenhum momento em que Deus estivesse contra nós. Ele é por nós, mesmo em meio à sua ira, porém nunca é por nós sem a sua ira, porque o seu conselho é destruir tudo aquilo que se levanta contra o aperfeiçoamento do seu mundo. O paradoxo da cruz demonstra o amor vitorioso de Deus por nós, ao mesmo tempo que manifesta seu juízo sobre o pecado.[471]

Como devemos descrever a diferença entre propiciação e expiação? *Expiação* significa o cancelamento do pecado, enquanto a *propiciação* denota o afastamento da ira de Deus que acompanha esse cancelamento. Os equívocos sobre a doutrina da propiciação sempre surgem quando se enxerga o uso das palavras no AT e no NT de acordo com ideias pagãs.[472] De modo diferente dos contextos pagãos, o próprio Deus, não o homem, toma a iniciativa de oferecer o sacrifício pela sua graça; e o próprio sacrifício não é outro senão Deus na pessoa do seu Filho Jesus. A visão coerente da Escritura é que o pecado da humanidade provocou a ira de Deus e que essa ira somente é afastada pela expiação substitutiva que Cristo providenciou na cruz. A teologia evangélica insiste em interpretar a palavra *hilaskomai* no sentido de "fazer propiciação" porque esse é o significado da palavra e se constitui na base da doutrina da expiação.[473]

---

[471] Rutledge, *The Crucifixion*, p. 282.

[472] Cf. Stott que afirmou, "No momento em que nos dedicamos a elaborar uma doutrina verdadeiramente bíblica sobre a propiciação, é necessário diferenciá-la das ideias pagãs em três pontos fundamentais, relacionados a razão pela qual a expiação é necessária, quem a efetuou e no que ela consistiu" (*A cruz de Cristo*, p. 171-174). Veja o excelente apêndice sobre esse assunto em Daniel L. Akin, *1,2,3 John*, NAC 38 (Nashville: B&H, 2001), p. 253-265. Nem todos os especialistas evangélicos estão convictos de que a palavra "propiciação" é o sentido proposto pelo domínio semântico de hilaskomai. Veja, por exemplo, Gundry-Volf, "Expiation, Propitiation, Mercy Seat," p. 279-284.

[473] E.g., Grudem, *Teologia sistemática ao alcance de todos*, p. 367 (Rio de Janeiro: Thomas Nelson, 2019). C. K. Barrett afirma: "Seria errado negligenciar o fato de que a expiação tenha, pelo modo em que foi realizada, o efeito da propiciação" (The Epistle to the Romans, p. 78).

O estudo magistral de Leon Morris sobre o significado de *hilaskomai* fornece provas claras e irrefutáveis de que o conceito da expiação faz parte desse significado, mas também transmite a ideia do afastamento da ira de Deus para longe dos pecadores.[474] Thiselton observa de forma correta: "A expiação e a propiciação não são mutuamente exclusivas. Já que não temos como *excluir* totalmente da expiação a explicação propiciatória (que é qualificada por outros modelos), percebemos que ela tem como *premissa* a realidade da expiação. Além do mais, quando só se considera a expiação, perde-se um pouco do conceito, principalmente a dimensão *pessoal* da ação".[475] A "propiciação" é um conceito teológico fundamental na doutrina bíblica da expiação.

A EXPIAÇÃO COMO RECONCILIAÇÃO[476]

O conceito da reconciliação é o mais pessoal de todas as metáforas bíblicas que representam o que Cristo alcançou na cruz. As Escrituras descrevem a humanidade como "inimigos" de Deus por causa do pecado (Rm 5.10), mas, por meio da cruz, aqueles que anteriormente eram inimigos, agora foram "reconciliados", tendo como resultado a paz. A reconciliação consiste na pacificação: Deus toma a iniciativa de derrubar as barreiras e fazer com que os inimigos se tornem amigos.

Existem quatro textos principais sobre a reconciliação no NT: Romanos 5.1-11; 2Coríntios 5.14-21; Efésios 2.11-19; Colossenses 1.19-23.[477] Cada um deles explica que Deus efetua a reconciliação

---

[474] Morris, *The Apostolic Preaching of the Cross*, p. 144-213 (veja cap. 1, n. 6).
[475] Thiselton, *The Hermeneutics of Doctrine*, p. 346.
[476] É surpreendente que esse aspecto da expiação geralmente não receba a análise devida. Tanto que recebe uma pequena atenção valiosa no *T&T Clark Companion to Atonement*. Nos dezoito capítulos introdutórios e nos oitenta e quatro ensaios nas 812 páginas do seu conteúdo, só se dedicam seis páginas de um ensaio, que nem mesmo analisa o aspecto teológico da reconciliação na expiação. I. Howard Marshall lamenta o mesmo problema com o famoso *Anchor Bible Dictionary*, uma obra de seis volumes com bem mais que 6.000 páginas (Marshall, Aspects of the Atonement, p. 99).
[477] Para ler estudos sobre a reconciliação nesses textos, veja Ralph P. Martin, *Reconciliation: A Study of Paul's Theology* (Atlanta: John Knox Press, 1981);

pela morte de Cristo na cruz. Por exemplo, em Efésios 2.11-19, Paulo explica que o meio de reconciliação é "o sangue de Cristo" e "a cruz".

Pelo menos seis princípios fundamentais são importantes de ser observados com respeito à reconciliação a partir desses textos:

1. Deus é quem tem a iniciativa da reconciliação. Ele é a parte ofendida e o homem é o ofensor, mas não é o homem que busca reconciliação com Deus, mas Deus é quem inicia a reconciliação e a alcança pelo sangue de Cristo. A razão divina para a reconciliação é o seu amor pela humanidade (Rm 5.10).
2. Deus não é somente o sujeito da reconciliação, ele também é o objetivo. Observe que em 2Coríntios 5.18-20, Deus toma a iniciativa da reconciliação por meio de Cristo, e Deus é o objeto da atividade conciliatória.
3. Segundo 2Coríntios 5.18-21, a reconciliação deve ser vista com um sentido subjetivo e outro sentido objetivo. Objetivamente, Deus efetuou uma mudança no seu relacionamento com a humanidade pecaminosa pela cruz de Cristo. Ele tirou todas as barreiras que bloqueavam sua concessão de salvação aos pecadores. Existe um sentido objetivo no qual Cristo reconciliou o mundo com Deus, segundo 2Coríntios 5.18-21, e essa reconciliação é um ato consumado, mesmo com casos individuais recebendo a reconciliação ou não. No entanto, para que essa reconciliação seja efetuada a nível pessoal, ela deve ser apropriada subjetivamente pelo pecador por meio da fé em Cristo.[478]

Leon Morris, *The Atonement: Its Meaning and Significance* (Downers Grove, IL: InterVarsity Press, 1983), p. 132-150; I. Howard Marshall, "The Meaning of 'Reconciliation,'" em *Jesus the Saviour: Studies in New Testament Theology* (Downers Grove, IL: InterVarsity Press, 1990), p. 258-274; e Peterson, *Salvation Accomplished by the Son*, p. 276-312. Para informações lexicais e teológicas sobre a palavra *kattalagē* ("reconciliação"), veja *BDAG*, p. 521; *TDNT*, 1:251-259; *TDNTa*, 40-42; *EDNT* 1:62, 307; *NIDNTTE*, 1:242-249, 1:145-176.

[478] Veja L. Morris, *Apostolic Preaching of the Cross*, p. 236-237, 246-249; Douglas J. Moo, *The Epistle to the Romans*, NICNT (Grand Rapids: Eerdmans, 1996), p. 311-312; Stott, *A cruz de Cristo*, p. 197.

4. Paulo explica que a reconciliação funciona em três níveis: pessoal (2Co 5.18-21), coletivo (judeus e gentios, Ef 2.11-19), e cósmico (Cl 1.19-20).

5. A reconciliação traz "paz", um bem-estar objetivo que leva a relações harmoniosas entre Deus e as pessoas reconciliadas, bem como as pessoas reconciliadas entre si.

6. A reconciliação trata-se de algo que tem que ser "recebido" (Rm 5.11). Com base no ato já consumado da reconciliação, a oferta do evangelho pode ser proclamada a todas as pessoas que "recebem" essa reconciliação. Esse é o lado subjetivo da reconciliação.

EXPIAÇÃO COMO REDENÇÃO (RESGATE)

As Escrituras estão cheias de expressões de redenção associadas com a expiação e a salvação. A redenção se relaciona com a liberdade e a libertação. No contexto da época do AT e do NT, a palavra essencialmente tinha a conotação de efetuar a libertação mediante pagamento. Na época do NT, ela originalmente se aplicava a prisioneiros que foram levados como cativos de guerra ou a escravos que recebiam sua liberdade quando alguém pagava um preço de redenção, chamado de "resgate".[479] Já relacionamos e analisamos rapidamente as várias passagens onde as palavras gregas e hebraicas para "redenção" são utilizadas na Bíblia.

Como observa Cousar, o conceito do NT sobre a redenção transmite dois temas fundamentais do AT: libertação por uma alta autoridade e um preço pago para efetuar essa libertação.[480] A expiação é vista como um ato de redenção onde Cristo pagou o preço necessário para a libertação dos que estão cativos pelo pecado. Jesus indicou que esse foi o propósito de ele ter ido à cruz (Mc 10.45). Paulo falou sobre Cristo nos remindo em Romanos 3.24 e Efésios 1.7. Cristo nos remiu da maldição da lei segundo Gálatas

---

[479] Para um resumo acessível do conceito no AT e NT, veja Morris, The Atonement, p. 106-131.

[480] Cousar, A Theology of the Cross, p. 61 (veja a nota 1 do Prefácio).

3.13. O autor da carta aos Hebreus fala sobre Cristo obtendo "redenção eterna" para nós na cruz (Hb 9.12). Pedro fala sobre o preço da nossa redenção: "não foi com coisas corruptíveis, como prata ou ouro,... mas com o precioso sangue... de Cristo" (1Pe 1.18-19).

As Escrituras falam sobre a redenção, não somente como um gesto no passado, mas como uma promessa futura. Jesus, falando de um dia no futuro onde ele voltaria "com poder e grande glória", disse aos seus discípulos como agir: "Levantai as vossas cabeças, porque a vossa redenção se aproxima" (Lc 21.27-28). Paulo descreve esse dia no futuro como um dia em que os crentes devem aguardar ansiosamente porque eles passarão pela "redenção do corpo" (Rm 8.23). Em Efésios 4.30, os cristãos são exortados a não entristecerem o Espírito Santo, que os selou "para o dia da redenção".

Leon Morris resume a redenção no NT como retratando e destacando três coisas: (1) As pessoas são escravas do pecado. (2) Cristo pagou o preço da liberdade. (3) Os remidos são libertos.[481] Essa liberdade recém-encontrada se constitui em mais do que simplesmente liberdade do pecado e da escuridão. É uma liberdade que nos vincula a uma vida de serviço àquele que nos liberta. A salvação não se trata somente da liberdade do pecado, mas liberdade para servir e para a obediência daquele que nos libertou.

EXPIAÇÃO COMO JUSTIFICAÇÃO

A justiça é a base do caráter de Deus e do seu plano de salvação (Rm 1.16). Na revelação de Deus em Cristo na cruz, a justiça de Deus é vindicada, demonstrada, satisfeita e oferecida como dom aos pecadores que creem em Cristo. James Leo Garrett resume as três acepções da palavra "justiça" com relação a Deus dentro do contexto do pacto de Deus com Israel: (1) o mandatório, (2) o punitivo ou retributivo, e (3) o redentor.

Quanto ao aspecto mandatório, Jesus cumpriu a exigência justa da lei com sua vida sem pecado e de obediência perfeita à vontade de Deus (Mt 3.15; Hb 7.26-27a; 10.5-10). No aspecto punitivo, Jesus, em sua morte, levou ou sofreu

---

[481] Morris, *The Atonement*, p. 128-130.

o castigo que o Pai esperava de modo justo que os seres humanos culpados levassem ou sofressem (2Co 5.21; Rm 3.24-26; Gl 3.13). No que tange ao aspecto redentor, Jesus, pela sua morte e ressurreição, demonstrou e efetuou o caráter e o propósito salvador e libertador do pecado e da morte e das forças sobrenaturais da maldade de forma direta que o Pai justo tinha planejado (Rm 8.1-4; Hb 2.14-15; 1Jo 2.1-2).[482]

Romanos é um dos livros principais do NT que apresentam o conceito teológico da justiça de Deus e a sua correlação com a expiação. Neste particular, a passagem principal é Romanos 3.21-26. Veja a análise desse texto no capítulo 3: "Expiação no Novo Testamento".

Por fim, as palavras do puritano Stephen Charnock resumem a variedade de palavras relacionadas à expiação empregadas no NT para expressar a natureza do que Deus fez por nós por meio de Cristo na cruz:

> *As Escrituras possuem vários termos para a nossa recuperação por meio de Cristo, as quais se resumem a um princípio, mas dão a entender as facetas da nossa miséria por causa do pecado, e toda a proporção da cura para todas as nossas debilidades causadas por ele. A nossa queda nos colocou sob várias relações: nosso Salvador cortou esses laços, e atou outros de natureza contrária. Esse processo é chamado de reconciliação quando nos enfoca como inimigos, salvação quando nos considera em um estado de perdição, propiciação quando contempla nosso estado de culpa, redenção para nós como prisioneiros e fadados ao castigo. A reconciliação, a justificação e a adoção são diferentes no seguinte aspecto: na reconciliação, Deus é considerado o Senhor supremo e a parte ofendida, e o homem é considerado como inimigo que o ofendeu; na justificação, Deus é considerado como juiz, e o homem como culpado; na adoção, Deus é considerado como Pai e o homem como um estranho. A reconciliação nos faz amigos, a justificação nos torna justos e a adoção nos torna herdeiros.*[483]

---

[482] Garrett, *Systematic Theology*, 2:18.
[483] Charnock, "A Discourse of God's Being the Author of Reconciliation," 3:338-340 (veja o cap. 3, n. 126).

VIII
QUESTÕES ESPECIAIS REFERENTES À EXPIAÇÃO

Existem várias "questões especiais" que nem sempre são abordadas nas obras a respeito da expiação, tais como se a expiação é real ou potencial, ou se o sangue de Jesus é "desperdiçado" com aqueles que acabam não sendo salvos e são lançados no inferno. Frequentemente sou solicitado para responder sobre essas questões, então provavelmente essa seção será útil para muitas pessoas.

QUESTÃO Nº 1:
A EXPIAÇÃO É REAL OU POTENCIAL?

A consequência da escola da *expiação limitada* é que todos aqueles pelos quais Jesus morreu têm que receber a aplicação da expiação conforme os princípios da eleição incondicional. Portanto, a expiação não é "potencial", mas é "real" no sentido de que realmente efetua a propiciação de todos por quem ela foi realizada. As pessoas que fazem parte dessa escola alegam que a *expiação ilimitada* torna a expiação "potencial", mas não "real", já que muitos pelos quais Jesus morreu nunca recebem os benefícios da expiação. Os defensores da expiação tentam refutar seus rivais, colocando-os em um dilema: ou a expiação é real, ou é somente potencial. No entanto, esse argumento se trata de um equívoco e de uma falácia conhecida como "falácia do falso dilema".

O equívoco é a substituição da palavra "salvação" pela palavra "expiação" no contexto da aplicação da expiação. A expiação é, na verdade, um fato consumado real. Nesse sentido, não há nada de potencial a seu respeito. No entanto, a "salvação" no sentido da aplicação da expiação é *potencial* para todos aqueles para os quais ela foi realizada *sob a condição da fé*.

Aqueles que acreditam na expiação limitada querem considerar a própria expiação como um monergismo, ou seja, uma causa efetuada somente por Deus que traz um efeito (salvação para os eleitos) sem nenhuma condição intermediária. No entanto, esse entendimento sobre a expiação (ou seja, de uma causa incondicional expressa em um ato eficaz sem participação humana) omite um fator importante nesse processo – a realidade das condições intermediárias (bi-condicionais). Tomemos como exemplo a afirmação "Jesus realmente salva todo aquele que crê". Esse é o modo que a Bíblia expressa essas coisas. Nunca nas Escrituras somos informados que a expiação por si só salve alguém. Nenhuma passagem das Escrituras nos dá a entender que a expiação salve alguém por si mesma. Não há nenhum entendimento bíblico de que haja salvação sem fé, seja antecedente ao seu exercício no contexto histórico, seja fora da sua mecânica. Antes desse momento, a salvação é como tem que ser: potencial. Segundo Efésios 2.3, até mesmo os eleitos que não creem (quando se pensa sobre a eleição sob a perspectiva calvinista) estão sob a ira de Deus ("éramos por natureza filhos da ira"). A expiação não salva a ninguém por si mesma até que se exerça a fé, nem mesmo garante sua própria aplicação.

Os que defendem a expiação limitada confundem a potencialidade com a realidade – um erro crasso. Eles raciocinam conforme a seguinte lógica:

1. Jesus só pode ser o Salvador potencial daqueles por cujos pecados ele morreu.
2. Jesus não morreu por aqueles que não foram eleitos (ponto divergente).

3. Portanto, não há salvação potencial para os que não foram eleitos.

A expiação limitada sugere uma causalidade incondicional, criando um raciocínio circular quanto a isso (se a expiação é limitada ou ilimitada). É um dilema falso afirmar que *ou* Jesus é um Salvador real *ou* ele é somente um Salvador potencial. Absolutamente! Jesus *realmente* salva todos os que *creem* com base na expiação totalmente suficiente efetuada pelos pecados de todas as pessoas. Esse é o ensino claro da Bíblia.

Um dos argumentos mais comuns a favor da expiação limitada é o argumento que *ou* se dá o caso de que Cristo morreu simplesmente para capacitar os homens para a salvação, *ou* para, efetivamente, salvar alguns (para se opor à salvação de todos). O formato padrão desse argumento se desenvolve da seguinte forma:

Ou se é A ou B.
A não é verdadeiro.
Portanto, a verdade é B.

Essa forma de silogismo parece uma linha de argumento válida se, e somente se, houver somente duas alternativas, ou seja, se não houver uma terceira (isto é, não houver um *tertium quid*). Em palavras mais simples, o argumento se coloca da seguinte forma: Se Cristo morreu por todos, ou ele simplesmente e somente possibilitou que Deus salvasse a todos (A) ou morreu com a intenção eficaz de salvar somente alguns (B). Em primeiro lugar, quem propõe esse dilema citará a referência bíblica que fala de Cristo intencionalmente e efetivamente salvando alguns (não todos – isto é, A não é verdadeiro). Portanto, isso define B ("Portanto, a verdade é B"). Em seguida, o proponente afirmará que A (Cristo morreu por todos) não pode ser verdade. Entretanto, isso cria uma falácia do falso dilema. Para os calvinistas moderados (que afirmam a expiação ilimitada), e para os arminianos e para os outros que não são calvinistas, não se trata de uma afirmação com duas alternativas, mas sim de um caso onde as duas afirmações são verdadeiras.

Tire da primeira proposição a ideia de "simplesmente" e "somente", de modo que o argumento fique da seguinte forma: ou "Cristo morreu para que as pessoas pudessem ser salvas", ou Cristo morreu para de fato salvar alguns". Os calvinistas moderados afirmam que Cristo morreu para tornar todas as pessoas capazes de serem salvas e com a intenção de salvar somente os eleitos. Os arminianos e os que não são calvinistas afirmam que Cristo morreu para capacitar todas as pessoas a serem salvas, com a intenção especial de salvar somente aqueles que creem (que também são os eleitos). É um equívoco dizer que os arminianos não acreditam na salvação eficaz. Eles simplesmente não acreditam que Deus queria salvar somente os eleitos do modo que os calvinistas definem a eleição. Os arminianos acreditam que Deus deseja salvar efetivamente todos os que creem em Cristo (que são, com certeza, os eleitos).

QUESTÃO Nº 2: SERÁ QUE O SANGUE DOS SACRIFÍCIOS DO AT E O SANGUE DE JESUS REPRESENTAM VIDA OU MORTE?

Levanta-se essa questão por causa da afirmação de Deus em Levítico 17.11: "Porque a vida da carne está no sangue; pelo que vo-lo tenho dado sobre o altar, para fazer expiação pelas vossas almas; porquanto é o sangue que faz expiação". Leon Morris resume o debate em seu livro *Apostolic Preaching of the Cross* (Pregação apostólica da cruz). Sua conclusão, baseada no emprego da palavra "sangue" nos contextos que falam sobre a expiação tanto no Antigo como no Novo Testamento, é que o derramamento de sangue no contexto sacrificial não indica um destaque na liberação de vida, mas no fato da vida oferecida no momento do sacrifício.[484] Rutledge concorda:

---

[484] Morris, *The Apostolic Preaching of the Cross*, p. 112-128 (veja o cap. 1, n. 6). Veja também Patterson, "The Work of Christ", p. 584 (veja o cap. 2, n. 16). J. Denney repreendeu B. F. Westcott por seu "capricho bizarro" de separar a vida de Cristo da sua morte: "Ouso dizer que nunca uma fantasia tão sem fundamento perturbou e atrapalhou a interpretação de qualquer passagem da Bíblia do que essa que se apresenta ao diferenciar a Epístola aos Hebreus da Primeira Epístola de João... Mas não faz sentido dizer que, pela sua morte, a sua vida — como se fosse algo diferente da sua morte — é 'liberada' e

> Com certeza há razão para dizer que a essência do sacrifício de Cristo é a entrega da sua vida, mas a insistência desses especialistas em separar a vida da morte indica que não podemos falar de representação, substituição, propiciação, sofrimento vicário, ou mesmo de uma troca que acontece na cruz porque se exclui toda a ideia de Deus entrar em julgamento pelo próprio Deus.[485]

QUESTÃO Nº 3: QUAL É O VÍNCULO QUE A MORTE SUBSTITUTIVA PENAL DE CRISTO NA CRUZ POSSUI COM A LEI E COM OS PECADOS DA HUMANIDADE PELA QUAL ELE MORREU?

Uma pergunta que os teólogos consideram é a seguinte: Será que Jesus sofreu o equivalente *quantitativo* do castigo que a lei exigia para o pecado ou ele sofreu uma equivalência *qualitativa* relativa aos pecados do mundo?[486] Em outras palavras, Jesus sofreu por cada pecado em particular de cada pecador em particular de modo quantitativo, de forma que, se houvesse mais algum pecador acrescentado à lista dos pecadores da humanidade, Jesus também teria que sofrer um pouco mais, de maneira proporcional a esses pecados? Para responder essa pergunta, temos que ter cuidado para definir o que significa a "satisfação" do castigo

---

'disponibilizada' para a humanidade. Muito pelo contrário, o que faz da ressurreição algo importante e poderoso para a salvação dos pecadores é nada mais nada menos que isso, que sua morte faz parte dela, é a vida daquele que, ao morrer, tratou as necessidades fatais da situação humana, e, ao fazer isso, deu-nos uma demonstração suprema do seu amor" (Denney, *The Death of Christ*, p. 271-272; citação de Westcott, p. 271 n. 1. Veja Westcott, *The Epistles of St. John*, p. 34-35; *Epistle to the Hebrews*, p. 293-295. [veja cap. 1, n. 3]).

[485] Rutledge, *The Crucifixion*, p. 238 (veja a nota 41 da Introdução).

[486] A partir da época imediatamente posterior à Reforma até bem depois dela, os teólogos debatem a questão utilizando as palavras *idem* e *tantundem* ("a mesma quantidade, o mesmo nível ou a mesma extensão"). A pergunta é se Cristo sofreu o mesmo *idem* (isto é, o sofrimento que é o equivalente exato pelos pecados) ou o *tantundem* (ou seja, o sofrimento qualitativo equivalente pelo pecado). Os debates são prolongados e prolixos, mas a questão é importante. Veja, por exemplo, os debates entre Richard Baxter e John Owen, conforme são analisados no livro de Clifford, *Atonement and Justification* (veja o cap. 6, n. 24); Hans Boersma, *A Hot Pepper-Corn: Richard Baxter's Doctrine of Justification in Its Seventeenth-Century Context of Controversy* (Vancouver: Regent College, 2004).

do pecado com respeito à morte de Cristo, e, ao fazer isso, diferenciar entre uma satisfação comercial ou pecuniária e uma satisfação penal.

Vamos rever o caráter dos pagamentos das dívidas comerciais. Existem dois tipos de pagamento: o primeiro se trata do equivalente exato do que se deve. Tudo o que interessa é o pagamento da dívida. A dívida pode ser paga pelo próprio devedor ou mesmo por outra pessoa (fiança ou garantia) a favor do devedor. O resultado é a quitação da dívida que ele deve ao credor. O segundo é o pagamento realizado, que é equivalente ao que se deve, mas não se trata do bem idêntico que se devia. Nesse caso, o credor deve se dispor a aceitar o pagamento equivalente e quitar a dívida.

Com base nessas noções, algumas pessoas dentro da teologia reformada descrevem a morte de Cristo como um pagamento equivalente exato pelos pecados (denominado a partir de agora de *equivalentismo*). Historicamente, isso tem sido expresso de duas formas. A primeira abordagem propõe que todos os pecados dos eleitos, e somente eles, foram imputados a Cristo. Devido à natureza divina de Cristo, esse pagamento foi suficiente externamente somente para os eleitos, mas foi hipoteticamente suficiente para pagar os pecados do mundo inteiro de pecadores, se Deus quisesse que fosse assim. Se mais pecado fosse imputado a Cristo, ele teria que sofrer mais. A base dessa abordagem é a afirmação de John Owen que Cristo sofreu o equivalente exato (*ídem*) do castigo da lei contra qualquer pecador em particular, de modo diferente de Cristo ter sofrido o equivalente justo (*tantundem*) da maldição da lei contra qualquer pecador em particular.[487] Owen defendeu a satisfação pecuniária/comercial pelos pecados, onde Jesus fez um pagamento ao Pai na cruz que "adquiriu" a fé e todas as outras graças de Deus segundo os termos do Pacto de Redenção.[488] Essa é uma parte essencial do seu argumento a favor da expiação limitada. A maioria dos defensores modernos da expiação limitada seguem a abordagem de Owen.[489]

---

[487] Owen, *The Death of Christ*, 10:265-266 (veja o cap. 6, n. 25).
[488] Veja Allen, *Por Quem Cristo Morreu?*, p. 295-297.
[489] Para problemas associados a essas noções de fé como compra e ao Pacto da Redenção, veja Allen, *Por Quem Cristo Morreu?*, p. 292-297.

A segunda abordagem foi um desdobramento da primeira da parte dos equivalentistas radicais e/ou hipercalvinistas, que quantificaram os pecados de todos os pecados dos eleitos de forma coletiva. Eles afirmaram que o sofrimento correspondente de Cristo era diretamente proporcional, de tal modo que se tivesse sido quantificado um número maior de pecados, o sofrimento de Cristo teria aumentado de modo proporcional. Na cruz, Cristo sofreu o *idem* devido para uma pluralidade de pecadores (os eleitos), e somente pelos pecados deles. A maioria dos teólogos reformados do passado e do presente rejeitaram esses dois conceitos de equivalentismo, ainda que muitos deles defendam uma expiação limitada rígida. Cristo sofreu o *tantundem*, não o *idem*.

Existem boas razões para rejeitar esse tipo de equivalentismo radical (idem). Pareceria óbvio que Cristo não sofreu, nem poderia sofrer, exatamente o mesmo castigo que a lei imputa sobre os pecadores: (1) A lei exige o castigo sobre cada pecador; Cristo não era pecador. (2) A lei exige o castigo por todos os pecadores. Cristo é somente uma pessoa que foi castigada no lugar de todos os pecadores. (3) A lei exige castigo eterno; Cristo sofreu na cruz por seis horas.[490]

---

[490] Veja, por exemplo, John Gibbon, "The Nature of Justification Opened," em *Puritan Sermons 1659–1689: Being the Morning Exercises at Cripplegate, St. Giles in the Fields, and in Southwark by Seventy-Five Ministers of the Gospel* (Wheaton, IL: Richard Owen Roberts, 1981), 5:321-323. Como David Ponter observa de forma correta, a tentativa de John Owen de afirmar que somente a morte física do corpo, destituída de qualquer consideração do sofrimento eterno, alcança a satisfação essencial à lei de Deus (a distinção de Owen, à moda de Aristóteles, entre o "essencial" em contraposição com o "acidental" entra em ação nesse processo), acaba se tratando de uma divagação e fazendo com que a hipótese seja descartada. Se a morte física e a condenação ao inferno forem vistas como eternas ou mesmo como tendo caráter temporário, e ainda assim não forem essenciais como a propiciação diante da justiça e da santidade divinas, então pareceria difícil, e por que não dizer impossível, justificar a condenação dessas pessoas ao sofrimento eterno no inferno. A consequência disso seria que o castigo eterno não se trataria de uma exigência essencial da lei contra o pecado, mas somente a morte física. Entretanto, as Escrituras afirmam que o castigo eterno faz parte da exigência essencial para o cumprimento da lei contra o pecado, porque somente o castigo eterno possui a equivalência do valor "infinito" correspondente ao valor infinito do demérito do

Jesus não quitou a dívida com um pagamento em espécie. Em vez disso, ele cumpriu o castigo pelos nossos pecados segundo as exigências justas da lei. Na cruz, Jesus sofreu pelos pecados do mundo. Seu sofrimento foi considerado um equivalente justo (*tantundem*), e seu sofrimento finito foi considerado satisfatório para qualquer pecador, com base no infinito valor da sua pessoa (como Anselmo definiu há muito tempo). Somente um ser infinito e sem pecado, investido da natureza humana poderia satisfazer a justiça de Deus. Isso é exatamente o que Cristo, o Deus feito homem, alcançou na cruz.[491]

pecado. Como Cristo é uma pessoa infinita, iguala de forma adequada o valor do demérito infinito diante de um Deus santo e infinito. Owen, reagindo à afirmação sociniana de que Cristo teve um sofrimento menor do que a lei exigiria dos pecadores, exagerou, propondo que Cristo sofreu o idem exato das exigências da lei contra os pecadores, ou seja, a própria morte. Com essa afirmação, ele se afasta da teologia reformada tradicional e abre caminho para as ideias hipercalvinistas posteriores que Cristo sofreu tanto por tanto pecado e começou a ver a propiciação que Cristo efetuou na cruz como tendo uma correspondência matemática exata (e/ou pecuniária), como se vê, por exemplo no livro de Tobias Crisp, *Christ Alone Exalted in the Perfection and Encouragements of the Saints, Notwithstanding Sins and Trials. Being the Complete Works of Tobias Crisp D. D. Sometime Minister of the Gospel at Brinksworth in Whitshire Containing Fifty-Two Sermons on Several Select Texts of Scriptures*, 4 vols. (London: R. Noble, 1791); ou em alguns batistas hipercalvinistas galeses (veja Owen Thomas, *The Atonement Controversy: In Welsh Theological Literature and Debate, 1707-1841*) [Edinburgh: The Banner of Truth, 2002]); posteriormente, na obra do batista americano John L. Dagg (*Manual of Theology* [Harrisonburg, VA: Gano, 1990]); e, mais recentemente, Nettles (*By His Grace and for His Glory* (veja o cap. 6, n. 34). Veja David Ponter, "John Owen (1616-1683) on Christ Suffering the Idem, Not the Tantundem of the Law's Punishment," *Calvin and Calvinism: An Elenchus for Classic-Moderate Calvinism* (blog), 17 de junho de 2009, acesso em 14 de Agosto de 2018, http://calvinandcalvinism.com/?p=3143; e Ponter, "Thomas Jacombe (1623–1687) on Christ Suffering the Idem and the Tantundem: A Mediating Position," Calvin and Calvinism: An Elenchus for Classic-Moderate Calvinism (blog), 25 de junho de 2014, acesso em 14 de agosto de 2018, http://calvinandcalvinism.com/?p=14350#more-14350.

[491] O grande Matthew Henry se expressou da seguinte forma: "O nosso Senhor Jesus foi designado e se voluntariou a fazer a expiação pelos nossos pecados e, desse modo, nos salvar das suas consequências penais. [1.] Ele foi designado para essa obra, pela vontade de seu Pai; porque o *Senhor fez cair sobre ele a iniquidade de nós todos*. Deus o escolheu para ser o Salvador dos pobres pecadores, e os salvaria por

Por volta do século XIX, as distinções clássicas entre *idem* e *tantundem* tinham sido, na maior parte, abandonadas, e foram substituídas pelas categorias mais amplas de satisfação pecuniária, opondo-se à satisfação penal. Charles Hodge, Robert Dabney, e W. G. T. Shedd criticaram unanimemente a abordagem pecuniária de Owen e o seu argumento de pagamento duplo em defesa da expiação limitada.[492]

Existem muitos outros problemas que vêm do entendimento da morte de Cristo na cruz como uma equivalência exata do castigo da lei para o pecado. Por definição, a expiação limitada engloba uma imputação incompleta do pecado a Cristo (de tal modo que ele somente efetua a propiciação pelos pecados dos eleitos). Isso leva a dois problemas. Em primeiro lugar, existe uma impossibilidade natural de que algum que não seja eleito seja salvo. Em segundo lugar, não há como haver uma oferta sincera de salvação para todas as pessoas. A expiação de Cristo pelos pecados na cruz não pode ser suficiente, adaptável, ou disponível aos que não foram eleitos. Eles permanecem no mesmo estado, como se Cristo não tivesse morrido pelo pecado de ninguém. Não existe nenhuma via legal (os que não são eleitos não podem ser salvos nos termos da lei) ou lógica que o evangelho possa ser oferecido de forma íntegra ou coerente sob tais circunstâncias.[493]

---

seu intermédio, porque ele levou seus pecados e o castigo que lhes era devido, não o idem – o mesmo que teríamos sofrido, mas o *tantundem* – mais do que o equivalente para manter a honra da santidade e da justiça de Deus no governo do mundo" (Matthew Henry, *Matthew Henry Commentary on the Whole Bible*, 6 vols. (Peabody, MA: Hendrickson, 1991), 4:239. Veja também Matthew Henry, "A Sermon on the Forgiveness of Sin as a Debt," em *The Complete Works of Rev. Matthew Henry (His Unfinished Commentary Excepted)* (Grand Rapids: Baker, 1978), p. 328-329.

[492] "A distinção entre *idem* e *tantundem* responde automaticamente o questionamento de Owen que, se alguém por quem Cristo morreu sofrer eternamente, então se exige um pagamento duplo. No entanto, quando se supõe a analogia comercialista, não há nenhuma duplicação do pagamento. Aqueles que rejeitam o evangelho não sofrem novamente o que Cristo sofreu por eles. Ele 'pagou' o *tantundem,* ou o castigo equivalente; eles 'pagarão' pelo *idem,* ou o preço exato" (Clifford, *Atonement and Justification,* p. 130; destaque do autor). Owen reconheceu que, sem a visão do *idem,* é impossível provar a partir da natureza da expiação que ela é limitada aos eleitos.

[493] Alguns calvinistas que defendem a expiação limitada não percebem

Alguém poderia acrescentar um terceiro problema. A defesa que Owen faz do sofrimento de Cristo como idem o levou a concluir que a cruz quita *ipso facto* o pecador do castigo da lei. Deus aceita o pagamento, e na verdade, é obrigado a aceitar. Logo, para Owen,[494] será invariavelmente salvo. Entretanto, isso pareceria retirar a graça do ato de perdão e substitui-la em um ato de justiça baseado em um entendimento comercialista da expiação.[495] Em uma transação comercial, o credor não "perdoa" o devedor quando a dívida é totalmente paga, independentemente de quem paga a dívida, porque a dívida comercial não envolve culpa moral. Além disso, o credor não pode se negar a cancelar a dívida, já que ela foi paga em uma transação comercial. Não existe graça, nem perdão envolvido nesse tipo de transação. Charles Hodge criticou a dependência de Owen no comercialismo e no argumento do pagamento duplo: "Não existe graça em aceitar uma satisfação pecuniária. Ela não pode ser recusada e quita *ipso facto*. No momento em que a dívida é paga, o devedor está quite incondicionalmente. Nada disso acontece na satisfação jurídica".[496]

Segue-se, ainda, um quarto problema: a visão de que a expiação de Cristo se tratou de um pagamento rígido e adequado ao idem da lei trouxe a base de uma distorção doutrinária mais fundamental de que fazia parte da imputação do pecado transferir literalmente a Cristo a dívida do pecador, com Cristo agindo como um fiador

---

nem/ou reconhecem a contradição entre adotar uma substituição limitada para o pecado e uma oferta livre do evangelho. Outros estão a par do problema e tentam resolver a contradição, mas sem lograr êxito. Veja, por exemplo, John Piper, *Does God Desire All to Be Saved?* (Wheaton, IL: Crossway, 2013).

[494] Owen declamava que os eleitos tinham direito de salvação por causa da obra de Cristo na cruz.

[495] Andrew Fuller afirma que a teoria comercial "não combina com o perdão do pecado, e com a instrução para que os pecadores supliquem o perdão, em vez de o exigirem" (Fuller, "The Gospel Worthy of All Acceptation", 2:402 (veja o cap. 7, n. 19). Ralph Wardlaw escreve: "O pagamento da dívida, revogando de forma literal qualquer recurso, não dá margem ao exercício da graça" (*Systematic Theology*, ed. James R. Campbell, 3 vols. [Edinburgh: Adam and Charles Black, 1856-1857], 2:369).

[496] Hodge, *Systematic Theology*, 2:557 (veja o cap. 6, n. 20).

(avalista). Já que essa questão já foi tratada em um capítulo anterior, não é mais necessário falar sobre isso.

Concluímos que a natureza da expiação que Cristo realizou pelo pecado com relação à lei é que ele pegou um equivalente qualitativo pelo pecado (*tantundem*) e não o exato castigo (*idem*) pelo pecado.

QUESTÃO Nº 4: SERÁ QUE O SANGUE DE CRISTO É DESPERDIÇADO COM AQUELES QUE SE PERDEM ETERNAMENTE?

Algumas pessoas que defendem a expiação limitada afirmam que, se algumas pessoas rejeitam a Cristo e experimentam o castigo eterno, então, de algum modo, o sangue de Cristo foi "desperdiçado" ou "derramado em vão" por eles. A partir de uma perspectiva calvinista, o argumento pressupõe que se Deus fizesse alguma coisa na morte de Cristo por aqueles que não são eleitos que não redundasse em sua salvação, então o sangue de Cristo seria desperdiçado.[497] Além disso, isso sugere que, se Deus quer que Cristo morra pelos pecados de todas as pessoas e que nem todas as pessoas pelas quais ele morreu acabem sendo salvas, então Deus está fazendo alguma coisa em vão ou desperdiçando seus esforços ao buscar uma finalidade que permanece sem ser cumprida.

Existem vários problemas com o argumento do "sangue desperdiçado", como foi explicado por Richard Baxter e por outros comentaristas. Em primeiro lugar, é imprescindível diferenciar entre a falha ou fracasso na expiação e a falha devida ao fracasso dos incrédulos em receber o benefício da expiação.[498] A expiação é perfeita e completa em si mesma. É suficiente para salvar qualquer pessoa que cumpra a condição divina de salvação: o arrependimento do pecado e a fé em Cristo. O propósito de Deus na expiação era demonstrar seu amor por todas as pessoas, não somente por algumas delas.

Quem somos nós para dizer que Cristo morreu à toa enquanto Deus nos diz que Cristo morreu por todos, mesmo pelas pessoas

---

[497] ❧ Veja Owen, "The Death of Death", p. 149, 238, 248, 413. Owen fala sobre o sangue de Cristo sendo derramado "em vão".
[498] ❧ Baxter, *Universal Redemption*, p. 453-454 (veja o cap. 3, n. 116).

que finalmente o rejeitarão? Como diz Richard Baxter, devemos "ter temor de blasfemar contra Deus" ao sugerir que Cristo tenha morrido em vão.[499] Baxter prossegue para explicar que Deus criou Adão com toda a perfeição, mas ele, e por consequência toda a humanidade, sofreu a queda. Será que Deus criou Adão em vão? O propósito de Deus com a expiação foi totalmente cumprido em seu castigo justo sobre os incrédulos por rejeitarem a graça de Deus concedida por meio de Cristo na cruz pelos seus pecados. Baxter continua a enumerar os vários benefícios da expiação para os que não creem, inclusive o fato de que todas as pessoas podem ser salvas com base na expiação.[500] Esse ponto tem sido discutido por muitos calvinistas.[501]

Richard Baxter repreende com veemência aquele que acha que a morte de Cristo foi "em vão" ou que Cristo é um "Redentor imperfeito" se ele morreu pelos pecados de pessoas que morrem na descrença e se perdem para sempre:

---

[499] Baxter, *Catholick Theologie*, 2:66–67 (veja o cap. 6, n. 32).
[500] Baxter, 2:66–67.
[501] William Whittaker, *Eighteen Sermons Preached Upon Several Texts of Scripture* (London: Printed for Tho. Parkhurst, 1674), p. 64; John Davenant, Animadversions (London: Printed for John Partridge, 1641), p. 36-37, 256-257; Thomas Watson, *A Body of Practical Divinity* (London: Printed for Thomas Parkhurst, 1692), 488, 507; William Twisse, que foi nomeado porta-voz da Assembleia de Westminster em 1643, afirmou: "De modo parecido, no que tange à possibilidade de salvação, que eu saiba, nenhum de nossos teólogos nega a possibilidade de salvação de nenhuma pessoa enquanto viver nesse mundo" (William Twisse, *The Riches of God's Love unto the Vessels of Mercy, Consistent with His Absolute Hatred or Reprobation of the Vessels of Wrath* [Oxford: Printed by L. L. and H. H. Printers to the University, 1653], 1:49; veja também 1:181; 2:5); Jonathan Edwards, "Pressing into the Kingdom of God," em *The Works of Jonathan Edwards,* rev. Edward Hickman, 2 vols. (1834; reimpr., Carlisle, PA: Banner of Truth, 1974), 1:656. Veja também Charles Hodge, *Princeton Sermons* (London: Thomas Nelson and Sons, 1879), p. 17. Essas são somente algumas das fontes reformadas que afirmam a possibilidade de salvação de todos os homens e a expiação universal. Essas e muitas outras fontes podem ser consultadas no blog de Tony Byrne, "Saveable," *Theological Meditations,* acesso em 14 de agosto de 2018, http://theologicalmeditations.blogspot.com/p/saveable.html.

Aqueles que ousam dizer que Cristo é um Redentor imperfeito se não conseguir que todos pelos quais ele morreu creiam nele, (que consiste no argumento principal deles) podem muito bem dizer que ele é um Criador imperfeito porque não faz com que os vermes se tornem homens; ou que ele é um Preservador imperfeito porque não preservou o homem da mortalidade, da perdição e das calamidades anteriores, especialmente do pecado; ou que ele é imperfeitamente misericordioso, porque permite que o homem peque; ou que Cristo é um Redentor imperfeito para os eleitos, pois permite que eles pequem, sofram e morram depois de sua redenção; ou que o Espírito Santo é um Santificador e um Capacitador imperfeito, porque muitos ímpios são santificados e vivem de forma imperfeita (de modo indigno da salvação) e porque eles resistem e extinguem o Espírito, e perdem a fé e santificação que tinham; ou que o Espírito Santo é um Consolador imperfeito, porque tantos santos vivem e morrem em uma tristeza sem fim; ou que a Bíblia é um meio imperfeito, porque os eleitos são imperfeitos. Em resumo, eles podem também dizer que quando Deus não supera as disposições dos homens, ele é um Deus imperfeito no que diz respeito à sua misericórdia, é inconcebível que tudo isso saia da boca de um cristão".[502]

Baxter identifica pelo menos vinte benefícios que todas as pessoas recebem por causa da morte de Cristo por todas as pessoas, e nenhum deles é realizado "em vão" da parte de Deus, mas eficazmente destacam sua bondade e sabedoria em todas as coisas.[503]

QUESTÃO Nº 5: CRISTO MORREU POR "TODOS SEM DISTINÇÃO" OU POR TODOS "SEM EXCEÇÃO"?[504]

Os calvinistas que querem limitar a expiação somente aos eleitos possuem uma grande dificuldade para compreender várias passagens do NT que dizem que Cristo morreu por "todas" as pessoas ou "pelo mundo". Para preservar a expiação limitada e explicar a

---

[502] Baxter, *Universal Redemption*, p. 65-66 (ortografia atualizada).
[503] Baxter, *Catholick Theologie*, l.2.53-54.
[504] Para uma análise excelente sobre essa questão, veja I. H. Marshall, "Universal Grace and Atonement in the Pastoral Epistles," em *The Grace of God and the Will of Man*, ed. C. Pinnock (Minneapolis, MN: Bethany House, 1985), p. 51-69.

linguagem universal de textos como 1Timóteo 2.4-6, eles são forçados a adotar uma camisa de força teológica e dizer algo parecido com isso: "A palavra 'todos', nesses versículos, não quer dizer 'todas as pessoas sem exceção', mas 'todas as pessoas sem distinção". Entretanto, esse com certeza não é um argumento válido.

Tentar forçar o sentido de "todos sem distinção" sobre os textos universais consiste em explodi-los com "pólvora gramatical", como Spurgeon disse em sua crítica a John Gill.[505] O conceito de "todos sem distinção" acaba significando "parte das pessoas sem distinção". Logo, a palavra "todos" passa a dizer "alguns de todos os tipos", uma manobra que não tem respaldo exegético nem hermenêutico, que com certeza é ilegítima. Com respeito aos textos do NT sobre a expiação que usam a linguagem universal, a bifurcação entre "todos sem distinção" e "todos sem exceção" acaba sendo uma distinção que não faz a mínima diferença. Se eu falar com todas as pessoas sem distinções de raça, de gênero ou qualquer outra distinção, será que não estou falando a pessoas sem exceção alguma? A distinção e o alcance da palavra "todos" devem ser definidos pelo contexto, sejam quais forem. As duas expressões simplesmente não podem ser compartimentalizadas linguisticamente. Essa distinção é artificial.

Todos os calvinistas que querem defender a expiação limitada essencialmente querem fazer com que a palavra "todos" em textos como 1Timóteo 2.6 signifique "alguns". No texto grego, a palavra "todos" (*pantōn*, 1Tm 2.6) obviamente se refere a pessoas, e quando se associa essa palavra ao versículo 5 (onde Jesus é o "único Mediador entre Deus e os homens"), o "todos" do versículo 6 claramente corresponde aos "homens" (ou "humanidade", CSB) do versículo 5. O intérprete calvinista acaba fazendo com que a palavra "todos" signifique "todos sem distinção" (isto é, "todos os tipos de pessoas") para que indique "algumas pessoas de todos os tipos de pessoa". Entretanto, observe que, com essa manobra, o termo adjunto "todos"

---

[505] Charles H. Spurgeon, "Salvation by Knowing the Truth," Sermon No. 1516 in *Metropolitan Tabernacle Pulpit*, 57 vols. (London: Passmore & Alabaster, 1881), 26:50, acesso em 14 de agosto de 2018, https://www.spurgeongems.org/chsbm26.pdf.

deixa de designar "todas as pessoas", para se referir a "tipos" de pessoas. Nesse contexto, será que Paulo faz um apelo aos cristãos para que ore por todos os "tipos de pessoas", ou por pessoas em particular, de tal modo que nenhuma pessoa seja excluída dessa oração? Trata-se, obviamente, da segunda opção, e é desse modo que Calvino (e posso adiantar que ele está certo) interpretou o texto. No entanto, John Owen interpretou 1Timóteo 2.6 como se referindo a "alguns indivíduos de todos os tipos" de pessoa. Ele foi forçado a fazer isso para preservar seu compromisso anterior com a expiação limitada.

A ideia principal é que a expressão "todas as pessoas" passa a ser, para os defensores da expiação limitada, "algumas pessoas de todos os tipos". A palavra "todos" é forçada para que signifique "alguns". Em 1Timóteo 2.1-6, a intenção de Paulo é dizer que Jesus é o Salvador de todas as pessoas sem distinção, que também quer dizer todas as pessoas sem exceção.[506]

QUESTÃO Nº 6: COMO FUNCIONA A EXPIAÇÃO? O QUE SE QUER DIZER QUANDO SE FALA QUE O PECADO FOI IMPUTADO A CRISTO?

Essa questão se relaciona à imputação do pecado humano a Cristo em uma estrutura substitutiva, que leva à pergunta seguinte: Como devemos entender a imputação da justiça de Cristo ao pecador que crê? Em outras palavras, como exatamente a morte de Cristo na cruz efetua nossa salvação quando Deus aplica os benefícios da expiação a nós?

A doutrina da imputação geralmente não é bem compreendida. A questão principal é o modo pelo qual nossos pecados foram "transferidos" a Cristo quando ele morreu como o nosso substituto. O que exatamente é "transferido"? Muitos têm respondido esta pergunta empregando uma compreensão comercialista ou quantitativa da imputação. Porém, quando W. O. Carver afirma: "Devemos logo de

---

[506] ❧ Veja a análise excelente no livro de Marshall, *A Critical and Exegetical Commentary on the Pastoral Epistles,* p. 425-433 (veja cap. 3, n. 128); I. H. Marshall, "For All, for All My Saviour Died," em *Semper Reformandum: Studies in Honour of Clark H. Pinnock,* ed. S. Porter and A. Cross (Carlisle, UK: Paternoster, 2003), p. 322-346.

início descartar todos os conceitos que se limitam a uma abordagem quantitativa e comercial da troca de mérito. Não há mais dúvida que as doutrinas da imputação, tanto do pecado de Adão quanto da justiça de Cristo, foram exageradas e aplicadas pelos teólogos pioneiros com uma exclusividade fatal, sem respaldo na Palavra de Deus".[507]

O sangue de Cristo é comparado de forma metafórica ou analógica às transações pecuniárias (comerciais) nas Escrituras pelo emprego de uma linguagem de dívida como "resgate", "redenção" ou "aquisição". Essa linguagem não é utilizada para descrever o mecanismo real por onde a expiação funciona. O sangue de Cristo não se trata de uma mercadoria comercial literal. O pecado é uma dívida, mas não se limita a isso — é um crime contra a lei de Deus, que traz consequências morais. Essa é a razão pela qual existe um perigo em encarar a satisfação penal de Cristo (ou substituição) como um pagamento literal, como se funcionasse como uma transação pecuniária ou comercial. Embora possamos comparar sua morte com o pagamento de uma dívida de forma analógica, não devemos encará-la como um pagamento literal de dívida no sentido de que nosso pecado de algum modo seja transferido literalmente a Cristo como nosso substituto na cruz. Andrew Fuller, o grande calvinista batista inglês, expressa isso de maneira adequada:

> *Não é verdade que a redenção tenha como base a ideia de justiça pecuniária, sem que se apele à justiça moral. É claro que o pecado é chamado de dívida, e que a morte de Cristo é identificada como um preço, um resgate, e com certeza isso é real. No entanto, não é algo fora do comum se referir a obrigações morais ou livramentos com uma linguagem emprestada das transações pecuniárias. As obrigações de um filho para com seu pai são comumente expressas com esses termos como dívida ou pagamento: ele lhe deve obediência, e ao prestá-la ele paga uma dívida de gratidão. O mesmo se pode dizer a respeito de uma obrigação que se refere a algum castigo. O assassino deve sua vida à justiça do seu país; e quando ele sofre, diz-se que ele pagou a dívida terrível. Da mesma maneira, se um grande*

---

[507] William O Carver, verbete "Atonement," em *The International Standard Bible Encyclopaedia*, 5 vols., ed. rev., ed. James Orr (Chicago: Howard Severance Co., 1915), 1:324, acesso em 14 de agosto de 2018, https://www.biblestudytools.com/encyclopedias/isbe/atonement.html.

herói vier a dar a sua vida para libertar seu país, pode-se falar dessa libertação como sendo obtida a preço de sangue. Ninguém confunde essas coisas, limitando o seu entendimento a uma transação pecuniária. Nessas associações, cada um percebe que os termos não são colocados de forma literal, mas como uma metáfora, e é dessa forma que eles devem ser entendidos com referência à morte de Cristo. Como o pecado não é uma dívida financeira, mas sim uma dívida moral, então a expiação não se trata de um resgate pecuniário, mas de um resgate moral.

Sem dúvida, existe uma analogia entre os procedimentos morais e comerciais que dá margem para que se justifique o uso desse tipo de linguagem, tanto nas Escrituras como na vida comum, e é fácil perceber a expressividade que surge dela, já que, além de transmitir um princípio importante, faz com ele se fixe em nosso pensamento. Entretanto, nem sempre é seguro aplicar o raciocínio comercial ao moral, muito menos deve ser afirmar que o moral tem como base todos os princípios relativos ao comercial.[508]

Não são poucos os calvinistas modernos que encaram a imputação como uma quantidade imensa de pecados que são *transferidos* a Cristo. Como já vimos, essa premissa é a base dos argumentos do pagamento duplo e do trilema que são usados para defender a expiação limitada. Temos que evitar pensar sobre a imputação dos nossos pecados a Cristo de um modo que faça necessariamente que Jesus Cristo se torne um pecador ou que se torne culpado de algum pecado. A obrigação voluntária de sofrer o castigo de outra pessoa por meio da substituição não exige que a culpa seja "transferida" ao substituto inocente, e se limita a levar a uma absolvição da culpa do ofensor, levando-o à inocência ou à concessão de uma posição justa de forma literal. Tanto a *culpa* quanto a *inocência,* ainda que sejam transferíveis *em seus efeitos ou benefícios a outra pessoa,* são em si mesmas intransferíveis. Quando meus pecados são imputados a Cristo, eles continuam sendo meus pecados. Quando a justiça de Cristo é imputada a mim, eu não me torno justo de forma pessoal. Em vez disso, Cristo é *tratado como se fosse pecador* e eu passo a ser tratado *como se eu fosse justo.* Sou liberado do castigo pelo meu pecado

---

[508] Fuller, "The Gospel Its Own Witness," 2:80-81; destaque do autor (veja cap. 7, n. 21).

porque meus pecados foram imputados a ele na cruz e sua justiça foi imputada a mim. Essa "transferência" não é literal, antes ela é metafórica, sem deixar de ser real.[509] Ela é representativa, mas não pessoal. Cristo foi "feito pecado", embora na cruz, como antes, ele continuasse pessoalmente sem pecado. Nossa retidão veio pela justificação, embora nesse momento, como antes, não possuíssemos nenhuma justiça divina de forma pessoal ou literal.[510] Como afirma Leon Morris: "O pecado não é considerado como uma entidade à parte que possa ser tirada do pecador, parcelada, e dada a outra pessoa. Trata-se de uma questão pessoal. A culpa nunca deixará de ser minha".[511]

Uma boa teoria da expiação deve descartar a necessidade de se referir a Cristo obtendo um excesso de mérito, como na teoria de

[509] Andrew Fuller entendia a imputação de forma correta: "Pois, que diz a Escritura? Creu Abraão a Deus, e isso lhe foi imputado como justiça... porém ao que não trabalha, mas crê naquele que justifica o ímpio, a sua fé lhe é contada como justiça" (Rm 4.3, 5)... Foi creditada a ele *como se fosse sua*, e os efeitos ou os benefícios foram realmente transferidos a ele, mas foi só isso que aconteceu. Abraão não recebeu nenhum mérito, ou deixou de ser indigno... É assim que entendo *a imputação de pecado a Cristo*. Ele *se fez pecado* por nós, no mesmo sentido que nós *fomos feitos justiça de Deus nele*. Ele foi considerado, na administração divina como se fosse, ou tivesse sido, um pecador; para que aqueles que crerem nele pudessem sem considerados como se fossem, ou tivessem sido, justos" (Andrew Fuller, "Letter II. Imputation," em *Six Letters to Dr. Ryland Respecting the Controversy with the Rev. A. Booth*, em *The Complete Works of the Rev. Andrew Fuller*, ed. Joseph Belcher, 3 vols. (Harrisonburg, VA: Sprinkle Publications, 1988), 2:703-704; destaque do autor.

[510] Revere Franklin Weidner, *Soteriology: Or, The Doctrine of the Work of Christ* (Chicago: Wartburg Publishing House, 1914), p. 93. De modo parecido, Daniel D. Whedon escreve: "E como o fato é que o ato do agente não é transferível de um agente para o outro, do mesmo modo o mérito, ou o demérito, a recompensa, ou o castigo, não é transferível no sentido ético. Portanto, tanto o castigo quanto a culpa são tão intransferíveis quanto a própria identidade pessoal. Quando se diz que uma pessoa inocente sofreu o castigo de alguém que é culpado, trata-se de uma linguagem conceitual que passa muito longe de ser literal e verdadeira. O inocente continua sendo inocente, e leva o castigo que o culpado levaria, só se justificando mediante sofrimento substitutivo" (Daniel D. Whedon, *Freedom of the Will: A Wesleyan Response to Jonathan Edwards*, ed. John D. Wagner [Eugene, OR: Wipf & Stock, 2009], p. 27).

[511] Morris, *The Cross in the New Testament*, p. 415 (veja o cap. 3, n. 4).

Anselmo. Pensar em termos de uma transferência literal de pecado dos pecadores para Cristo não reflete o modo pelo qual a imputação funciona.[512] "A imputação da justiça de Cristo ao pecador deve ser abordada com cautela. Ela pode desincentivar completamente todos os esforços para que se cultive uma vida de justiça. A expiação passa a ser uma transação comercial onde pecadores falidos contam com o crédito da riqueza superabundante do mérito de Cristo, ou da recompensa paga a ele pelo Pai".[513]

Andrew Fuller entendia e afirmava corretamente o conceito bíblico de imputação de nossos pecados a Cristo:

A imputação não deve ser confundida com transferência. No seu sentido literal adequado, temos visto que não existe nenhum elemento de transferência nesse processo. No seu sentido figurado, aplicado à justificação, é a própria justiça que é imputada, mas seus efeitos só são transferidos. Do mesmo modo no que diz respeito ao pecado; o pecado em si mesmo é o objeto da imputação, mas, rigorosamente falando, nem ele nem a culpa são transferidos, porque nenhum deles se trata de algo transferível. Como os efeitos benéficos constituem tudo o que se transfere na imputação de justiça, tudo o que se transfere na imputação do pecado são os seus efeitos penais. Uma coisa é dizer que Cristo foi contado ou considerado na administração divina como se ele fosse pecador, e se submeteu a uma obrigação de levar a maldição por nós, mas dizer que ele merecia essa maldição trata-se de algo totalmente diferente. Falar que ele é culpado por imputação é uma coisa que soa para mim como se ele é imputado como criminoso ou perverso. Entretanto, isso deve ser entendido de forma indireta, porque

---

[512] ❧ Sheldon, *System of Christian Doctrine*, p. 409 (veja o cap. 5, n. 34).
[513] ❧ Alexander McCrea, *The Work of Jesus in Christian Thought* (London: Epworth Press, 1939), p. 209-212. Como Richard Lints afirma: "Se empregarmos a linguagem dos tribunais, não faz sentido nenhum dizer que o juiz imputa, transmite, concede ou, de qualquer outro modo, transfere sua justiça tanto para o advogado quanto para o réu. A justiça não é um objeto, uma substância ou um gás que pode ser transferido no tribunal" (Lints, "Soteriology", p. 282 [veja a nota 24 da Introdução]). A afirmação de Lints precisa ser explicada. Com certeza, Deus "imputa" sua justiça a nós; a ideia que Linus transmite só se limita a dizer que ela não é imputada como se algo nos fosse "transferido".

considerá-lo como se ele fosse dessa maneira é justo; mas é inadmissível achar de forma direta que ele de fato é assim. A culpa é uma consequência inseparável da transgressão. Se Cristo por imputação passou a merecer o castigo, nós, pela cessação dessa imputação, deixamos de merecê-lo, e, se nossos deméritos são transferidos literalmente a ele, seus méritos seriam os mesmos que os nossos, e então, em vez de nos aproximarmos de Deus como culpados e indignos, poderemos nos achegar a ele de acordo com essa obra, como pessoas inculpáveis e meritórias.[514]

Fuller está tentando evitar três equívocos: (1) de que Cristo passou a ser um pecador quando nossos pecados foram imputados a ele; (2) que Cristo morreu pelos pecados de modo quantitativo; (3) que a justiça de Cristo é transferida ao crente fazendo com que ele deixe de ser pecador. Em resumo, falar que os pecados são imputados a Cristo é uma maneira figurada de expressar que nossos pecados são atribuídos ao nosso substituto Jesus Cristo, e, embora os nossos pecados não tenham sido imputados a ele de forma literal, ele é tratado como se os tivesse cometido.[515]

Os defensores da expiação limitada necessariamente ficam em maus lençóis para explicar como a imputação acontece no seu sis-

---

[514] ❧ Fuller, "Letter II. Imputation", 2:705; destaque do autor.
[515] ❧ Gerhard O. Forde explica como os socinianos defendiam que Anselmo tinha privilegiado a justiça divina sobre o amor e a liberdade. Por que Deus devia pagar a si mesmo? Os socinianos simplesmente questionavam como o sofrimento de uma pessoa poderia equivaler ao sofrimento de toda a raça humana. Tinham dificuldade de entender como, exatamente, esse pecado pode ser transferido, ou como que alguém pode ser substituído por outra pessoa. De acordo com Forde, o protestantismo ortodoxo foi além de Anselmo e não fez distinção entre a propiciação e o castigo. Ele questiona como o sofrimento de uma pessoa pode ser transferida para outra. Ele critica a substituição penal pelo seu "comercialismo", do modo pelo qual é colocado no esquema da expiação limitada. Forde está correto em denunciar o comercialismo da expiação limitada, mas não deixa claro se ele percebe a substituição penal como problemática. No mesmo ponto que os calvinistas exageraram em sua defesa da expiação limitada, Forde sugere, de modo correto, que os socinianos também exageraram na direção oposta dizendo que não haveria como haver nenhuma transferência. (Forde, "Seventh Locus", p. 25 [veja o cap. 1, n. 22]). O segredo é entender a imputação como transferência no sentido metafórico, em vez do sentido literal.

tema. A imputação limitada do pecado a Cristo como substituto somente dos eleitos se constitui em toda a essência da expiação limitada. Esses defensores não têm como identificar a expiação como uma reconciliação objetiva de todas as pessoas com Deus. Sua visão se limita a um entendimento da imputação como transferência – os pecados de algumas pessoas são colocados em Cristo, mas não os pecados das outras pessoas. O pagamento de Cristo pelos pecados dos eleitos (embora não necessariamente o nível dos seus sofrimentos) é proporcional à quantia da dívida desses eleitos, e se limita a isso. Independentemente do seu valor *intrínseco* infinito, a expiação de Cristo não possui um valor *extrínseco* suficiente para nenhuma pessoa além daqueles que são realmente salvos por ela. Alguns deles seguem a lógica e chegam ao ponto de deduzir que, se mais pessoas fossem eleitas, Cristo teria que sofrer um pouco mais para pagar pelos seus pecados.

Essa escola está tentando harmonizar dois conceitos conflitantes entre si. Em primeiro lugar, a maioria nega qualquer forma de equivalência quantitativa – que Cristo teve uma quantidade de sofrimento por certa quantidade de pecado. Por outro lado, somente um número limitado de pecados é imputado a Cristo: os pecados dos eleitos. Nesse cenário, a imputação do pecado a Cristo é destinada a (1) um número específico de pessoas (os eleitos) e (2) ao seu número específico de pecados. Isso acarreta um entendimento comercialista da expiação, como acontece toda vez que se associa a imputação a um sofrimento quantificável. A maioria dos calvinistas que acreditam na expiação limitada querem manter a imputação limitada sem associá-la ao conceito do sofrimento quantificável, mas sua abordagem, por consequência, leva inevitavelmente a uma quantidade do sofrimento de Cristo ter sido efetuado por uma quantidade precisa de pecados e de pecadores, que são chamados de eleitos. Alguns calvinistas, que constituem uma minoria (como John Leadley Dagg e Tom Nettles), percebem essa contradição e defendem que a imputação limitada sugere a equivalência quantitativa.[516]

---

[516] John Leadley Dagg, teólogo batista do século XIX, acreditava na equivalência quantitativa. Tom Nettles ainda crê nela na atualidade. Veja Nettles,

Segundo a escola da expiação limitada, uma expiação comercialista não pode ser rejeitada fazendo o uso da lógica porque essa visão pede uma forma quantificável de imputação de pecado – e isso se constitui em comercialismo, que não é nada menos que a concepção da morte de Cristo sob as categorias de uma dívida literal com um sofrimento quantificável.[517] A abordagem bíblica da imputação relata que Cristo sofreu proporcionalmente a todas as *categorias* do pecado humano (consulte a questão nº 3), que, por definição, inclui todo o pecado humano.[518]

QUESTÃO Nº 7: SE CRISTO MORREU PELOS PECADOS DE TODAS AS PESSOAS, COMO DEUS PODE CONDENAR ALGUÉM AO INFERNO COM JUSTIÇA?

Essa pergunta se refere ao argumento do pagamento duplo que é empregado por aqueles que afirmam a expiação limitada em contraposição à ilimitada. Abordei esse argumento na seção anterior, intitulada "A extensão da expiação".

O outro lado dessa pergunta é: "Jesus morreu por aqueles que já estavam no inferno na época em que ele morreu?". O melhor modo de responder essa pergunta é com outra pergunta: "Jesus morreu por aqueles que já estavam no céu na época em que ele morreu?".

By His Grace and for His Glory, p. 305-316.

[517] Nos debates entre John Owen e Richard Baxter sobre a extensão da expiação, Owen quis rejeitar o sofrimento quantitativo - o *ídem*, palavra latina que significa "o sofrimento exato por pecados exatos". Baxter afirmou que a natureza da imputação era *tantundem* - "o sofrimento pelo tipo de pecado", de modo que Cristo não morreu por cada pecado de mentira em particular, mas pela "mentira" como categoria de pecado. A categoria "mentira" foi imputada a ele, de modo que ele foi tratado como se fosse culpado de ter mentido. Se Cristo tivesse sofrido por pecados individuais de modo quantitativo, com certeza a única alternativa lógica seria o *ídem*. A expiação limitada depende da imputação quantificada do pecado. Seus defensores podem querer afirmar a imputação no sentido *tantundem*, mas nunca sem abrir mão da coerência.

[518] Para uma tentativa recente de explicar o mecanismo da imputação a partir de uma perspectiva reformada, veja Oliver D. Crisp, *The Word Enfleshed: Exploring the Person and Work of Christ* (Grand Rapids: Baker, 2016), p. 119-144.

A resposta é afirmativa para as duas perguntas. O lugar onde essas pessoas que morreram antes da morte de Cristo na cruz estavam não tem nenhuma conexão com o fato de ele ter morrido pelos seus pecados. Já que as Escrituras afirmam claramente o fato de que Cristo morreu pelos pecados de todas as pessoas – vivas, mortas e que algum dia virão a viver –, então ele morreu pelos pecados daqueles que já estavam no inferno na época de sua morte.

QUESTÃO Nº 8: JÁ QUE A EXPIAÇÃO SATISFAZ À JUSTIÇA DE DEUS, DE QUE MODO A SALVAÇÃO SE CONSTITUI EM UM GESTO DE MISERICÓRDIA?

A misericórdia só pode ser concedida quando a justiça prevalece. Deus não pode usar sua liberdade de modo que contrarie seu caráter e a sua natureza. Ele não pode mentir. O caráter de Deus não permite que o pecado fique sem castigo. A salvação é um ato tanto de justiça quanto de misericórdia.

QUESTÃO Nº 9: QUAL É A RELAÇÃO ENTRE A EXPIAÇÃO E O PERDÃO?

Algumas pessoas propõem o argumento teológico de que a expiação não faz parte do perdão. A razão principal é a suposição de que isso seria contrário à natureza de Deus. Cita-se com frequência a parábola do Filho Pródigo em Lucas 15 para apoiar esse argumento.[519]

Embora a Bíblia nunca fale diretamente que a ira de Deus tivesse que ser aplacada antes de ele conceder perdão, ela fala de fato sobre o propósito divino de que tinha que haver um sacrifício substitutivo, que funciona tanto para a propiciação da ira divina quanto para expiar os pecados humanos que deviam ser perdoados. Quan-

---

[519] Veja a análise rápida em Cynthia L. Rigby, "Forgiveness", em *T&T Clark Companion to Atonement*, ed. Adam J. Johnson (New York: Bloomsbury T&T Clark, 2017), p. 493-497; e a mais abrangente em Hugh Dermot McDonald, *Forgiveness and Atonement* (Grand Rapids: Baker, 1984). Essa abordagem "geralmente é empregada para limitar Jesus à esfera puramente humana e despir as teorias da expiação de todos os dogmas e do sofrimento vicário" (Thielicke, *The Evangelical Faith*, 388 [see chap. 3, n. 122]).

do alguém compra um banco, acaba comprando também todas as dívidas que aquele banco possui. Se o novo dono do banco decide cancelar essas dívidas, o devedor deixa de ter a obrigação de pagá--las, mas a dívida ainda precisa ser paga por aquele que comprou o banco, sejam as dívidas perdoadas ou não. Logo, o perdão e o pagamento da dívida não são contraditórios.[520]

Temos também que entender que o perdão puro e simples não é a essência do cristianismo. Teologicamente, "o perdão tem que ser entendido com relação à justiça para que o evangelho cristão seja encarado em todo o seu alcance".[521] Já que é impossível, humanamente falando, administrar uma justiça proporcional à ofensa, a justiça do gesto de expiação divino em Cristo na cruz fundamenta o perdão e faz com que seja considerado ainda mais como um ato de graça.

A justificação se baseia na obra expiatória de Cristo na cruz. O resultado da justificação é o perdão dos nossos pecados. William Lane Craig observa:

> *É digno de nota que, biblicamente, o alvo do perdão divino se trate tanto do pecado quanto do pecador. Não são somente as pessoas que são perdoadas pelos seus pecados, mas os seus pecados também são perdoados. Esse fato prova que o perdão divino não se limita a uma mudança de atitude da parte de Deus com relação aos pecadores. O perdão divino não tem apenas como efeito a renúncia de sentimentos de ressentimento ou amargura ou ira (ou seja qual for a análise que alguém tenha sobre o perdão), mas, em vez disso, da retirada da obrigação do castigo que o pecado exige. Como resultado do perdão divino, a pessoa que antes merecia o castigo, agora deixa de merecer. Por causa do perdão encontrado em Cristo, quem é perdoado não é mais penalizado pelos seus pecados. "Portanto, agora nenhuma condenação há para os que estão em Cristo Jesus" (Rm 8.1). Portanto, é evidente que o perdão divino está bem mais relacionado ao lado jurídico do que com o modo pelo qual geralmente se vê o perdão.[522]*

---

[520] Geisler, *Sin, Salvation*, p. 250 (veja o cap. 4, n. 17). Veja também Oliver D. Crisp, "The Logic of Penal Substitution Revisited", em *The Atonement Debate*, ed. Derek Tidball, David Hilborn, e Justin Thacker (Grand Rapids: Zondervan, 2008), p. 221-222.
[521] Rutledge, *The Crucifixion*, p. 115.
[522] Craig, *The Atonement*, p. 24-25 (veja a nota 46 da Introdução).

QUESTÃO Nº 9: EXISTE "CURA" NA EXPIAÇÃO?[523]

Algumas pessoas têm defendido a posição de que não existe somente a provisão para o perdão de pecados na expiação, mas também de cura completa nesta vida de qualquer enfermidade ou doença do corpo. Por exemplo, Aimee Semple McPherson expressa esse sentimento:

> *- Será que ele foi açoitado para que meus pecados fossem purificados?*
> *- Não, filha; o sangue da cruz foi suficiente para isso.*
> *- Então por que eles lhe arrancaram a barba do rosto e bateram nele com varas cruéis? Será que foi para a purificação dos pecados?*
> *- Não, filha. O sangue já deu conta disso.*
> *- Então por que, ó Espírito de Deus, diga me, por que torturaram tanto o meu Salvador? Será que Deus simplesmente permitiu que a ira vingadora e diabólica da multidão agitada recaísse sobre a cabeça de seu filho abençoado? Se suas feridas não me purificaram do pecado, então por que eles o açoitaram tanto?*
> *- O que queres saber, filha? Não sabes o significado dessa surra, das batidas cruéis do flagelo dos algozes? É porque foi assim que ele levou o teu sofrimento e pelas suas feridas foste sarada. Não houve sequer um golpe vão, nenhuma dor inútil que o corpo dele suportou. No seu local de tortura, ele conquistou a tua cura".*[524]

O versículo principal que é utilizado para apoiar essa ideia é Isaías 53.4: "Verdadeiramente ele tomou sobre si as nossas enfermidades, e carregou com as nossas dores".

Biederwolf ressalta e critica essa noção equivocada. De acordo com algumas pessoas do movimento da cura pela fé, o diabo é responsável por todas as doenças. Isso se trata de uma confusão a respeito do castigo

---

[523] Para um estudo útil sobre a questão, consulte William E. Biederwolf, *Whipping-Post Theology: Or Did Jesus Atone for Disease?* (Grand Rapids: Eerdmans, 1934); veja também Paige Patterson, "The Work of Christ,"p. 439-479 (veja a nota 21 da Introdução).

[524] Aimee Semple McPherson, *Divine Healing Sermons* (New Kensington, PA: Whitaker House, 1923, 2014), p. 60-61; destaque da autora.

pelo pecado com o próprio pecado que causa o castigo.[525] Se a cura das doenças faz parte da expiação, então por que a morte não é "curada" na expiação, de modo que os cristãos nunca experimentem a morte? Por que a expiação não faz pelo corpo o que ela faz pela alma?[526]

Se a cura faz parte da expiação, então algumas "conclusões inevitáveis" se seguem, de acordo com Biederwolf:

> *Todos os cristãos que passam por doenças não estão com um bom relacionamento com Deus.*
> *Deus com certeza reprova o uso de remédios.*
> *Se a doença foi expiada, então o corpo e a alma passam a ser imortais.*
> *Se Cristo levou nossas doenças e o nosso pecado, então ele necessariamente ficou doente e enfermo com todos os tipos de doença.*[527]

O conceito de cura na expiação não consegue interpretar Isaías 53.4 de forma correta. A palavra hebraica *choli* ("enfermidade, dor") pode ser usada de forma figurada para a doença da alma ou transtorno mental (e.g., Jr 6.7). Já a palavra hebraica *makòv* ("dor, aflição") quase sempre é empregada para a doença da alma e transtorno mental. O destaque em Isaías 53 é que Cristo levou nossos pecados, não nossas doenças. Se Cristo tivesse levado nossa doença física, Isaías 53.4 seria o único versículo na Bíblia que afirma isso.

Doenças ou enfermidades se relacionam de modo diferente do pecado com as pessoas. Não existe culpa associada às doenças ou às enfermidades. Ser acometido de uma gripe ou de um câncer não se constitui em pecado. Em um sentido real, todo o sofrimento, doença e enfermidade é resultado do pecado. A queda de Adão trouxe a morte física. Na expiação, Jesus levou o castigo pelo pecado da humanidade, mas ele não levou nenhum castigo pelas nossas doenças, já que não havia nenhum castigo desse tipo para levar.

Podemos ainda trazer outra explicação. Nem toda doença se deve

---

[525] Biederwolf, *Whipping-Post Theology*, p. 23.
[526] Biederwolf, p. 67.
[527] Biederwolf, p. 60-84. Devemos notar que a última das conclusões de Biederwolf se baseia em um entendimento comercialista equivocado sobre a expiação.

a algum pecado em particular. Jesus deixou isso bem claro. No entanto, algumas se constituem em consequência direta de pecado. Se Adão não tivesse pecado, não haveria pecado, nem sofrimento, nem morte. Concluímos que a ideia de a cura física fazer, de algum modo, parte da expiação não é ensinada em nenhuma passagem das Escrituras.

QUESTÃO Nº 11: O PAPEL DO ESPÍRITO SANTO NA EXPIAÇÃO E NA SUA APLICAÇÃO

Se considerarmos que a expressão "pelo Espírito eterno" se refere ao Espírito Santo em Hebreus 9.14, então este é um texto importante que fala sobre a natureza trinitária da expiação: Cristo se ofereceu a Deus pelo (por meio de, com o auxílio de, com a capacitação do) Espírito Santo.[528]

Os evangelistas destacam o papel do Espírito Santo com relação ao nascimento, a vida, o ministério, a morte e a ressurreição de Cristo (Mt 3.16; 12.28; Mc 1.12; Lc 1.17; 2.27; 4.1, 14, 18). As obras a respeito do Espírito Santo tendem a minimizar ou a ignorar o papel do Espírito Santo no momento da morte de Cristo na cruz, provavelmente porque não existe outro texto além de Hebreus 9.14 que faça uma associação clara entre as duas coisas.

Mesmo assim, parece coerente que o Espírito Santo, que foi tão importante na encarnação, no batismo, no ministério e na ressurreição de Jesus, deva ter desempenhado um papel importante na sua crucificação. Como John Owen afirma: "Em tudo o que se passou no início, tudo o que se seguiu até ele entregar seu espírito, ele se ofereceu a Deus sob a operação da graça do Espírito Santo que estava nele, que o acompanhou até o último instante".[529] De modo parecido, Owen acrescentou: "Todas essas coisas foram operadas na natureza humana pelo Espírito Santo, o qual, no mo-

---

[528] Veja David L. Allen, "The Role of the Holy Spirit in the Atonement and its Application", tese apresentada na Sociedade Teológica Evangélica de 2018 de Denver, Co. http://drdavidlallen.com/bible/my-evangelical-theological-society-2018-paper-the-role-of-theholy-spirit-in-the-atonement-and-its-application/.

[529] J. Owen, *A Discourse Concerning the Holy Spirit*, in *The Works of John Owen*, vol. 3, ed. W. Goold (Edinburgh: Banner of Truth Trust, 1994), p. 177.

mento de seu sacrifício, operou todas as suas graças ao máximo, e é dito que, em meio a tudo isso, ele, 'pelo Espírito eterno se ofereceu... a Deus'".[530]

Abraham Kuyper afirmou, de forma correta, que a obra do Espírito Santo na pessoa de Cristo não terminou com a encarnação, ou com o ministério terreno, ou mesmo com a ressurreição ou a exaltação, mas se manifesta claramente na morte de Cristo na cruz.[531] Ele observa:

> *Respondemos da seguinte forma à pergunta sobre como sua natureza humana foi capaz de passar pela morte eterna e não perecer, sem ter nenhum Mediador para lhe dar apoio: A natureza humana de Cristo não teria resistido a isso, o brilho interior do Espírito Santo teria se apagado se sua natureza divina, isto é, o poder infinito de sua divindade, não lhe estivesse dando apoio. Por isso, o Apóstolo declara: "que pelo Espírito eterno se ofereceu"... a expressão "Espírito eterno" foi escolhida para indicar que a natureza divina e a natureza humana de Cristo entraram em uma comunhão tão indissolúvel com o Espírito Santo que nem a morte eterna pode separar.*[532]

O raciocínio principal da obra de Kuyper sobre o Espírito Santo é a sua afirmativa, presente em toda a sua cristologia, que tudo o que Jesus realizou foi na dependência do Espírito Santo, em vez de contar com sua própria divindade. Isso também se verifica na obra da expiação que Cristo realizou. O Filho oferece a si mesmo como sacrifício ao Pai pelo Espírito Santo. O Espírito Santo fortaleceu, capacitou e protegeu o Filho em sua obra expiatória na cruz.

---

[530] Owen, p. 180.
[531] A. Kuyper, *The Work of the Holy Spirit* (New York: Funk and Wagnalls, 1900), p. 93.
[532] A. Kuyper, p. 103-104.

IX
TEORIAS HISTÓRICAS SOBRE A EXPIAÇÃO[533]

Várias questões devem ser lembradas enquanto enumeramos, resumimos e avaliamos rapidamente as teorias que foram propostas por toda a história da igreja. Em primeiro lugar, talvez seja melhor se referir a essas teorias, ou pelo menos a algumas delas, como modelos de como funciona a expiação. A segunda coisa é que, embora a Bíblia seja o ponto de partida para a maioria dos modelos em questão, vários outros fatores estão envolvidos, inclusive as circunstâncias e as perspectivas his-

---

[533] Para pesquisas resumidas e acessíveis das várias teorias sobre a expiação, consulte: Patterson, "The Work of Christ", p. 572-580 (veja o cap. 2, n. 16); Geisler, *Sin, Salvation*, p. 202-215 (veja o cap. 4, n. 17); Demarest, *The Cross and Salvation*, p. 147-199 (veja a nota 15 da Introdução); Bird, *Evangelical Theology*, p. 388-410 (veja o cap. 7, n. 37). Para uma análise mais profunda sobre a história das teorias sobre a expiação, veja Robert S. Franks, *The Work of Christ: A Historical Study of Christian Doctrine* (London: Thomas Nelson and Sons Ltd., 1962); e Robert S. Paul, *The Atonement and the Sacraments* (New York: Abingdon, 1960). O título de Paul faz parecer que o trabalho se concentra nos sacramentos, mas as páginas 35 a 293 abrangem muito bem a história das teorias sobre a expiação. Veja também Kelly, *Early Christian Doctrines*, p. 163-188 (veja o cap. 7, n. 18).

tóricas, as perspectivas teológicas, e a contextualização cultural – o ambiente intelectual, social e pessoal. Em terceiro lugar, a maioria desses modelos da expiação não é monolítica ou mutuamente exclusiva, e às vezes existe uma semelhança considerável e um modelo chega a inspirar o outro. Deve-se lembrar também que alguns desses modelos surgiram, foram ofuscados e acabaram reaparecendo por toda a história da igreja. Um quinto aspecto é que os pais da igreja anteviram em sua forma básica a maioria dos modelos da expiação em suas discussões sobre o assunto, os quais seriam desenvolvidos posteriormente até sua forma completa. Por exemplo, pode-se achar uma prévia da Teoria da Influência Moral em Irineu;534 podem-se encontrar as sementes da Teoria da Satisfação de Anselmo em Orígenes,535 e os pressupostos da teoria governamental podem ser encontrados na obra de Gregório de Nazianzo.536 Gunton observa que "as bases da doutrina clássica da expiação foram estabelecidas pelos escritores patrísticos (... Pais da Igreja), por exemplo, por... Atanásio (c. 297-373), cuja obra *De incarnatione* empregou uma linguagem jurídica, sacrificial e militar em seu relato sobre a importância salvadora de Jesus (...Soteriologia)".537 Em 1931, Rivière demonstrou que tanto os pais da igreja latinos quanto os gregos empregaram os conceitos de sacrifício e de substituição penal.538

---

534 Irineu, *Against Heresies*, trad. para o inglês de Alexander Roberts e James Donaldson, no vol. 1 of ANF, 5.1, pp. 526-527.

535 Origen, "Homily 24: Numbers 28–30" em *Homilies on Numbers,* ed. Christopher A. Hall, trad. Thomas P. Scheck, Ancient Christian Texts (Downers Grove, IL: IVP Academic, 2009), p. 147-150.

536 Brown, "Expiation and Atonement (Christian)," 5:643.

537 Gunton, "Atonement: Systematic Theology," 1:156 (veja cap. 7, n. 25).

538 Passou a ser costume no século XX afirmar que a substituição penal se constitui basicamente em uma doutrina reformada, com poucos ou nenhum exemplo anterior aos reformadores do século XVI. No entanto, não há como sustentar essa perspectiva diante das provas, e isso tem sido contestado nos últimos anos. Existem vários exemplos. Atanásio afirmou claramente o caráter substitutivo da expiação. Veja Atanásio, *On the Incarnation [De Incarnatione Verbi Dei]*, em *Athanasius: Select Works and Letters,* ed. Archibald Robertson, vol. 4 do NPNF2, p. 40-41, 47-48; Atanásio, *Four Discourses Against the Arians [Orationes contra Arianos IV.]*, em *Athanasius: Select Works and Letters,* editado por Archibald Robertson, vol.

Garry Williams também demonstrou que a substituição penal era ensinada pelos pais da igreja primitiva, e que Grócio incluiu a substituição penal na sua teoria governamental da expiação.539

TEORIA DA RECAPITULAÇÃO

A teoria mais antiga sobre a expiação, a Teoria da Recapitulação, foi proposta primeiramente por Irineu. Elaborando o conceito de Jesus como o "segundo Adão" e o novo cabeça da humanidade, Irineu

---

4 do NPNF2, 2.19.47, p. 374; 2.21.66, p. 384. Eusébio falou sobre a expiação em termos do sacrifício, da propiciação e do castigo vicário. Veja Eusébio, *The Proof of the Gospel*, 2 vols., ed. e trad. W. J. Ferrar (Grand Rapids: Baker, 1981), 1:55, 187; 2:120. Agostinho falou sobre a expiação como uma dívida penal. Veja Agostinho, *Reply to Faustus the Manichæan,* trad. Richard Stothert, em *St. Augustin: The Writings Against the Manichæans and Against the Donatists*, ed. Archibald Robertson, vol. 4 of NPNF1, 14.4, p. 208. No século V, Gelásio de Cizico afirmou, "Houve muitos homens santos, muitos profetas, muitos homens justos, mas nenhum deles teve o poder de resgatar a si mesmo da autoridade da morte; mas ele, o Salvador de todos, veio e recebeu os castigos que merecíamos, *(tas hemin chreostoumenas timorías)* em sua carne sem pecado, fazendo isso por nós, em nosso lugar e em nosso favor.... Essa é a fé apostólica e aprovada pela igreja, a qual, transmitida desde o princípio pelo próprio Senhor mediante os apóstolos de geração em geração, a igreja guarda em grande estima e se firma nela até agora, o que ela fará para sempre" (citado em Garry J. Williams, "A Critical Exposition of Hugo Grotius's Doctrine of the Atonement in *De satisfaction Christi*" [tese de PhD, University of Oxford, 1999], p. 91). A frase de Gelásio afirma duas coisas: a expiação é penal e substitutiva por natureza, e é universal em sua extensão. Veja, por exemplo, Jean Rivière, *Le Dogme de la Rédemption: Étude Théologique,* 3ª ed. (Paris: Librairie Victor LeCoffre, J. Gabalda, 1931), p. 94-95; e Blocher, "*Agnus Victor*", p. 67-91 (veja o cap. 3, n. 122). Veja também Peter Ensor, "Penal Substitutionary Atonement in the Later Ante-Nicene Period," EQ 87, no. 4 (2015): p. 331-346.

539 Williams, "A Critical Exposition of Hugo Grotius's Doctrine," p. 59-61, 68-91, 102, 144-148, 244. Williams, de forma contrária a Grensted, acha que a expiação substitutiva penal "chegou à sua forma definitiva no final da era patrística" (p. 90). Ele observa que, no final do século VI, "nenhum dos elementos principais da doutrina estavam faltando, e nem mesmo os reformadores do século XVI acrescentaram nada de novo a ela" (Williams, p. 90). "Portanto, seria anacrônico concluir que os Pais da Igreja não eram tão convictos da doutrina penal do que os reformadores – basta dizer que eles raramente precisavam destacar essa doutrina por causa de alguma polêmica" (Williams, p. 90).

sugeriu que Cristo recapitulou em sua vida e obra o que Adão não conseguiu alcançar. Cristo recapitulou a cena da Queda em favor de toda a raça humana e transformou a derrota de Adão em vitória, restaurando tudo o que o homem perdeu.[540]

TEORIA DO RESGATE

Alguns pais da igreja, gregos como Irineu, Orígenes e Gregório de Nissa,[541] definiram em seus escritos uma abordagem com relação à expiação que acabou sendo chamada de *Teoria do Resgate*. A humanidade, por causa do pecado, tinha decaído sob o domínio e a escravidão a Satanás, que possui poder sobre a humanidade. O homem tem que ser comprado de volta por um resgate pago ao diabo ao qual o diabo deve consentir. A expiação era um resgate pago por Deus a Satanás para garantir a redenção da humanidade. Alguns teólogos patrísticos usavam 1Coríntios 2.8 para apoiar a ideia de que Deus enganou o diabo.[542] Orígenes levou isso ainda mais longe, dizendo que o próprio diabo se enganou. Nem todos os escritores patrísticos acreditavam que o diabo possuía direitos sobre a humanidade. Iri-

---

[540] Irineu, *Against Heresies*, 5.1.2, p. 527. Rashdall posteriormente proporia a influência gnóstica sobre Irineu: "Irineu simplesmente trocou o demiurgo pelo diabo" (Hastings Rashdall, *The Idea of Atonement in Christian Theology* [London: Macmillan, 1919], p. 245). Para uma análise acessível, veja Pugh, *Atonement Theories*, p. 26-41 (veja o cap. 6, n. 35).

[541] Para mais detalhes sobre Gregório de Nissa, consulte o artigo de John McGuckin, "St. Gregory of Nyssa on the Dynamics of Salvation", em *T&T Clark Companion to Atonement,* ed. Adam J. Johnson (New York: Bloomsbury T&T Clark, 2017), p. 155-173. Embora Gregório seja bem conhecido por suas abordagens sobre o resgate, elas não consistem no principal tema dos seus escritos. A segmentação da soteriologia de Gregório em teorias discretas, seguindo suas figuras retóricas de linguagem como se fossem proposicionais, tem sido um caminho equivocado para boa parte da interpretação patrística do século XX quanto à sua doutrina. Ela entendeu de forma errada a sua ampla dependência do pensamento patrístico com padrões apostólicos (exegéticos, especialmente de Paulo) e geralmente confundiu suas estruturas literárias fundamentais (*pathos* com *ethos* e *logos*) nos padrões intelectuais do discurso antigo" (McGuckin, p. 172; destaque do autor).

[542] Do mesmo modo Gregório de Nissa, *The Great Catechism,* trad. William Moore and Henry Austin Wilson, vol. 5 do NPNF2, p. 24.

neu rejeitou essa noção.[543] Orígenes se baseou em Irineu e afirmou que Satanás estabeleceu que o preço da redenção da humanidade seria o sangue de Jesus.[544] A Teoria do Resgate de Gregório de Nissa foi atacada por Gregório de Nazianzo, que negou que o resgate foi pago ao diabo, ou até mesmo a Deus.[545]

Esse mesmo conceito também pode ser encontrado entre os pais da igreja latinos, como Agostinho e Gregório o Grande, seguido por teólogos medievais, como Bernardo de Claraval e Pedro Lombardo. Gregório comparava a humanidade de Cristo à isca colocada no anzol da sua divindade.[546] Pedro Lombardo descrevia a expiação como uma ratoeira que tem como isca o sangue de Cristo, que iludiu a Satanás.[547]

A Teoria do Resgate possui vários problemas graves. Primeiramente, não existe nenhuma prova bíblica dela. Em segundo lugar, ela leva a metáfora da dívida nas Escrituras ao cúmulo do exagero. O procedimento de encarar esse conceito comercial de "resgate" de forma literal demais não é algo exclusivo de muitos da época dos pais da igreja, mas também muitos na era Pós-Reforma, como John Owen na tradição reformada, o empregaram de forma equivocada no que diz respeito a Deus. O terceiro problema é que a teoria "se baseava em visões desequilibradas sobre a unidade, a soberania e

---

[543] Irineu, *Against Heresies*, 5.1.1.

[544] Orígenes, *Commentary on the Epistle to the Romans, Books 1–5*, trad. Thomas P. Scheck, The Fathers of the Church 103 (Washington, DC: The Catholic University of America Press, 2001), 2.13.29.

[545] Para uma análise acessível, veja Pugh, *Atonement Theories*, p. 3-25.

[546] Gregório, o Grande, *Morals on the Book of Job [Moralia]*, trad. J. Bliss, Library of Fathers, vol. 3, pt. 2 (Oxford: John Henry Parker, 1850), 33.7, p. 569.

[547] Brown, "Expiation and Atonement (Christian)," 5:643. Sobre a importância da expiação na patrística, veja Brian Daley, "'He Himself Is Our Peace' (Eph. 2:14): Early Christian Views of Redemption in Christ," em *The Redemption: An Interdisciplinary Symposium on Christ as Redeemer*, ed. Stephen T. Davis, Daniel Kendall, e Gerald O'Collins (New York: Oxford University Press, 2006), p. 149-176. Veja também Kelly, *Early Christian Doctrines* (veja cap. 7, n. 18). Pedro Lombardo, *The Sentences [Liber Sententiarum]. Book 3: On the Incarnation of the Word*, trad. Giulio Silano, Mediaeval Sources in Translation 45 (Toronto: Pontifical Institute of Mediaeval Studies, 2010), 3.19.1, p. 79.

o caráter moral de Deus".[548] Oliver Crisp observa que a Teoria do Resgate não parece tanto uma doutrina, mas parece "mais como um tema ou uma metáfora, porque não apresenta um mecanismo claro de expiação".[549]

CHRISTUS VICTOR

O contexto mais amplo no qual a Teoria do Resgate se encaixa na época dos pais da igreja é a visão predominante sobre a expiação que veio a ser chamada de *Christus Victor*. A essência dessa visão é a vitória de Cristo sobre Satanás pela cruz e pela ressurreição. Irineu, Hipólito, Clemente de Alexandria, Orígenes, Basílio, os dois Gregórios, Cirilo de Alexandria, João de Damasco, Hilário, Rufo, Jerônimo, Agostinho e Leão I defendiam alguma forma dessa teoria. No entanto, a maioria dos teólogos patrísticos também aderia a alguma forma de expiação propiciatória/substitutiva, como foi observado anteriormente. Até mesmo Lutero também descrevia a expiação com essa linguagem, embora seu pensamento não se restringisse ao modelo *Christus Victor*.

Esse modelo da expiação teve grande desenvolvimento e reavivamento em 1930, quando Gustaf Aulén publicou seu livro Christus Victor, que foi traduzido para o inglês um ano depois.[550] Ele afirmou que o modelo de Cristo como vitorioso sobre Satanás era a visão "clássica" da expiação, que foi abandonada em favor da visão "latina" de "propiciação". Para Aulén, Lutero resgatou a visão clássica, mas acabou sendo vencido pela visão "latina" sob a ortodoxia protestante. Devido à importância desse novo despertamento dessa

---

[548] McCrea, *The Work of Jesus*, p. 205 (veja o cap. 8, n. 30).

[549] Crisp, "Methodological Issues in Approaching the Atonement", p. 319 (veja a nota 29 da Introdução). Pugh explica como a teoria do resgate é apropriada pelo movimento da Confissão Positiva, pela teologia feminista e pelo movimento da igreja emergente (*Pugh, Atonement Theories*, p. 1, 13-18; 34-35).

[550] Gustaf Aulén, *Christus Victor: An Historical Study of the Three Main Types of the Idea of the Atonement*, trad. A. G. Herbert (London: SPCK, 1931; reimpr., 1961). A teoria *Christus Victor* foi defendida em tempos mais recentes por Youssouf Dembélé, "Salvation as Victory: A Reconsideration of the Concept of Salvation in the Light of Jesus Christ's Life and Work Viewed as a Triumph Over the Personal Powers of Evil" (tese de PhD, Trinity Evangelical Divinity School, 2001).

visão no século XX, analisaremos esse pensamento com mais detalhes posteriormente.

TEORIA MÍSTICA

Alguns pais da igreja primitiva também incorporaram alguns elementos do platonismo e depois do neoplatonismo em sua abordagem da expiação, que depois vieram a ser chamados de *Teoria Mística* sobre a expiação. Essa teoria encara a expiação de forma subjetiva, na qual a humanidade é afetada pela morte de Cristo ao ser trazida de forma mística à união com Deus e/ou à participação da vida de Cristo. Não existe aspecto objetivo da obra de Cristo na cruz pela qual a ira de Deus é aplacada e o pecado é expiado. Essencialmente, o poder salvador da expiação não se baseia no que Cristo fez *pelas pessoas*, mas sim no que ele opera *dentro* delas.

A PONTE PARA A IDADE MÉDIA: ATANÁSIO E AGOSTINHO

Atanásio, em seu livro *Sobre a encarnação do Verbo*, fez a pergunta referente à necessidade da encarnação para a salvação da humanidade. Se a questão se tratasse somente da culpa humana, o perdão poderia ser dado diante de um arrependimento adequado. No entanto, ele raciocinou que somente o perdão não conseguiria lidar com a corrupção radical da natureza humana causada pelo pecado (7.2-4). Somente a encarnação poderia alcançar isso (8.7). Na encarnação, Cristo passou a participar da natureza humana, além do seu sofrimento. Ele teve a morte que merecíamos por causa do nosso pecado, e assim, abriu o caminho para que nós pudéssemos participar da vida divina (8.8):[551] "Fazendo-se carne como nós, porque todos nós estamos sujeitos à corrupção da morte, ele entregou seu corpo à morte no lugar de todos os homens, e o ofereceu ao Pai... De onde, como disse anteriormente, o Verbo, já que não era possível que ele morresse, se fez carne para que pudesse morrer e oferecer a si mes-

---

[551] Atanásio, *Sobre a encarnação do Verbo*, 4:39-40, 43.

mo no lugar de todos".[552] Ao citar o capítulo 53 de Isaías, Atanásio empregou a linguagem da substituição e da troca.[553]

Para Atanásio, a encarnação vincula a humanidade ao Jesus teantrópico, abrindo, desse modo, o caminho para a salvação. A ressurreição de Cristo demonstra seu poder sobre a morte. A humanidade recebe a promessa de salvação e de vida eterna para todos aqueles que creem em Cristo.[554] Observe também a afirmação de Atanásio da expiação ilimitada usando a expressão "no lugar de todos". Ele não somente está falando a respeito do "modo" pelo qual a expiação é realizada, mas também sobre o alvo dela, que se trata de "todos".[555]

Brown observa que esse destaque na ressurreição na obra de Atanásio, e em outros pais da igreja, se distingue bastante dos pais latinos, que viam como necessidade suprema da humanidade a liberação da culpa, não da corrupção. Agostinho concordava com Atanásio em seu conceito de pecado como corrupção herdada, mas dava um destaque diferenciado à questão da culpa do pecado. A morte é resultado do pecado, mas o problema maior é o fato de a humanidade estar separada de Deus, que é a consequência jurídica do pecado de Adão. Estando debaixo da queda de Adão e por meio dela, a humanidade passou a ser culpada diante de Deus, estando sujeita à sua ira.[556]

Embora Agostinho não tenha escrito nenhuma tese sobre a expiação, várias vertentes faziam parte da sua doutrina da expiação: mediação, sacrifício, substituição, libertação de Satanás e influência moral.[557] Essas ideias não eram muito diferentes dos pais da igreja

---

[552] Atanásio, cap. 8.

[553] Atanásio, *Contra os arianos*, 3.31.

[554] Atanásio, *Sobre a encarnação*, 4.52-53. Veja o resumo excelente em Brown, "Expiation and Atonement (Christian)", 5:642.

[555] Benjamin Myers, "The Patristic Atonement Model," em *Locating Atonement: Explorations in Constructive Dogmatics*, ed. Oliver D. Crisp e Fred Sanders (Grand Rapids: Zondervan, 2015), p. 85-86.

[556] Atanásio, *Sobre a encarnação*, p. 643-644. Para maiores informações sobre o conceito que Atanásio tinha sobre a expiação, veja Thomas Weinandy, "Athanasius's Incarnational Soteriology", em *T&T Clark Companion to Atonement*, ed. Adam J. Johnson (New York: Bloomsbury T&T Clark, 2017), p. 135-154.

[557] Sobre a abordagem agostiniana com relação à expiação, veja o breve estudo

que o precederam.⁵⁵⁸ Por um lado, Agostinho pode ser visto como o marco da metade do caminho entre os pais gregos da Igreja e Anselmo na Idade Média.⁵⁵⁹

TEORIA DA SATISFAÇÃO

Um avanço importante na doutrina da expiação veio com Anselmo no período medieval.⁵⁶⁰ Embora ele não tenha iniciado o movimento, foi o primeiro a desenvolver teologicamente a *Teoria da Satisfação*⁵⁶¹ em seu livro famoso *Cur Deus Homo* (Por que Deus se tornou homem?), em 1098. De acordo com a Teoria da Satisfação, a cruz é um sacrifício para a expiação do pecado e da culpa, oferecido a Deus para satisfazer às exigências da sua lei, baseado no seu amor, de modo que Deus é reconciliado à humanidade pecadora. "Portanto, é necessário para ele aperfeiçoar na natureza humana o que ele começou, mas isso, como já dissemos, não pode ser realizado, exceto por uma expiação completa do pecado, que nenhum pecador pode efetuar sozinho".⁵⁶²

Anselmo levantou a questão da necessidade real da cruz. Para ele, a resposta se encontra no próprio Deus. A humanidade deve a Deus

---

de David Vincent Meconi, "Augustine", em *T&T Clark Companion to Atonement*, ed. Adam J. Johnson (New York: Bloomsbury T&T Clark, 2017), p. 381-387.
⁵⁵⁸ ❧ Garrett, *Systematic Theology*, 2:49 (veja a nota 21 da Introdução).
⁵⁵⁹ ❧ Conforme foi sugerido por McCrea, *The Work of Jesus in Christian Thought*, p. 201.
⁵⁶⁰ ❧ Para o resumo da visão do Anselmo sobre a expiação, veja John McIntyre, *St. Anselm and His Critics: A Re-Interpretation of the Cur Deus Homo* (Edinburgh: Oliver & Boyd, 1954); David Bentley Hart, "A Gift Exceeding Every Debt: An Eastern Orthodox Appreciation of Anselm's *Cur Deus Homo*," *Pro Ecclesia* 7 (1998): p. 333-349; O'Collins, "Redemption: Some Crucial Issues," p. 9 (veja o cap. 1, n. 10); Pugh, *Atonement Theories*, p. 45-62: Katherine Sonderegger, "Anselmian Atonement," em *T&T Clark Companion to Atonement*, ed. Adam J. Johnson (New York: Bloomsbury T&T Clark, 2017), p. 175-193; e Rutledge, *The Crucifixion*, p. 146-166 (veja a nota 41 da Introdução).
⁵⁶¹ ❧ A Teoria da Satisfação de Anselmo já tinha sido prefigurada por muitos pais da igreja, como se demonstra no livro de Kelly, *Early Christian Doctrines*, p. 388. Os conceitos como satisfação e o pecado como dívida já tinham sido desenvolvidos por Atanásio (Sobre a encarnação, 20.2).
⁵⁶² ❧ Anselmo, *Por que Deus se tornou homem?* [*Cur Deus Homo*], 2.4 (veja o cap. 1, n. 12).

total responsabilidade e obediência. O pecado se recusa a fazer isso, logo, desonra a Deus. O pecado é a transgressão universal à justiça de Deus. Anselmo entendeu que o pecado acaba sendo uma questão pessoal. Deus não pode simplesmente fazer vista grossa sobre o pecado porque, nesse caso, a misericórdia cancelaria a justiça. A cruz é necessária para proteger a honra divina. A satisfação precisa ser proporcionada por Cristo na cruz para a glória de Deus.[563] Anselmo é bem claro ao dizer que Deus não se interessa somente na sua própria honra. Para ele, "todo o conceito gira em torno da nossa necessidade de honrar a Deus, não da necessidade de Deus ser honrado".[564]

A humanidade deve fazer a expiação, mas não tem como realizá-la. Deus poderia fazê-la, mas seu caráter não permite. Para Anselmo, a única solução é Cristo, Deus feito homem. "Ninguém senão Deus poderia efetuar essa satisfação... Mas ninguém senão um homem poderia executar isso... é necessário que o Deus feito homem realizasse essa obra".[565] O pecado é uma ofensa infinita contra Deus, portanto exige uma satisfação igualmente infinita, que Jesus ofereceu a Deus na cruz. A necessidade procede da necessidade de alguém sem pecado prestar essa propiciação a Deus. Anselmo rompeu com o conceito de Cristo pagar uma dívida a Satanás e afirmou que a dívida foi paga a Deus por meio de um sacrifício substitutivo. A justiça de Deus exige que a dívida do pecado seja paga, e o amor de Deus pela humanidade o motivou para que ele mesmo pagasse essa dívida. Cristo, em sua expiação, concede mais do que é exigido. Seu sacrifício infinito merece uma recompensa, mas ele mesmo não precisa disso. Portanto, ele pode conceder os méritos do seu sacrifício à humanidade pecaminosa. Deve-se observar, no entanto, que o NT não fala em mérito em conexão com a expiação. Aqueles que recebem os benefícios dos seus méritos serão salvos do pecado.

---

[563] "Portanto, para aquele que atenta contra a honra de alguém, não basta simplesmente voltar a prestar honra, mas tem que providenciar uma reparação, de acordo com a extensão da ofensa, que seja satisfatória, de algum modo, para a pessoa que ele desonrou" (Anselmo, *Por que Deus se tornou homem?*, I.11).
[564] Rutledge, *The Crucifixion*, p. 156.
[565] Anselmo, *Por que Deus se tornou homem?*, 2.6.

É de praxe afirmar que o cenário sociológico para o conceito de Anselmo sobre a expiação como satisfação da honra divina se baseia no sistema de honra feudal, onde a noção da cavalaria feudal exigia a satisfação pela honra ferida. Segundo McCrea, a visão perigosamente antropomórfica de Anselmo cunhou sua definição de pecado. O pecado é um insulto, uma afronta contra a honra e a dignidade de Deus.[566] Entretanto, isso mais parece uma crítica unilateral que não leva em conta a abordagem geral de Anselmo.[567] Segundo ele, e também segundo todos os pais da igreja, existe "um entendimento comum da situação difícil onde o homem se encontra tanto como culpa que exige remissão quanto uma escravidão que exige libertação".[568] Rutledge resume Anselmo:

A auto-oblação do Filho na cruz brotou do íntimo do ser eterno e trino de Deus. Em nossa pregação, em nosso ensino e no nosso aprendizado, temos que reprovar com veemência qualquer interpretação que dissocie a vontade do Pai da vontade do Filho, ou sugira que tudo o que aconteceu não foi motivado pelo amor de Deus. Conforme veremos por muitas e muitas vezes, tanto a

---

[566] ❧ McCrea, *The Work of Jesus in Christian Thought*, p. 208 (veja o cap. 8, n. 28). Para mais análises e críticas à teoria de Anselmo, veja Paul, *The Atonement and the Sacraments*, p. 76-79.

[567] ❧ Na verdade, Rutledge observou como a fama e a influência de Anselmo "explica o nível de críticas que se acumulam sobre ele ... Sua 'teoria' da 'satisfação' tem sido acusada de jurídica, feudal, rígida, absolutista, vingativa, sádica, imoral e violenta" (Rutledge, *The Crucifixion*, p. 146). A análise de Anselmo efetuada por Rutledge se trata de um resumo excelente que serve de antídoto a essas críticas espúrias (Rutledge, p. 146-166). Rutledge, seguindo o raciocínio de David Bentley Hart ("A Gift Exceeding Every Debt," 330-349), resgata Anselmo de seus críticos mordazes (Rutledge, p. 158-159). Com a mesma intenção, o livro "Anselmian Atonement" de Sonderegger defende Anselmo de alguns críticos seus, especialmente a sua suposta dependência cultural da "honra feudal" (Sonderegger, p. 175-193). Veja também Pugh, *Atonement Theories*, p. 53-54, especialmente a n. 64. Veja também a análise recente de Anselmo em Craig, *The Atonement*, p. 32-35 (veja a nota 46 da Introdução).

[568] ❧ Rutledge, *The Crucifixion*, p. 161 (destaque do autor). Rutledge, a essa altura, afirma que o argumento desenvolvido por Hart é "fundamental" para montar seu próprio argumento.

justiça de Deus quanto a misericórdia de Deus fluem de seu desígnio único de amor eterno.⁵⁶⁹

Provavelmente Pugh está certo quando afirma que o livro "Cur Deus Homo" de Anselmo deve ser visto mais como pós-patrístico do que protorreformado".⁵⁷⁰

A SUBSTITUIÇÃO PENAL NAS TEORIAS DA EXPIAÇÃO

Idade Média

Abelardo entra em cena nessa época. Ele é conhecido amplamente, embora de forma falsa, por ter criado a teoria da "influência moral" da expiação. Abelardo sentia que Anselmo não tinha dado destaque suficiente ao amor de Deus como fator motivador da expiação. Ele interpretou o conceito de "justiça de Deus" em Romanos 3.21-26 como amor.

No entanto, os estudos acadêmicos modernos mostram que Abelardo não era um exemplarista, já que não explicou a expiação exclusivamente como apresentando um exemplo,⁵⁷¹ mas também como expressão de uma noção de substituição penal, nos seus comentários de Romanos 4.25.⁵⁷² Isso é confirmado por Caroline Walker Bynum: o

---

⁵⁶⁹ ⁕ Rutledge, p. 163. "Se é que devemos apreciar . . . a linguagem da satisfação de Anselmo, temos que deixar claro que a *mudança que* a auto-oblação de Cristo *efetuou não acontece dentro de Deus*. Isso é de suma importância. Se não destacarmos isso, acabamos gerando uma imagem de um Deus perigosamente instável que, de fato, merece as críticas trazidas por aqueles que pensam na ira de Deus como uma emoção que deve ser aplacada. Em toda nossa análise sobre a reconciliação, esse ponto subjacente é fundamental. Não foi Deus que mudou, foi o relacionamento com os seres humanos e com a criação de Deus" (Rutledge, p. 163; destaque do autor).

⁵⁷⁰ ⁕ Pugh, *Atonement Theories*, p. 60.

⁵⁷¹ ⁕ Johnson, *Atonement: A Guide for the Perplexed*, p. 16 (veja o cap. 5, n. 5). Veja também Adam J. Johnson, "Peter Abelard", em *T&T Clark Companion to Atonement* (New York: Bloomsbury T&T Clark, 2017), p. 357-360.

⁵⁷² ⁕ Veja Craig, *The Atonement*, p. 36-37. "Pedro Abelardo, embora seu entendimento sobre a expiação fosse definitivamente subjetivo, também ado-

entendimento de Anselmo e Abelardo da obra de redenção de Cristo eram bem mais próximos um do outro do que geralmente se retrata. Ela explica que "existem elementos subjetivos e objetivos tanto na teoria de Anselmo como na teoria de Abelardo... Portanto, trata-se de um equívoco enxergar duas teorias lutando pela proeminência no século XII... Não existem duas teorias (uma de Abelardo e outra de Anselmo) na Idade Média, mas temos somente uma."[573]

---

tou aspectos objetivos, até mesmo a propiciação" (Treat, *The Crucified King*, p. 180 ([veja a nota 1 da Introdução]). Treat se refere ao livro de Pedro Abelardo, "Exposition of the Epistle to the Romans (An Excerpt from the Second Book)," em *A Scholastic Miscellany: Anselm to Ockham*, ed. e trad. de Eugene R. Fairweather; LCC 10; (Philadelphia: WJK, 1956), p. 279. Treat acrescenta: "No entanto, não há dúvida que o entendimento que Abelardo tinha sobre a expiação era deficiente. Ele também era aberto à teoria da expiação como redenção do diabo, como se de fato a autoridade do diabo fosse subserviente à de Deus (Treat, p. 281)" (Treat, p. 180, n. 28). [Robert Letham observa: "Pedro Abelardo (1079-1142) tem sido identificado como seu fundador. Isso está errado por dois motivos: em primeiro lugar, uma teoria baseada completamente no exemplo já tinha sido sugerida para a expiação bem antes dele. Clemente de Alexandria (cerca de 155 a cerca de 220 d.C.) tinha ensinado que Cristo era um farol cuja tarefa envolvia a transmissão de conhecimento (*Protrepticos* II, 114, 4, GCS 12, 80–81; *Paedogogus* I, 5, MPG 8, p. 261-280; *Stromatum* 2, 22, MPG 8, 1079f.). Em segundo lugar, a afirmação da autoria de Abelardo se baseia somente em uma passagem de seus escritos em sua *Exposição da Epístola aos Romanos*, mais precisamente no seu comentário de Romanos 3.19-26. De fato, a atribuição se baseia somente em uma frase, que afirma que a redenção é 'amor em nós'. No entanto, em uma seção anterior desse mesmo contexto, Abelardo tinha falado de forma incontestável sobre a redenção mediante o sangue de Cristo, que ele vê como a sua morte. Ele rejeita a teoria do resgate pago a Satanás, porque ele é adequadamente pago a Deus. Por isso, a expiação na verdade se trata de um fenômeno criado por Deus e não de uma mudança moral dentro de nós. Os estudos acadêmicos recentes reconhecem esse fato". Letham, *The Work of Christ*, p. 166-167 (veja a nota 45 da Introdução). Veja também Blocher, "Atonement", p. 73 (veja o cap. 3, n. 1). Robert Paul, ao falar sobre o aspecto exemplarista de Abelardo, diz que "a grande característica da teoria abelardiana é que ela é extremamente simples de afirmar, mas extremamente difícil de se praticar" (Paul, *The Atonement and the Sacraments*, p. 83).

[573] ❦ Caroline Walker Bynum, "The Power in the Blood: Sacrifice, Satisfaction, and Substitution in Late Medieval Soteriology", em *The Redemption: An*

Pedro Lombardo (que morreu por volta do ano 1160), cujo livro "Sentenças" foi o livro texto do período medieval posterior, manteve a ideia do *Christus Víctor*. Segundo Bynum, ele concordou com Anselmo com relação à satisfação; mas ele, de modo diferente de Anselmo, encarou-a como substituição penal.[574] O maior teólogo da Idade Média, Tomás de Aquino, igualmente falou de um elemento de satisfação penal na expiação.[575] Ele chegou a falar na expiação como uma satisfação, um exemplo, e uma vitória sobre Satanás. No entanto, ele não integrou esses temas elaborando uma teoria sobre a expiação.[576]

A Reforma

Com a Reforma, veio outra evolução na doutrina da expiação. Os protestantes e os católicos se dividiram quanto a natureza e os efeitos da expiação. Como Brown descreve: "Para o teólogo católico, a expiação compõe a base de todo o sistema da engrenagem eclesiástica do qual se supõe que a salvação depende. Para o protestante, é a garantia para rejeitar essa engrenagem como supérflua".[577] O retrato que Anselmo fez da obra redentora de Cristo como a satisfação da honra divina que foi ofendida foi redefinida pelos reformadores em termos jurídicos. A expiação passaria a ser vista tanto como satisfação quanto como substituição penal.

Martinho Lutero

A teologia de Martinho Lutero[578] sobre a expiação se baseia na Teoria

Interdisciplinary Symposium on Christ as Redeemer, ed. Stephen T. Davis, Daniel Kendall, e Gerald O'Collins (Oxford: Oxford University Press, 2004), p. 179-181.
[574] Bynum, p. 178-180.
[575] Blocher, "Atonement", p. 73.
[576] Paul, *The Atonement and the Sacraments*, p. 85-86.
[577] Brown, "Expiation and Atonement (Christian)", 5:645.
[578] "Os reformadores e os teólogos posteriores à reforma elaboraram uma variação penal sobre a teoria de Anselmo, afirmando que a morte de Jesus não satisfez a honra de Deus, mas sim a sua justiça" (Vanhoozer, "Atonement", p. 177 [veja a nota 1 da Introdução]). De modo parecido, B. B. Warfield disse: "No entanto, somente quando a doutrina de justificação pela fé iluminou a 'satisfação' que proporcionou a sua base, que essa doutrina foi honrada como deve. Ninguém antes de Lutero tinha falado com tanta clareza, profundidade

da Satisfação de Anselmo, além de incluir a teoria *Christus Victor*. Acredito que é no seu comentário de Gálatas 3.13 que podemos observá-la da melhor forma.[579] Paul Althaus resumiu a concepção de Lutero[580]: "A satisfação que a justiça de Deus exige se constitui na importância principal e definitiva da obra de Cristo e da sua morte em particular. Tudo o mais depende dessa satisfação, inclusive a destruição do poder e da autoridade das forças demoníacas que foram destituídas de todo direito e de todo o poder".[581] Lutero defende a teoria da satisfação, mas afirma que a expiação consiste em mais outras coisas:

> *Ainda que alguém queira manter a palavra satisfação e dizer a partir dela que Cristo fez satisfação por nossos pecados, trata-se mesmo assim de uma palavra fraca demais que diz muito pouco sobre a graça de Cristo e não honra o sofrimento de Cristo de modo suficiente. É necessário que se dê uma honra maior não somente porque ele trouxe a satisfação pelo pecado, mas também porque ele nos remiu da morte, do diabo e do poder do inferno, e nos garante um reino eterno de graça, bem como o perdão diário dos pecados posteriores, tornando-se, por esse motivo... redenção e santificação eterna.*[582]

---

e amplitude, que caracterizam suas referências a Cristo como nosso libertador, primeiro da culpa do pecado, e depois, por causa da culpa do pecado, igualmente de tudo o que é ruim, já que todo mal procede do pecado" (Benjamin B. Warfield, verbete "Atonement", na *The New Schaff-Herzog Encyclopedia of Religious Knowledge*, ed. Samuel Macauley Jackson [New York: Funk and Wagnalls, 1908-1914], 1:350, com referências a Harnack e outros sobre o assunto).
[579] Veja Robert A. Kolb, "Martin Luther", em *T&T Clark Companion to Atonement,* ed. Adam J. Johnson (New York: Bloomsbury T&T Clark, 2017), p. 613-621. Para uma análise que resume a visão de Lutero sobre a expiação, veja Steven D. Paulson e Nicholas Hopman, "Atonement," em *Dictionary of Luther and the Lutheran Traditions,* ed. Timothy Wengert (Grand Rapids: Baker Academic, 2017), p. 48-51. Veja também Alister McGrath, *Luther's Theology of the Cross* (Oxford: Basil Blackwell, 1985), p. 148-175, e Jack D. Kilcrease, *The Doctrine of Atonement: From Luther to Forde* (Eugene, OR: Wipf & Stock, 218), p. 26-50.
[580] Martin Luther, "Lectures on Galatians (1535)", LW 26:276-81.
[581] Paul Althaus, *The Theology of Martin Luther,* trad. Robert C. Schultz (Philadelphia: Fortress, 1966), p. 220.
[582] Martin Luther (*WA*, 21:264, 27), trad. e citado por Gerhard O. Forde em Forde, "Seventh Locus," 49; veja p. 62, n. 10 (veja o cap. 1, n. 22).

Lutero falou sobre os pecados serem colocados sobre Cristo pelo amor de Deus.[583] Ele também foi claramente a favor da expiação substitutiva:

> *Quando o Pai misericordioso viu que estávamos sendo oprimidos pela Lei, que estávamos sendo mantidos sob maldição, e que não tínhamos como sermos liberados dela de nenhuma maneira, ele enviou seu Filho ao mundo, colocou todos os pecados de todos os homens sobre ele e disse-lhe: Seja o Pedro que negou a Cristo, o Paulo perseguidor, blasfemador e saqueador, o Davi adúltero, o pecador que comeu a maçã no Paraíso, o ladrão na cruz. Em resumo, a pessoa de todos os homens, aquele que cometeu os pecados de todos os homens, e providencie o pagamento e a satisfação por todos eles.*[584]

Lutero também afirmou que a morte de Cristo se constituiu em uma expiação ilimitada onde Cristo substituiu os pecados de todo o mundo – isto é, que todos os pecados do mundo foram imputados a ele de tal modo que a morte de Cristo foi a satisfação universal para todos os pecadores:

> *Todos os profetas previram pelo Espírito Santo que Cristo, por imputação, passaria a ser o maior pecador da face da terra, e o sacrifício pelos pecados de todo o mundo; não seria considerado como uma pessoa inocente e sem pecado, ou o Filho de Deus em glória, mas como um grande pecador, e seria abandonado por causa disso por um tempo (Salmos 8), e tomaria sobre seus ombros os pecados de toda a humanidade;*

> *Foi por esse motivo que a lei dada por Moisés para ser executada sobre todos os malfeitores e assassinos em geral foi aplicada a Cristo, enquadrando-o como pecador e assassino, embora ele seja pessoalmente inocente.*

---

[583] Luther, "Lectures on Galatians (1535)," LW 26:279.
[584] Lutero, *LW* 26:280. Philip S. Watson (*Let God Be God: An Interpretation of the Theology of Martin Luther* [Eugene, OR: Wipf & Stock, 2000]) afirma que Lutero não ensinou a substituição penal, mas Garry Williams demonstrou que essa afirmação é falsa (Williams, "A Critical Exposition", p. 98-102).

> Os sofistas e os que roubam a glória de Deus confundem e falsificam essa maneira de retratar a Cristo, porque eles não querem que Cristo se faça maldição por nós, nem que ele venha nos libertar da maldição da lei, nem que ele tenha nenhuma associação com o pecado, nem com os pobres pecadores; embora tenha sido somente por eles que ele se fez carne e morreu, mas eles se limitam a colocar o exemplo de Cristo diante de nós, o qual dizem que devemos imitar e seguir, roubando, dessa forma, não somente o seu nome adequado e o seu título, mas também fazendo dele um juiz severo e irado, um tirano terrível, tão cheio de ira contra os pobres pecadores que tem a intenção de condená-los.[585]

João Calvino

A teologia de João Calvino sobre a expiação é bem conhecida. A teologia dos reformadores pioneiros deu um bom destaque à equivalência do castigo à ofensa da humanidade decaída contra a lei de Deus, expressa na forma de uma expiação substitutiva penal.[586] Calvino e outros teólogos foram além de Anselmo e da Teoria da Satisfação, acrescentando categorias reais de castigo, fortalecendo, assim, o caráter substitutivo penal da expiação.[587] As descrições que Calvino faz da obra vicária de Cristo combinam a linguagem sacerdotal (e.g., Hb 9.14, 25-26) com metáforas jurídicas (e.g., Gl 3.13).[588]

Para Calvino, a essência da divindade é a justiça retributiva. Não se trata simplesmente da honra devida a Deus, como Anselmo ti-

---

[585] Martin Luther, "Of Jesus Christ #202," em The Table Talk of Martin Luther: Luther's Comments on Life, the Church and the Bible (Ross-shire, Scotland: Christian Focus, 2003), p. 174.

[586] Gabriel Fackre, verbete "Atonement," em *Encyclopedia of the Reformed Faith*, ed. Donald K. McKim (Louisville: WJK, 1992), p. 13–16.

[587] Brown, "Expiation and Atonement (Christian)," 1:645.

[588] Calvino, Institutas, 1:501–03; 2.15.6 (veja a nota 13 da Introdução). Duas obras importantes sobre o assunto da visão de Calvino sobre a expiação são: Paul van Buren, Calvin in Our Place: The Substitutionary Character of Calvin's Doctrine of Reconciliation (Grand Rapids: Eerdmans, 1957); e Robert Peterson, Calvin and the Atonement (Ross-shire, Scotland: Christian Focus, 1999). Para uma análise recente de Calvino e a expiação, veja Paul Daffyd Jones, "The Fury of Love: Calvin on the Atonement," em T&T Clark Companion to Atonement, ed. Adam J. Johnson (New York: Bloomsbury T&T Clark, 2017), p. 213-235.

nha afirmado, que só pode ser satisfeita pela obediência aos mandamentos de Deus. É uma questão relacionada à santidade divina. Com certeza, Deus deseja perdoar os pecados, mas essa graça só pode ser exercida se as exigências da lei forem cumpridas, e a justiça exige um castigo proporcional ao pecado. Isto é, no que consiste à cruz como substituição penal. Deus enviou Cristo à humanidade como provisão de substituição no lugar dos pecadores culpados. Com base nessa expiação substitutiva penal, Deus agora pode oferecer um perdão que se harmoniza com sua justiça a todos que depositam sua fé em Cristo.[589]

O entendimento da Reforma sobre a expiação como substituição, combinado com a redescoberta da justificação pela graça somente por meio da fé, orientaria o rumo da teologia protestante, especialmente entre os tradicionais, desde aquela época até os dias de hoje. Na virada do século XX, B. B. Warfield, presidente do Seminário Teológico Princeton daquela época, podia afirmar: "Os luteranos e os reformados estão em completa unidade com relação à natureza da obra salvadora do nosso Senhor como o substituto que leva os pecados em um sacrifício expiatório".[590] Robert Paul afirma que "foi a teoria da substituição penal que, desde meados do século XVI até meados do século XIX passou a ser doutrina praticamente ortodoxa para a maior parte do protestantismo".[591]

Basicamente, a substituição penal entende a expiação como um ato onde Cristo proporcionou a satisfação do castigo pelo pecado. Por um lado, essa satisfação foi feita tendo como foco a justiça de Deus, que foi violada pelo pecado humano, com Cristo levando o castigo pela culpa humana. Por outro lado, Cristo satisfez as exi-

---

[589] ❖ Brown, "Expiation and Atonement (Christian)", p. 645-646. Johnson afirma a substituição penal com as ressalvas devidas, ou seja, sem que ela tenha preferência sobre as outras teorias (*Atonement: A Guide for the Perplexed*, p. 113-115). Outros defensores recentes da substituição penal acham que ela, de fato, tem o direito de ser considerada o modelo bíblico central da expiação. Veja, por exemplo, Peterson, *Salvation Accomplished by the Son*, p. 362-412 (veja o cap. 7, n. 41).
[590] ❖ Benjamin B. Warfield, "Introduction," em *The Atonement and Modern Thought de Junius Remensnyder* (Philadelphia: Lutheran Publication Society, 1905), pp. ix–x.
[591] ❖ Paul, *The Atonement and the Sacraments*, p. 109.

gências da lei de Deus, que exige a obediência perfeita; e ele fez isso como o segundo Adão, sendo bem-sucedido onde o primeiro Adão fracassou.[592] No entanto, a história da teologia da expiação, no que diz respeito às atitudes com relação à substituição penal nos últimos quatrocentos anos, tem sido bem ampla, variando desde a afirmação veemente até a forte rejeição!

Socinianismo

A ascensão do socinianismo trouxe um forte desafio à substituição penal. Fausto Socínio (1539-1604) criticou a ideia do castigo transferido, onde se baseia o modelo substitutivo penal de Calvino, juntamente com muitos princípios que foram desenvolvidos depois da Reforma com base nessa doutrina.[593] Os socinianos afirmavam que Anselmo tinha privilegiado a justiça de Deus em detrimento do seu amor. Eles consideravam a noção de Deus efetuando um pagamento para si mesmo como algo absurdo. Como pode o sofrimento de uma pessoa ser equivalente ao de toda a raça humana? Eles tinham muita dificuldade em entender a questão de como o pecado podia ser transferido para que Cristo pudesse ser um substituto das outras pessoas. Eles defendiam a cruz como demonstração do amor de Deus e um incentivo para levar as pessoas à salvação por meio de Cristo (um conceito que seria conhecido posteriormente como a Teoria da Influência Moral com relação à expiação).

Hugo Grócio

Para se opor ao ataque dos socinianos sobre a objetividade da expiação, o jurista holandês Hugo Grócio (1583-1645) defendeu o

---

[592] Warfield, "Atonement", p. 350.
[593] Fausto Socínio, *De Iesu Christo Servatore, Hoc est, cur et qua ratione Iesus Christus noster seruator sit [Acerca de Jesus Cristo, Salvador]* (Kraków, Poland: Alexander Rodecius, 1594). A cristologia de Socínio tinha muitas falhas e incluía a negação da natureza divina e da filiação especial de Cristo. Para uma análise resumida da postura de Socínio sobre a expiação, veja Alan W. Gomes, "Socinus", em *T&T Clark Companion to Atonement*, ed. Adam J. Johnson (New York: Bloomsbury T&T Clark, 2017), p. 753-757.

que veio a ser chamado de Teoria Governamental[594] sobre a expiação em seu livro famoso *Satisfação de Cristo*.[595] Grócio destacou o papel de Deus como governante universal benevolente, cujo amor pelos pecadores demonstrado na cruz o capacitou a perdoar os pecadores de acordo com a sua justiça como governador moral do universo, e pelo bem-estar de seus súditos. No entanto, a teoria de Grócio não para por aí. A Teoria Governamental desenvolvida por Grócio, e por muitos defensores, posteriormente, manteve o aspecto penal objetivo da expiação, embora isso seja geralmente ignorado pelos seus críticos.[596]

---

[594] A melhor análise da Teoria Governamental é a de Garry Williams, "A Critical Exposition" (consulte a nota 6 deste capítulo). A Teoria Governamental gozou de grande popularidade entre os calvinistas, metodistas wesleyanos, congregacionais norte-americanos e outros arminianos no final do século XVIII e no século XIX. Pope, *Compendium of Christian Theology* (veja o cap. 5, n. 2); Marshall Randles, *Substitution: A Treatise on the Atonement* (London: J. Grose Thomas and Co., 1877); Thomas O. Summers, *Systematic Theology: A Complete Body of Wesleyan-Arminian Divinity Consisting of Lectures on the Twenty-five Articles of Religion*, 2 vols., ed. John J. Tigert (Nashville: Publishing House of the Methodist Episcopal Church, South, 1888); John J. Tigert, "The Methodist Doctrine of Atonement," *Methodist Quarterly Review* (April 1884): p. 278-299; Joseph A. Beet, "The Doctrine of the Atonement in the New Testament. IX.—Rationale of the Atonement," *The Expositor 6*, no. 5 (November 1892): p. 343-355; Beet, *Through Christ to God: A Study in Scientific Theology* (New York: Hunt & Eaton; Cincinnati: Cranston & Curts, 1893). Essa teoria prevaleceu entre os metodistas dos EUA e suas melhores declarações vieram de suas mãos. Veja especialmente: John Miley, *The Atonement in Christ* (New York: Phillips & Hunt, 1879); Miley, *Systematic Theology*, 2 vols. (New York: Hunt & Eaton; Cincinnati: Cranston & Stowe, 1892–1894), 2:65-240.

[595] Hugo Grócio, *A Defence of the Catholic Faith concerning the Satisfaction of Christ against Faustus Socinus*, trans. Frank Hugh Foster (Andover, MA: Warren F. Draper, 1889); publicada originalmente como *Defensio fidei Christianæ de satisfactione Christi adversus Faustum Socinum* (Leyden: Joannes Patius, 1617).

[596] Como, por exemplo, Laurence W. Grensted, "Introduction," em *The Atonement in History and in Life: A Volume of Essays* (London: Society for Promoting Christian Knowledge [SPCK], 1929), p. 29; e muitos outros teólogos reformados dos tempos modernos. Entretanto, veja especialmente Williams, "A Critical Exposition", p. 1-148 (veja a nota 4 deste capítulo), que demonstra

Williams fala do equívoco na interpretação em *Satisfação de Cristo*, que deu origem à Teoria Governamental da expiação. Essa teoria defende o conceito jurídico da morte de Jesus somente com base de que Deus precisava castigar o pecado em nome da vida moral da comunidade sobre a qual preside. Praticamente todos os livros de história da doutrina da expiação portam essa opinião sobre o esse livro de Grócio, portanto, no momento ela é aceita sem revisão alguma entre os historiadores dos dogmas cristãos.[597]

Como Williams demonstra, de modo contrário a muitos outros, Grócio não pensava que o castigo surge das exigências do governo divino, mas sim da própria natureza divina. Grócio concorda firmemente com os reformadores na crença de que Jesus levou o castigo devido que todos os pecadores mereciam.[598] Para ele, a causa formal da morte de Jesus é o pagamento total do castigo pelos pecados. Na visão de Grócio: (1) Cristo efetuou o pagamento pelos nossos pecados. (2) Assim, ele levou o castigo pelos nossos pecados. (3) Em sua morte, Cristo foi o nosso substituto.[599]

William cita provas claras do apoio que Grócio dá à substituição penal. Por exemplo:

> *Grócio emprega as palavras "pena" e "castigo" (poena, no latim) três vezes em sua declaração: "Deus foi movido por sua própria bondade para nos conceder bênçãos consideráveis, mas os nossos pecados, que mereciam castigo, se constituíam em um obstáculo para que isso acontecesse. Portanto, ele decidiu que Cristo, voluntariamente, e movido pelo seu amor pela humanidade, deveria pagar o castigo pelos nossos pecados, passando pelas torturas mais severas e por uma morte sangrenta e infame. Logo, a demonstração da justiça*

---

o aspecto substitutivo penal da obra de Grócio. Entre os defensores da Teoria Governamental se encontram: Robert W. Dale, *The Atonement* (London: Hodder & Stoughton, 1876); Alfred Cave, *The Scriptural Doctrine of Sacrifice* (Edinburgh: T&T Clark 1877; reimpr., 1890 sob o novo título The Scriptural Doctrine of Sacrifice and Atonement); o movimento da Nova Divindade no século XIX, juntamente com muitos metodistas e batistas, entre outros.

[597] Williams, "A Critical Exposition", p. 2.
[598] Williams, p. x.
[599] Williams, p. 31. Veja também Craig, *The Atonement*, p. 48-52.

*divina permaneceria inalterada e nós, pela intervenção da fé genuína, estaríamos livres do castigo da morte eterna (1.2, 90/91).*⁶⁰⁰

Segundo Williams: "Grócio deixa claro sua atitude de defender a doutrina penal, e permanece fiel ao seu propósito por toda a sua obra".⁶⁰¹

Avaliando em conjunto essas críticas à leitura convencional da obra de Grócio, é necessário concluir que ele ensinou que o castigo sofrido por Jesus na cruz surgiu da própria natureza de Deus como exemplo de sua justiça retributiva, e tinha valor equivalente ao castigo merecido pelos pecadores. A cruz não se tratava de um empecilho, nem de um castigo parcial, muito menos de uma simples aflição. Quanto à natureza do castigo, só podemos dizer que Grócio destacou de forma mais marcante do que seu predecessor uma questão conhecida por todos os exegetas atentos do NT, que a cruz foi a demonstração pública da justiça do governo divino. Como Williams demonstrou, a tradição de ler sua doutrina da expiação como uma divagação do legado protestante só se aplica a dois parâmetros de comparação – seu isolamento da doutrina da expiação, e em seu destaque crescente no conceito de Deus como Governante ao explicar essa doutrina.⁶⁰²

Williams desafia com sucesso a acusação de que Grócio tinha inventado uma doutrina nova:

> No final desta exposição crítica do livro De satisfactione [Satisfação de Cristo], temos diante de nós um entendimento substancialmente revisado da doutrina da expiação que Grócio defendia. Teologicamente, percebemos que ele, com efeito, guarda a doutrina que é cara tanto aos pais da igreja quanto aos reformadores, e que ele nunca propõe uma nova Teoria Governamental

---

⁶⁰⁰ Williams, p. 60-61.
⁶⁰¹ Williams, p. 61. "Grócio prova sua crença na substituição penal quando ele repreende Socínio por rejeitar não somente a palavra 'satisfação', mas também os conceitos que são transmitidos por essa palavra que o próprio Grócio adota. Quando Grócio destrincha esses conceitos, ele declara: "ao entregar a sua vida, Cristo aplacou a ira de Deus por nós" (Williams, p. 59).
⁶⁰² Williams, p. 148.

onde a lei prevalece sobre a teologia, nem faz alguma separação entre as duas coisas. Na verdade, seu destaque na pessoa de Deus como Governador não passa de um lembrete do fato de que Deus agiu na expiação como aquele que está acima da lei, postura que de nenhum modo nega que Deus teve um gesto retributivo como Juiz.[603]

Teceram-se várias críticas contra a Teoria Governamental. Em primeiro lugar, os detratores negam que a teoria possua base bíblica, embora Grócio tenha citado vários textos bíblicos. Além disso, ela tem sido descrita como colocando a praticidade administrativa acima da justiça e da necessidade moral. A terceira acusação é que Grócio colocou a soberania divina em uma posição que se encontra acima do amor de Deus.[604] No entanto, Williams demonstrou que essas críticas são exageradas.[605]

SÉCULOS XVIII E XIX

Teoria da Influência Moral

Por todo o século XVIII e no início do século XIX, teólogos proeminentes – como Emanuel Kant[606] e, de forma mais notável, Friedrich Schleiermacher[607] – se baseariam nas críticas ao socinianismo e proporiam variantes da Teoria da Influência Moral da expiação. O século XIX era um campo fértil para essa "segunda vinda" de

---

[603] Williams, p. 244.
[604] Veja Garrett, *Systematic Theology*, 2:26–27 (veja a nota 21 da Introdução); Johnson, *Atonement: A Guide for the Perplexed*, p. 50-54.
[605] Williams, "A Critical Exposition".
[606] Veja Nathan A. Jacobs, "Kant", em *T&T Clark Companion to Atonement*, ed. Adam J. Johnson (New York: Bloomsbury T&T Clark, 2017), p. 591-595.
[607] Veja Justin Stratis, "Friedrich Schleiermacher," em *T&T Clark Companion to Atonement*, ed. Adam J. Johnson (New York: Bloomsbury T&T Clark, 2017), p. 739-742. Para um breve resumo da visão de Schleiermacher sobre a obra de Cristo em relação a sua própria pessoa, veja Bruce L. McCormack, "Christology," em *The Cambridge Companion to Reformed Theology*, ed. Paul T. Nimmo e David A. S. Fergusson (Cambridge: Cambridge University Press, 2016), p. 72-75.

Abelardo com a sua "preocupação com a consciência e com a experiência humana, aliada à tendência de rejeitar a justiça retributiva divina e ressaltar o amor de Deus".[608] Essencialmente, essa teoria afirma que o autossacrifício de Jesus é um exemplo a ser seguido, e a expiação não deve ser entendida com um sentido objetivo de substituição. Os teólogos proeminentes Albrecht Ritschl,[609] Horace Bushnell nos EUA,[610] e Hastings Rashdall e F. D. Maurice na Inglaterra[611] seguiam também essa interpretação da expiação.

A Teoria da Influência Moral[612] da expiação, de modo parecido com a Teoria Mística, não atribui nenhum aspecto objetivo à obra de Cristo na cruz como substituição, propiciação, expiação, e assim por diante. Em vez disso, a cruz leva as pessoas a um conhecimento melhor de Deus, e possibilita uma mudança no coração com relação a Deus e com relação ao pecado. O destaque está na reação do coração humano ao ato de amor sacrificial demonstrado por Cristo na cruz. A cruz influencia as pessoas na direção do arrependimento e da fé. A expiação em si mesma não altera nada em Deus com relação à humanidade. Em vez disso, o arrependimento e a fé mudam a disposição de Deus com relação a ela.[613] Jesus passa a ser um pouco

---

[608] Vanhoozer, "Atonement", p. 178 (veja a nota 1 da Introdução).

[609] "Com relação a Albrecht Ritschl (1822–1889) podemos falar de uma variante coletiva de um tema abelardiano, partindo da moralidade individual à moralidade social – uma virada para o intersubjetivo, por assim dizer" (Vanhoozer, "Atonement," p. 179; destaque do autor); Veja também Matthew J. Aragon Bruce, "Albrecht Ritschl", em *T&T Clark Companion to Atonement,* ed. Adam J. Johnson (New York: Bloomsbury T&T Clark, 2017), p. 723-727.

[610] Bushnell escreveu que "a obra de Cristo não termina na liberação dos castigos por meio de uma compensação adequada, mas na transformação do caráter e no resgate, desse modo, dos homens culpados das repercussões retributivas provocadas pelo seu pecado" (Horace Bushnell, *The Vicarious Sacrifice, Grounded in Principles of Universal Obligation* [New York: Charles Scribner & Co., 1865; rev. 1877], p. 449).

[611] Gunton, "Atonement: Systematic Theology", 1:156 (veja o cap. 7, n. 25).

[612] Veja Alister McGrath, "The Moral Theory of the Atonement: An Historical and Theological Critique," SJT 38, no. 2 (Maio de 1985): p. 205-220.

[613] Veja, por exemplo, os socinianos do século XVII; os racionalistas do século XVIII; o teólogo do século XIX Horace Bushnell (*Forgiveness and Law,*

mais do que um mártir diferenciado, embora seja alguém que possui uma importância única para com Deus por causa do seu relacionamento com ele.

Existem muitas variantes da Teoria da Influência Moral, dependendo na maneira que alguém encara o meio pelo qual a cruz influencia a mente, o coração e as ações das pessoas. Na verdade, a influência moral se dá com maior intensidade sobre os crentes, como Pedro destaca nas suas cartas.[614] A Teoria da Influência Moral não explica como a cruz age para tirar o pecado ou mesmo como ela trabalha para atrair os pecadores. Por isso, embora essa teoria não trate de toda a verdade, nem mesmo da verdade essencial, pode-se dizer que ela, por si mesmo, é verdadeira quando atrelada à substituição penal.

O valor da Teoria da Influência Moral é o seu destaque no amor de Deus como uma manifestação da natureza divina. No entanto, dizer que esse amor não possui nenhuma base objetiva em seu relacionamento com os pecadores e o seu pecado levanta pelo menos duas questões: (1) Como alguém se apropria dos benefícios da expiação de forma subjetiva se não houver uma base objetiva no tratamento do problema do pecado na expiação? (2) Onde fica a santidade e a justiça de Deus? Os defensores da teoria parecem ter ignorado isso completamente.

Embora isso não esteja diretamente ligado à Teoria da Influência Moral, alguns defensores sugerem que o amor de Deus acabará levando à salvação de todas as pessoas (universalismo). Essa posição foi afirmada por Thomas Hughes em sua obra sobre as teorias da expiação: "Há muita chance de que na outra vida

---

Grounded in Principles Interpreted by Human Analogies [New York: Scribner, Armstrong, & Co., 1874] e *The Vicarious Sacrifice* [veja a n. 78]); Albrecht Ritschl, *The Christian Doctrine of Justification and Reconciliation*, ed. e trad. H. R. Mackintosh e A. B. Macaulay, 3 vols. (1870-1874; Clifton, NJ: Reference Book Publishers, 1966), 3:546-547; William Newton Clarke, *An Outline of Christian Theology* (New York: Charles Scribner's Sons, 1898), 341-67; e o principal defensor do início do século XX, Auguste Sabatier, *The Doctrine of the Atonement in its Historical Evolution*, trad. V. Leuliette (New York: G. P. Putnam's Sons, 1904), esp. as pp. 131-134.

[614] Veja 1Pedro 2.21.

haverá uma revelação do amor divino tão poderosa e convincente que todos aqueles que não conseguiram ou se negaram a acreditar aqui na terra, serão convencidos, de modo que nenhuma pessoa seja deixada de fora do alcance da vitória completa do amor".[615] Mas isso contraria completamente Hebreus 9.27 – "aos homens está ordenado morrerem uma só vez, vindo depois o juízo" –, isso sem mencionar uma infinidade de textos bíblicos que confirmam que muitos serão julgados eternamente pelo seu pecado por terem se recusado a crer em Cristo.[616]

É necessário que se diferencie a Teoria da Influência Moral da chamada Teoria do Exemplo. Apesar de as duas serem parecidas, a última é uma versão mais fraca da primeira. Na Teoria do Exemplo, a cruz só serve como um exemplo para nós sobre como devemos viver, nada além disso. Enquanto a Teoria da Influência Moral destaca o poder atrativo do amor de Deus sobre o pecador, a Teoria do Exemplo destaca a natureza exemplar da cruz sem dar atenção ao poder ou à influência do amor de Deus. Além disso, faz parte da Teoria do Exemplo normalmente a negação da divindade de Cristo, enquanto isso nem passa perto da Teoria da Influência Moral. Na Teoria do Exemplo, o destaque não se encontra em nenhum significado central da cruz, mas sim nas consequências que ela provoca.[617] Como W. T. Conner afirmou: "A Cruz não pode ser meu exemplo sem que ela primeiramente se constitua na minha redenção".[618]

Todas as formas das teorias morais ou terapêuticas da expiação, inclusive as reafirmações contemporâneas, por si só são problemáticas. Vanhoozer resume isso com propriedade:

---

[615] Hughes, *The Atonement,* xxiii (veja o cap. 4, n. 21). Nos tempos modernos, essa visão é defendida por muitos, inclusive por Rob Bell, *O amor vence! Um livro sobre o céu, o inferno, e o destino de todas as pessoas que já viveram pela terra* (Rio de Janeiro: Ed. Sextante, 2012).

[616] Veja a crítica excelente do universalismo em Michael McClymond, *The Devil's Redemption: A New History and Interpretation of Christian Universalism,* 2 vols. (Grand Rapids: Baker, 2018).

[617] Garrett, *Systematic Theology,* 2:44.

[618] Walter T. Conner, *The Gospel of Redemption* (Nashville: Broadman, 1945), p. 86.

Se a cruz salva simplesmente por manifestar algum princípio universal como "Deus está ao lado das vítimas", "Deus perdoa, não importa o que você tenha feito" – então, na verdade, ela não muda nada, exceto a nossa ignorância desse princípio. Essa posição possui duas fraquezas: a primeira é que leva ao eclipse da figura de Jesus, porque na medida em que compreendemos o princípio, a história em particular e os acontecimentos relatados nela são descartáveis. A segunda é que faz com que a pregação da cruz se transforme em uma afirmação de consolo ("Deus está OK, e você está OK"), sem operar uma transformação radical.[619]

MAIS ACONTECIMENTOS DO SÉCULO XIX

O século XIX testemunhou um turbilhão de obras sobre a expiação. Entre as mais importantes, encontram-se os livros de R. W. Dale,[620] John McLeod Campbell,[621] e James Denney.[622] O livro *The Atonement*, de autoria de Dale, que foi lançado no final do século XIX, foi muito elogiado como um esforço teológico para manter a expiação substitutiva penal enquanto evita alguns "artificialismos e legalismos" das versões antigas. A abordagem de Campbell com relação à expiação era substituir o castigo vicário pelo arrependimento vicário. Ele cria que as Escrituras ensinavam a expiação ilimitada, mas não conseguia responder à crítica do "pagamento duplo" levantada por alguns calvinistas contra ela. Campbell caiu na mesma armadilha do comercialismo que caem os defensores da expiação limitada. Por causa disso, para salvar a expiação ilimitada, a única solução seria descartar a substituição penal como

---

[619] Vanhoozer, *The Drama of Doctrine*, p. 384; destaque do autor (veja a nota 32 da Introdução).
[620] R. W. Dale, *The Atonement* (London: Congregational Union of England and Wales), 1895.
[621] John McLeod Campbell, *The Nature of the Atonement* (veja o cap. 7, n. 22). Sobre Campbell, consulte Peter K. Stevenson, "John McLeod Campbell", em *T&T Clark Companion to Atonement*, p. 421-426. Veja também David A. S. Fergusson, "Reformed Theology in the British Isles", em *The Cambridge Companion to Reformed Theology*, eds. Paul T. Nimmo e David A. S. Fergusson (Cambridge: Cambridge University Press, 2016), p. 252-253.
[622] Denney, *The Death of Christ* (veja o cap. 1, n. 3); Denney, *The Atonement and the Modern Mind* (London: Hodder and Stoughton, 1903); e Denney, *The Christian Doctrine of Reconciliation* (New York: George Doran, 1918).

castigo vicário e defender o "arrependimento vicário". O livro de Campbell foi importante por iniciar a tendência da teologia moderna de defender as teorias mais subjetivas e éticas da expiação.

Acho que se deve fazer um breve comentário sobre as teologias wesleyanas da expiação do século XVIII ao século XX. Supõe-se ou defende-se, de forma comum, porém equivocada, que a teologia wesleyana geralmente rejeita a visão substitutiva penal da expiação que favorece a chamada Teoria Governamental de Grócio. Uma leitura rápida dos teólogos sistemáticos wesleyanos revela que a maioria deles afirma alguma forma de expiação substitutiva, geralmente a substituição penal.[623] O próprio John Wesley acreditava na substituição penal.[624]

ACONTECIMENTOS DO SÉCULO XX

CHRISTUS VICTOR

No século XX, Gustaf Aulén[625] despertou novamente o interesse no modelo Christus Victor que foi proposto primeiramente pelos pais da igreja primitiva. Esse modelo destaca a vitória de Cristo sobre Satanás e sobre os poderes malignos do mundo mediante a cruz e a ressurreição. A cruz derrotou a Satanás e trouxe a provisão para que sejam libertados os cativos da escravidão do pecado e da morte. As referências que esse modelo mais utiliza são João 12.31; Hebreus 2.14-18; 1João 3.8 e Apocalipse 12.7-12.[626]

---

[623] Conforme foi observado e demonstrado por Thomas H. McCall, "Wesleyan Theologies", em *T&T Clark Companion to Atonement*, ed. Adam J. Johnson (New York: Bloomsbury T&T Clark, 2017), p. 797-800. Veja também Roger E. Olson, *Teologia arminiana: mitos e realidades* (São Paulo: Ed. Reflexão, 2013), p. 221-241.

[624] Allen, *Por Quem Cristo Morreu?*, p. 374-75 (veja a Introdução, p. 16).

[625] Veja o pequeno resumo de Aulén feito por Roland Spjuth, "Gustaf Aulén", em *T&T Clark Companion to Atonement*, ed. Adam J. Johnson (New York: Bloomsbury T&T Clark, 2017), p. 389-392.

[626] John Stott identifica 'seis etapas' na vitória de Cristo sobre Satanás: a 'previsão' (Antigo Testamento), 'o início no ministério do Jesus moderno', a conquista na cruz', 'a confirmação com anúncio imediato' na sua ressurreição, 'a extensão' com a missão da igreja 'no poder do Espírito Santo', e a 'consumação

Desde Aulén, passou a ser comum identificar as teorias da expiação sob três categorias gerais: *Christus Victor*, as teorias objetivas (como a da satisfação e a da substituição penal) e as subjetivas, como a Teoria da Influência Moral.[627] No entanto, a abordagem e a classificação de Aulén passou por vários questionamentos, e muitos demonstraram que sua pesquisa histórica está longe de ser exata.[628]

Entre outras críticas, algumas pessoas notaram que a teoria *Christus Victor* tende a destacar mais a divindade de Cristo às custas da sua humanidade. Além disso, do mesmo modo que a Teoria do Resgate, ela não explica de fato como a expiação funciona para tratar a questão do pecado, como observou Oliver Crisp.[629] Essa teoria funciona mais como metáfora do que como modelo. Portanto, os especialistas, como Bird, que acham que o modelo *Christus Victor* é "o núcleo principal da expiação, porque traz a cobertura onde todos os outros fatores da expiação encontram sentido",[630] não conseguem reconhecer o fato de que esse modelo destaca mais o resultado da expiação em termos do que foi conquistado. Somente os modelos da satisfação e da substituição destacam o gesto real da expiação e o modo pelo qual

---

na Parousia' (segunda vinda). Em quarto lugar, os dois temas transpõem o abismo entre as teorias objetivas e as teorias subjetivas. Elas são objetivas no sentido em que a expiação não se dirige à humanidade, e subjetivas ao permitirem que os seres humanos que creem participem da vitória de Cristo sobre as potestades". (Garrett, *Systematic Theology*, 2:53 [veja a nota 21 da Introdução]; veja Stott, *The Cross of Christ*, p. 227 [veja o cap. 3, n. 65]).

[627] E.g., Morris, *The Cross in the New Testament*, p. 397 (veja o cap. 3, n. 4).

[628] Treat fala sem rodeios sobre o assunto: "O problema com esse resumo histórico, por mais conveniente que ele seja no ponto de vista heurístico, é que ele não condiz com a verdade" (Treat, *The Crucified King*, p. 178-179). Treat cita Sten Hidal, "En segrande *Christus victor*? Auléns analys av ett forsoningsmotiv i backspegeln," *Svensk teologisk kvartalskrift* 86 (2010): p. 171-176. Veja também Blocher, *"Agnus Victor"* p. 74-77; Timothy George, "The Atonement in Martin Luther's Theology", em *The Glory of the Atonement: Biblical, Theological & Practical Perspectives*, ed. Charles E. Hill e Frank A. James III (Downers Grove, IL: InterVarsity Press, 2004), p. 268; e McIntyre, *The Shape of Soteriology*, p. 43 (veja a n. 22 da Introdução).

[629] Crisp, "Methodological Issues in Approaching the Atonement", p. 319.

[630] Bird, *Evangelical Theology*, p. 414.

se lida com o pecado. Outros criticam o modelo Christus Victor por se basear demais em Paulo sem, no entanto, dar o devido valor aos outros destaques teológicos de Paulo com relação à expiação.⁶³¹ Vanhoozer acha que Aulén "estava certo em dar destaque ao tema do drama, mas se equivocou em fazer da vitória o tema principal, excluindo todos os outros. Ele acerta em ver a expiação, do mesmo modo que Irineu, em termos da *recapitulatio* – a restauração e o aperfeiçoamento da criação – mas erra em pensar sobre a recapitulação primariamente como uma vitória sobre as potestades hostis".⁶³²

Mesmo assim, apesar dessas falhas, a teoria *Christus Victor* tenta capturar um aspecto vital da doutrina espiritual da expiação.

SUBSTITUIÇÃO PENAL

A substituição penal é o modelo de expiação defendido pela maioria dos cristãos evangélicos na atualidade, e trata-se do modelo que expressa os dados bíblicos da melhor maneira.⁶³³ O texto principal que afirma a substituição penal é Romanos 3.21-26 (veja a análise anterior). O pecado humano é uma violação da lei de Deus e uma

---

⁶³¹ Um resumo e uma crítica excelentes de Aulén e de outro adepto recente da teoria *Christus Victor,* Youssouf Dembélé, é o de Blocher, *"Agnus Victor",* p. 69-78. A resenha que Blocher faz do artigo "Triumph" de Daniel G. Reid (no *Dictionary of Paul and His Letters,* ed. Gerald F. Hawthorne, Ralph P. Martin, e Daniel G. Reid, IVP Bible Dictionary Series [Downers Grove, IL: InterVarsity Press, 1993], 946–54) pode ser visto em *"Agnus Victor",* p. 87–88. Veja também Pugh, *Atonement Theories,* pp. 10, 23-25, para ler um bom resumo do modelo Christus Victor acompanhado de uma breve crítica.

⁶³² Vanhoozer, *The Drama of Doctrine,* p. 388.

⁶³³ Para a apresentação e a defesa excelente da substituição penal, veja Stott, *A cruz de Cristo;* e Jeffery, Ovey, e Sach, *Pierced for Our Transgressions* (veja o cap. 2, n. 5). Para consultar uma bibliografia com obras recentes sobre a substituição penal, veja Johnson, *Atonement: A Guide for the Perplexed,* p. 110; Donald MacLeod, *Christ Crucified: Understanding the Atonement* (Downers Grove, IL: InterVarsity Press, 2014). John E. Hare defendeu a visão substitutiva penal da expiação no livro *The Moral Gap: Kantian Ethics, Human Limits, and God's Assistance,* Oxford Studies in Theological Ethics (Oxford: Oxford University Press, 1996), p. 243-258; e Hare, "Moral Faith and Atonement" (palestra, Wheaton Philosophy Conference, Wheaton, IL, 1996).

afronta a um Deus santo. O pecado provoca a ira de Deus, e a justiça de Deus exige que o pecado seja castigado. O amor de Deus pela humanidade pecaminosa é a motivação principal para prover a expiação como meio de reconciliar a humanidade decaída com Deus. O amor é inerente à natureza divina. A ira é o aspecto decorrente da natureza divina despertado por causa do pecado – é o seu amor santo reagindo contra o pecado. O amor precede a ira.[634] O amor de Deus tem o papel mais importante com relação à expiação, como demonstra João 3.16. A substituição penal deve destacar, em primeiro lugar e na sua essência, o amor de Deus. Cristo permanece no lugar do pecador como uma substituição vicária. Os pecados da humanidade são imputados a Cristo, e ele os leva como nosso sacrifício substitutivo. Na expiação, aplaca-se a ira de Deus com o pagamento dos pecados. Deus se reconcilia objetivamente com o mundo mediante essa expiação (2Co 5.18-21). A reconciliação subjetiva entre Deus e o indivíduo acontece quando ele se arrepende do pecado e crê em Cristo como Salvador. Deus aplica a expiação a todos que cumprem as seguintes condições de salvação: arrependimento e fé.

RESUMO DOS TRABALHOS ACADÊMICOS CONTEMPORÂNEOS SOBRE A EXPIAÇÃO

O capítulo de Kevin Vanhoozer em *Mapping Modern Theology* (Mapeando a teologia moderna) traz um resumo bem útil dos estudos sobre a expiação e a trajetória deles nos últimos anos.[635] Trarei um breve panorama geral.

Uma vertente atual é o esforço para refletir sobre as consequências políticas da expiação. Theodore Jennings propõe uma teologia política da cruz.[636] O destaque da cruz não é colocado sobre o in-

---

[634] ❖ Como foi observado corretamente no livro de Lane, "The Wrath of God," p. 146-147 (veja o cap. 1, n. 5). Como Pendleton observa: "Existe uma grande diferença entre *vingador e vingativo* [ira]" (Pendleton, *Christian Doctrines*, p. 235; destaque do autor [veja o cap. 1, n. 4]).

[635] ❖ Vanhoozer, "Atonement", p. 175-202.

[636] ❖ Thomas W. Jennings Jr., *Transforming Atonement: A Political Theology of the Cross* (Minneapolis: Fortress, 2009).

divíduo, mas no cenário público exterior. Não há nenhuma novidade nessa abordagem de Jennings, e Vanhoozer teceu esta crítica: "Jennings recorre à (inter)subjetividade, como analisam os outros teólogos em nossa época, supõe que o problema a ser superado pela cruz é a nossa inimizade contra Deus, não a inimizade de Deus com relação a nós. Com isso, ele confunde o problema que está por trás disso tudo (a alienação com relação a Deus) com o seu sintoma externo (a estrutura política falida)".[637]

Um segundo movimento na teologia da expiação se refere à rejeição da substituição, especialmente da substituição penal, preferindo o conceito da representação, que inclui, e até mesmo destaca mais a vida de Cristo do que propriamente a cruz. "Não se trata de Jesus passar um grande sofrimento em nosso lugar: ele é o nosso representante, não o nosso substituto. Não é somente a sua morte, mas também toda a sua vida como homem na terra que acaba tendo importância salvífica".[638] Isso pode ser observado na abordagem que T. F. Torrance adota a respeito da encarnação como intrinsicamente redentora e a "identificação para incorporação" de Scot McKnight.[639] Com certeza, a questão que se trabalha nesse contexto é o que se tem que fazer para participar nessa identificação.[640]

Podemos identificar uma terceira onda na teoria da expiação que rejeita três conceitos bíblicos a respeito da cruz de Cristo: o

---

[637] Vanhoozer, "Atonement", p. 180.

[638] Vanhoozer, p. 181.

[639] Vanhoozer, p. 183. "Logo, a união hipostática (isto é, a encarnação) é uma união conciliatória (isto é, a expiação)". Então Vanhoozer passa a citar Torrance: "A encarnação e a expiação tem que... ser vistas de maneira integrada com relação à sua coerência intrínseca na Pessoa teantrópica do Mediador – a encarnação é vista como essencialmente redentora e a redenção é vista essencialmente como encarnada ou ontológica. A união com Deus por meio de Jesus Cristo que se constitui em um ser e o mesmo ser do Pai define o núcleo da expiação". (T. F. Torrance, *Trinitarian Faith: The Evangelical Theology of the Ancient Catholic Faith*, 2ª ed. [New York: T&T Clark, 1997], p. 159). Vanhoozer então conclui: "Em resumo, a encarnação ou a união hipostática se constitui na realidade da expiação" (Vanhoozer, p. 183–184; destaque do autor).

[640] Vanhoozer, "Atonement," p. 185.

sacrifício, a satisfação e a substituição. Elas são descartadas como sendo ideias associadas à "violência" e simplesmente como condições desnecessárias para a reconciliação da humanidade com Deus. Seus defensores, que se baseiam no livro de René Girard, intitulado "A violência e o sagrado" (1977), em conjunto com o seu outro livro "O bode expiatório" (1986), rejeitam o entendimento tradicional sobre a expiação por incentivar a escravidão, a subordinação das mulheres, o racismo, a discriminação sexual, o imperialismo e outras formas de injustiça social.[641]

Uma quarta trajetória nos estudos sobre a expiação recapitula o modelo *Christus Victor* conforme foi proposto por Aulén, mas o mescla com o destaque contra a violência na vitória de Cristo contra os poderes culturais em vez dos poderes cósmicos.[642] A cruz, aliada com a vida de Jesus e com a sua ressurreição, supera todos os sistemas opressores de injustiça social.

Outra corrente vê a expiação como algo que, de algum modo, afeta Deus internamente em vez de influenciar externamente a humanidade. "Embora todos os estudiosos que analisam o assunto concordem que a expiação é um momento onde toda a Trindade está envolvida, eles discordam com relação ao seu entendimento sobre a teontologia, especialmente no que se refere à (1) relação de Deus com o mundo e (2) à relação econômica e imanente entre as pessoas da Trindade".[643]

Existem vários problemas com relação a isso: Em primeiro lugar, como a cruz pode "definir" quem é Deus? A cruz é expressão da sua natureza, não algo que defina como Deus é. O segundo aspecto é que isso faz com que a resposta ao evangelho deixe de ser fundamental. O terceiro é que a expiação passaria a ser, de algum modo, um meio de salvação universal. Quem propõe isso responde que a graça de Deus não nega a responsabilidade humana, mas

---

[641] Vanhoozer, "Atonement," p. 186. Para encontrar exemplos importantes, consulte as p. 186 e 187. René Girard, *Violência e o sagrado* (São Paulo: Ed. Paz e Terra, 2008); Girard, O bode expiatório, (São Paulo: Paulus Editora, 2004).
[642] Vanhoozer, "Atonement," p. 189-191. E.g., J. Denny Weaver, *The Nonviolent Atonement* (Grand Rapids: Eerdmans, 2001).
[643] Vanhoozer, "Atonement", p. 192.

se torna a motivação para que os homens demonstrem, de forma subjetiva, a sua relação objetiva com Cristo.[644] Entretanto, eles não especificam qual a condição salvífica daqueles que não conseguem expressar com obras quem são objetivamente em Cristo por causa da expiação.

A sexta tendência atual, segundo Vanhoozer, é a definição da substituição penal desenvolvida por Charles Hodge, teólogo de Princeton, juntamente com outros, desde meados do século XIX até o presente.[645] Já vimos que a substituição penal não surgiu nessa época, mas está presente na história da igreja desde a época dos pais da igreja primitiva. No entanto, foi revitalizada no século XIX por muitos evangélicos, especialmente entre os que guardam a tradição reformada. Jesus, em sua morte na cruz, levou os pecados de toda a humanidade (no caso dos teólogos como John Stott) ou somente dos eleitos (no caso dos teólogos como J. I. Packer). Jesus levou a condenação de Deus pelo nosso pecado (penal) em nosso lugar (substituição). Embora os defensores da substituição penal afirmem a justiça divina e a culpa humana, deve-se observar que eles também incluem o amor de Deus como fator motivador da expiação, ainda que sejam sempre acusados de ignorarem ou deixarem de lado esse aspecto. Os debates sobre a substituição penal se estenderam de forma crescente para o século XX.[646]

---

[644] Vanhoozer, p. 196.

[645] Vanhoozer, "Atonement", p. 197.

[646] Não é minha intenção falar acerca da Nova Perspectiva sobre Paulo e sobre os debates em relação à soteriologia transformacionista e sobre a soteriologia relacional. Essas questões se relacionam bem pouco com a expiação e se dedicam mais a respeito do modo que se alcança a justificação e sobre qual é a sua definição exata. Veja também N. T. Wright, "Redemption from the New Perspective: Towards a Multi-Layered Pauline Theology of the Cross," em *The Redemption: An Interdisciplinary Symposium on Christ as Redeemer*, ed. Stephen T. Davis, Daniel Kendall, e Gerald O'Collins (Oxford: Oxford University Press, 2004), p. 69-100. Muitos especialistas nos dias de hoje usam a forma plural "Novas perspectivas" ou "as Novas Perspectivas" em vez da forma singular com o artigo definido – "a Nova Perspectiva' – porque não existe uma perspectiva unificada, mesmo dentro da escola da Nova Perspectiva sobre Paulo. Para aqueles que criticam ou totalmente descartam

A última trajetória digna de nota, segundo Vanhoozer, busca uma teoria unificada da expiação que dá margem a tudo o que é válido nas várias teorias por toda a história da igreja, mas "destaca a obra de Jesus como Mediador de uma nova aliança em uma estrutura claramente trinitária".[647] Nessa abordagem, as várias teorias da expiação não são vistas como mutuamente exclusivas, mas como apoiando uma à outra.

Uma obra importante lançada há pouco tempo tenta combinar o modelo *Christus Victor* com a substituição penal: Jeremy Treat, *The Crucified King: Atonement and Kingdom in Biblical and Systematic Theology*. "Rejeitando a oposição entre o modelo *Christus Victor* e a substituição penal e não efetuando a mescla entre essas duas visões, proponho a visão do *Christus Victor mediante* a substituição penal".[648] Treat observou de forma correta que as duas teorias apresentam aspectos do problema que são ensinados claramente pelas Escrituras. "Le-

---

a substituição penal, veja Colin E. Gunton, *The Actuality of Atonement: A Study of Metaphor, Rationality and the Christian Tradition* (Grand Rapids: Eerdmans, 1989); John Goldingay, ed., *Atonement Today* (London: SPCK, 1995); Winter, The Atonement (veja o cap. 7, n. 21); Green e Baker, *Recovering the Scandal of the Cross* (veja a n. 26 da Introdução); Weaver, *The Nonviolent Atonement*; Stephen Finlan, *Problems with Atonement: The Origins of, and Controversy about, the Atonement Doctrine* (Collegeville, MN: Liturgical Press, 2005); Peter Schmiechen, *Saving Power: Theories of the Atonement* (Grand Rapids: Eerdmans, 2005); e alguns colaboradores de Tidball, Hilborn, e Thacker, eds., *The Atonement Debate* (veja o cap. 7, n. 1). Para um panorama das críticas da substituição penal até 2007, veja Michael Hardin, "Out of the Fog: New Horizons for Atonement Theory," em *Stricken by God? Nonviolent Identification and the Victory of Christ*, ed. Brad Jersak e Michael Hardin (Grand Rapids: Eerdmans, 2007), p. 54-77. Schmiechen é o exemplo de um entre muitos nos dias atuais que, depois de abordarem todas as teorias da expiação, criticam com mais veemência a substituição penal, especialmente da maneira que Charles Hodge a apresenta. Entretanto, Schmiechen, juntamente com os outros que falam mal da substituição penal, não apresenta essa escola em todo o seu contexto bíblico e histórico; em vez disso, destaca mais a ira e a transferência e menos no amor e na natureza real da imputação do pecado a Cristo.

[647] Vanhoozer, "Atonement", p. 199. E.g., Sherman, *King, Priest, and Prophet* (veja a nota 37 da Introdução).

[648] Treat, *The Crucified King*, p. 193.

mos em Efésios 2.2-3 os dois aspectos em conjunto (até em meio a outros aspectos do pecado), descrevendo os seres humanos 'seguindo o príncipe das potestades do ar' e 'por natureza filhos da ira'".[649] Ele também está certo em observar que a escravidão a Satanás é a consequência do nosso pecado, que provocou a ira de Deus. "Conceitualmente, a substituição penal aborda a 'maneira' da expiação e a teoria *Christus Victor* lida com seus efeitos sobre Satanás, sobre os demônios e sobre a morte – tendo as duas o objetivo mais amplo de reconciliação para a glória de Deus".[650]

RESUMO DAS TEORIAS SOBRE A EXPIAÇÃO

Até o final do século XIX, a maioria dos protestantes aderiu a algo parecido com o modelo da expiação governamental, da satisfação ou da substituição penal. Até meados do século XX, a maioria dos católicos também girava em torno desses modelos. No entanto, os católicos atuais e os protestantes liberais rejeitam a Teoria da Substituição Penal. No final do século XX, alguns evangélicos começaram a questionar, e até declaradamente descartar, a Substituição Penal também.

A partir da perspectiva da teologia histórica, os teólogos tiveram a tendência de se movimentar em uma dessas três direções gerais com respeito à expiação em termos do destaque definitivo da cruz: (1) Satanás, (2) o homem, (3) Deus. Quase ninguém nos dias de hoje adota a primeira abordagem (a Teoria do Resgate).[651] A segunda não deixa de ter um fundo de verdade, mas não dá conta de toda a história, nem tem como dar. Como declara Alister McGrath: "Sempre é útil recordar que as visões subjetivas, morais e exemplaristas da expiação que deixam de mencionar a cruz de Cristo como sua conquista objetiva devem ser classificadas como são de fato: perversões radicais do cristianismo".[652] A terceira abordagem possui o apoio bíblico mais

---

[649] Treat, p. 196.
[650] Treat, p. 223.
[651] Mas veja Adam Kotsko, "The Persistence of the Ransom Theory of the Atonement," em *T&T Clark Companion to Atonement*, ed. Adam J. Johnson (New York: Bloomsbury T&T Clark, 2017), p. 277-293.
[652] Alister E. McGrath também observou o mesmo no livro *The Mystery of*

amplo, mas pode ser levada a extremos doentios. A maioria das teorias sobre a expiação possui algum fundo de verdade. O problema é que elas são incompletas. Muitas vezes, não é o que elas afirmam que é problemático, mas sim o que se deixa de dizer.

Geisler resume de modo útil todas as escolas por toda a história da igreja com respeito a esse destaque em particular:

> *A escola da recapitulação destaca a onipotência de Deus ao vencer Satanás e reverter os efeitos da Queda. A escola do resgate destaca a sabedoria de Deus ao detonar a estratégia de Satanás por meio da cruz, onde Satanás morde a isca da natureza humana de Cristo e é pego no anzol da sua natureza divina. A visão do exemplo moral destaca o amor de Deus, revelado no amor autossacrificial e exemplar de Cristo por nós. A escola opcional ou da necessidade demonstra a majestade de Deus, cuja honra é violada e que deve ser lavada pela morte de seu Filho por nós. A visão substitutiva destaca a justiça de Deus, que deve ser aplacada para que sua misericórdia seja liberada sobre os pecadores. A escola da influência moral demonstra o poder motivador do amor de Deus nos gestos redentores de Deus em nosso favor. A visão governamental é baseada na soberania de Deus, já que, como Rei, ele deve manter a ordem moral do universo. Por fim, a visão mística se concentra na unidade misteriosa entre Cristo e a sua igreja, que se baseia no atributo de Deus conhecido como unidade.*[653]

Quanto à diversidade de escolas relacionadas à expiação e a possibilidade de se chegar a um consenso, William Adams Brown expressou de forma exata há mais de cem anos o seguinte:

> *Independentemente de considerarmos a expiação sob o ponto de vista da sua natureza, do seu objeto, da sua necessidade, do meio pelo qual ela se realiza de forma prática na vida do homem, encontramos diferenças de opinião tão gritantes que qualquer tentativa de as harmonizar parece impossível. O caráter expiatório da morte de Cristo em um momento se encontra em sua qualidade penal como sofrimento, em outro o seu caráter ético como obediência. Ela é representada em um momento como resgate para remir o homem de Sata-*

---

the Cross (Grand Rapids: Zondervan, 1988), p. 98.
[653] Geisler, Sin, Salvation, p. 218.

nás, em outro como uma satisfação devida para a honra divina, já em outro momento como um castigo exigido por sua justiça. Sua necessidade se baseia num momento pela natureza das coisas e, em outra hora é explicada como o resultado de um acordo devido simplesmente ao agrado de Deus ou para atender a seu senso de propriedade. O meio pelo qual seus benefícios são mediados para os homens às vezes é visto como concebido de forma mística, como na teologia grega do Sacramento, em outros momentos na fórmula protestante da imputação, e, ainda em outra hora, moralmente e espiritualmente, como nas teorias mais pessoais do protestantismo recente.[654]

Em alguns momentos, as discussões sobre a expiação se limitam especificamente ao que aconteceu na cruz. Embora a princípio a expiação seja discutida da melhor forma dessa maneira, a Escritura vai além disso. William J. Wolf explica corretamente: "O problema básico com as várias teorias da expiação é que elas descrevem a ruptura do relacionamento pessoal entre Deus e o homem como se o nível secundário e derivado da lei e da responsabilidade se constituísse como a totalidade do problema a ser enfrentado.[655] Com certeza, trata-se de mais do que isso. Desde que se trate o pecado, Deus deseja um relacionamento restaurado, seguido por uma comunhão constante numa atitude de obediência.

---

[654] Brown, "Expiation and Atonement (Christian)," 5:650.
[655] William J. Wolf, *No Cross, No Crown: A Study of the Atonement* (Garden City, NY: Doubleday, 1957), p. 188.

CONCLUSÃO

No que diz respeito à expiação, sem que se leve em conta a sua aplicação – isto é, sobre a sua natureza e suas realizações – a Escritura afirma o seguinte:

1. A expiação consiste em um ato completo da parte de Deus por meio de Cristo, onde Cristo morreu pelos pecados de todos os pecadores humanos[656] do passado, do presente e do futuro.[657]

---

[656] Eu incluo o adjetivo "humano" para deixar claro que a expiação não alcança os pecados de Satanás e dos anjos decaídos.

[657] Seria difícil explicar de forma melhor do que Karl Barth: "A paixão de Jesus Cristo se constitui no juízo de Deus onde o próprio juiz foi julgado, e isso se constitui o âmago da vitória que ele conquistou por nós, em nosso lugar, na batalha contra o pecado. A essa altura, deve ficar claro o motivo pelo qual é tão importante entender esse sofrimento como sendo originado pelo próprio Deus... a ação divina radical que ataca e arranca pela raiz o mal principal do mundo; a atividade do segundo Adão que tomou o lugar do primeiro, que reverteu e superou a atividade do primeiro em seu lugar, e trouxe, ao realizar isso, um novo homem, estabelecido em um novo mundo e introduzido a uma nova era" (Karl Barth, (Karl Barth, *The Doctrine of Reconciliation*, vol. 4.1 da obra *Church Dogmatics*, ed. G. W. Bromiley and T. F. Torrance, trad.

2. O propósito da expiação era proporcionar um meio de reconciliação entre Deus e a humanidade, e reconciliar todos os pecadores que satisfazem as condições de salvação: a fé em Cristo.

3. O fator que motivou a provisão de Deus para a expiação é o amor trinitário pela humanidade pecaminosa.

4. A expiação, em termos da sua natureza, era sacrificial, vicária, substitutiva, propiciatória, expiatória, e a reconciliação objetiva que foi alcançada entre Deus e a humanidade pecaminosa.

5. A expiação foi realizada de tal modo que todos os pecados da humanidade fossem imputados a Cristo, que ele levou quando morreu na cruz, operando uma satisfação completa pelo pecado.

6. A expiação foi um pagamento suficiente no aspecto objetivo, e satisfez às exigências justas da lei. Todas as barreiras legais entre Deus e a humanidade são retiradas pela expiação, de modo que, com base na expiação, Deus pode salvar todo aquele que cumpre a condição de sua salvação.

7. A expiação não justifica ninguém por si mesma. A justificação se dá pela fé em Cristo. É imperioso diferenciar entre a expiação realizada e a expiação aplicada. As pessoas não são salvas pela expiação. Elas são salvas pela fé em Cristo com base em uma expiação definitiva e suficiente pelos pecados do mundo.

Com relação à aplicação da expiação, Deus vinculou uma condição segundo a qual a expiação será aplicada de forma eficaz ao pecador: a fé em Cristo. A expiação não é aplicada na eternidade ou no momento da cruz. Ela somente é aplicada na história quando um pecador se arrepende do pecado e deposita sua fé em Cristo.

As informações da Bíblia identificam a expiação como um sacrifício substitutivo penal. É difícil entender a razão pela qual esse conceito seria totalmente rejeitado por tantas pessoas hoje em dia. De fato, os comentários mais fortes do teólogo sistemático luterano Francis Pieper são bem apropriados:

G. W. Bromiley [Edinburgh: T&T Clark, 1956], p. 254).

Todo esse conceito de Deus ter reconciliado o homem consigo mesmo pela propiciação vicária de Cristo tem sido acusado, principalmente na nossa época, de ser jurídico demais e de não ter nenhum valor ético. Minha recomendação é de ir reclamar com a Bíblia! É ela que demonstra que o processo de reconciliação com o mundo é jurídico em todos os seus aspectos. A Lei de Deus exige do homem uma obediência perfeita (Mt 22.37ss). Algo completamente jurídico. A lei declara maldição sobre o transgressor (Gl 3.10), um veredito que também possui natureza jurídica. Cristo, que está acima da Lei (Mt 12.8), se coloca debaixo da lei (Gl 4.4-5). Trata-se de um procedimento puramente jurídico que imputa a culpa e o castigo do homem sobre Jesus, fazendo com que ele, que nunca pecou, se torne pecado por nós (2Co 5.21). Reitero que Deus agiu de forma puramente jurídica. Do início ao fim, infligir o castigo ao Cristo que não o merecia, o justo pelos injustos (1Pe 3.18), consiste em um processo jurídico. Também é totalmente jurídico, um puro actus forensic, o momento onde Deus não condena mais o homem pelos seus pecados ("não imputando a eles suas transgressões" 2Co 5.19), mas, com base na justiça de Cristo, declara a justificação para todos os homens (Rm 5.18). Além disso, "a palavra de reconciliação" (2Co 5.19), que proclama a reconciliação que foi realizada, proporciona a graça de Deus, o perdão dos pecados, para todas as nações (Lc 24.47), e não pede nada do homem senão que a aceite pela fé. Será que essa mensagem não é jurídica? Igualmente, é por causa do caráter jurídico do evangelho, que oferece a graça, ou o perdão dos pecados, que gera a fé dentro do homem (Rm 10.17) que exclusivamente (sola fide) justifica o homem subjetivamente diante de Deus, embora não possua nenhuma justiça em si mesmo (Fp 3.9).[658]

Vários fatores ajudam a explicar por que tantas pessoas hoje se opõem à substituição penal. Em primeiro lugar, simplesmente se minimiza ou nega o conceito bíblico do pecado. O pecado não é suficientemente levado a sério. O abismo do pecado que existe

---

[658] ❖ Pieper, *Christian Dogmatics*, 2:354-55 (veja o cap. 3, n. 87). Pieper falou de forma equivocada quando afirmou: "por conta da justiça de Cristo declara todos os homens justificados". Ele iguala de forma errada a reconciliação objetiva com a justificação universal. Somente aqueles que acreditam que, realmente, são justificados. Suspeito que é isso que Pieper quer, de fato, dizer, apesar de não ser muito feliz na escolha das palavras.

entre Deus e a humanidade "é o único *terminus ad quo* a partir do qual alguém pode vir a perceber o acontecimento reconciliador da cruz".⁶⁵⁹ Um segundo aspecto é que algumas pessoas simplesmente não conseguem imaginar um ser perfeito que é tanto amor quanto ira e que expressa esses dois atributos de uma forma perfeitamente coerente. Outro fator é que algumas pessoas simplesmente possuem uma visão fraca da autoridade bíblica e estão dispostas a negar o que é ensinado de forma clara nas Escrituras. Em quinto lugar, algumas pessoas não conseguem entender como funciona a imputação no sentido que Cristo pode ser aquele que leva o pecado dos seres humanos, despojando-se das ideias literais de transferência da imputação do pecado a Cristo.⁶⁶⁰

É possível que aqueles que defendem a substituição penal valorizem o conceito bíblico de forma doentia, que não explique de modo adequado e completo os detalhes do quadro bíblico da expiação. Isso deve ser corrigido e, na verdade, é exatamente isso o que já tem acontecido. Como Rutledge observa de modo bem convincente, uma nova reflexão sobre a expiação substitutiva não nos leva a descartá-la.⁶⁶¹ No entanto, boa parte dos críticos da substituição

---

⁶⁵⁹ Thielicke, *The Doctrine of God and of Christ*, 2:390 (veja o cap. 3, n. 122).

⁶⁶⁰ Vale a pena repetir as palavras sábias de Pannenberg com respeito à distância entre o testemunho bíblico a respeito da expiação e da cultura moderna: "O fato de que uma era posterior possa achar as ideias tradicionais difíceis de entender não é razão suficiente para que elas sejam substituídas. Isso somente demonstra o quanto é necessário que se transmita essas ideias para as gerações posteriores por meio da interpretação, a fim de preservar a vitalidade desse significado. As dificuldades que as pessoas apresentam para compreender ideias como a representação (ou a substituição) em nosso mundo secularizado não se encontram na falta de apelo das palavras tradicionais, mas sim no fato de aqueles que são competentes para interpretá-las não as explicarem com a devida força ou clareza" (Wolfhart Pannenberg, *Systematic Theology*, 3 vols. [Grand Rapids: Eerdmans, 1994], 2:422).

⁶⁶¹ Rutledge, *The Crucifixion*, p. 506 (veja a nota 41 da Introdução). Seguindo a mesma vertente, Anthony Thiselton concorda: "... a *cruz* e a *crucificação* pertencem ao domínio conceitual da punição pelos crimes. A antipatia com relação ao emprego da palavra *penal* é compreensível nos casos e nos momentos onde esse aspecto é exagerado, como se nenhum outro conceito fosse vá-

penal preferem simplesmente fingir que ela não existe. Quando fazem isso, eles são forçados a ignorar ou reinterpretar as Escrituras.

Ao mesmo tempo em que devemos dar ao modelo *Christus Victor* o seu devido valor, deve-se afirmar que as abordagens contemporâneas desse modelo que pretendem difamar ou negar a substituição, particularmente na sua forma penal, simplesmente não dão o devido valor às Escrituras. Rutledge afirma:

> *Ao que parece, a popularidade que o modelo Christus Victor goza na atualidade em sua forma mais despojada se baseia na crença de que ela oferece, em vez do pecado, uma visão mais aceitável do Mal (e/ou da morte) como uma força impessoal que ameaça a humanidade. Essa manobra, além de ser impossível biblicamente, é irresponsável no aspecto pastoral, já que incentiva que as pessoas vivam sob um manto de negação da responsabilidade da humanidade a respeito da origem do Pecado. Não se trata apenas de uma questão de ser resgatado de forças impessoais; é o Pecado que desencadeou essas forças. Embora seja essencial afirmar a força do modelo Christus Victor em sua descrição de Forças com uma identidade e uma existência próprias, faz-se também necessário entender que nós, seres humanos, somos responsáveis por todos esses males, mesmo tendo sido aprisionados por eles.*[662]

Rutledge resume a expiação, a sua natureza substitutiva e o seu vínculo com a pregação do evangelho: O tema da substituição surge de forma adequada da narrativa bíblica e se pode entender da melhor forma como uma motivação subjacente que apoia os outros temas, sem que se isole da narrativa bíblica geral nem brigue com qualquer outro assunto. A substituição é associada mais de perto com o ensino bíblico presente em quase toda a sua extensão sobre

---

lido. Do mesmo modo, a expressão "substituição penal" passa a ser enganosa quando é retirada do seu horizonte hermenêutico adequado da graça divina como o entendimento supremo por trás dela" (Thiselton, *The Hermeneutics of Doctrine*, p. 334; destaque do autor [veja o cap. 1 n.22]).

[662] Rutledge, *The Crucifixion*, p. 522; destaque do autor. Rutledge quer harmonizar a substituição com o modelo Christus Victor, de forma que o modo pelo qual Cristo se tornou vencedor foi por meio da substituição (Rutledge, p. 531).

o juízo de Deus sobre o pecado, dedicando-se, de modo mais particular, à proclamação da justificação dos ímpios.⁶⁶³

Há quase cem anos, J. Gresham Machen trouxe um impacto bem grande quando elaborou uma defesa forte da expiação substitutiva penal, afirmando que a incapacidade de afirmar a substituição penal colocando outra coisa em seu lugar equivale a trocar o cristianismo por outra religião.⁶⁶⁴

Jesus morreu pelos pecados do mundo, do mundo todo, por todo ser humano na face da terra, portanto ele morreu por mim. Essa é a conclusão infalível que qualquer pecador pode deduzir das Escrituras, e se constitui na pregação verdadeira do evangelho. Devido ao fato de Cristo ter morrido pelos pecados de todo o mundo, deduzo que ele morreu por mim, embora meu nome não esteja escrito na Bíblia. Posso ter a certeza da verdade de que Deus concedeu que Cristo morresse pelos meus pecados, na medida em que ele entregou a Cristo para que morresse por todas as pessoas. "Para mim, basta que Jesus morreu, e que essa morte foi por mim".⁶⁶⁵

Na cruz e na ressurreição de Jesus vemos Deus clamando que eu sou inocente, superando o veredito que a humanidade deu a Cristo bradando: "Crucifiquem-no!"

> *Quando entendo a dor da tua cruz*
> *Onde o Rei glorioso morreu*
> *Tudo o que tenho eu ponho a perder*
> *Me esvazio, prostrado aos teus pés*
>
> *Ao ver tua face, tuas mãos e teus pés*
> *Dor e amor derramados por mim*
> *Por minha vida que tanto sofreu*
> *Uma coroa, então, recebeu*

---

⁶⁶³ Rutledge, p. 533-34.
⁶⁶⁴ J. Gresham Machen, *Christianity and Liberalism* (New York: Macmillan, 1923; reimpresso em 2001, Grand Rapids: Eerdmans, 2001), p. 117.
⁶⁶⁵ Eliza Hewitt, "My Faith Has Found a Resting Place" (1891).

Maravilhosa cruz, maravilhosa cruz
Faça me morrer para saber como viver
Maravilhosa cruz, maravilhosa cruz
Pela graça vou me aproximar e te adorar

Tudo o que tenho nas mãos eu te dou
Pequena e simples oferta de amor
Amor divino, amor sem igual
Enche minh'alma e tudo o que sou

Maravilhosa cruz, Maravilhosa cruz
Faça me morrer para saber como viver
Maravilhosa cruz, Maravilhosa cruz
Pela graça vou me aproximar e te adorar[666]

---

[666] Isaac Watts, "When I Survey the Wondrous Cross" (1707), versão em português.

APÊNDICE

A reunião de 2017 da Convenção Batista do Sul, foi passada uma declaração com a quase totalidade dos votos.[667]

QUANTO À NECESSIDADE DA EXPIAÇÃO SUBSTITUTIVA PENAL

CONSIDERANDO QUE nos últimos dias várias vozes do mundo protestante têm atacado com ousadia a doutrina da expiação substitutiva penal; e

CONSIDERANDO QUE essas vozes publicamente classificaram a substituição penal como "monstruosa", "má", "uma doutrina terrível", e indicativa de "um pai que assassina o filho"; e

CONSIDERANDO QUE o modelo "antiviolência" da cruz de Cristo enfraquece o ensino da Bíblia, redefinindo a expiação como base para o pacifismo (infringindo Rm 13.4); e

CONSIDERANDO QUE Deus é perfeito em santidade (Is

---

[667] http://www.sbc.net/resolutions/2278/on-the-necessity-of-penal-substitutionaryatonement, Acesso em 14 de agosto de 2018.

6.3) e em justiça (Dt 32.4), como também é perfeito em seu amor (1Jo 4.8); e

CONSIDERANDO QUE, na cruz de Jesus Cristo, o amor perfeito de Deus aplica a perfeita justiça de Deus para satisfazer à perfeita santidade de Deus para remir os pecadores (Rm 3.26); e

CONSIDERANDO QUE a negação da expiação substitutiva penal nega, na prática, ao Deus santo e amoroso o exercício da sua justiça, cujo extravasar sobre um mundo pecaminoso se constitui no derramamento da sua ira retributiva justa; e

CONSIDERANDO QUE, desse modo, a negação da expiação substitutiva penal demonstra, na prática, a negação do caráter perfeito do Deus único e verdadeiro; e

CONSIDERANDO QUE a negação da expiação substitutiva se constitui em um ensino falso que desvia o rebanho (At 20.28) e priva o mundo da mensagem do Salvador que purifica os pecados (Rm 5.6-11); e

CONSIDERANDO QUE a negação da expiação substitutiva penal necessariamente compromete as doutrinas bíblicas e históricas da propiciação, da expiação, do resgate, da satisfação, do *Christus Victor*, do *Christus Exemplar*, entre outras; e

CONSIDERANDO QUE o Senhor prometeu um Salvador-guerreiro que esmagaria a cabeça da serpente para destruir o inimigo (Gn 3.15; Rm 16.20; Ap 19.11-16); e

CONSIDERANDO QUE o sistema sacrificial do Antigo Testamento tinha como seu ponto máximo o sacrifício do sangue de um cordeiro sem mancha no Dia da Expiação (Lv 16.11-19); e

CONSIDERANDO QUE o próprio Jesus revelou a missão salvífica que motivou sua encarnação (Hb 2.17) quando disse: "o Filho do Homem não veio para ser servido, mas para servir, e dar sua vida em resgate de muitos" (Mt 20.28); e

CONSIDERANDO QUE a declaração das Escrituras é que Cristo é a nossa justiça ativa e passiva, perdoando todo o nosso pecado pela sua morte e imputando a nós toda a sua justiça por meio da fé (1Co 1.30; 2Co 5.21; Fp 3.9); e

CONSIDERANDO QUE um apóstolo de Jesus Cristo classificou o sangue derramado do Salvador como "precioso" (1Pe 1.19); e

CONSIDERANDO QUE a Bíblia ensina que "sem derramamento de sangue não há remissão" de pecado (Hb 9.22); e

CONSIDERANDO QUE os pastores e teólogos batistas e os especialistas de convicções teológicas diversas fazem da pregação do sacrifício substitutivo de Cristo a base do seu ministério, proclamando as Boas Novas por todo o mundo; e

CONSIDERANDO QUE missionários e mártires incontáveis da fé cristã entregam suas vidas para transmitir a seus companheiros pecadores sobre a morte de Cristo pelos ímpios, obedecendo, desse modo, à Grande Comissão (Mt 28.16-20); e

CONSIDERANDO QUE os batistas pregam a cruz de Cristo, cantam sobre a cruz, se apegam à cruz, compartilham a cruz, amam a cruz, e levam sua própria cruz para seguir seu Senhor, mesmo enfrentando o desprezo do mundo com relação à cruz e aos que a proclamam; e

CONSIDERANDO QUE a *Mensagem e Fé Batista* foi revisada no ano 2000, adotando, pela primeira vez, a linguagem da substituição para deixar claro o que os evangélicos batistas já pregam e acreditam de longa data; e

CONSIDERANDO QUE, em volta do trono de Deus, por toda a eternidade, os remidos de toda tribo, língua, etnia e nação clamarão: "Digno é o Cordeiro que foi morto...!" (Ap 5.12); seja a partir desse momento, portanto,

DECIDIDO que os mensageiros da Convenção Batista do Sul, reunidos na cidade de Phoenix, Arizona, de 13 a 14 de junho de 2017, reafirmam a verdade, a eficácia e a beleza da doutrina bíblica da expiação substitutiva penal como o núcleo brilhante da mensagem do evangelho e a única esperança para uma raça decaída.

BIBLIOGRAFIA SELECIONADA

ABELARDO, Pedro. "Exposition of the Epistle to the Romans (An Excerpt from the Second Book)". em *A Scholastic Miscellany: Anselm to Ockham*. Editado e traduzido por Eugene R. Fairweather. LCC 10. Philadelphia: WJK, 1956.

ADAMS, Marilyn McCord. *Christ and Horrors: The Coherence of Christology*. Cambridge: Cambridge University Press, 2006.

AGOSTINHO. *Cidade de Deus*. São Paulo, Ed. Vozes, 2013.

_____. *Reply to Faustus the Manichæan*. Tradução para o inglês de Richard Stothert. Em *St. Augustin: The Writings Against the Manichæans and Against the Donatists*, editado por Archibald Robertson, p. 151-345. Vol. 4 dos NPNF1.

AKIN, Daniel L. *1, 2, 3 John*. NAC 38. Nashville: B&H, 2001.

_____, ed. *A Theology for the Church*. Rev. ed. Nashville: B&H Academic, 2014.

ALLEN, David L. "Does Regeneration Precede Faith?" *JBTM* 11, no. 2 (Fall 2012): 34-52.

_____. *Por Quem Cristo Morreu? Uma análise crítica sobre a extensão da expiação*. Natal: Editora Carisma, 2019.

_____. "The Extent of the Atonement: Limited or Universal?" In *Whosoever Will: A Biblical-Theological Critique of Five-Point Calvinism*, editado por David L. Allen e Steve W. Lemke, p. 61-108. Nashville: B&H Academic, 2010.

_____. *Hebrews*. NAC 35. Nashville: B&H, 2010.

_____. *Lukan Authorship of Hebrews*. NAC Studies in Bible & Theology 8. Nashville: B&H Academic, 2010.

ALTHAUS, Paul. *The Theology of Martin Luther*. Traduzido para o inglês por Robert C. Schultz. Philadelphia: Fortress, 1966.

ANDERSON, Robert. *The Gospel and Its Ministry*. London: James Nisbet & Co., 1876. 17th ed., London: Pickering and Inglis, 1969.

ANSELMO. *Por que Deus se fez homem?* São Paulo: Fonte Editorial, 2009.

AQUINO, Tomás de. *Suma Teológica: Volume III* São Paulo: Ed. Loyola, 2003.

ATANÁSIO. *On the Incarnation [De Incarnatione Verbi Dei]*. Em *Athanasius: Select Works and Letters*, editado por Archibald Robertson, p. 183-237. Vol. 4 dos *NPNF2*.

_____. *Four Discourses Against the Arians [Orationes contra Arianos IV.]*. Em *Athanasius: Select Works and Letters*, editado por Archibald Robertson, p. 305-447. Vol. 4 dos *NPNF2*.

AULÉN, Gustaf. *Christus Victor: An Historical Study of the Three Main Types of the Idea of the Atonement*. Tradução para o inglês de A. G. Herbert. London: S. P. C. K., 1961.

AVERBECK, Richard E. "Sacrifices and Offerings". Em *Dictionary of the Old Testament: Pentateuch*, editado por T. Desmond Alexander e David W. Baker, p. 706-733. Downers Grove, IL: InterVarsity Press, 2003.

BAILEY, Daniel. "Jesus as the Mercy Seat: The Semantics and Theology of Paul's Use of *Hilastērion* in Romans 3:25". Tese de PhD., Cambridge University, 1999.

BAKER, Charles F. *A Dispensational Theology*. Grand Rapids: Grace Bible College Publications, 1971.

BAKER, Mark D., e Joel B. Green. *Recovering the Scandal of the Cross: Atonement in the New Testament and Contemporary Contexts*. 2ª ed. Downers Grove, IL: InterVarsity Press, 2011.

BALTHASAR, Hans Urs von. *The Action*. Vol. 4 de *Theo-Drama: Theological Dramatic Theory*. San Francisco: Ignatius Press, 1994.

BARRACLOUGH, Henry. "Ivory Palaces". 1915.

BARRETT, C. K. *The Epistle to the Romans*. BNTC. New York: Harper, 1957.

BARTH, Karl. *Dogmática eclesiástica,* São Paulo: Fonte Editorial, 2019.

BAVINCK, Herman. *Dogmática Reformada*. São Paulo: Ed. Cultura Cristã, 2012.

BAXTER, Richard. *Catholick Theologie*. London: Impresso por Robert White, 1675.

_____. *A Paraphrase on the New Testament, with Notes, Doctrinal and Practical*. London: Impresso por B. Simmons, 1685. Versão revisada e corrigida, London: Richard Edwards, 1810.

_____. *The Universal Redemption of Mankind*. London: Impresso por John Salusbury, 1694.

BEALE, Gregory K. *Teologia bíblica do Novo Testamento: A continuidade do Antigo Testamento no Novo*. São Paulo: Ed. Vida Nova, 2018.

_____. *The Temple and the Church's Mission: A Biblical Theology of the Temple*. Downers Grove, IL: InterVarsity Press, 2004.

BEET, Joseph A. "The Doctrine of the Atonement in the New Testament. IX.—Rationale of the Atonement". *The Expositor* 6, no. 5 (November 1892): p. 343-55.

_____. *Through Christ to God: A Study in Scientific Theology*. New York: Hunt & Eaton; Cincinnati: Cranston & Curts, 1893.

BEILBY, James, e Paul Eddy, eds. *The Nature of the Atonement: Four Views*. Downers Grove, IL: IVP Academic, 2006.

BELCHER, Joseph, ed. *The Complete Works of the Rev. Andrew Fuller*. 3 vols. Harrisonburg, VA: Sprinkle, 1988.

BELL, Rob H. *O amor vence*. Rio de Janeiro: Sextante, 2012.

BERKOUWER, Gerrit C. *The Work of Christ*. Traduzido por Cornelius Lambregtse. Studies in Dogmatics. Grand Rapids: Eerdmans, 1984.

BIEDERWOLF, William E. *Whipping-Post Theology: Or Did Jesus Atone for Disease?* Grand Rapids: Eerdmans, 1934.

BIERMA, Lyle D. *German Calvinism in the Confessional Age: The Covenant Theology of Caspar Olevianus*. Grand Rapids: Baker, 1996.

BILLINGS, Bradly S. *Do This in Remembrance of Me: The Disputed Words in the Lukan Institution Narrative (Luke 22.19b): An Historico-Exegetical, Theological and Sociological Analysis*. Library of New Testament Studies 314. London: T&T Clark, 2006.

BIRD, Michael F. *Evangelical Theology: A Biblical and Systematic Introduction*. Grand Rapids: Zondervan, 2013.

_____. *Romans*. The Story of God Bible Commentary. Grand Rapids: Zondervan, 2016.

_____. *The Saving Righteousness of God: Studies on Paul, Justification, and the New Perspective*. Milton Keynes, UK: Paternoster, 2007.

BLAISING, Craig A. "A Critique of Gentry and Wellum's *Kingdom through Covenant*: A Hermeneutical-Theological Response". *MSJ* 26, no. 1 (Spring 2015): p. 111-127.

_____. "A Theology of Israel and the Church". Em *Israel, the Church and the Middle East: A Biblical Response to the Current Conflict*, ed. Darrell L. Bock e Mitch Glaser, p. 85-100. Grand Rapids: Kregel, 2018.

BLAISING, Craig, and Darrell Bock, eds. *Dispensationalism, Israel and the Church: The Search for Definition*. Grand Rapids: Zondervan, 1992.

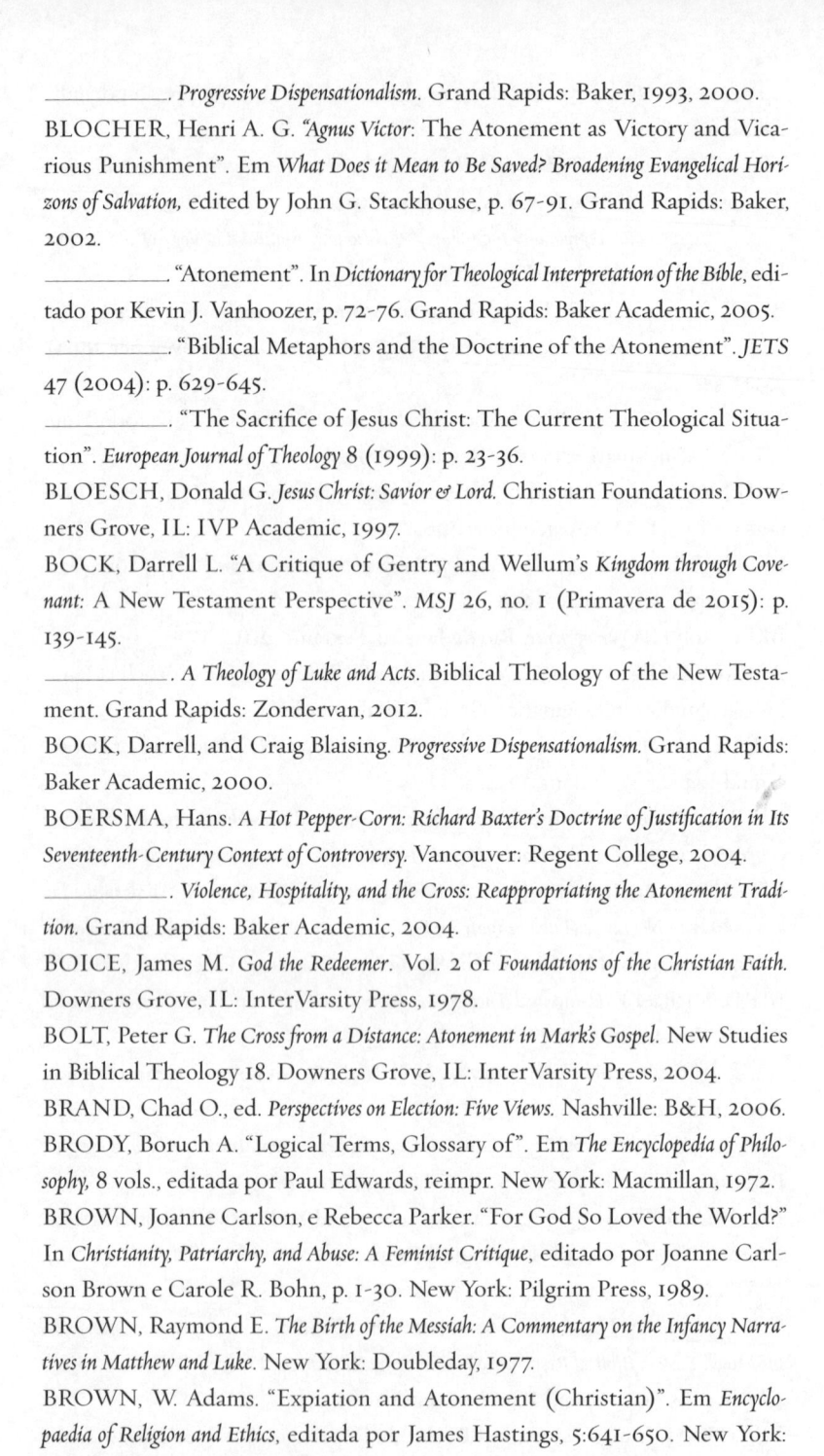

_____. *Progressive Dispensationalism*. Grand Rapids: Baker, 1993, 2000.

BLOCHER, Henri A. G. *"Agnus Victor*: The Atonement as Victory and Vicarious Punishment". Em *What Does it Mean to Be Saved? Broadening Evangelical Horizons of Salvation,* edited by John G. Stackhouse, p. 67-91. Grand Rapids: Baker, 2002.

_____. "Atonement". In *Dictionary for Theological Interpretation of the Bible*, editado por Kevin J. Vanhoozer, p. 72-76. Grand Rapids: Baker Academic, 2005.

_____. "Biblical Metaphors and the Doctrine of the Atonement". *JETS* 47 (2004): p. 629-645.

_____. "The Sacrifice of Jesus Christ: The Current Theological Situation". *European Journal of Theology* 8 (1999): p. 23-36.

BLOESCH, Donald G. *Jesus Christ: Savior & Lord*. Christian Foundations. Downers Grove, IL: IVP Academic, 1997.

BOCK, Darrell L. "A Critique of Gentry and Wellum's *Kingdom through Covenant*: A New Testament Perspective". *MSJ* 26, no. 1 (Primavera de 2015): p. 139-145.

_____. *A Theology of Luke and Acts*. Biblical Theology of the New Testament. Grand Rapids: Zondervan, 2012.

BOCK, Darrell, and Craig Blaising. *Progressive Dispensationalism*. Grand Rapids: Baker Academic, 2000.

BOERSMA, Hans. *A Hot Pepper-Corn: Richard Baxter's Doctrine of Justification in Its Seventeenth-Century Context of Controversy*. Vancouver: Regent College, 2004.

_____. *Violence, Hospitality, and the Cross: Reappropriating the Atonement Tradition*. Grand Rapids: Baker Academic, 2004.

BOICE, James M. *God the Redeemer*. Vol. 2 of *Foundations of the Christian Faith*. Downers Grove, IL: InterVarsity Press, 1978.

BOLT, Peter G. *The Cross from a Distance: Atonement in Mark's Gospel*. New Studies in Biblical Theology 18. Downers Grove, IL: InterVarsity Press, 2004.

BRAND, Chad O., ed. *Perspectives on Election: Five Views*. Nashville: B&H, 2006.

BRODY, Boruch A. "Logical Terms, Glossary of". Em *The Encyclopedia of Philosophy*, 8 vols., editada por Paul Edwards, reimpr. New York: Macmillan, 1972.

BROWN, Joanne Carlson, e Rebecca Parker. "For God So Loved the World?" In *Christianity, Patriarchy, and Abuse: A Feminist Critique*, editado por Joanne Carlson Brown e Carole R. Bohn, p. 1-30. New York: Pilgrim Press, 1989.

BROWN, Raymond E. *The Birth of the Messiah: A Commentary on the Infancy Narratives in Matthew and Luke*. New York: Doubleday, 1977.

BROWN, W. Adams. "Expiation and Atonement (Christian)". Em *Encyclopaedia of Religion and Ethics*, editada por James Hastings, 5:641-650. New York: Charles Scribner's Sons, 1912.

BRUCE, Matthew J. Aragon. "Albrecht Ritschl". Em Johnson, ed., T&T Clark Companion to Atonement, p. 723-728.

BUSHNELL, Horace. *Forgiveness and Law, Grounded in Principles Interpreted by Human Analogies*. New York: Scribner, Armstrong, & Co., 1874.

_____. *The Vicarious Sacrifice Grounded in Principles of Universal Obligation*. New York: Charles Scribner & Co., 1866.

BYNUM, Caroline Walker. "The Power in the Blood: Sacrifice, Satisfaction, and Substitution in Late Medieval Soteriology". Em Davis, Kendall, e O'Collins, *The Redemption*, p. 177-204.

BYRNE, Tony. "Saveable". *Theological Meditations* (blog). http://theologicalmeditations.blogspot.com/p/saveable.html.

CALVINO, João. *Commentary on the Book of the Prophet Isaiah: Volume 4*. Traduzido por William Pringle. Calvin Translation Society Series. Edinburgh: Impresso por T. Constable, 1853.

_____. *Commentary on a Harmony of the Evangelists: Matthew, Mark, and Luke*. Traduzido por William Pringle. Calvin's Commentaries 16. Edinburgh: Calvin Translation Society, 1844. Reimpressão de Grand Rapids: Baker, 1984.

_____. *Institutas da Religião Cristã*.

_____. *The Epistle of Paul the Apostle to the Romans and to the Thessalonians*. Editado por David W. Torrance e Thomas F. Torrance. Traduzido por Ross Mackenzie. Calvin's Commentaries 8. Grand Rapids: Eerdmans, 1960.

_____. *Sermons on Isaiah's Prophecy of the Death and Passion of Christ*. London: James Clark, 1956.

CAMPBELL, Constantine. *Paul and Union with Christ: An Exegetical and Theological Study*. Grand Rapids: Zondervan, 2012.

CAMPBELL, John McLeod. *The Nature of the Atonement and Its Relation to Remission of Sins and Eternal Life*. Cambridge: Macmillan & Co., 1856. Reimpressão, Grand Rapids: Eerdmans, 1996.

CARPINELLI, Francis Giordano. "'Do This as My Memorial' (Luke 22:19): Lucan Soteriology of Atonement". *CBQ* 61 (1999): p. 74-91.

CARROLL, B. H. *The Four Gospels: Part 1*. Vol. 4 de *An Interpretation of the English Bible*. Editado por J. B. Cranfill. Nashville: Broadman Press, 1947; reimpr., Grand Rapids: Baker, 1978.

CARSON, D. A. *A difícil doutrina do amor de Deus*. Rio de Janeiro: CPAD, 2008.

_____. "Adumbrations of Atonement Theology in the Fourth Gospel". *JETS* 57, no. 3 (2014): p. 513-522.

_____. "Atonement in Romans 3:21-26". Em Hill and James, eds., *The Glory of the Atonement*, p. 119-139.

_____. "Chosen by God (Romans 8:28-30; 9:1-29) — part l". Palestra de 1º de janeiro de 2000 disponível online, https://resources.thegospelcoalition.org/library/chosen-by-god-romans-8-28-30-9-1-29-part-l.

_____. *Comentário de João*. São Paulo: Shedd, 2007.

_____. *Exegetical Fallacies*. Grand Rapids: Baker, 1984.

_____. *O Deus amordaçado: o cristianismo confronta o pluralismo*. São Paulo: Shedd, 2012.

_____. *Soberania divina e responsabilidade humana: perspectivas bíblicas em tensão*. Grand Rapids: Baker, 1994.

_____. "The Vindication of Imputation: On Fields of Discourse and Semantic Fields". Em *Justification: What's at Stake in the Current Debates*, editado por Mark Husbands e Daniel J. Treier, p. 46-78. Downers Grove, IL: InterVarsity Press, 2004.

CARVER, William Owen. Verbete "Atonement" em *The International Standard Bible Encyclopaedia*, revisada e editada por James Orr, 1:321-324. Chicago: Howard Severance Co., 1915.

CAVE, Alfred. *The Scriptural Doctrine of Sacrifice*. 1877. Edição revisada como *The Scriptural Doctrine of Sacrifice and Atonement*. Edinburgh: T&T Clark 1890.

CHAFER, Lewis Sperry. *Teologia Sistemática*. 2 vols. São Paulo: Ed. Hagnos, 2003.

CHALKE, Steve, e Alan Mann. *The Lost Message of Jesus*. Grand Rapids: Zondervan, 2003.

CHAMBERS, Neil A. "A Critical Examination of John Owen's Argument for Limited Atonement in 'The Death of Death in the Death of Christ.'" Tese de mestrado em teologia, Reformed Theological Seminary, 1998.

CHAPMAN, Stephen B. "God's Reconciling Work: Atonement in the Old Testament". Em Johnson, ed., *T&T Clark Companion to Atonement*, p. 95-114.

CHARNOCK, Stephen. "A Discourse of God's Being the Author of Reconciliation". No vol. 3 de *The Works of Stephen Charnock*, p. 336-500. 1865. Edinburgh: Banner of Truth, 1986.

CLARKE, William Newton. *An Outline of Christian Theology*. New York: Charles Scribner's Sons, 1898.

CLEPHANE, Elizabeth C. *The Ninety and Nine*. Boston: D. Lothrop & Company, 1877.

CLIFFORD, Alan C. *Atonement and Justification: English Evangelical Theology, 1640-1790: An Evaluation*. Oxford: Clarendon Press, 1990.

CONNER, Walter T. *The Gospel of Redemption*. Nashville: Broadman, 1945.

COTTRELL, Jack. *What the Bible Says about God the Redeemer*. Vol. 3 of *The Doctrine of God*. Eugene, OR: Wipf & Stock, 2000.

COUSAR, Charles B. *A Theology of the Cross: The Death of Jesus in the Pauline Letters*. Minneapolis: Fortress, 1990.

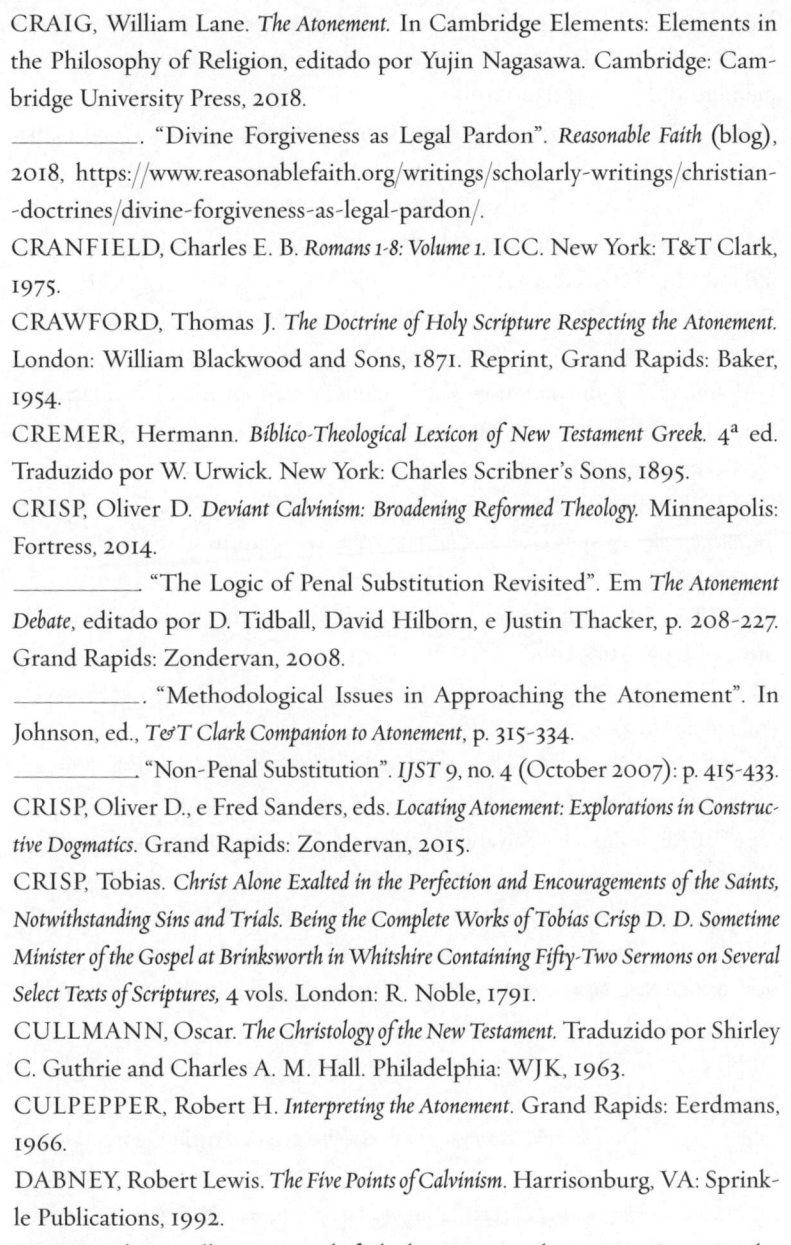

CRAIG, William Lane. *The Atonement*. In Cambridge Elements: Elements in the Philosophy of Religion, editado por Yujin Nagasawa. Cambridge: Cambridge University Press, 2018.

_____. "Divine Forgiveness as Legal Pardon". *Reasonable Faith* (blog), 2018, https://www.reasonablefaith.org/writings/scholarly-writings/christian-doctrines/divine-forgiveness-as-legal-pardon/.

CRANFIELD, Charles E. B. *Romans 1-8: Volume 1*. ICC. New York: T&T Clark, 1975.

CRAWFORD, Thomas J. *The Doctrine of Holy Scripture Respecting the Atonement*. London: William Blackwood and Sons, 1871. Reprint, Grand Rapids: Baker, 1954.

CREMER, Hermann. *Bíblico-Theological Lexicon of New Testament Greek*. 4ª ed. Traduzido por W. Urwick. New York: Charles Scribner's Sons, 1895.

CRISP, Oliver D. *Deviant Calvinism: Broadening Reformed Theology*. Minneapolis: Fortress, 2014.

_____. "The Logic of Penal Substitution Revisited". Em *The Atonement Debate*, editado por D. Tidball, David Hilborn, e Justin Thacker, p. 208-227. Grand Rapids: Zondervan, 2008.

_____. "Methodological Issues in Approaching the Atonement". In Johnson, ed., *T&T Clark Companion to Atonement*, p. 315-334.

_____. "Non-Penal Substitution". *IJST* 9, no. 4 (October 2007): p. 415-433.

CRISP, Oliver D., e Fred Sanders, eds. *Locating Atonement: Explorations in Constructive Dogmatics*. Grand Rapids: Zondervan, 2015.

CRISP, Tobias. *Christ Alone Exalted in the Perfection and Encouragements of the Saints, Notwithstanding Sins and Trials. Being the Complete Works of Tobias Crisp D. D. Sometime Minister of the Gospel at Brinksworth in Whitshire Containing Fifty-Two Sermons on Several Select Texts of Scriptures,* 4 vols. London: R. Noble, 1791.

CULLMANN, Oscar. *The Christology of the New Testament*. Traduzido por Shirley C. Guthrie and Charles A. M. Hall. Philadelphia: WJK, 1963.

CULPEPPER, Robert H. *Interpreting the Atonement*. Grand Rapids: Eerdmans, 1966.

DABNEY, Robert Lewis. *The Five Points of Calvinism*. Harrisonburg, VA: Sprinkle Publications, 1992.

DAGG, John Leadley. *A Manual of Theology*. Harrisonburg, VA: Gano Books, 1990.

DALE, Robert W. *The Atonement*. London: Hodder & Stoughton, 1876.

DALEY, Brian. "'He Himself Is Our Peace' (Eph. 2:14): Early Christian Views of Redemption in Christ". In Davis, Kendall, e O'Collins, *The Redemption*, p. 149-176.

DANIEL, Curt D. "The Calvinism Debate". Palestra na Faith Bible Church, Springfield, IL. 3 de novembro de 2013. https://www.sermonaudio.com/sermoninfo.asp?SID=11313202106.

_____. *The History and Theology of Calvinism*. Springfield, IL: Good Books, 2003.

_____. "What is Hyper-Calvinism?" Lecture at Faith Bible Church, Springfield, IL. 24 de fevereiro de 2013. https://www.sermonaudio.com/sermoninfo.asp?SID=3181392882.

DAUBE, David. "'For They Know Not What They Do': Luke 23:34". *Studia Patristica* 4, no. 2 (1961): p. 58-70.

DAVENANT, John. *Animadversions*. London: Printed for John Partridge, 1641.

DAVIDSON, Ivor. "Atonement and Incarnation". Em Johnson, ed., *T&T Clark Companion to Atonement*, p. 3, 5-56.

DAVIS, Stephen T., Daniel Kendall, e Gerald O'Collins, eds. *The Redemption: An Interdisciplinary Symposium on Christ as Redeemer*. Oxford: Oxford University Press, 2004.

DEIBLER, Ellis W. *A Semantic Structural Analysis of Romans*. Dallas: Summer Institute of Linguistics, 1998.

DEKKER, Harold. "God's Love to Sinners—One or Two?" *Reformed Journal* 13 (Março de 1963): p. 12-16.

DEMAREST, Bruce. *The Cross and Salvation: The Doctrine of Salvation*. Foundations of Evangelical Theology. Wheaton, IL: Crossway, 2006.

DEMBÉLÉ, Youssouf. "Salvation as Victory: A Reconsideration of the Concept of Salvation in the Light of Jesus Christ's Life and Work Viewed as a Triumph Over the Personal Powers of Evil". Tese de PhD, Trinity Evangelical Divinity School, 2001. den Heyer, Cees J. *Jesus and the Doctrine of the Atonement: Biblical Notes on a Controversial Topic*. Traduzido por John Bowden. London: SCM, 1998.

DENNEY, James. *The Atonement and the Modern Mind*. London: Hodder & Stoughton, 1903.

_____. *The Christian Doctrine of Reconciliation*. New York: George Doran, 1918.

_____. *The Death of Christ: Its Place and Interpretation in the New Testament*. Edited by R. V. G. Tasker. London: Hodder and Stoughton, 1902.

_____. *Studies in Theology*. London: Hodder & Stoughton, 1895. Reprint, Grand Rapids: Baker, 1976.

DODD, C. H. "ΙΛΑΣΚΕΣΘΑΙ [Hilaskesthai], Its Cognates, Derivatives, and Synonyms, in the Septuagint". *JTS* 32 (1931): p. 352-360.

DOUTY, Norman F. *Did Christ Die Only for the Elect? A Treatise on the Extent of*

Christ's Atonement. Swengel, PA: Reiner Publications, 1972. Reimpressão de Eugene, OR: Wipf and Stock, 1998.

DUESING, Jason. "Humphreys/Patterson—1987: A Southern Baptist Debate on the Atonement". *MWJT* 16, no. 2 (2017): p. 112-135.

DUNN, James D. G. *The Theology of Paul the Apostle*. Grand Rapids: Eerdmans, 1998.

EBERHART, Christian A. *The Sacrifice of Jesus: Understanding Atonement Biblically*. Minneapolis: Fortress, 2011.

EDWARDS, Jonathan. "Pressing into the Kingdom of God". In Vol. 1 of *The Works of Jonathan Edwards*, revised by Edward Hickman, p. 654-663. 1834. Carlisle, PA: Banner of Truth, 1974.

EDWARDS, Paul, ed. *The Encyclopedia of Philosophy* (New York: Macmillan, 1972).

ELLIS, E. Earle. *The Gospel of Luke*, 7th ed. The New Century Bible Commentary. Grand Rapids: Eerdmans, 1996.

ENSOR, Peter. "Penal Substitutionary Atonement in the Later Ante-Nicene Period". *EQ* 87, no. 4 (2015): 331-46.

ERICKSON, Millard J. *Teología sistemática*. São Paulo: Vida Nova, 2015.

EUSÉBIO. *The Proof of the Gospel*. 2 vols. Editado e traduzido por W. J. Ferrar. Grand Rapids: Baker, 1981.

FACKRE, Gabriel. Verbete "Atonement". Em *Encyclopedia of the Reformed Faith*. Editado por Donald K. McKim. Louisville: WJK, 1992.

FAIRBAIRN, Patrick. *The Typology of Scripture*. 2 vols. Grand Rapids: Kregel, 1989.

FEE, Gordon. "Paul and the Metaphors for Salvation: Some Reflections on Pauline Soteriology". Em Davis, Kendall, e O'Collins, *The Redemption*, p. 43-67.

FEENSTRA, Ronald J., e Cornelius Plantinga, eds. *Trinity, Incarnation, and Atonement: Philosophical and Theological Essays*. Notre Dame, IN: University of Notre Dame Press, 1989.

FEINBERG, Charles. Verbete "Atonement, Day of". Em *Baker Encyclopedia of the Bible*, editado por Walter A. Elwell, 2:233-34. Grand Rapids: Baker, 1988.

FERGUSSON, David A. S. *The Cambridge Companion to Reformed Theology*, eds. Paul T. Nimmo e David A. S. Fergusson. Cambridge: Cambridge University Press, 2016.

FESKO, John V. *Diversity within the Reformed Tradition: Supra- and Infralapsarianism in Calvin, Dort, and Westminster*. Greenville, SC: Reformed Academic Press, 2001.

_____. *The Trinity and the Covenant of Redemption*. Ross-shire, Scotland: Christian Focus, 2016.

FINLAN, Stephen. *Problems with Atonement: The Origins of, and Controversy About, the Atonement Doctrine*. Collegeville, MN: Liturgical Press, 2005.

FITZMYER, Joseph A. *The Gospel According to Luke X-XXIV*. AB 28a. Garden City, NY: Doubleday, 1985.

FLAVEL, John. *The Method of Grace: In the Holy Spirit's Applying to the Souls of Men the Eternal Redemption Contrived by the Father and Accomplished by the Son*. New York: American Tract Society, 1845.

FORDE, Gerhard O. "Seventh Locus: The Work of Christ". In *Christian Dogmatics*, edited by Carl E. Braaten and Robert W. Jenson, 2:1-99. 1984. Reimpressão, Philadelphia: Fortress Press, 2011.

FOREMAN, Kenneth J. *Identification: Human and Divine*. Richmond: John Knox Press, 1963.

FRAME, John. *The Doctrine of God*. Philadelphia: P&R, 2002.

FRANKS, Robert S. *The Work of Christ: A Historical Study of Christian Doctrine*. London: Thomas Nelson and Sons Ltd., 1962.

FULLER, Andrew. "Letter II. Imputation". In *Six Letters to Dr. Ryland Respecting the Controversy with the Rev. A. Booth*. In Belcher, ed. *The Complete Works*, 2:702-06.

_____. "The Gospel Its Own Witness". In Belcher, ed., *The Complete Works*, 2:1-107.

_____. "The Gospel Worthy of All Acceptation". In Belcher, ed., *The Complete Works*, 2:328-416.

GARNET, Paul. "Atonement Constructions in the Old Testament and the Qumran Scrolls". *EQ* 46 (1974): p. 131-163.

GARRETT, James Leo. *Systematic Theology: Biblical, Historical, & Evangelical*. 2 vols. Grand Rapids: Eerdmans, 1995.

GATHERCOLE, Simon. *Defending Substitution: An Essay on Atonement in Paul*. Grand Rapids: Baker, 2015.

GEISLER, Norman L. *Teologia sistemática*. Rio de Janeiro: CPAD, 2010.

GENTRY, Peter, and Stephen J. Wellum. *Kingdom through Covenant: A Biblical-Theological Understanding of the Covenants*. Wheaton, IL: Crossway, 2012.

GEORGE, Timothy. "The Atonement in Martin Luther's Theology". In Hill and James, eds., *The Glory of the Atonement*, p. 263-278.

GIBBON, John. "The Nature of Justification Opened". In *Puritan Sermons 1659-1689: Being the Morning Exercises at Cripplegate, St. Giles in the Fields, and in Southwark by Seventy-Five Ministers of the Gospel*, 5:304-27. Wheaton, IL: Richard Owen Roberts, 1981.

GIBSON, David, e Jonathan Gibson, eds. *Do Céu Cristo veio buscá-la: a expiação definida na perspectiva histórica, bíblica, teológica e pastoral* São José dos Campos: Fiel, 2018.

GIRARD, René. *O bode expiatório*. São Paulo, Paulus, 2004.

_____. *Violência e o sagrado*. Rio de Janeiro: *Paz e Terra*, 2008.

GOLDINGAY, John, ed. *Atonement Today*. London: SPCK, 1995.

GOMES, Alan W. verbete "Socinus". Em Johnson, ed., *T&T Clark Companion to Atonement*, p. 753-757.

GORMAN, Michael J. *The Death of the Messiah and the Birth of the New Covenant: A (Not So) New Model of the Atonement*. Eugene, OR: Cascade Books, 2014.

GRANTHAM, Thomas. *Christianismus Primitivus*. London, Impresso para Francis Smith, 1678.

GREEN, Joel B. "Death of Christ". Em Hawthorne, Martin, e Reid, eds., *Dictionary of Paul and His Letters*, p. 201-209.

_____. "Death of Jesus". Em *Dictionary of Jesus and the Gospels*, edited by Joel B. Green, Scot McKnight, and I. Howard Marshall, p. 146-63. IVP Bible Dictionary Series. Downers Grove, IL: InterVarsity Press, 1992.

_____. "Kaleidoscopic View". In Beilby and Eddy, eds. *The Nature of the Atonement: Four Views*, p. 157-185.

_____. "Theologies of the Atonement in the New Testament". Em Johnson, ed., *T&T Clark Companion to Atonement*, p. 115-134.

GREEN, Joel B., e Mark D. Baker. *Recovering the Scandal of the Cross: Atonement in New Testament and Contemporary Contexts*. 2ª ed. Downers Grove, IL: IVP Academic, 2011.

GREGÓRIO DE NAZIANZO. *On God and Christ: The Five Theological Orations and Two Letters to Cledonius*. Traduzido por Frederick J. Williams e Lionel R. Wickham. Popular Patristics Series. Crestwood, NY: St. Vladimir's Seminary Press, 2002.

GREGÓRIO DE NISSA, *The Great Catechism*. Translated by William Moore and Henry Austin Wilson. Vol. 5 of *NPNF2*.

GREGÓRIO, o Grande. *Morals on the Book of Job*. Traduzido por J. Bliss. Library of Fathers. Vol. 3. Pt. 2. Oxford: John Henry Parker, 1850.

GRENSTED, Laurence W. "Introduction". Em *The Atonement in History and in Life: A Volume of Essays*. London: Society for Promoting Christian Knowledge [SPCK]: 1929.

GRÓCIO, Hugo. *A Defence of the Catholic Faith Concerning the Satisfaction of Christ against Faustus Socinus*. Traduzido por Frank Hugh Foster. Andover, MA: Warren F. Draper, 1889. Publicado originalmente como *Defensio fidei Christianæ de satisfactione Christi adversus Faustum Socinum*. Leyden: Joannes Patius, 1617.

GROVES, J. Alan. "Atonement in Isaiah 53". In Hill and James, eds., *The Glory of the Atonement*, 61-89.

GRUDEM, Wayne. *Teologia sistemática ao alcance de todos*. Rio de Janeiro: Thomas Nelson Brasil, 2019.

GRUENLER, Royce Gordon. "Atonement in the Synoptic Gospels and Acts". Em Hill and James, eds. *The Glory of the Atonement,* p. 90-105.

GUNDRY-VOLF, Judith M. "Expiation, Propitiation, Mercy Seat". In Hawthorne, Martin, and Reid, eds. *Dictionary of Paul and His Letters,* p. 279-284.

GUNTON, Colin E. "The Atonement: Systematic Theology". Em *The Encyclopedia of Christianity*, editado por Erwin Fahlbusch, 1:156-157. Grand Rapids: Eerdmans, 1999.

_____. *The Actuality of Atonement: A Study of Metaphor, Rationality and the Christian Tradition.* Grand Rapids: Eerdmans, 1989.

GUTHRIE, Donald. *New Testament Theology.* Grand Rapids: InterVarsity Press, 1981.

HAFEMANN, Scott J. *2 Corinthians*. NIVAC. Grand Rapids: Zondervan, 2000.

HAHN, Scott W. *A Father Who Keeps His Promises: God's Covenant Love in Scripture.* Ann Arbor, MI: Servant Publications, 1998.

_____. *Kinship by Covenant: A Canonical Approach to the Fulfillment of God's Saving Promises.* New Haven, CT: Yale University Press, 2009.

HAMM, Dennis. "The Tamid Service in Luke-Acts: The Cultic Background behind Luke's Theology of Worship (Luke 1:5-25; 18:9-14; 24:50-53; Acts 3:1; 10:3, 30)". *CBQ* 65 (2003): p. 215-231.

HARDIN, Michael. "Out of the Fog: New Horizons for Atonement Theory". Em *Stricken by God? Nonviolent Identification and the Victory of Christ,* editado por Brad Jersak e Michael Hardin, p. 54-76. Grand Rapids: Eerdmans, 2007.

HARE, John E. "Moral Faith and Atonement". Palestra apresentada na Wheaton Philosophy Conference, Wheaton, IL, 1996.

_____. *The Moral Gap: Kantian Ethics, Human Limits, and God's Assistance.* Oxford Studies in Theological Ethics. Oxford: Oxford University Press, 1996.

HART, David Bentley. "A Gift Exceeding Every Debt: An Eastern Orthodox Appreciation of Anselm's *Cur Deus Homo*". *Pro Ecclesia* 7 (1988): p. 333-349.

HARWOOD, Adam, e Kevin Lawson, eds. *Infants and Children in the Church: Five Views on Theology and Ministry.* Nashville: B&H Academic, 2017.

HAWTHORNE, Gerald F., Ralph P. Martin, e Daniel G. Reid, eds. *Dictionary of Paul and His Letters.* IVP Bible Dictionary Series. Downers Grove, IL: InterVarsity Press, 1993.

HENDRICKSEN, William. *Exposition of the Gospel According to Luke.* NTC. Grand Rapids: Baker, 1978.

HENGEL, Martin. *The Atonement: The Origins of the Doctrine in the New Testament.* Philadelphia: Fortress, 1981.

HENGSTENBERG, Ernst Wilhelm. *Christology of the Old Testament*. 2 vols. London: T&T Clark, 1875.

HENRY, Matthew. *Matthew Henry Commentary on the Whole Bible*. 6 vols. Peabody, MA: Hendrickson, 1991.

HEPPE, Heinrich. *Reformed Dogmatics*. Revisado e editado por Ernst Bizer. Traduzido por G. T. Thomson. London: George Allen & Unwin, 1950.

HEWITT, Eliza. "My Faith Has Found a Resting Place". 1891.

HIDAL, Sten. "En segrande Christus victor? Auléns analys av ett forsoningsmotiv i backspegeln". *Svensk teologisk kvartalskrift* 86 (2010): p. 171-76.

HILL, Charles E., and Frank A. James III, eds. *The Glory of the Atonement: Biblical, Theological & Practical Perspectives*. Downers Grove, IL: InterVarsity Press, 2004.

HILL, David. *Greek Words and Hebrew Meanings: Studies in the Semantics of Soteriological Terms*. SNTSMS 5. Cambridge: Cambridge University Press, 1967.

HODGE, Charles. *Princeton Sermons*. London: Thomas Nelson and Sons, 1879.

_____. *Systematic Theology*. 3 vols. Grand Rapids: Eerdmans, 1993.

HODGSON, Leonard. *The Doctrine of the Atonement*. New York: Charles Scribner's Sons, 1951.

HOLMES, Nathaniel. "Christ's Offering Himself to All Sinners, and Answering All Their Objections". Em *The Works of Nathaniel Holmes*. London, 1651.

HOLMES, Stephen R. "Can Punishment Bring Peace? Penal Substitution Revisited". *SJT* 58 (2005): p. 104-123.

_____. "Penal Substitution". Em Johnson, ed., *T&T Clark Companion to Atonement*, p. 295-314.

_____. *The Wondrous Cross: Atonement and Penal Substitution in the Bible and History*. Christian Doctrine in Historical Perspective. London: Paternoster, 2007.

HORTON, Michael. *Doutrinas da fé cristã: uma teologia sistemática para os peregrinos no Caminho*. São Paulo: Ed. Cultura Cristã, 2017.

HUGHES, Thomas H. *The Atonement: Modern Theories of Doctrine*. London: George Allen & Unwin, 1949.

HULTGREN, Arland J. *Christ and His Benefits: Christology and Redemption in the New Testament*. Philadelphia: Fortress, 1987.

_____. *Paul's Letter to the Romans*. Grand Rapids: Eerdmans, 2011.

IRINEU DE LIÃO. *Contra as heresias*. São Paulo: Ed. Paulus, 2014.

JACKSON, Mark Randall. "Atonement in Matthew's Gospel". Tese de PhD, Seminário Teológico Batista do Sul, 2011.

JACOBS, Nathan A. Verbete "Kant". em Johnson, ed., *T&T Clark Companion to Atonement*, p. 591-595.

JEFFERY, Steve, Michael Ovey, e Andrew Sach. *Pierced for Our Transgressions: Rediscovering the Glory of Penal Substitution*. Wheaton, IL: Crossway, 2007.

JENNINGS, Thomas W., Jr. *Transforming Atonement: A Political Theology of the Cross*. Minneapolis: Fortress, 2009.

JEREMIAS, Joachim. *The Central Message of the New Testament*. London: SCM, 1965.

_____. *The Eucharistic Words of Jesus*. Philadelphia: Fortress, 1966.

_____. "This Is My Body . . ". *Expository Times* 83, no. 7 (April 1972): 196-203.

JEWETT, P. K. "Propitiation". In *The Zondervan Pictorial Encyclopedia of the Bible*, edited by Merrill C. Tenney, 4:904-05. Grand Rapids: Zondervan, 1975.

JOHNSON, Adam J. *Atonement: A Guide for the Perplexed*. Bloomsbury Guides for the Perplexed. London: Bloomsbury T&T Clark, 2015.

_____. "Atonement: The Shape and State of the Doctrine". In Johnson, ed., *T&T Clark Companion to Atonement*, 1-17.

_____. "Munus Triplex". In Johnson, ed., *T&T Clark Companion to Atonement*, 655-58.

_____. "Peter Abelard". In Johnson, ed., *T&T Clark Companion to Atonement*, 357-60.

_____. "The Servant Lord: A Word of Caution Regarding the *munus triplex* in Karl Barth's Theology and the Church Today". *SJT* 65, no. 2 (2012): 159-73.

_____. ed. *T&T Clark Companion to Atonement*. London: Bloomsbury T&T Clark, 2017.

JONES, Paul Dafydd. "The Fury of Love: Calvin on the Atonement". In Johnson, ed., *T&T Clark Companion to Atonement*, p. 213-235.

KAPIC, Kelly M. "Atonement". In *Evangelical Dictionary of Theology*. 3ª ed., edited by Daniel J. Treier and Walter A. Elwell, 96-100. Grand Rapids: Baker, 2017.

_____. "Receiving Christ's Priestly Benediction: A Biblical, Historical, and Theological Exploration of Luke 24:50-53". *WTJ* 67 (2005): p. 247-260.

KARRIS, Robert J. "Luke 23:47 and the Lucan View of Jesus' Death". *JBL* 105 (1986): p. 65-74.

KELLY, J. N. D. *Early Christian Doctrines*. Ed. rev. New York: Harper Collins, 1978.

KENT, Homer A. *A Heart Opened Wide: Studies in II Corinthians*. Grand Rapids: Baker, 1982.

KIDNER, Derek. *Sacrifice in the Old Testament*. London: Tyndale Press, 1952.

KIM, Seyoon. *Paul and the New Perspective: Second Thoughts on the Origin of Paul's Gospel*. Grand Rapids: Eerdmans, 2001.

KIMBALL, John. *The Atonement in Lukan Theology*. Cambridge: Cambridge Scholars Publishing, 2014.

KLINK, Edward W., III. "Gospel of John". Em Johnson, ed., *T&T Clark Companion to Atonement*, p. 515-521.

KOLB, Robert A. "Martin Luther". Em Johnson, ed., *T&T Clark Companion to Atonement*, p. 613-622.

KOOLE, Jan Leunis. *Isaiah III. Volume 2: Isaiah 49-55*. Historical Commentary on the Old Testament 12. Traduzido por Anthony P. Runia. Leuven, Belgium: Peeters, 1998.

KOTSKO, Adam. "The Persistence of the Ransom Theory of the Atonement". In Johnson, ed., *T&T Clark Companion to Atonement*, p. 277-294.

KURTZ, Johann Heinrich. *Sacrificial Worship of the Old Testament*. Translated by James Martin. Edinburgh: T&T Clark, 1863.

KÜNNETH, Walter. *Theology of the Resurrection*. St. Louis: Concordia Publishing House, 1965.

KUYPER, Abraham. *The Work of the Holy Spirit*. New York: Funk and Wagnalls, 1900.

LADD, George. *Teologia do Novo Testamento*. São Paulo: Hagnos, 2008.

LANE, Tony (Anthony N. S.). "The Wrath of God as an Aspect of the Love of God". In *Nothing Greater, Nothing Better: Theological Essays on the Love of God*, editado por Kevin J. Vanhoozer, p. 138-167. Grand Rapids: Eerdmans, 2001.

LETHAM, Robert. *The Work of Christ*. Downers Grove, IL: InterVarsity Press, 1993.

LIGHTFOOT, J. B. *Notes on the Epistles of St. Paul from Unpublished Commentaries*. New York: Macmillan, 1895. Reprint, Peabody, MA: Hendrickson, 1993.

LINTS, Richard. "Soteriology". Em *Mapping Modern Theology: A Thematic and Historical Introduction*, editado por Kelly M. Kapic e Bruce L. McCormack, p. 259-291. Grand Rapids: Baker Academic, 2012.

LOANE, Marcus L. *This Surpassing Excellence: Textual Studies in the Epistles to the Churches of Galatia and Philippi*. Sydney: Angus and Robertson, 1969.

LOMBARDO, Pedro. *The Sentences. Book 3: On the Incarnation of the Word*. Translated by Giulio Silano. Mediaeval Sources in Translation 45. Toronto: Pontifical Institute of Mediaeval Studies, 2010.

LONGENECKER, Richard N. *The Epistle to the Romans: A Commentary on the Greek Text*. NIGTC. Grand Rapids: Eerdmans, 2016.

LUTHER, Martin. *Commentary on Romans*. Traduzido por J. Theodore Mueller. Grand Rapids: Zondervan, 1954; reimp., Grand Rapids: Kregel, 1976.

_____. "Lectures on Galatians (1535)". *LW* 26. Edited by Jaroslav Pelikan. Translated by M. H. Bertram. 1963.

_____. "Lectures on Isaiah (43:24)". *LW* 17. Translated by H. C. Oswald. 1972.

_____. "Of Jesus Christ #202". In *The Table Talk of Martin Luther: Luther's Comments on Life, the Church and the Bible*. Ross-shire, Scotland: Christian Focus Publications, 2003.

LYNCH, Michael. "Not Satisfied: An Analysis and Response to Garry Williams on Penal Substitutionary Atonement and Definite Atonement". Unpublished paper, Calvin Theological Seminary, Primavera de 2015.

_____. *"Quid Pro Quo* Satisfaction? An Analysis and Response to Garry Williams on Penal Substitutionary Atonement and Definite Atonement". *EQ* 89, no. 1 (2018): p. 51-70.

LYON, Robert W., e Peter Toon. "Atonement". Em *Baker Encyclopedia of the Bible*, editado por Walter A. Elwell, 1:232-233. Grand Rapids: Baker, 1988.

MACHEN, J. Gresham. *Cristianismo e liberalismo*. São Paulo: Shedd, 2012.

MACLEOD, Donald. *Christ Crucified: Understanding the Atonement*. Downers Grove, IL: InterVarsity Press, 2014.

MANTON, Thomas. "Sermon XXXIV". Em *Several Sermons upon 2 Corinthians V*, em *The Complete Works of Thomas Manton, D.D.*, 13:252-262. London: James Nisbet, 1873.

MARSHALL, I. Howard. "Acts (Book of)". Em Johnson, ed., *T&T Clark Companion to Atonement*, 361-364.

_____. *Aspects of the Atonement: Cross and Resurrection in the Reconciling of God and Humanity*. London: Paternoster, 2007.

_____. *A Critical and Exegetical Commentary on the Pastoral Epistles*. ICC. Edinburgh: T&T Clark, 1999.

_____. "The Development of the Concept of Redemption in the New Testament". Em *Reconciliation and Hope: New Testament Essays on Atonement and Eschatology Presented to L. L. Morris on His 60th Birthday*. Editado por Robert Banks. Grand Rapids: Eerdmans, 1974

_____. *The Gospel of Luke: A Commentary on the Greek Text*. NIGTC. Grand Rapids, Eerdmans, 1979.

_____. "The Meaning of 'Reconciliation'". Em *Jesus the Saviour: Studies in New Testament Theology*, p. 258-274. Downers Grove, IL: InterVarsity Press, 1990.

_____. "Universal Grace and Atonement in the Pastoral Epistles". Em *The Grace of God and the Will of Man*. Editado por Clark Pinnock. Minneapolis: Bethany House, 1985.

MARTIN, Dale B. *Slavery as Salvation: The Metaphor of Slavery in Pauline Christianity*. New Haven, CT: Yale University Press, 1990.

MARTIN, Ralph P. *Reconciliation: A Study of Paul's Theology*. Atlanta: John Knox Press, 1981.

MASON, Erskine. "Extent of the Atonement". Em *A Pastor's Legacy: Being Sermons on Practical Subjects*. New York: Charles Scribner, 1853.

MAYS, James Luther. *Amos: A Commentary*. Old Testament Library. Philadelphia: WJK, 1969.

MCCALL, Thomas H. *Forsaken: The Trinity and the Cross, and Why It Matters*. Downers Grove, IL: IVP Academic, 2012.

_____. "Wesleyan Theologies". Em Johnson, ed., *T&T Clark Companion to Atonement*, p. 797-800.

MCCARTNEY, Dan G. "Atonement in James, Peter, and Jude". In Hill and James, eds., *The Glory of the Atonement*, p. 176-189.

MCCLINTOCK, John and James Strong, eds. *Cyclopaedia of Biblical, Theological, and Ecclesiastical Literature*. 12 vols. Harper and Brothers, 1867-1887; reimpressão, Grand Rapids: Baker, 1981. S.v. "Atonement".

MCCLYMOND, Michael. *The Devil's Redemption: A New History and Interpretation of Christian Universalism*. 2 vols. Grand Rapids: Baker, 2018.

MCCORMACK, Bruce L. "Christology". Em *The Cambridge Companion to Reformed Theology*, ed. Paul T. Nimmo e David A. S. Fergusson, p. 60-78. Cambridge: Cambridge University Press, 2016.

_____. *For Us and Our Salvation: Incarnation and Atonement in the Reformed Tradition*. Studies in Reformed Theology and History 1, no. 2. Princeton, NJ: Princeton Theological Seminary, 1993.

_____. "The Ontological Presuppositions of Barth's Doctrine of the Atonement". In Hill and James, eds., *The Glory of the Atonement*, p. 346-366.

MCCREA, Alexander. *The Work of Jesus in Christian Thought*. London: Epworth Press, 1939.

MCDONALD, Hugh Dermot. *The Atonement of the Death of Christ: In Faith, Revelation, and History*. Grand Rapids: Baker, 1985.

_____. *Forgiveness and Atonement*. Grand Rapids: Baker, 1984.

MCGRATH, Alister E. "The Moral Theory of the Atonement: An Historical and Theological Critique". *SJT* 38, no. 2 (Maio de 1985): p. 205-220.

_____. *The Mystery of the Cross*. Grand Rapids: Zondervan, 1988.

MCGUCKIN, John. "St. Gregory of Nyssa on the Dynamics of Salvation". Em Johnson, ed., *T&T Clark Companion to Atonement*, p. 155-173.

MCINTYRE, John. *The Shape of Soteriology*. Edinburgh: T&T Clark, 1992.

_____. *St. Anselm and His Critics: A Re-Interpretation of the* Cur Deus Homo. Edinburgh: Oliver & Boyd, 1954.

_____. *Models of Soteriology*. London: Hodder and Stoughton, 1903.

MCKNIGHT, Scot. *A Community Called Atonement*. Nashville: Abingdon, 2007.

MCPHERSON, Aimee Semple. *Divine Healing Sermons*. New Kensington, PA: Whitaker House, 1923, 2014.

MECONI, David Vincent. "Augustine". Em Johnson, ed., *T&T Clark Companion to Atonement*, p. 381-387.

MEKKATTUKUNNEL, Andrews George. *The Priestly Blessing of the Risen Christ: An Exegetic-Theological Analysis of Luke 24, 50-53*. European University Studies, p. 714. Bern: Peter Lang, 2001.

MILEY, John. *The Atonement in Christ*. New York: Phillips & Hunt, 1879.

_____. *Systematic Theology*. 2 vols. New York: Hunt & Eaton; Cincinnati: Cranston & Stowe, 1892-1894.

MILGROM, Jacob. *Leviticus 1-16: A New Translation with Introduction and Commentary*. AB 3. 3 vols. New York: Doubleday, 1991-2001.

MITROS, Joseph F. "Patristic Views of Christ's Salvific Work". *Thought* 42 (1967): 415-47.

MOO, Douglas J. *The Epistle to the Romans*. NICNT. Grand Rapids: Eerdmans, 1996.

_____. *Romans 1-8*. Wycliffe Exegetical Commentary. Chicago: Moody Press, 1991.

MORISON, Samuel T. "The Politics of Grace: On the Moral Justification of Executive Clemency". *Buffalo Criminal Law Review* 9, no. 1 (Novembro de 2005): p. 1-138.

MORRIS, Leon. *The Apostolic Preaching of the Cross*, 3ª ed. Grand Rapids: Eerdmans, 1980.

_____. "The Atonement in John's Gospel". *Criswell Theological Review* 3, no. 1 (1988): p. 49-64.

_____. *The Atonement: Its Meaning and Significance*. Downers Grove, IL: InterVarsity Press, 1983.

_____. *The Cross in the New Testament*. Grand Rapids: Eerdmans, 1965.

_____. *The Epistle to the Romans*. Grand Rapids: Eerdmans, 1988.

_____. *The Gospel According to John*. Grand Rapids, MI: Eerdmans, 1971.

MOTYER, J. Alec. *The Prophecy of Isaiah: An Introduction and Commentary*. Downers Grove, IL: InterVarsity Press, 1993.

MOWINCKEL, Sigmund. *He That Cometh*. Translated by G. W. Anderson. New York: Abingdon, 1954.

MURRAY, John. *The Covenant of Grace: A Bíblico-Theological Study*. The Tyndale Biblical Theology Lecture. London: Tyndale, 1953.

MYERS, Benjamin. "The Patristic Atonement Model". In Crisp and Sanders, eds., *Locating Atonement*, p. 71-88.

NETTLES, Thomas J. *By His Grace and for His Glory: A Historical, Theological, and Practical Study of the Doctrines of Grace in Baptist Life*. 2ª ed. Cape Coral, FL: Founders, 2006.

NOLLAND, John. *Luke 18:35-24:53*. WBC 35c. Editado por Ralph P. Martin. Dallas, TX: Word, 1993.

O'BRIEN, Peter T. "Justification in Paul and Some Crucial Issues of the Last Two Decades". In *Right with God: Justification in the Bible and the World*, editado por D. A. Carson, p. 69-95. Grand Rapids: Baker Academic, 1992.

O'COLLINS, Gerald. "Redemption: Some Crucial Issues". In Davis, Kendall, and O'Collins, eds., *The Redemption*, p. 1-22.

O'COLLINS, Gerald, and Michael K. Jones. *Jesus Our Priest: A Christian Approach to the Priesthood of Christ*. Oxford: Oxford University Press, 2010.

ODEN, Thomas. *The Word of Life*. Vol. 2 of *Systematic Theology*. San Francisco: HarperCollins, 1992.

OLSON, Roger E. *Teologia arminiana: mitos e realidades*. São Paulo: 2013.

ORÍGENES. *Commentary on the Epistle to the Romans, Books 1-5*. Traduzido por Thomas P. Scheck. The Fathers of the Church 103. Washington, DC: The Catholic University of America Press, 2001.

_____. "Homily 24: Numbers 28-30". Em *Homilies on Numbers*, editado por Christopher A. Hall, traduzido por Thomas P. Scheck, 147-153. Ancient Christian Texts. Downers Grove, IL: IVP Academic, 2009.

ORLINSKY, Harry M. *Studies on the Second Part of the Book of Isaiah*. VTS 14. Leiden: Brill, 1967.

OSWALT, John N. *The Book of Isaiah: Chapters 40-66*. NICOT. Grand Rapids: Eerdmans, 1998.

OWEN, John *A Discourse Concerning the Holy Spirit, in The Works of John Owen*, vol. 3, ed. W. Goold, Edinburgh: Banner of Truth Trust, 1994.

_____. *The Death of Death in the Death of Christ*. In vol. 10 of *The Works of John Owen*, edited by W. H. Goold, 139-428. New York: Robert Carter and Brothers, 1852.

PANNENBERG, Wolfhart. *Systematic Theology*. 3 vols. Grand Rapids: Eerdmans, 1994.

PAO, David W., and Eckhard J. Schnabel. "Luke". In *Commentary on the New Testament Use of the Old Testament*, editado por G. K. Beale e D. A. Carson, p. 251-414. Grand Rapids: Baker, 2007.

PARSONS, Mikeal C. *The Departure of Jesus in Luke-Acts: The Ascension Narratives in Context*. London: Sheffield Academic Press, 1987.

PATTERSON, Paige. "The Work of Christ". Em *A Theology for the Church*, revisado e editado por Daniel L. Akin, p. 545-602. Nashville: B&H Academic, 2014.

PAUL, Robert S. *The Atonement and the Sacraments*. New York: Abingdon, 1960.

PAULSON, Steven D., e Nicholas Hopman. "Atonement". Em *Dictionary of Luther and the Lutheran Traditions,* editado por Timothy J. Wengert, p. 48-51. Grand Rapids: Baker Academic, 2017.

PECKHAM, John Ç. *The Love of God: A Canonical Model*. Downers Grove, IL: InterVarsity Press, 2015.

_____. *Theodicy of Love: Cosmic Conflict and the Problem of Evil*. Grand Rapids: Baker, 2018.

PENDLETON, James M. *Christian Doctrines: A Compendium of Theology*. 1878. Reprint, Valley Forge, PA: Judson Press, 2010.

PENNINGTON, Jonathan T. "Matthew and Mark". In Johnson, ed., *T&T Clark Companion to Atonement,* p. 631-637.

PERKINS, William. *A Christian and Plaine Treatise of the Manner and Order of Predestination and of the Largeness of God's Grace*. Traduzido por Francis Cacot and Thomas Tuke. London: Impresso por F. Kingston, 1606.

PETERSON, David. "Atonement in the Old Testament". Em *Where Wrath and Mercy Meet: Proclaiming Atonement Today,* editado por David Peterson, p. 1-25. Carlisle: Paternoster, 2001.

PETERSON, Robert A. *Calvin and the Atonement*. Ross-shire, Scotland: Christian Focus, 1999.

_____. *Salvation Accomplished by the Son: The Work of Christ*. Wheaton, IL: Crossway, 2012.

PIEPER, Franz. *Christian Dogmatics*. 4 vols. St. Louis: Concordia Publishing House, 1951.

PINK, Arthur. *Exposition of the Gospel of John. Three Volumes in One: Volume Two-John 8 to 15:6*. Grand Rapids: Zondervan, 1973.

PIPER, John. *The Future of Justification: A Response to N. T. Wright*. Wheaton, IL: Crossway, 2007.

PLATT, Frederic. "Atonement". Em *Dictionary of the Apostolic Church,* editado por James Hastings, 1:110-123. New York: Charles Scribner's Sons; Edinburgh: T&T Clark, 1922.

POLHILL, Edward. "The Divine Will Considered in Its Eternal Decrees". In *The Works of Edward Polhill,* 113-211. Morgan, PA: Soli Deo Gloria, 1988.

PONTER, David. "1 John 2:2 and the Argument for Limited Atonement". *Calvin and Calvinism: An Elenchus for Classic-Moderate Calvinism* (blog). February 16, 2015. http://calvinandcalvinism.com/?p=15807.

_____. "John Owen (1616-1683) on Christ Suffering the Idem, Not the Tantundem of the Law's Punishment". *Calvin and Calvinism: An Elenchus for Classic-Moderate Calvinism* (blog). 17 de junho de 2009. http://calvinandcalvinism.com/?p=3143.

_____. "Limited Atonement and the Falsification of the Sincere Offer of the Gospel". *Calvin and Calvinism: An Elenchus for Classic-Moderate Calvinism* (blog). 27 de março de 2012. http://calvinandcalvinism.com/?p=11670.

_____. "Revisiting John 17 and Jesus' Prayer for the World". *Calvin and Calvinism: An Elenchus for Classic-Moderate Calvinism* (blog). 10 de fevereiro de 2015. http://calvinandcalvinism.com/?p=15779.

_____. "Romans 8:32 and the Argument for Limited Atonement". *Calvin and Calvinism: An Elenchus for Classic-Moderate Calvinism* (blog). 25 de maio de 2011. http://calvinandcalvinism.com/?p=12487.

_____. "Romans 8:32 and the Argument for Limited Atonement (Revisited)". *Calvin and Calvinism: An Elenchus for Classic-Moderate Calvinism* (blog). 25 de outubro de 2012. *http://calvinandcalvinism.com/?p=12483.*

_____. "Thomas Jacombe (1623-1687) on Christ Suffering the Idem and the Tantundem: A Mediating Position". *Calvin and Calvinism: An Elenchus for Classic-Moderate Calvinism* (blog). 25 de junho de 2014. http://calvinandcalvinism.com/?p=14350#more-14350.

POPE, William B. *A Compendium of Christian Theology: Being Analytical Outlines of a Course of Theological Study, Biblical, Dogmatic, Historical.* 3 vols. London: Wesleyan Conference Office, 1879.

PORTER, Stanley E. "Peace, Reconciliation". Em Hawthorne, Martin, e Reid, eds., *Dictionary of Paul and His Letters,* p. 695-699.

PROCKSCH, Otto. "The *Lutron* Word-Group in the Old Testament". Em *TDNT,* 4:329.

PUGH, Ben. *Atonement Theories: A Way through the Maze.* Eugene, OR: Cascade Books, 2014.

RANDLES, Marshall. *Substitution: A Treatise on the Atonement.* London: J. Grose Thomas and Co., 1877.

RASHDALL, Hastings. *The Idea of Atonement in Christian Theology.* London: Macmillan & Co., 1919.

RATA, Tiberius. *The Covenant Motif in Jeremiah's Book of Comfort: Textual and Intertextual Studies of Jeremiah 30-33.* Studies in Biblical Literature 105. New York: Peter Lang, 2007.

RAY, Darby K. *Deceiving the Devil: Atonement, Abuse, and Ransom.* Cleveland, OH: Pilgrim Press, 1998.

REEVES, J. B. "The Speculative Development During the Scholastic Period". Em *The Atonement: Papers from the Summer School of Catholic Studies held at Cambridge, July 31-Aug. 9, 1926,* edited by C. Lattey, p. 135-197. London: Burns Oates & Washbourne, 1928.

REID, Daniel G. "Triumph". In Hawthorne, Martin, e Reid, eds., *Dictionary of Paul and His Letters*, p. 946-954.

REMENSNYDER, Junius. *The Atonement and Modern Thought*. Philadelphia: Lutheran Publication Society, 1905.

RIESENFELD, H. *"ὑπέρ"*. Em *TDNT*, 8:507-516.

RIGBY, Cynthia L. "Forgiveness". Em Johnson, ed., *T&T Clark Companion to Atonement*, p. 493-497.

RITSCHL, Albrecht. *The Christian Doctrine of Justification and Reconciliation: The Positive Development of the Doctrine*. Editado por H. R. Mackintosh e A. B. Macaulay. Traduzido por A. B. Macaulay et al. 2ª ed. Edinburgh: T&T Clark, 1900.

RIVIÈRE, Jean. *Le Dogme de la Rédemption: Étude Théologique*, 3ª ed. Paris: Librairie Victor LeCoffre J. Gabalda, 1931.

ROBERTSON, A. T. *Word Pictures in the New Testament*. 6 vols. Nashville: Broadman, 1930.

ROBINSON, H. Wheeler. *Suffering Human and Divine*. New York: Macmillan, 1939.

ROOKER, Mark F. *Levíticus*. NAC 3A. Nashville: B&H, 2000.

ROSNER, Brian S. *Paul and the Law: Keeping the Commandments of God*. NSBT 31. Downers Grove, IL: InterVarsity Press, 2013.

RUTLEDGE, Fleming. *The Crucifixion: Understanding the Death of Jesus Christ*. Grand Rapids: Eerdmans, 2015.

RYKEN, Leland, James C. Wilhoit, and Tremper Longman III, eds. *Dictionary of Biblical Imagery*. Downers Grove, IL: InterVarsity Press, 1998.

RYLE, J. C. "The Cross of Christ". Em *Old Paths*, 2ª ed., p. 238-262. London: William Hunt and Company, 1878.

SABATIER, Auguste. *The Doctrine of the Atonement in its Historical Evolution*. Traduzido por V. Leuliette. New York: G. P. Putnam's Sons, 1904.

SANDERS, Fred. *The Deep Things of God: How the Trinity Changes Everything*. 2ª ed. Wheaton, IL: Crossway, 2017.

_____. "These Three Atone: Trinity and Atonement". Em Johnson, ed., *T&T Clark Companion to Atonement*, p. 19-34.

SCHLATTER, Adolf. *Romans: The Righteousness of God*. Peabody, MA: Hendrickson, 1995.

SCHMIECHEN, Peter. *Saving Power: Theories of the Atonement*. Grand Rapids: Eerdmans, 2005.

SCHOLER, John M. *Proleptic Priests: Priesthood in the Epistle to the Hebrews*. Sheffield: Sheffield Academic Press, 1991.

SCHREINER, Thomas R. *1, 2 Peter, Jude*. NAC 37. Nashville: B&H, 2003.

_____. "'Problematic Texts' for Definite Atonement in the Pastorals and General Epistles". In *From Heaven He Came and Sought Her: Definite Atonement in Historical, Biblical, Theological, and Pastoral Perspective*, edited by David Gibson and Jonathan Gibson, 375-397. Wheaton, IL: Crossway, 2013.

_____. *Romans*. Baker Exegetical Commentary on the New Testament. Baker: Grand Rapids, 1998.

SCHÜRER, Emil. *A History of the Jewish People in the Time of Jesus Christ*. Second Division. 5 vols. History of Judaism. Traduzido por Sophia Taylor e Peter Christie. New York: Charles Scribner's Sons, 1891. Reprint, Peabody, MA: Hendrickson Publishers, 1995.

SCHWEIZER, Eduard. *The Good News According to Luke*. Traduzido por David E. Green. Atlanta: John Knox Press, 1984.

SEIFRID, Mark A. *Christ, Our Righteousness: Paul's Theology of Justification*. NSBT 9. Downers Grove, IL: InterVarsity Press, 2000.

SHEDD, William G. T. *Dogmatic Theology*. 3 vols. Nashville, TN: Thomas Nelson, 1980.

SHELDON, Henry C. *System of Christian Doctrine*. Cincinnati: Jennings and Pye; New York: Eaton and Mains, 1903.

SHELTON, R. Larry. *Cross and Covenant: Interpreting the Atonement for 21st Century Mission*. Tyrone, GA: Paternoster, 2006.

SHERMAN, Robert J. *King, Priest, and Prophet: A Trinitarian Theology of Atonement*. New York: T&T Clark International, 2004.

SHULTZ, Gary L., Jr. *A Multi-Intentioned View of the Extent of the Atonement*. Eugene, OR: Wipf & Stock, 2013.

SILVA, Moisés, ed. *New International Dictionary of New Testament Theology and Exegesis*. Ed. revisada de 5 vols. Grand Rapids: Zondervan, 2014.

SKLAR, Jay. "Sin and Impurity: Atoned or Purified? Yes!" Em *Perspectives on Purity and Purification in the Bible*, edited by Baruch J. Schwartz, David P. Wright, Jeffrey Stackert, e Naphtali S. Meshel, p. 18-31. New York: T&T Clark, 2008.

_____. *Sin, Impurity, Sacrifice, Atonement: The Priestly Conceptions*. Hebrew Bible Monographs 2. Sheffield: Sheffield Phoenix Press, 2015.

SMEDES, Lewis B. *The Incarnation: Trends in Modern Anglican Thought*. Kampen, Netherlands: J. H. Kok, 1953.

SOCINO, Fausto. *De Iesu Christo Servatore, Hoc est, cur et qua ratione Iesus Christus noster seruator sit*. Cracóvia, Polônia: Alexander Rodecius, 1594.

SONDEREGGER, Katherine. "Anselmian Atonement". Em Johnson, ed., *T&T Clark Companion to Atonement*, p. 175-193.

SPIECKERMANN, Hermann. "The Conception and Prehistory of the Idea of Vicarious Suffering in the Old Testament". Em *The Suffering Servant: Isaiah 53 in Jewish and Christian Sources,* editado por Bernd Janowski e Peter Stuhlmacher, traduzido por Daniel P. Bailey, p. 1-15. Grand Rapids: Eerdmans, 2004.

SPJUTH, Roland. "Gustaf Aulén". Em Johnson, ed., *T&T Companion to Atonement*, p. 389-392.

SPRING, Gardiner. *The Attraction of the Cross; Designed to Illustrate the Leading Truths, Obligations and Hopes of Christianity.* 9ª ed. New York: Published by M. W. Dodd, 1854.

SPURGEON, Charles H. "Salvation by Knowing the Truth". Sermon No. 1516. In vol. 26 of *Metropolitan Tabernacle Pulpit.* London: Passmore & Alabaster, 1881. https://www.spurgeongems.org/chsbm26.pdf.

STEVENSON, Peter K. "John McLeod Campbell". Em Johnson, ed. *T&T Clark Companion to Atonement,* p. 421-426.

STOTT, John R. W. *A Cruz de Cristo.* São Paulo: Ed. Vida, 1986.

_____.*Romans: God's Good News for the World.* Downers Grove, IL: InterVarsity Press, 1994.

STRATIS, Justin. "Friedrich Schleiermacher". Em Johnson, ed., *T&T Clark Companion to Atonement,* p. 739-742.

STRONG, Augustus H. *Teologia Sistemática.* São Paulo: Ed. Hagnos, 2019.

STUMP, Eleonore. "Atonement According to Aquinas". Em *Philosophy and the Christian Faith,* editado por Thomas V. Morris, p. 267-293. Notre Dame, IN: University of Notre Dame Press, 1988.

_____. "Atonement and Justification". Em Feenstra and Plantinga, eds., *Trinity, Incarnation, and Atonement,* p. 178-209.

SUMMERS, Thomas O. *Systematic Theology: A Complete Body of Wesleyan-Arminian Divinity Consisting of Lectures on the Twenty-Five Articles of Religion.* Editado por John J. Tigert. 2 vols. Nashville: Publishing House of the Methodist Episcopal Church, South, 1888.

SWAIN, Scott. "Theological Interpretation of Scripture". Em Johnson, ed., *T&T Clark Companion to Atonement,* p. 775-779.

SYLVA, Dennis D. "The Temple Curtain and Jesus' Death in the Gospel of Luke". *JBL* 105 (1986): p. 239-250.

TALBERT, Charles H. *Reading Luke: A Literary and Theological Commentary on the Third Gospel.* Macon, GA: Smyth & Helwys, 2002.

TANNER, Kathryn. *Christ the Key.* Cambridge: Cambridge University Press, 2010.

THIELICKE, Helmut. *The Evangelical Faith.* Vol. 2, *The Doctrine of God and of Christ.* Editado por Geoffrey W. Bromiley. Grand Rapids: Eerdmans, 1977.

THISELTON, Anthony. *The Hermeneutics of Doctrine.* Grand Rapids: Eerdmans, 2007.

THOMAS, Owen. *The Atonement Controversy: In Welsh Theological Literature and Debate, 1707-1841*. Edinburgh: The Banner of Truth, 2002.

TIDBALL, Derek, David Hilborn, and Justin Thacker, eds. *The Atonement Debate*. Grand Rapids: Zondervan, 2008.

TIGERT, John J. "The Methodist Doctrine of Atonement". *Methodist Quarterly Review* (April 1884): 278-99.

TORRANCE, Thomas F. *Atonement: The Person and Work of Christ*. Edited by Robert T. Walker. Downers Grove, IL: InterVarsity Press, 2009.

_____. *Christian Doctrine of God: One Being, Three Persons*. Edinburgh: T&T Clark, 1996.

_____. *The Mediation of Christ*. Grand Rapids: Eerdmans, 1984.

_____. *Trinitarian Faith: The Evangelical Theology of the Ancient Catholic Faith*. 2ª ed. New York: T&T Clark, 1997.

TREAT, Jeremy R. "Atonement and Covenant: Binding Together Aspects of Christ's Work". In Crisp and Sanders, eds., *Locating Atonement*, p. 101-117.

_____. "Covenant". Em Johnson, ed., *T&T Clark Companion to Atonement*, p. 431- 435.

_____. *The Crucified King: Atonement and Kingdom in Biblical and Systematic Theology*. Grand Rapids: Zondervan, 2014.

TRUMAN, Joseph. *A Discourse of Natural and Moral Impotency*. London: Printed for Robert Clavel, 1675.

TUCKETT, Christopher M. "Atonement in the NT". In *The Anchor Bible Dictionary*, editado por David Noel Freedman, 1:518-522. New York: Doubleday, 1992.

TURRETIN, Francis. *Institutes of Elenctic Theology*. Editado por James T. Dennison. Traduzido por George Musgrave Giger. 3 vols. Phillipsburg, NJ: P&R, 1994.

TWISSE, William. *The Riches of God's Love unto the Vessels of Mercy, Consistent With His Absolute Hatred or Reprobation of the Vessels of Wrath*. Oxford: Impresso por L. L. e H. H. Printers para a Universidade, 1653.

VAN BUREN, Paul. *Calvin in Our Place: The Substitutionary Character of Calvin's Doctrine of Reconciliation*. Grand Rapids: Eerdmans, 1957.

VAN der KOOI, Cornelis, and Gijsbert van den Brink. *Christian Dogmatics: An Introduction*. Traduzido por Reinder Bruinsma com James D. Bratt. Grand Rapids: Eerdmans, 2017.

VAN STEMPVOORT, P. A. "The Interpretation of the Ascension in Luke and Acts". *NTS* 5 (1957-58): p. 30-42.

VANHOOZER, Kevin J. "Atonement". Em *Mapping Modern Theology: A Thematic and Historical Introduction*, editado por Kevin J. Vanhoozer, Kelly M. Kapic, e Bruce L. McCormack, p. 175-202. Grand Rapids: Baker Academic, 2012.

_____. *The Drama of Doctrine: A Canonical-Linguistic Approach to Christian Theology*. Louisville: WJK, 2005.

VIDU, Adonis. *Atonement, Law, and Justice: The Cross in Historical and Cultural Contexts*. Grand Rapids: Baker, 2014.

_____. "The Place of the Cross among the Inseparable Operations of the Trinity". In Crisp and Sanders, eds., *Locating Atonement*, p. 21-42.

VISSER 'T HOOFT, Willem A. *The Kingship of Christ*. New York: Harper & Brothers, 1948.

VLACH, Michael J. "Penal Substitution in Church History". *MSJ* 20 (2009): p. 199- 214.

WAINWRIGHT, Geoffrey. *For Our Salvation: Two Approaches to the Work of Christ*. Grand Rapids: Eerdmans, 1997.

WALLACE, Daniel B. *The Basics of New Testament Syntax*. Grand Rapids: Zondervan, 2000.

WARDLAW Ralph. *Systematic Theology*. Editado por James R. Campbell. 3 vols. Edinburgh: Adam and Charles Black, 1856-1857.

WARFIELD, Benjamin B. "Atonement". Em *The New Schaff-Herzog Encyclopedia of Religious Knowledge*, editado por Samuel Macauley Jackson, 1:349-356. New York: Funk and Wagnalls, 1908-1914.

_____. "Introduction". Em *The Atonement and Modern Thought*, por Junius B. Remensnyder, ix-xxx. Philadelphia: Lutheran Publication Society, 1905.

WATSON, Francis. *Paul, Judaism and the Gentiles: Beyond the New Perspective*. Grand Rapids: Eerdmans, 2007.

WATSON, Philip S. *Let God Be God: An Interpretation of the Theology of Martin Luther*. Eugene, OR: Wipf & Stock, 2000.

WATSON, Thomas. *A Body of Practical Divinity*. London: Impresso para Thomas Parkhurst, 1692.

_____. *The Doctrine of Repentance*. Edinburgh: Banner of Truth Trust, 1987.

WATTS, Isaac. "Godly Sorrow from the Sufferings of Christ". Em *The Psalms, Hymns, and Spiritual Songs, of the Rev. Isaac Watts, D. D.* Edited by S. Worcester. Boston: Published by Crocker & Brewster, 1845.

_____. "When I Survey the Wondrous Cross". 1707.

WEAVER, J. Denny. *The Nonviolent Atonement*. Grand Rapids: Eerdmans, 2001.

WEBER, Otto. *Foundations of Dogmatics*. Traduzido por Darrell L. Guder. 2 vols. Grand Rapids: Eerdmans, 1983.

WEBSTER, John B. "'It Was the Will of the Lord to Bruise Him': Soteriology and the Doctrine of God". Em *God of Salvation: Soteriology in Theological Perspective*, editado por Ivor J. Davidson e Murray A. Rae, p. 15-34. Burlington, VT: Ashgate, 2011.

WEIDNER, Revere Franklin. *Soteriology: Or, The Doctrine of the Work of Christ.* Chicago: Wartburg Publishing House, 1914.

WEINANDY, Thomas. "Athanasius's Incarnational Soteriology". Em Johnson, ed., *T&T Clark Companion to Atonement,* p. 135-154.

WEIR, David A. *The Origins of the Federal Theology in Sixteenth-Century Reformation Thought.* Oxford: Clarendon Press, 1990.

WELLUM, Stephen J., e Brent E. Parker, eds. *Progressive Covenantalism: Charting a Course between Dispensationalism and Covenant Theology.* Nashville: B&H Academic, 2016.

"The Westminster Confession (1646)". Em *Creeds of the Churches: A Reader in Christian Doctrine from the Bible to the Present,* edited by John H. Leith, p. 192-230. 3ª ed. Louisville, KY: John Knox Press, 1982.

WHALE, John Seldon. *Victor and Victim: The Christian Doctrine of Redemption.* Cambridge: Cambridge University Press, 1960.

WHEDON, Daniel D. *Freedom of the Will: A Wesleyan Response to Jonathan Edwards.* Edited by John D. Wagner. Eugene, OR: Wipf & Stock, 2009.

WHITTAKER, William. *Eighteen Sermons Preached Upon Several Texts of Scripture.* London: Printed for Tho. Parkhurst, 1674.

WHYBRAY, Roger N. *Thanksgiving for a Liberated Prophet: An Interpretation of Isaiah Chapter 53.* JSOTSS 4. Sheffield: JSOT Press, 1978.

WILLIAMS, Garry J. "A Critical Exposition of Hugo Grotius's Doctrine of the Atonement in *De satisfaction Christi*". Tese de PhD, University of Oxford, 1999.

_____. "The Cross and the Punishment of Sin". Em *Where Wrath and Mercy Meet: Proclaiming the Atonement Today,* editado por David Peterson, p. 68-81. Carlisle: Paternoster, 2001.

WILLIAMS, Gryffith. *The Delights of the Saints.* London: Impresso para Nathaniel Butter, 1622.

WILLIAMS, Sam K. *Jesus' Death as Saving Event: The Background and Origin of a Concept.* HDR 2. Missoula, MT: Scholars Press, 1975.

WINTER, Michael M. *The Atonement.* Problems in Theology. Collegeville, MN: Liturgical Press, 1995.

WITHERINGTON, Ben. *The Indelible Image: The Theological and Ethical Thought World of the New Testament.* Volume 1, *The Individual Witnesses.* Downers Grove, IL: IVP Academic, 2009.

WOLF, William J. *No Cross, No Crown: A Study of the Atonement.* Garden City, NY: Doubleday, 1957.

WOLLEBIUS, Johannes. "Compendium Theologiae Christianae". Em *Reformed Dogmatics,* editado e traduzido por John W. Beardslee III, p. 26-262. Grand Rapids: Baker, 1965.

WOOLSEY, Andrew A. *Unity and Continuity in Covenantal Thought: A Study in the Reformed Tradition to the Westminster Assembly.* Grand Rapids: Reformation Heritage Books, 2012.

WRIGHT, David F. "Pelagianism". Em *New Dictionary of Theology: Historical and Systematic*, ed. Martin Davie, Tim Grass, Stephen R. Holmes, John McDowell, e T. A. Noble, p. 657-658. Downers Grove, IL: IVP Academic, 2016.

_____. "Semi-Pelagianism". Em *New Dictionary of Theology: Historical and Systematic*, ed. Martin Davie, Tim Grass, Stephen R. Holmes, John McDowell, e T. A. Noble, p. 833-34. Downers Grove, IL: IVP Academic, 2016.

WRIGHT, N. T. "Redemption from the New Perspective: Towards a Multi-Layered Pauline Theology of the Cross". Em Davis, Kendall, and O'Collins, eds., *The Redemption*, p. 69-100.

YANG, Eric T., e Stephen T. Davis. "Atonement and the Wrath of God". Em Crisp e Sanders, eds., *Locating Atonement: Explorations in Constructive Dogmatics*, p. 154-167.

ZWIEP, Arie W. *The Ascension of the Messiah in Lukan Christology.* Leiden: Brill, 1997.

ÍNDICE DE NOMES

A

Adams, Marilyn McCord 35, 338
Agostinho 129, 163, 192, 291, 293, 294, 295, 296, 297
Akin, Daniel L. 27, 59, 254
Allen, David L. 25, 26, 63, 64, 90, 121, 138, 140, 163, 191, 192, 193, 194, 195, 206, 208, 220, 225, 228, 230, 267, 287, 316
Althaus, Paul 303
Anderson, Robert 243, 244
Anselmo 269, 279, 281, 290, 297, 298, 299, 300, 302, 303, 305, 306, 307
Aquino, Tomás de 124, 152, 302
Atanásio 30, 152, 291, 295, 296, 297, 298
Aulén, Gustaf 33, 295, 317, 318, 321
Averbeck, Richard E. 65

B

Bailey, Daniel P. 62, 107, 361
Baker, Charles F. 340
Baker, Mark D. 22, 25, 29, 31, 32, 33, 34, 42, 43, 55, 65, 75, 88, 91, 99, 100, 103, 108, 114, 125, 133, 135, 150, 170, 173, 179, 181, 188, 249, 269, 282, 283, 291, 303, 314, 323, 340
Barrett, Charles Kingsley 253, 256, 340
Barth, Karl 161, 177, 181, 247, 328, 340, 352, 355
Basílio, o Grande 294
Baxter, Richard 129, 130, 213, 266, 272, 273, 274, 282, 340, 342
Beale, Gregory K. 28, 68, 100, 107, 109, 340, 356, 357
Beet, Joseph A. 309, 340
Beilby, James 31, 229, 340, 348
Bell, Rob H. 314, 340
Berkouwer, Gerrit C 23, 143, 175, 236, 237, 340
Bernardo de Claraval 293
Beza, Theodore 179, 192
Biederwolf, William E. 285, 286, 340
Billings, Bradly 70, 340
Bird, Michael F. 99, 102, 103, 104, 105, 107, 247, 289, 317, 340

Blaising, Craig A. *181, 340, 341*
Blocher, Henri A. G. *29, 75, 135, 247, 291, 301, 302, 317, 318, 341*
Bloesch, Donald G. *175, 228, 341*
Bock, Darrell L. *59, 88, 181, 182, 341*
Boersma, Hans *34, 265, 341*
Boice, James M. *24, 341*
Bolt, Peter G. *87,173*
Boyce, James Petigru *215*
Boyd, Greg *229, 297*
Brand, Chad O. *27, 341*
Brody, Boruch A. *119, 341*
Brown, Raymond E. *92, 341*
Brown, W. Adams *325, 338*
Bruce, Matthew J. Aragon *312, 342*
Bushnell, Horace *312, 342*
Bynum, Caroline Walker *300, 301, 302, 342*
Byrne, Tony *9, 272, 342*

C

Calvino, João *23, 64, 68, 88, 124, 129, 151, 152, 176, 192, 210, 214, 216, 228, 249, 253, 275, 305, 307, 342*
Campbell, Constantine *107, 342*
Campbell, John McLeod *30, 205, 315, 316, 342, 361*
Carpinelli, Francis Giordano *91, 92, 342*
Carroll, B. H. *187, 188, 342*
Carson, D. A. *68, 95, 96, 99, 103, 104, 133, 197, 198, 213, 342, 356*
Carver, William O. *275, 276, 343*
Cave, Alfred *309, 343*
Chafer, Lewis Sperry *128, 343*
Chalke, Steve *229, 245, 249, 343*
Chambers, Neil C. *207, 208, 343*
Chapman, Stephen B. *73, 343*
Charnock, Stephen *136, 259, 343*
Clarke, William N. *313, 343*
Clemente de Alexandria *294, 301*
Clephane, Elizabeth C. *21, 343*
Clifford, Alan C. *206, 207, 265, 269, 343*
Cocceius, Johannes *179*
Conner, Walter T. *314, 343*
Cottrell, Jack *161, 162, 163, 343*
Cousar, Charles B *15, 102, 109, 122, 154, 257, 343*
Craig, William Lane *35, 118, 119, 157, 158, 181, 284, 299, 300, 309, 340, 341, 344*
Cranfield, Charles E. B. *105, 344*
Crawford, Thomas J. *32, 344*
Cremer, Hermann *141, 344*
Crisp, Oliver D. *29, 30, 33, 35, 159, 179, 205, 248, 282, 284, 294, 296, 317, 344*
Crisp, Tobias *268, 344*
Cullmann, Oscar *244, 344*
Culpepper, Robert H. *46, 237, 239, 241, 344*

D

Dabney, Robert Lewis *42, 205, 225, 269, 344*
Dagg, John Leadley *268, 281, 344*
Dale, Robert W. *309, 315, 344*
Daley, Brian *293, 344*
Daniel, Curt D. *190, 210, 345*
Daube, David *90, 345*
Davenant, John *272, 345*
Davidson, Ivor *168, 175, 345*
Davis, Stephen T. *28, 35, 40, 42, 293, 302, 322, 345*
Deibler, Ellis W. *100, 110, 345*
Dekker, Harold *211, 212, 213, 345*

Demarest, Bruce 25, 44, 289, 345
Dembélé, Youssouf 294, 318, 345
den Heyer, Cees J. 241, 345
Denney, James 22, 23, 38, 39, 44, 99, 126, 152, 239, 253, 264, 265, 315, 345
Douty, Norman F. 63, 345
Dunn, James D. G. 128, 252, 346

E

Eberhart, Christian A. 240, 346, 240, 346
Eddy, Paul 31, 229, 340
Edwards, Jonathan 120, 272, 278, 346
Ellis, E. Earle 91, 346
Erickson, Millard J. 167, 225, 346
Eusébio de Cesareia 291, 346

F

Fackre, Gabriel 305, 346
Fairbairn, Patrick 51, 71, 346
Fee, Gordon 28, 252, 346
Feenstra, Ronald J 35, 206, 346
Feinberg, Charles 55, 346
Fergusson, David A. S. 311, 315, 346
Fesko, John V. 180, 192, 346

Finlan, Stephen 323, 347
Fitzmyer, Joseph A. 70, 347
Flavel, João 226, 347
Forde, Gerhard O. 48, 73, 152, 153, 176, 280, 303, 347
Frame, John 216, 347
Franks, Robert S. 289, 347
Fuller, Andrew 204, 270, 276, 277, 278, 279, 280, 347

G

Garnet, Paul 57, 347
Garrett, James Leo 27, 54, 160, 167, 248, 248, 258, 297, 311, 314, 317, 347
Gathercole, Simon 114, 121, 139, 347
Geisler, Norman L. 158, 159, 164, 165, 248, 284, 289, 325, 347
Gelásio de Cízico 291
Gentry, Peter 181, 182, 347
George, Timothy 317, 347
Girard, René 34, 321, 348
Godescalco de Orbais 192
Goldingay, John 323, 348
Gomes, Alan W. 307, 348
Gorman, Michael J. 179, 348
Grantham, Thomas 251, 348
Green, Joel B. 29, 31, 33, 87, 89, 93, 95, 96, 97, 98, 99, 101, 108, 128, 131, 145, 229, 249, 323, 339, 348
Gregório de Nazianzo 167, 290, 293, 348
Gregório de Nissa 292, 293, 348
Gregório, o Grande 293, 294, 348
Grensted, Laurence W. 291, 308, 348
Grócio, Hugo 291, 307, 308, 309, 310, 311, 316, 348
Groves, J. Alan 60, 67, 348
Grudem, Wayne 27, 167, 254, 348
Gruenler, Royce Gordon 240, 349
Gunton, Colin E. 243, 290, 323, 349
Guthrie, Donald 70, 244, 349

H

Hafemann, Scott J. 126, 349
Hahn, Scott W. 28, 179, 349
Hamm, Dennis 94, 349
Hardin, Michael 323, 349
Hare, John E. 318, 349
Hart, David Bentley 297, 299, 349
Harwood, Adam 50, 349
Hendricksen, William 349
Hengel, Martin 20, 72, 88, 111, 244, 349

Hengstenberg, Ernst Wilhelm 71, 350
Hewitt, Eliza 332, 350
Hidal, Sten 317, 350
Hilário de Poitiers 294
Hilborn, David 229, 284, 323, 344, 362
Hill, Charles 60, 76, 100, 145, 240, 246, 317, 342, 347, 348, 349, 350
Hill, David 108, 350
Hipólito 294
Hodge, Charles 204, 209, 215, 225, 269, 270, 272, 322, 323, 350
Hodgson, Leonard 242, 253, 350
Holmes, Nathaniel 211, 350
Holmes, Stephen 163, 249, 350
Hopman, Nicholas 303, 357
Horton, Michael 243, 350
Hughes, Thomas H. 160, 245, 313, 314, 350
Hultgren, Arland J. 99, 101, 102, 104, 106, 107, 110, 111, 112, 122, 350

I

Irineu 30, 34, 290, 291, 292, 293, 294, 318, 350

J

Jackson, Mark Randall 86, 303, 350

Jacobs, Nathan A. 311, 350
James III, Frank A. 60, 100, 240, 246, 317, 350
Jeffery, Steve 53, 56, 67, 245, 248, 251, 318, 351
Jeremias, Joachim 29, 67, 69, 70, 351
Jerônimo 294
João de Damasco 294
Johnson, Adam J. 21, 22, 23, 30, 32, 33, 34, 35, 86, 95, 97, 168, 175, 176, 179, 194, 242, 245, 246, 249, 283, 292, 296, 297, 300, 303, 305, 306, 307, 311, 312, 316, 318, 324, 342, 343, 344, 345, 348, 350, 351, 352, 353, 354, 355, 357, 359, 360, 361, 362, 364
Jones, Michael K. 178, 356
Jones, Paul Dafydd 305, 351

K

Kant, Emanuel 311
Kapic, Kelly M. 19, 29, 32, 34, 93, 94, 351, 352, 362
Karris, Robert J. 91, 351
Kelly, John N. D. 240, 289, 293, 297
Kent, Homer A. 125, 351
Kidner, Derek 51, 351
Kimball, John 88, 352
Kim, Seyoon 351
Kolb, Robert A. 303, 352
Koole, Jan Leunis 62, 63, 65, 352

Kotsko, Adam 324, 352
Künneth, Walter 239, 352
Kurtz, Johann Heinrich 51, 54, 352
Kuyper, Abraham 288, 352

L

Ladd, George 252, 352
Lane, Tony (Anthony N. S.) 39, 319, 352
Lawson, Kevin 50, 349
Leith, John H, 364
Letham, Robert 35, 301, 352
Lightfoot, Joseph Barber 103, 105, 352
Lints, Richard 29, 43, 172, 279, 352
Loane, Marcus L. 106, 352
Lombard, Peter 293, 302, 352
Longenecker, Richard N. 117, 118, 352
Luther, Martin 12, 13, 20, 102, 156, 303, 304, 305, 317, 339, 347, 352, 353, 354, 357
Lynch, Michael 205, 353
Lyon, Robert W. 25, 353

M

Machen, J. Gresham 332, 353
Mann, Alan 229, 245, 343
Marshall, I. Howard 75, 87, 91, 97, 138, 168, 170, 171,

229, 248, 252, 255, 256, 273, 275, 308, 348, 353
Martin, Dale B. 28, 353
Martin, Ralph P. 101, 125, 252, 255, 318, 349, 354, 356
Mason, Erskine 224, 354
Maurice, John F. D. 312
McCall, Thomas H. 170, 171, 172, 173, 176, 316, 354
McCartney, Dan G. 145, 354
McClintock, John 42, 354
McClymond, Michael 314, 354
McCormack, Bruce L. 19, 29, 32, 116, 246, 311, 352, 354, 362
McCrea, Alexander 279, 294, 297, 299, 354
McDonald, High Dermot 43, 45, 156, 169, 235, 238, 283, 354
McGrath, Alister E. 303, 312, 32, 354
McGuckin, John 292, 354
McIntyre, John 28, 29, 297, 317, 354
McKnight, Scot 33, 87, 320, 348, 355
McPherson, Aimee Semple 285, 355
Mekkattukunnel, Andrews George 91, 92, 94, 95, 355
Miley, John 308, 355
Mitros, Joseph F. 247, 355

Moo, Douglas J. 48, 101, 102, 109, 256, 355
Morison, Samuel T. 157, 355
Morris, Leon 40, 57, 75, 76, 95, 99, 108, 142, 213, 241, 242, 244, 257, 258, 264, 278, 317, 353, 355, 361
Motyer, J. Alec 63, 64, 66, 68, 355
Mowinckel, Sigmund 65, 355
Myers, Benjamin 296, 355

N
Nettles, Thomas J. 215, 268, 281, 356
Nolland, John. 70, 356

O
O'Brien, Peter T. 103, 356
O'Collins, Gerald 28, 42, 48, 178, 252, 293, 297, 302, 322, 342, 344, 345, 346, 356
Oden, Thomas 50, 60, 128, 158, 356
Olevianus, Caspar 179, 340
Orígenes 290, 292, 293, 294, 356
Orlinsky, Harry M. 60, 356
Osiander, Andreas 176
Oswalt, John 59, 60, 61, 63, 64, 66, 356
Ovey, Michael 53, 56, 67,

245, 248, 251, 318, 351
Owen, John 151, 206, 207, 265, 266, 267, 268, 275, 282, 287, 293, 343, 356, 357

P
Pannenberg, Wolfhart 330, 356
Pao, David W. 68, 69, 356
Parker, Brent E. 181, 364
Parsons, Mikeal C. 92, 356
Patterson, Paige 27, 58, 59, 76, 89, 152, 239, 264, 285, 289, 346, 356
Paul, Robert S. 289, 357
Paulson, Steven D. 303, 357
Peckham, John C. 39, 150, 233, 234, 357
Pendleton, James M. 39, 45, 72, 73, 104, 108, 132, 138, 154, 157, 160, 170, 221, 244, 319, 357
Pennington, Jonathan T. 86, 357
Perkins, William 192, 357
Peterson, David 56, 57, 357, 364
Peterson, Robert A. 247, 248, 256, 305, 306, 357
Pieper, Franz 115, 226, 357
Pink, Arthur 220, 357
Piper, John 103, 270, 357
Plantinga, Cornelius 35, 206, 346, 361
Platt, Frederic 126, 127, 144, 357

Polhill, Edward 211, 212, 357
Ponter, David 121, 199, 201, 213, 214, 215, 222, 267, 268, 357
Pope, William B. 167, 174, 308, 358
Porter, Stanley E. 125, 275, 358
Pugh, Ben 216, 245, 249, 292, 293, 294, 297, 299, 300, 318, 358

R
Randles, Marshall 257, 304
Rashdall, Hastings 243, 261, 305
Rata, Tiberius 68, 305
Ray, Darby K. 197, 305
Reeves, J. B. 121, 305
Reichenbach, Bruce R. 187
Reid, Daniel G. 98, 206, 266, 294-296, 304, 305
Remensnyder, Junius B. 255, 305, 309
Ritschl, Albrecht 261, 288, 305
Rivière, Jean 242, 305
Robertson, Archibald T. 81, 203, 242, 285-286, 305
Robinson, H. Wheeler 170, 359
Rooker, Mark F. 68, 359
Rosner, Brian S. 104, 359
Rutledge, Fleming 33, 34, 48, 115, 116, 131, 154, 155, 233, 248, 253, 254, 264, 265, 284, 297, 298, 299, 300, 330, 331, 332, 359,
Ryle, J. C. 45, 359

S
Sabatier, Auguste 313, 359
Sach, Andrew 53, 56, 67, 245, 248, 251, 318, 351
Sanders, Fred 22, 35, 159, 170, 179, 248, 296, 344, 355, 359, 362, 363, 365
Schlatter, Adolf 110, 359
Schleiermacher, Friedrich 311, 361
Schmiechen, Peter 323, 359
Schnabel, Eckhard J. 68, 69, 356
Scholer, John M. 178, 359
Schreiner, Thomas R. 99, 103, 106, 107, 108, 109, 145, 146, 229, 359
Schürer, Emil 71, 360
Schweizer, Eduard 92, 93, 360
Seifrid, Mark A. 104, 360
Shedd, William G. T. 197, 212, 225, 227, 269, 343, 353, 360
Sheldon, Henry C. 176, 177, 217, 218, 279, 360
Shelton, R. Larry 179, 360
Sherman, Robert J. 32, 41, 176, 177, 236, 241, 323, 360
Silva, Moisés 199, 200, 360

Sklar, Jay 57, 360
Smedes, Lewis B. 250, 360
Socínio, Fausto 307, 310
Spieckermann, Hermann 62, 360
Spjuth, Roland 316, 361
Spring, Gardiner 181, 225, 361
Spurgeon, Charles H. 274, 361
Stevenson, Peter K. 315, 361
Stott, John R. W. 101, 105, 106, 108, 160, 169, 244, 251, 256, 316, 317, 318, 322, 361
Stratis, Justin 311, 361
Strong, Augustus 50, 52, 76, 139, 156, 167, 225, 361
Strong, James 42, 354
Stump, Eleonore 35, 205, 361
Summers, Thomas O. 308, 361
Swain, Scott 194, 361
Sylva, Dennis D. 91, 361

T
Talbert, Charles H. 90, 91, 361
Tanner, Kathryn 31, 361
Thacker, Justin 229, 284, 323, 344, 362
Thielicke, Helmut 283, 330, 361
Thiselton, Anthony 48, 165, 228, 250, 255, 330, 331, 361

Tidball, Derek 229, 284, 323, 344, 362
Tigert, John J. 308, 361
Toon, Peter 25, 353
Torrance, Thomas F. 21, 72, 129, 180, 232, 242, 253, 320, 327, 342, 362
Treat, Jeremy R. 19, 31, 32, 134, 179, 182, 183, 245, 247, 248, 251, 301, 308, 317, 323, 324, 345, 362
Truman, Joseph 212, 362
Tuckett, Christopher M. 28, 47, 362
Turretin, Francis 151, 152, 362
Twisse, William 272, 362
Tyndale, William 37, 51, 180, 351, 355

U
Urs von Balthasar, Hans 50

V
Van Buren, Paul 305, 362
van den Brink, Gijsbert 34, 344, 362
van der Kooi, Cornelis 34, 362
Vanhoozer, Kevin J. 19, 22, 28, 29, 31, 32, 39, 75, 183, 245, 302, 312, 314, 315, 318, 319, 320, 321, 322, 323, 341, 352, 362
Van Stempvoort, Peter Aalbertus 91, 92, 362
Vidu, Adonis 159, 170, 171, 238, 246, 363
Visser 't Hooft, Willem A. 177, 363
Vlach, Michael J. 247, 363

W
Wainwright, Geoffrey 176, 363
Wallace, Daniel 122, 363
Warfield, Benjamin B. 302, 303, 306, 307, 363
Watson, Francis 363
Watson, Thomas 116, 272
Watts, Isaac 20, 333, 363
Weaver, J. Denny 321, 323, 363
Weber, Otto 105, 131, 363
Webster, John B. 168, 180, 363
Weidner, Revere F. 278, 364
Wellum, Stephen J. 181, 182, 340, 341, 347, 364
Whale, John Seldon 46, 364
Whedon, Daniel D. 278, 364
Whittaker, William 272, 364
Whybray, Roger N. 60, 61, 364
Williams, Garry J. 205, 291, 304, 308, 309, 310, 311, 353, 364
Williams, Gryffith 212, 364
Williams, Sam K. 109, 364
Winter, Michael M. 241, 323, 364
Witherington, Ben 147, 251, 364
Wolf, William J. 326, 364
Wollebius, Johannes 188, 364
Woolsey, Andrew A. 180, 365

Y
Yang, Eric T. 35, 40, 365

Z
Zwiep, Arie W. 92, 365
Zuínglio, Ulrico 192

ÍNDICE DE ASSUNTOS

A

Abraão 52, 87, 93, 130, 179, 278
Adão 48, 105, 110, 117, 118, 155, 163, 237, 272, 276, 286, 287, 291, 292, 296, 307, 327
adoção 29, 44, 45, 131, 259
Advogado 146, 279
agente (da ação) 56, 72, 98, 119, 170, 278
agorazō 47, 145, 148
aliança abraâmica 167
amor especial 217, 218, 210
amor objetivo 233
amor salvador 216, 217
amor subjetivo 233
amor universal 26, 210, 234
anti 242, 243
antilutron 137
aplacar a ira 252

apolutrōsis 47
argumento do pagamento duplo 204, 205, 206, 207, 270, 282
argumento do trilema 206, 207
argumentos silogísticos 199
arminianismo 210
arminianos 193, 263, 264, 308
ascensão 90, 92, 94, 98, 178, 307

B

barreiras legais 38, 49, 215, 230-231, 328
batismo 76, 287
batistas, ingleses 192
Batistas Particulares 192, 209, 210

bênção sacerdotal 92, 93, 95
bode expiatório 55, 56, 62, 68, 321, 348

C

Calvário 72-73, 149, 227
calvinismo 189, 210, 211, 217
calvinismo ortodoxo 163
calvinistas 26, 27, 38, 112, 122, 123, 162, 163, 164, 188, 189, 190, 191, 193, 195, 198, 210, 211, 215, 216, 217, 218, 219, 220, 225, 263, 264, 267, 268, 269, 272, 273, 274, 277, 280, 281, 308, 315
caráter de Deus 156, 216, 258, 283
Ceia do Senhor 46, 89, 182, 239

chamado efetivo 130-131, 176
chēt' 66
choli 286
Christus Victor 30, 31, 33, 34, 229, 247, 248, 294, 302, 303, 316, 317, 318, 321, 323, 324, 331, 336, 339, 350
comercialismo 270, 280, 282, 315
Concílio de Arles 192
condicional 164, 201, 232, 233, 234
confissão 52, 233, 294
Confissão de Westminster 48, 180, 189
Convenção Batista do Sul 34, 192, 251, 335, 337
Conversão 122, 127
convite 188
crente(s) 43, 44, 45, 49, 85, 93, 103, 104, 106, 119, 120, 121, 125, 130, 134, 135, 139, 147, 149, 196, 201, 209, 212, 215, 217, 224, 258, 280, 313
Cristologia 28, 43, 167, 246, 288, 307
cruz
centralidade da 19
como propiciação 24, 78, 79, 85, 100, 111, 146, 231, 251, 253
como representante 241
como substituição penal 306
cumprimento de Isaías 53 374
e a Lei 131, 157
e a maldição de Gênesis 238
e a Trindade 167, 174
e as duas naturezas de Cristo 175
e castigo 239
e culpa 127
e o sofrimento de Cristo 226
e os não eleitos 222
e os sacrifícios do AT 46
e reconciliação 57
e ressurreição 95, 98, 259
e substituição 73
morte de Cristo na 24, 98, 105, 111, 117, 125, 137, 139, 145, 148, 159, 201, 211, 228, 230, 242, 256, 269, 275, 283, 287, 288
obra de Cristo 22, 37, 38, 49, 211, 229, 230, 231, 235, 270, 295, 312
obra de Deus 42, 170
paradoxo da 254
pregação da 209, 315
satisfação pelos pecados 188, 222
crença 192, 309, 310, 331
culpa 20, 40, 46, 54, 56, 57, 58, 63, 64, 65, 66, 67, 76, 125, 126, 127, 134, 139, 153, 154, 155, 163, 170, 203, 204, 206, 207, 210, 221, 230, 239, 248, 249, 250, 259, 270, 277, 278, 279, 280, 286, 295, 296, 297, 299, 303, 306, 322, 329
objetiva 40
subjetiva 40
oferta pela 54, 65, 66
cura na expiação 286

D

dedução 135, 136, 194, 202
dei 86, 129
depravação total 227
desejo revelado 189
desígnio 163, 176, 226, 300
Deus
amor de 23, 24, 41, 50, 76, 78, 79, 96, 114, 115, 116, 130, 146, 147, 156, 159, 165, 171, 175, 183, 189, 197, 198, 216, 217, 231, 232, 233, 234, 235, 236, 237, 253, 298, 299, 300, 304, 307, 311, 312, 313, 314, 319, 322, 325, 342
atributos de 16, 27, 236
graça de 25, 39, 77, 111, 113, 117, 119, 132, 138, 139, 142, 161, 162, 163, 188, 221, 272, 321, 329
liberdade de 158, 162
misericórdia de 231, 234, 254, 300
vontade de 152, 163, 189, 258
Deus-homem 20
dikaioō 102
dikaios 102
dilema falso (falácia) 237, 263
dispensacionalismo 181
dispensacionalismo progressivo 181
duas vontades de Deus 190

E

efeito da expiação 56
eficácia 201, 337
eleição 24, 27, 112, 161, 165, 187, 189, 190, 194, 205, 208, 210, 212, 217, 234, 262, 264
eleição incondicional 161, 162, 165, 189, 190, 191, 217, 261
eleitos, os 24, 25, 26, 48, 64, 112, 120, 122, 124, 130, 136, 161, 165, 179, 182, 189, 190, 191, 192, 193, 194, 195, 196, 197, 198, 199, 202, 204, 205, 206, 207, 208, 209, 210, 211, 212, 213, 216, 217, 218, 219, 220, 221, 224, 234, 262, 264, 266, 267, 269, 270, 273, 281, 322
encarnação de Cristo 149, 159
equivalentismo 266, 267
equivalentista 267
equívoco (falácia) 280, 301, 309
Era patrística 247, 291
Era pós-Reforma 293
Espírito Santo 41, 42, 50, 83, 85, 168, 169, 171, 177, 198, 208, 210, 225, 226, 227, 228, 258, 273, 287, 288, 304, 316
evangelho 19, 20, 21, 28, 38, 46, 47, 49, 69, 72, 75, 76, 86- 88, 90 - 92, 94, 95, 97-99, 121, 122, 129, 140, 146, 168, 169, 182, 187,190, 196, 197, 208, 210, 214, 216, 218, 220- 225, 227, 235, 242, 247, 257, 269, 270, 284, 321, 329, 331, 332, 337
evangelhos sinóticos 53, 86
evangelismo 125, 223
exagorazō 47
excluir 116, 199, 255
exclusão 67, 177, 233
exegese 16, 146, 215
exemplarista 34, 300, 301, 324
Êxodo 52-54, 57, 87, 95, 140, 141, 194
expiação
 aplicação da 16, 24, 25, 49,112, 113, 118, 149, 225, 261, 262, 328
 efeito da 56
 extensão da 16, 22, 25, 26, 39, 93, 113, 120, 122, 133, 137, 138, 147, 149, 182, 191-193, 201, 202, 211, 215, 216, 218, 223, 282, 338
 modelos da 27, 29, 30, 33, 290
 necessidade da 152, 153, 155-161, 165, 231, 251, 335
 teorias da 28, 32, 33, 99, 283, 300, 313, 317, 323, 326
expiação definida 192, 193, 347
expiação ilimitada 16, 25, 64, 129, 161, 162, 182, 187, 192-194, 201, 202, 206, 215, 261, 263, 296, 304, 315
expiação limitada 24, 67, 113, 117, 118, 119, 121, 129, 132, 135, 136, 137, 145, 149, 162, 179, 182, 189-197, 199, 202, 210- 212, 215-225, 234, 261- 263, 266, 267, 269, 271, 273-275, 277, 280- 282, 315
expiação objetiva 139, 200, 235

F

falácia da inferência negativa 120, 132, 195, 212
falsos mestres 145, 146
fé 102, 104, 137, 149

G

garantia 226, 238, 239, 266, 302
glória de Deus 83, 100, 133, 188, 189, 298, 305, 324
glorificação 44, 45, 171
governador moral 308
graça 20, 25, 39, 44, 46, 77, 79, 83-85, 100, 104, 106, 107, 109-111, 113, 115, 117-119, 125, 132, 136, 138, 139, 142, 156, 160-164, 179, 180, 187, 188, 192, 204, 207, 210, 217, 221, 224, 231, 233, 254, 266, 270, 272, 284, 287, 288, 303, 306, 321, 329, 331
graça comum 161, 207, 210
Grande Comissão 125, 337

H

hamartia 126, 141
hipercalvinismo 210, 211, 217
hipercalvinista 26, 135, 190,

191, 220, 267, 268
hilaskomai 40, 142, 251, 252, 254, 255
hilasmon 146
hilasmos 38-41, 199, 200, 251
hilastērion 40, 58, 107, 339
holocausto 46, 53-55, 237
hyper 88, 89, 96, 121, 190, 242, 243, 345

I

greja primitiva 21, 47, 167, 291, 295, 316, 322
imputação 103, 126, 127, 130, 206, 209, 269, 270, 275-282, 304, 326, 330
imputação do pecado a Cristo 206, 275, 278, 279, 281, 323, 330
imputação limitada 281
inclusio 92, 93, 101
incrédulos 123-125, 135, 146, 197, 198, 207, 210, 221, 224, 271, 272
Influência Moral 33-35, 290, 296, 300, 307, 311-314, 317, 325
intercessão 21, 90, 179, 202, 211-213
ira de Deus 31, 39, 40, 49, 57, 63, 85, 101, 107, 109, 113, 115, 136, 142, 150, 157, 171, 199, 200, 207, 208, 211, 236, 251, 252, 253, 254, 255, 262, 283, 295, 300, 310, 319, 324

J

Jesus Cristo
Cordeiro de Deus 64
Divindade 43, 133, 176, 288, 293, 314, 317
munus triplex 176, 351
nascimento 86, 133, 149, 287
ofício sacerdotal 23
Judá 70, 81
justiça 39, 40, 41, 66, 80, 83, 85, 100-105, 108, 112, 113, 117, 126, 128, 151, 156-160, 164, 170, 174, 183, 186, 202, 209, 227, 231, 235, 237, 245, 249, 258, 267, 270, 275- 280, 282-284, 298, 300, 305, 306, 308- 312, 322, 326, 329, 336
justiça de Deus 79, 80, 100-105, 112, 116, 124, 126, 157, 160, 258, 259, 268, 269, 278, 283, 298, 300, 303, 306, 307, 313, 319, 325, 336
justificação 28, 38, 43- 45, 83, 102- 108, 110, 111, 113, 117-119, 127, 128, 131, 135, 157, 209, 226, 249, 253, 258, 259, 278, 279, 284, 302, 306, 322, 328, 329, 332
justificação na cruz 25

K

kaphar 39, 40, 41, 56, 252
kapporet 58, 107
katalaggē 48
katharismon 140, 141
kipper 56, 57, 230

kopher 57
cosmos 147, 214

L

Lei 38, 39, 40, 45, 47-49, 55, 76, 79, 81, 82, 84, 100, 102, 104, 108, 116, 130-132, 153, 155, 157, 159, 160, 171, 183, 186, 203, 209, 216, 226, 227, 230, 231, 243, 244, 257, 258, 265-271, 276, 297, 304-307, 310, 318, 326, 328, 329
lei mosaica 51, 54
liberdade 101, 161-163, 165, 234, 257, 258, 280, 283
de Deus 158, 162
linguagem sacrificial 46, 62, 146, 247
lugar santíssimo 144
luteranos 306

M

mediação 66, 76, 95, 174, 296
Mediador 68, 84, 92, 95, 137, 138, 143, 144, 182, 186, 187, 274, 288, 320, 323
medieval 301, 302, 342
Melquisedeque 71, 178
mérito de Cristo 279
Messias davídico 70
misericórdia 38, 39, 54, 90, 115, 153, 157, 158, 160, 171, 188, 204, 231- 235, 244, 254, 273, 283, 298, 300, 325
metáforas 16, 17, 27-31, 33, 68, 75, 99, 229, 240, 248-250, 255, 305
metodistas wesleyanos

141, 257, 264
missões 223
mistério 17, 20, 21, 28, 174, 218
modus ponens 119
modus tollens 119, 120, 200
morte de Cristo 19, 20, 21, 24, 43, 46, 49, 50, 64, 81, 86, 87, 95, 98, 105, 111, 114, 115, 117-119, 124, 125, 127, 128, 136, 137, 139, 140, 142, 145, 146, 148-150, 153, 156, 157, 159, 182, 186, 194-196, 201, 202, 204, 206, 207, 211, 215, 216, 218, 219, 221, 224, 228, 230, 235, 237, 239, 242, 244, 248, 252, 256, 266, 269, 271-273, 275, 276, 277, 282, 283, 287, 288, 295, 304, 325, 337
morte vicária 52, 114, 240

N

não calvinistas 38, 191, 193, 219
não salvos 242
natureza de Cristo 43
novo pacto 79, 89, 95, 180-182, 185, 186
natureza humana de Cristo 175, 288, 325

O

onipotência de Deus 325

P

pacto da graça 179, 180
pacto de obras 179, 180
pacto de redenção 179, 208, 266
pacto mosaico 180, 181, 182
pactos 179, 180, 182, 186, 194
pais da igreja latinos 290, 293
paraklēton 200
paredoken 119
Páscoa do AT 53, 194
perdão 22, 38, 40, 41, 46, 50, 52, 54, 56, 57, 58, 61, 65, 82, 92, 94, 108, 113, 127, 128, 129, 132, 135, 140, 146, 151, 153, 154, 155,157, 158,, 164, 200, 204, 207, 215, 224, 225, 227, 230, 235, 238, 270, 283, 284, 285, 295, 303, 306, 329
perdição 28, 136, 220, 244, 259, 273
pistis 102
pollōn 86
preço da redenção 293
predestinação 187, 192, 194, 218
Profecia do AT 241
Purificação 54, 57, 140, 141, 238, 240
purificação dos pecados 45, 140, 141, 143, 146, 177, 285
propiciação 24, 27, 38, 39, 40, 42, 49, 56, 57, 73, 76, 78, 79, 81, 85, 100, 105-107, 109, 111, 113, 129, 142, 144, 146, 147, 150, 160, 188, 196, 199-201, 218, 219, 220, 223, 231, 232, 237, 251-255, 259, 261, 265, 267-269, 280, 283, 291, 294, 298, 301, 312, 329, 336
provisão 23, 25, 40, 49, 63, 76, 100, 111, 112, 113, 157, 160, 188, 189, 194, 221, 224, 225, 230, 231, 236, 285, 306, 316, 328

R

rabbim 88
resgate 29, 34, 47, 48, 57, 76, 83, 84, 86-88, 91, 129, 132, 137, 138, 145, 148-150, 187, 202, 203, 219, 243, 249, 257, 276, 277, 292-294, 301, 312, 317, 324, 325, 336
recapitulação 34, 291, 318, 325
reconciliação 22, 29, 30, 37-39, 41-44, 48-50, 57, 72, 78, 79, 82, 88, 114-117, 123-125, 127, 128, 134, 136, 150, 155, 182, 185, 226, 230, 236, 237, 247, 253, 255-257, 259, 300, 321, 324, 328, 329
reconciliação cósmica 185
reconciliação objetiva 42, 117, 124, 127, 128, 215, 230, 281, 328
reconciliação real 127
reconciliação subjetiva 115, 127, 150, 200, 319
reconciliação universal 128

redenção 19, 22, 27-29, 41-45, 47, 48, 83-85, 88, 100, 101, 104, 106, 107, 109-111, 113, 118, 131, 132, 135, 137-139, 143, 150, 155, 156, 161, 165, 168, 169, 171, 174, 178-180, 190, 193, 203, 208, 220, 226, 231, 238, 244, 247-250, 257-259, 266, 273, 276, 292, 293, 301, 303, 314, 320

redenção universal 192

reducionismo 31, 207

Reforma 25, 49, 68, 176, 191, 249, 265, 293, 302, 306, 307, 309, 376, 380

regeneração 42, 43, 45, 207, 208

rei Agripa 97

ritual do Dia da Expiação 56, 57, 61, 68, 101, 140

representação 119, 128, 194, 241, 242, 250, 265, 320, 330

ressurreição 21, 27, 65, 66, 95, 96, 97, 98, 103, 128, 150, 171, 178, 226, 236, 238, 239, 247, 259, 265, 287, 288, 294, 296, 316, 321, 332

retidão 139, 244, 278

Rocha, a 71

S

sabal 62, 66

sabedoria de Deus 153, 325

Sabedoria de Salomão 67

Sacerdócio 70, 91, 140, 142, 144, 178

sacrifício 23, 27-29, 40, 43, 44, 46, 48, 50-52, 54, 55, 57, 58, 65, 66, 68-73, 77, 79, 81, 82, 87, 92-96, 105, 107, 118, 128, 131-133, 139-144, 150, 153, 154, 168, 178, 182, 191, 200, 227, 236, 237, 239, 240, 244, 249, 251, 254, 264, 265, 288, 290, 291, 296-298, 304, 306, 321, 336

substitutivo 39, 41, 67, 95, 230, 283, 298, 319, 328

sacrifício animal cordeiro 46

sacrifício vicário 50, 54, 150, 240

sacrifícios 51, 52, 54, 55, 65, 72, 73, 81, 143

salvação 19, 21, 24, 26, 27, 39, 41-45, 53, 61, 65, 70, 75, 77, 78, 80, 83, 86, 89, 93, 97, 98, 104, 105, 110-113, 117, 118, 124, 125, 128, 129, 135, 137-139, 142, 143, 147-149, 151, 154, 155, 158-161, 163-165, 167, 169, 170, 172, 175, 178-180, 187-192, 194, 195, 199, 202, 204, 205, 208, 209, 214-216, 220-226, 228, 231, 234, 237-239, 241, 244, 249, 256-259, 262-265, 269-273, 275, 283, 295, 296, 302, 307, 313, 319, 321, 328

santificação 28, 44, 45, 94, 226, 241, 273, 303

Salvador 43, 51, 72, 77, 131, 133, 138, 190, 216, 217, 226, 227, 233, 234, 238, 239, 259, 262, 263, 268, 275, 285, 291, 295, 307, 319, 336

sangue de Cristo 53, 83, 97, 109, 134, 143, 202, 203, 271, 276

Satanás 34, 44, 135, 150, 231, 238, 292, 293, 294, 296, 298, 316, 324, 325, 327

Satisfação 20, 30, 31, 33, 42, 44, 49, 52, 56, 63, 72, 85, 113, 123,127, 129, 146, 153, 188, 201, 204, 205, 219, 222, 229, 230, 265-267, 269, 270, 276, 290, 297- 300, 302-306, 308-310, 317, 321, 324, 326, 328, 336

satisfação ilimitada 123

século XVI 25, 189, 192, 290, 291, 306

século XVII 151, 152, 192, 226, 244, 251, 308, 311, 312

século XVIII 308, 311, 312, 316

século XIX 33, 42, 49, 174, 205, 224, 269, 281, 306, 308, 309, 311, 312, 315, 322, 324

século XX 15, 76, 156, 229, 240, 245, 290, 292, 295, 306, 313, 316, 322, 324

sem distinção 197, 199

sem exceção 24, 96, 129, 196-199, 273, 274, 275

Servo Sofredor 59,60, 61, 62, 67-72, 86, 89, 97, 241, 244

sistema sacrificial 51, 56, 61, 70, 72, 73, 144, 148, 239, 336

soberania 153, 155, 161, 162, 197, 198, 216, 231, 245, 293, 311, 325, 343
socinianismo 152, 307, 311
sofrimento de Cristo 58, 59, 60, 176, 226, 236, 267, 270, 281, 303
soteriologia 42, 43, 98, 167, 168, 180, 240, 290, 292, 322
substituição 29, 30-34, 51, 52, 54, 56, 62-64, 68, 73, 76, 86, 101, 128, 131, 139, 146, 158, 171, 181, 206, 221, 229, 230, 240-252, 262, 265, 270, 276, 277, 280, 290, 291, 296, 300, 302, 304, 306, 307, 309, 310, 312, 313, 315-324, 329-332, 335, 337
substituição limitada 270
substituição penal 30-34, 73, 139, 146, 158, 171, 229, 240, 243-252, 280, 290, 291, 300, 302, 304, 306, 307, 309, 310, 313, 315-319, 322-324, 329-332, 335
substituição vicária 128, 243, 319
suficiência extrínseca 219
suficiência infinita 219
suficiência intrínseca 219
suficiência limitada 219
suficiência universal 219
sumo sacerdote 20, 54, 55, 58, 64, 81, 82, 84, 85, 90, 91, 92, 95, 142, 177, 178, 213, 236
suficiência 208, 218, 219

T

teologia histórica 16, 27, 324
Teologia do Novo Pacto 180, 181
Teologia feminista 34, 294
teologia sistemática 16, 27, 50, 254, 343, 346, 347, 348, 350, 361
Teoria Governamental 290, 291, 308, 309, 310, 311, 316
Teologia reformada 25, 152, 161, 165, 181, 189, 190, 191, 234, 266, 268
textos universais 274
tipologia 33, 71, 194
todos, sentido da palavra
todos sem distinção 198, 199, 273, 274
todos sem exceção 198, 199, 274,
transferência 126, 134, 199, 206, 209, 278-281, 323, 330
Trindade 48, 159, 167, 168, 170, 172-174, 177, 180, 194, 202, 209-211, 216, 227, 232, 321

U

Última Ceia 53, 69, 72, 87, 88, 91, 178
união com Cristo 44, 194
união virtual 135
universalismo 117, 118, 135, 162, 193, 202, 211, 313, 314
universalista 27

V

valor infinito 219, 222, 267
vida eterna 22, 23, 44, 45, 77, 78, 82, 85, 96, 129, 188, 224, 231, 296,
vitória 28, 29, 34, 45, 104, 135, 154, 238, 248, 292, 294, 302, 314, 316, 317, 318, 321, 327
voluntarismo 38
vontade de Deus 152, 163, 189, 258
vontade decretal 190
vontade revelada 112, 163, 190
vontade salvadora universal 137, 191, 223

Y

Yom Kippur 54, 62, 92

Z

Zacarias 90, 92, 94

ÍNDICE BÍBLICO

GÊNESIS
3.15 *238, 336*
12.1-3 *179*
22 *52*

ÊXODO
12 *52, 53, 95, 194*
12.7 *194*
12.11 *47*
12.13 *53, 194*
12.14 *91*
12.25 *91*
12.27 *91*
13.11-16 *53*
17.6 *71*
24 *54*
24.5 *54*
24.8 *87*
25.17-22 *58, 107*
29.36 *140*
30.10 *140, 141*
30.12 *57*
32.12-14 *251*

LEVÍTICO
1-3 *71*
4.4 *58*
4.15 *58*
4.20 *57, 65*
4.24 *58*
4.26 *65*
4.29 *58*
4.31 *65*
5.1-13 *54*
5.6 *65*
5-7 *65*
5.16 *65*
5.18 *65*
6.8-13 *54*
6.14-23 *54*
6.24-29 *65*
6.24-30 *54*
7.11-18 *54, 61*
15.13 *140*
16 *52, 54, 56, 68, 71, 101, 107*
16.11-19 *336*
16.21 *63, 64*
16.22 *56, 62, 68*
16.30 *57, 141*
17.11 *58, 65, 264*
25.49 *71*

NÚMEROS
14.18 *56*
15.25 *57*
15.25-26 *90*
20.8 *71*
28-30 *356*
35.31-32 *49*
35.31-33 *57*

DEUTERONÔMIO
21.23 *131*
27.26 *131*
32.4 *336*

SALMOS
22 *173,*
22.8 *59*
22.18 *59*
22.24 *173*
110.1 *71*
110.4 *71*

ISAÍAS
1.11-15 *70*
6.1 *60*
6.3 *336*
33.10 *60*
40-66 *60, 61, 66*
42.6 *60*
43.11 *51*
46.4 *62*
48.6 *70*
49.6 *60*
52.13 *66, 68*
52.13-53.12 *59, 99, 245, 247*
53 *67, 68, 69, 70, 72, 86, 88, 89, 95, 96, 97, 98, 99, 126, 143, 239, 242, 243, 296*
53.4 *68, 285, 286*
53.6 *99, 124, 193, 195, 237*
53.7 *71, 87*
53.10 *70,*
53.11-12 *67,68, 195*
53.12 *68,70, 89, 247*
53.12-13 *88,*
57.15 *60*
59.20 *71*

JEREMIAS
6.7 *286*
30-33 *358*
31.31-33 *70,89*
31.31-34 *91, 95, 182, 186,*

EZEQUIEL
33.11 *188*

DANIEL
9.16-19 *251*

MATEUS
1.1 *64, 87*
1.21 *63, 86, 157, 195*
3.15 *258*
3.16 *287*
3.17 *173*
8.16 *337*
8.17 *86*
12.8 *329*
12.17-21 *86*
12.28 *287*
16.21 *86, 153*
17.5 *173*
17.22 *86*
20.17 *86*
20.28 *47,76, 82, 83, 86, 87, 88, 230 , 336*
25.28 *230*
26.12 *86*
26.26 *72*
26.28 *70, 72, 182, 186, 238,*
26.63 *64*
27.4 *87*
27.14 *64*
27.18-19 *87*
27.23-24 *87*
27.27-31 *173*
27.46 *58, 172*
28.16-20 *337*

MARCOS
1.12 *287*
1.15 *188*
1.32 *118*
8.31 *86, 87, 153,238*
9.31 *86, 87*
9.32-34 *86*
10.32 *87*
10.45 *47, 67, 87, 88, 113,138, 145, 193, 195, 243, 247, 257*
14.8 *86*
14.13 *53*
14.22 *72*
14.22-25 *64, 87*
14.24 *88, 182, 186, 243*
14.61 *64*
15.5 *64*
15.16-20 *173*
15.34 *172*

Lucas
1.5-22 *94*
1.5-25 *92,94*
1.17 *287*
1.21-22 *92*
2.27 *287*
4.1 *287*
4.14 *287*
4.16 *89*
4.40 *118*
9.22 *86, 153*
9.30-31 *88*
9.31 *53*
12.50 *76*

13.6 *188*
15 *283*
15.20 *188*
17.25 *153*
18.9-14 *94*
18.13 *252*
18.31-34 *86*
18.35-24.53 *70, 356*
19.41 *188*
21.27-28 *258*
21.28 *47, 106*
22.1 *91*
22.14-23 *92*
22.19 *94,340*
22.19-20 *70, 79, 94, 98*
22.20 *86, 89, 95, 182, 186, 193*
22.32 *66, 90*
22.37 *89, 153, 243, 244*
23.24 *90*
23.34 *90, 345*
23.45 *95*
23.47 *91, 351*
24 *94*
24.7 *153*
24.21 *47*
24.26 *153*
24.46 *77*
24.47 *238, 329*
24.50 *90, 92*
24.50-53 *92, 94*
24.44 *153*

JOÃO
1.5 *95*
1.12 *85*
1.29 *46, 71, 95,113, 146, 147, 193, 198, 237*
2.19 *95, 96*
2.19-21 *86*
3.14 *153*
3.14-15 *77*
3.14-16 *95, 193*
3.14-18 *82*
3.16 *23,45,78,96,113,130,14 5,146,147, 156,188,197, 216, 231,232,234,319*
3.17 *124*
3.36 *85*
5.9 *95*
5.22-23 *204*
5.24 *238*
6.5 *95*
6.37-40 *195*
6.51 *67, 79, 96*
6.69 *214*
7.14 *96*
10.11 *95, 96*
10.15 *195*
10.27 *238*
11.49 *95*
11.50 *96*
12.7 *86*
12.24 *95*
12.27 *77*
12.31 *238*
13.8 *96*
13.34 *232*
14.6 *78*
14.7 *253*
14.26 *85*
15.9-10 *232*
15.10 *232*
15.12 *232*
15.13 *23*
15.19 *196*

16.14 *227*
16.27 *214*
16.30 *214*
16.32 *173*
17 *211, 212, 213*
17.8 *214*
17.9 *195, 212*
17.14 *196*
17.16 *196*
17.21 *195*
17.21-23 *193, 212*
17.23 *195*
17.25 *214*
18.14 *96*
19.14 *46*

ATOS
2.14 *98*
2.23 *97, 245*
2.32 *85*
2.38 *238*
3.1 *94*
3.13-14 *97*
3.18 *97*
3.25-26 *93*
3.26 *93, 97, 193*
4.12 *45, 78*
4.27 *97*
5.31 *98*
7.48 *95*
7.52 *97*
8.32 *64*
8.32-35 *97*
10 *94*
10.43 *98*
13.27 *97*
13.38-39 *82*
16.31 *225*

17.3 *97, 153*
17.24 *95*
17.30 *105, 188*
18.1-18 *122*
20.21 *188*
20.28 *83, 98, 195, 336*
22.14 *97*
26.22 *97*
26.23 *97*
27.9 *38*

ROMANOS
1 *108*
1-8 *101, 102, 105, 344, 355*
1-11 *234*
1.16 *193, 258*
1.18 *39, 100,108*
1.18-3.20 *100, 101,107,112*
2.5 *108*
2.11 *104, 193*
3 *118, 154*
3.5 *108*
3.9 *106, 154*
3.9-10 *154*
3.19-26 *301*
3.21 *102*
3.21-26 *38, 99, 100, 106, 107, 111, 112, 113, 124, 193, 252, 259, 300, 318*
3.22 *102, 104, 110, 112*
3.22-24 *104*
3.22-26 *110*
3.23 *237*
3.23-24 *83*
3.24 *47, 106, 110, 111, 257*
3.24-25 *230*
3.24-26 *85, 111, 259*
3.25 *40, 101, 105, 109, 237, 252*
3.26 *108, 110, 150, 336*

4.5 *225*
4.25 *89, 98, 99, 102, 226, 237, 300*
5.1 *185*
5.1-11 *255*
5.6 *121, 243*
5.6-8 *78, 79, 110*
5.6-11 *114, 336*
5.8 *23, 99, 113, 121, 156, 243*
5.8-10 *115, 121, 231*
5.9 *45, 106, 252*
5.10 *115, 185, 255, 256*
5.10-11 *48, 83, 125*
5.11 *37, 230, 257*
5.12 *237*
5.12-21 *110*
5.15 *88*
5.16 *153*
5.18 *118, 329*
5.18-19 *113, 117, 118, 193*
5.19 *99, 118*
5.21 *117*
6.23 *85, 107, 238*
8.1-4 *259*
8.3 *80*
8.3-4 *186*
8.15 *45*
8.23 *258*
8.30 *45*
8.32 *77, 106, 120, 243*
8.32-34 *119, 195*
10.4 *110*
10.9 *227*
10.16 *99*
10.17 *227,329*
11.32 *112*
13.4 *335*
14.15 *193*
15.21 *99*

16.20 *336*

1 CORÍNTIOS
1.4 *107*
1.18 *98*
1.30 *47, 106, 336*
2.2 *98*
2.8 *292*
3.11 *78*
5.7 *53, 81, 99, 194*
6.19 *83*
6.20 *46*
8.11 *99*
8.11-12 *193*
10.4 *71*
15 *238*
15.3 *31, 80, 225, 243*
15.3-4 *20, 66, 99, 113, 121, 122, 238*
15.3-11 *122, 193*

2 CORÍNTIOS
5.14 *99, 119, 121, 128, 231, 243*
5.14-15 *23, 80, 128, 129*
5.14-21 *41, 79, 113*
5.15 *128, 186, 193*
5.16-17 *128*
5.18 *49, 329*
5.18-19 *48, 128, 193*
5.18-20 *48, 49, 127, 221, 256*
5.18-21 *256, 257, 319*
5.19 *17, 45, 107, 125, 128, 129, 172, 185, 329*
5.20 *127*
5.20-21 *125*
5.21 *80, 128*

GÁLATAS
1.3-4 *80*

1.4 *121, 243*
1.11 *98*
2.20 *49, 121, 130, 195, 243*
2.21 *99*
3.10 *329*
3.10-14 *130*
3.12-14 *231*
3.13 *46, 47, 84, 121, 242 243, 257-258, 259, 303, 305*
3.14 *82, 107*
3.19-20 *137*
3.23 *135*
4.4-5 *131*
4.5 *45, 47*
5.1 *231*

EFÉSIOS
1.3-6 *169*
1.3-14 *169*
1.6-7 *60, 84*
1.7 *45, 83, 106, 132, 230, 257*
1.7-12 *169*
1.14 *132*
2.1-3 *136, 207, 211*
2.2-3 *324*
2.3 *262*
2.8-9 *225*
2.11-19 *257*
2.13 *45, 83*
2.16 *48, 125*
2.18 *185*
4.30 *258*
5.1-2 *132*
5.2 *79, 81, 99*
5.25 *79, 81, 99*

FILIPENSES
2.5-11 *133, 175*
2.7-8 *99*

COLOSSENSES
1.13-14 *84*
1.14 *238*
1.19-20 *257*
1.19-23 *255*
1.20 *45, 125, 185, 230,*
1.20-22 *48, 134*
1.21-22 *83*
2.13-14 *195, 231,*
2.13-15 *134*
2.14-15 *238*

1 TESSALONICENSES
5.9-10 *80, 83*
5.10 *99, 121*

1 TIMÓTEO
1.3 *98*
2.1-2 *198-199*
2.4 *188*
2.4-6 *113,187, 233*
2.5-6 *84*
2.6 *99, 129, 243, 274*

2 TIMÓTEO
2.8 *98*

TITO
1.2 *158*
2.11-14 *77, 138, 193*
2.13-14 *84*
2.14 *47, 99, 113, 186, 238*

HEBREUS
1.1-3 *140, 238*
1.1-4 *177*
1.3 *139, 141*
2.9 *77, 113, 119, 129, 142, 193*
2.9-10 *77*

2.9-18 *175*
2.11 *45*
2.14 *77, 135, 150, 238*
2.14-15 *142*
2.14-18 *316*
2.15 *195*
2.17 *28, 81, 85, 91, 175, 230, 247*
4.14-16 *185*
5.1-10 *178*
5.2 *90*
5.9 *86, 142*
6.18 *158, 162*
7.13-14 *81*
7.19 *141*
7.22 *46*
7.26 *81, 236, 258*
7.26-27 *94*
7.27 *239*
8.1-10.18 *140*
8.5 *70*
8.6 *46, 137, 143*
8.6-13 *182, 186*
8-9 *91*
9.1 *95*
9.5 *40, 252*
9.8 *95*
9-10 *46*
9.11 *95*
9.11-12 *84*
9.11-15 *95*
9.12 *47, 143, 238, 258*
9.14 *41, 45, 186, 287, 305*
9.15 *46, 47, 106, 137, 186*
9.22 *143, 155, 337*
9.22-26 *82*
9.24 *95*
9.25-26 *305*
9.26 *139, 143, 236, 237,*

239, 244
9.27 *314*
9.27-28 *143*
9.28 *193, 237*
10.1 *55, 70*
10.4 *55*
10.5 *258*
10.10 *45, 143, 227*
10.12 *94, 139, 143, 237, 239*
10.19 *45*
10.19-22 *82, 185*
10.22 *141*
11.35 *106*
13.12 *143*
13.20 *45, 182, 186*
13.20-21 *94*

1 PEDRO
1.2 *144, 194*
1.10-11 *19*
1.11 *145*
1.17-19 *84*
1.18 *45, 47*
1.18-19 *53, 258*
1.19 *144, 336*
1.20 *145*
2.19 *145*
2.20 *145*
2.21 *313*
2.24 *80, 186, 237, 242*
3.16 *145*
3.18 *230, 237, 242, 243, 329*
4.1 *145*
4.3-16 *145*
4.13 *145*
5.1 *145*

2 PEDRO
1.9 *141*
2.1 *47, 148, 193*
3.9 *125, 137, 156, 187, 188, 193, 223*

1 JOÃO
1.7 *146, 238*
2.1 *200*
2.1-2 *40, 146, 193, 259*
2.2 *113, 147, 196, 198, 200, 201, 230*
2.12 *237*
3.1 *253*
3.8 *316*
4.8 *232, 336*
4.9-10 *24, 79, 231, 234, 253*
4.10 *78, 156*
4.19 *232*
5.4-5 *196*
5.19 *147, 198*

JUDAS
4 *193*

APOCALIPSE
1.5 *148,*
5.5-9 *247*
5.6 *147*
5.9 *45, 47, 81, 148, 149*
5.9-10 *84, 195*
5.13-14 *81*
7.14 *149*
12.7-12 *316*
12.11 *45, 135, 149*
13.8 *149*
19.11-16 *336*
22.17 *188, 193*